Die CD-ROM
„Prisma Chemie 3 Schülertrainer Niedersachsen"
ist unter der **ISBN 978-3-12-068529-6** erhältlich.

Die beiliegende CD-ROM ist eine Begleit-CD-ROM zum Schülerbuch. Sollte diese verloren gegangen sein, wenden Sie sich bitte an unseren Kundenservice im Internet unter „www.klett.de" oder per E-Mail an „kundenservice@klett.de".

Klicke zum Starten des Programms auf die Datei „**Start.exe**" auf der obersten Ebene der CD-ROM. Eine ausführliche Hilfe über alle Programmfunktionen findest du im Programm. Klicke dazu den **[?]** Button in der Menüleiste an.

Weitere Hinweise zur Handhabung des Programms findest du in der „**Liesmich.txt**" auf der CD-ROM.

PRISMA CHEMIE 3

Niedersachsen

Wolfram Bäurle
Manfred Bergau
Eycke Fröchtenicht
Paul Gietz
Wolfgang Heitland
Barbara Hoppe
Ute Jung
Rainer Knetsch
Otfried Müller
Reinhard Peppmeier
Petra Schleusener
Burkhard Weizel
Ulrike Wolf

Ernst Klett Verlag
Stuttgart · Leipzig

1. Auflage 1   13 12 11 10 | 23 22

Alle Drucke dieser Auflage sind unverändert und können im Unterricht nebeneinander verwendet werden. Die letzte Zahl bezeichnet das Jahr des Druckes.
Das Werk und seine Teile sind urheberrechtlich geschützt. Jede Nutzung in anderen als den gesetzlich zugelassenen Fällen bedarf der vorherigen schriftlichen Einwilligung des Verlages. Hinweis § 52 a UrhG: Weder das Werk noch seine Teile dürfen ohne eine solche Einwilligung eingescannt und in ein Netzwerk eingestellt werden. Dies gilt auch für Intranets von Schulen und sonstigen Bildungseinrichtungen. Fotomechanische oder andere Wiedergabeverfahren nur mit Genehmigung des Verlages.

© Ernst Klett Verlag GmbH, Stuttgart 2009. Alle Rechte vorbehalten. www.klett.de

Autorinnen und Autoren: Wolfram Bäurle, Manfred Bergau, Eycke Fröchtenicht, Paul Gietz, Wolfgang Heitland, Barbara Hoppe, Ute Jung, Rainer Knetsch, Dr. Otfried Müller, Reinhard Peppmeier, Petra Schleusener, Burkhard Weizel, Ulrike Wolf

Redaktion: Dr. Andreas Henseler
Herstellung: Horst Andres

Layoutkonzeption und Gestaltung: Matthias Balonier, Infografik, Lützelbach
Unter Mitarbeit von: Karin Mall, Berlin
Gestaltung Periodensystem: normaldesign, Schwäbisch Gmünd
Umschlaggestaltung: KOMA AMOK®, Kunstbüro für Gestaltung, Stuttgart
Illustrationen: Matthias Balonier, Lützelbach; Joachim Hormann, Stuttgart; Jeanne Kloepfer, Lindenfels; Karin Mall, Berlin; Alfred Marzell, Schwäbisch Gmünd; Tom Menzel, Rohlsdorf; normaldesign, Schwäbisch Gmünd; Otto Nehren, Achern
Reproduktion: Meyle + Müller, Medien-Management, Pforzheim
Druck: Himmer GmbH Druckerei, Augsburg

Printed in Germany
ISBN: 978-3-12-068575-3

Inhaltsverzeichnis

8 Sicheres Experimentieren

10 Der Bau der Atome

12 Das Periodensystem der Elemente

14 Chemische Bindungen

16 Kochsalz – aus Sicht der Chemie
18 Impulse: Atome wollen so wie Edelgasatome sein
20 Die Bildung von Ionen
21 Die Ionenbindung
22 Werkstatt: Kristall und Modell
23 Eigenschaften von Salzen
24 Die Atombindung
26 Wasser, ein Dipol
28 Die Elektronegativität
28 Werkstatt: Ein Wasserstrahl lässt sich dressieren
29 Strategie: Das Aufstellen von Strukturformeln
30 Wasser löst Salz
31 Die Ionenwanderung
32 Werkstatt: Wir untersuchen Metalleigenschaften
33 Die Metallbindung
34 Schnittpunkt Theorie: Bindungsarten und Stoffeigenschaften
36 Schnittpunkt Theorie: Riesenmoleküle aus gleichen Atomen
37 Schlusspunkt: Chemische Bindungen
38 Aufgaben

40 Säuren, Laugen, Salze

42 Werkstatt: Eigenschaften saurer Lösungen
43 Saure Lösungen haben Gemeinsamkeiten
44 Alles sauer, oder?
45 Der pH-Wert
46 Salzsäure – eine bekannte Säure
48 Chloride – Salze der Salzsäure
49 Lexikon: Chloride
50 Schweflige Säure und Schwefelsäure
52 Gips, ein Salz der Schwefelsäure
53 Lexikon: Sulfate und Hydrogensulfate
54 Strategie: Präsentieren für alle Sinne
55 Kohlensäure
56 Salze der Kohlensäure
57 Werkstatt: Wir untersuchen Salze der Kohlensäure
58 Phosphorsäure und Salpetersäure
59 Schnittpunkt Umwelt: Waldschäden
60 Impulse: Sauer, alkalisch und salzig
62 Die Bildung von Laugen
64 Werkstatt: Wir stellen Laugen her

Inhaltsverzeichnis

65	Ammoniak
66	Die Neutralisation
67	Werkstatt: Umgang mit der Bürette
68	Neutralisation und Salzbildung zum Umweltschutz
69	Werkstatt: Kalken eines Bodens
69	Schnittpunkt Gesundheit: Saures in unserem Körper
70	Schnittpunkt Theorie: Der Säurebegriff hat sich gewandelt
71	Schlusspunkt: Säuren, Laugen, Salze
72	Aufgaben

74 Technische Prozesse

76	Schwefelsäure durch Kontaktverfahren
78	Katalysatoren senken die Aktivierungsenergie
78	Schnittpunkt Geschichte: Das Platinfeuerzeug von Döbereiner
79	Schnittpunkt Geschichte: Der Griff in die Luft
80	Die Ammoniaksynthese
82	Schnittpunkt Geschichte: Justuts von Liebig
83	Die großtechnische Herstellung der Salpetersäure
84	Kalk, Zement, Beton
85	Werkstatt: Kalkbrennen und Kalklöschen
86	Werkstatt: Wir experimentieren mit Baustoffen
87	Lexikon: Der Kohlenstoffkreislauf
88	Glas – ein Stoff mit Durchblick
89	Schnittpunkt Technik: Vom Sand zum Computerchip
90	Lexikon: Labortechnik und großtechnische Prozesse
91	Strategie: Planspiel: Eine neue Chemiefabrik soll entstehen
92	Impulse: Vom Laborversuch zur Produktion
94	Schlusspunkt: Technische Prozesse
94	Aufgaben

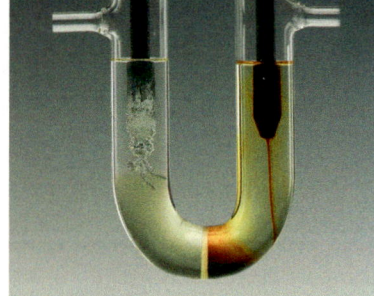

96 Elektrische Energie und chemische Prozesse

98	Die Elektrolyse
100	Schnittpunkt Technik: Aluminiumgewinnung
101	Strategie: Fachsprachen-Trainer
102	Schnittpunkt Geschichte: Galvani und Volta
103	Werkstatt: Strom ohne Steckdose
104	Oxidation und Reduktion
106	Strom aus der Zelle
107	Schnittpunkt Technik: Mit der Brennstoffzelle unterwegs
108	Impulse: Galvanisieren
109	Werkstatt: Verkupfern und versilbern
110	Die Taschenlampen-Batterie
111	Lexikon: Batterietypen
112	Akkumulatoren
113	Schnittpunkt Umwelt: Recycling – aus alt mach neu
114	Schlusspunkt: Elektrische Energie und chemische Prozesse
115	Aufgaben

Inhaltsverzeichnis

116 Schnittpunkt Geschichte: Der Weg zur Kohlenstoffchemie

118 Kohlenwasserstoffe – Energieträger und Rohstoffe

- 120 Kohle, Erdöl, Erdgas
- 121 Werkstatt: Wir untersuchen Erdölbestandteile
- 122 Fraktionierte Destillation des Erdöls
- 124 Schnittpunkt Umwelt: Biogas – Treibstoff aus Mist
- 124 Werkstatt: Gewinnung von Biogas
- 125 Methan – der Hauptbestandteil des Erdgases
- 126 Kohlenwasserstoffe bilden eine Reihe
- 128 Schnittpunkt Umwelt: CFKW und Ozonloch
- 129 Werkstatt: Wir untersuchen Feuerzeuggas
- 130 Kohlenwasserstoffe und ihre Namen
- 131 Rund um die Tankstelle
- 132 Schnittpunkt Technik: Abgasreinigung
- 133 Alkene – reaktionsfähige Produkte
- 134 Die Vielfalt der Kohlenwasserstoffe
- 135 Strategie: Gruppenpuzzle
- 136 Schnittpunkt Umwelt: Energiegewinnung auf dem Prüfstand
- 138 Kunststoffe – Erdölprodukte mit vielfältigen Eigenschaften
- 140 Kunststoffe durch Polymerisation
- 141 Kunststoffe – Struktur und Eigenschaften
- 142 Verarbeitung von Kunststoffen
- 144 Lexikon: Kunststoffe in allen Lebensbereichen
- 145 Wohin mit dem Kunststoffmüll?
- 146 Schlusspunkt: Kohlenwasserstoffe – Energieträger und Rohstoffe
- 147 Aufgaben

148 Alkohole und organische Säuren

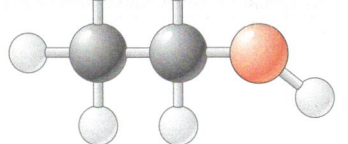

- 150 Impulse: Bier- und Weinherstellung
- 152 Schnittpunkt Gesundheit: Promille
- 143 Werkstatt: Vergorenes
- 154 Ethanol
- 156 Die Reihe der Alkanole
- 158 Schnittpunkt Technik: Alkohole im Tank
- 159 Strategie: Debattieren, Pro und Contra
- 160 Süße Alkohole
- 161 Die Reihe der Alkanale
- 162 Ethansäure
- 164 Alkansäuren
- 166 Strategie: Dominospiel – Chemie spielerisch lernen
- 167 Schnittpunkt Technik: Biotechnische Arbeiter – klein, aber fleißig
- 168 Ester
- 170 Werkstatt: Ester selbst gemacht
- 170 Schnittpunkt Technik: Dynamit
- 171 Polyester
- 172 Schlusspunkt: Alkohole und organische Säuren
- 173 Aufgaben

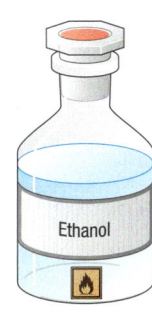

5

174 Ernährung und Pflege

176 Schnittpunkt Biologie: Nahrungsmittel – eine wichtige Energiequelle
177 Nährstoffe und Wirkstoffe
178 Lexikon: Zusatzstoffe in Lebensmitteln
179 Schnittpunkt Biologie: Fotosynthese und Zellatmung
180 Glucose und Maltose
182 Werkstatt: Stärke und Zucker
183 Stärke und Cellulose
184 Eiweiße – eine Elementaranalyse
185 Eiweiße bestehen aus Aminosäuren
186 Von den Aminosäuren zum Protein
187 Werkstatt: Eiweiße werden verdaut
188 Werkstatt: Fette Versuche
189 Bedeutung und Eigenschaften von Fetten
190 Die Vielfalt der Fette
192 Was ist Seife?
192 Schnittpunkt Geschichte: Seifenherstellung
194 Seife, ein Tensid
196 Seife und ihre Waschwirkung
197 Werkstatt: Seife und Seifenblasen
198 Waschmittel werden weiterentwickelt
199 Werkstatt: Experimentieren mit Waschmitteln
200 Lexikon: Waschmittel – das ist alles drin
201 Pflegende Kosmetik für die Haut
202 Impulse: Sonnenschutz und Hautpflege
204 Schlusspunkt: Ernährung und Pflege
205 Aufgaben

206 Basiskonzepte

206 Basiskonzept: Stoff und Teilchen
208 Basiskonzept: Struktur und Eigenschaft
210 Basiskonzept: Chemische Reaktion
212 Basiskonzept: Energie

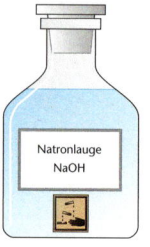

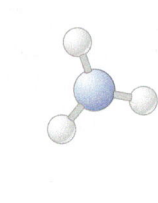
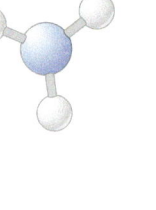
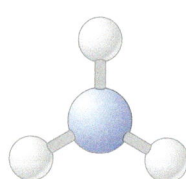
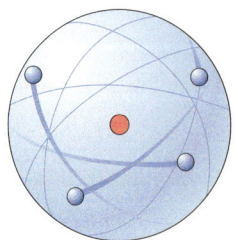

214 Anhang

- 214 Entsorgungsplan
- 215 Tabellen
- 216 Chemische Elemente
- 218 Hinweise auf besondere Gefahren: R-Sätze
- 219 Sicherheitsratschläge: S-Sätze
- 220 Liste der Gefahrstoffe
- 222 Kennzeichnung von Gasflaschen
- 223 Musterlösungen
- 226 Laborgeräte
- 227 Stichwortverzeichnis
- 230 Bildnachweis
- 232 Erläuterungen zu den Abbildungen im Periodensystem
- 234 Periodensystem der Elemente

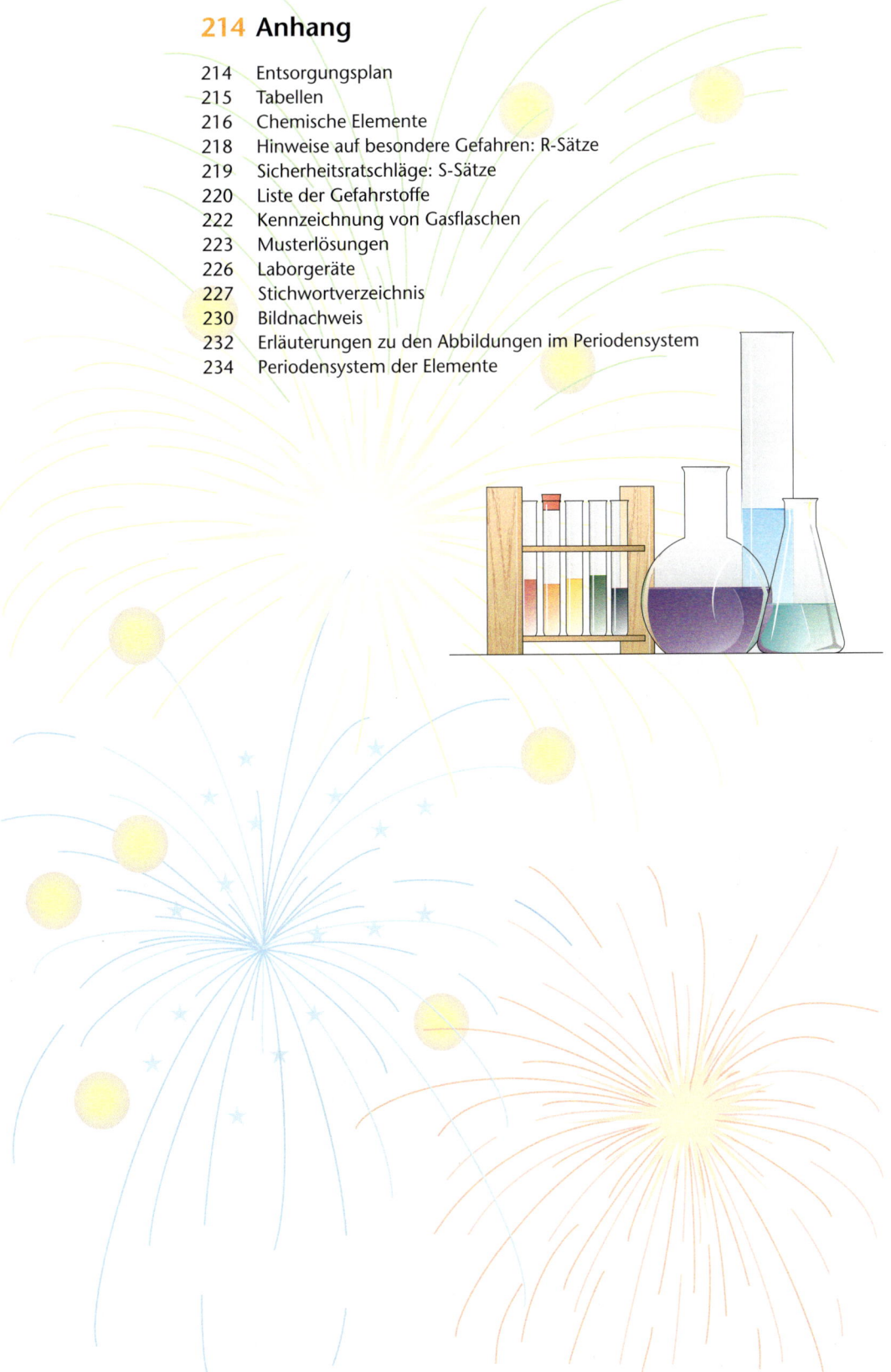

Sicheres Experimentieren

Im vorausgegangenen Chemieunterricht hast du schon viel über die Sicherheit im Labor und das sichere Experimentieren gelernt. Überprüfe mithilfe der Aufgaben, ob du sachgerecht mit Chemikalien und Geräten umgehen kannst.

Neben den Türen und am Lehrerpult findest du den NOT-AUS-Schalter.
Wenn ein solcher Schalter gedrückt ist, sind alle Strom- und Gaszuleitungen unterbrochen. So können bei einem Unfall alle angeschlossenen Geräte gleichzeitig abgestellt werden.

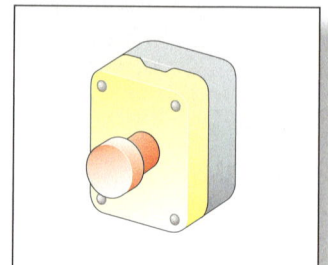

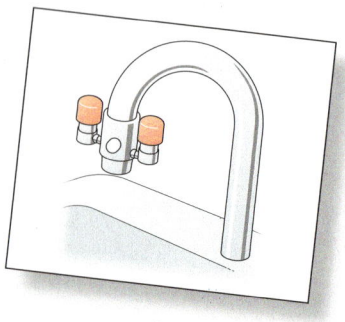

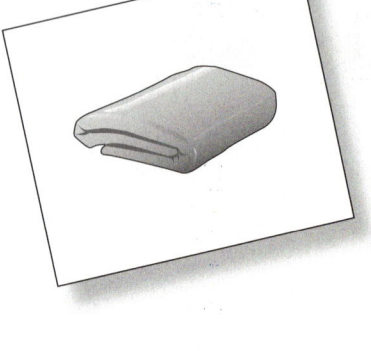

Aufgaben

1 Beschreibe die besonderen Einrichtungen im Fachraum Chemie.

2 Verfasse zu den Bildkarten der verschiedenen Sicherheitseinrichtungen passende Texte.

3 a) Beschreibe deine persönliche Schutzausrüstung, die du im Labor tragen musst.
b) Nenne den wesentlichen Unterschied zwischen einer Labor-Schutzbrille und einer normalen Brille.

4 Nenne Gefahren, die von Gefahrstoffen ausgehen können.

5 Erkläre die Bedeutung der R- und S-Sätze.

6 Notiere die einzelnen Schritte beim Entzünden eines Gasbrenners in der richtigen Reihenfolge.

7 Ordne den Gefahrensymbolen in Bild 5 den jeweils passenden Text zu.

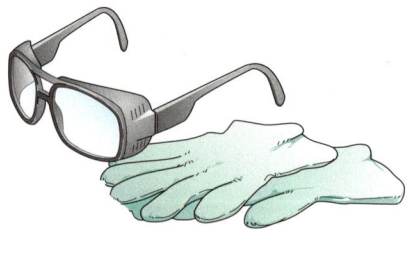

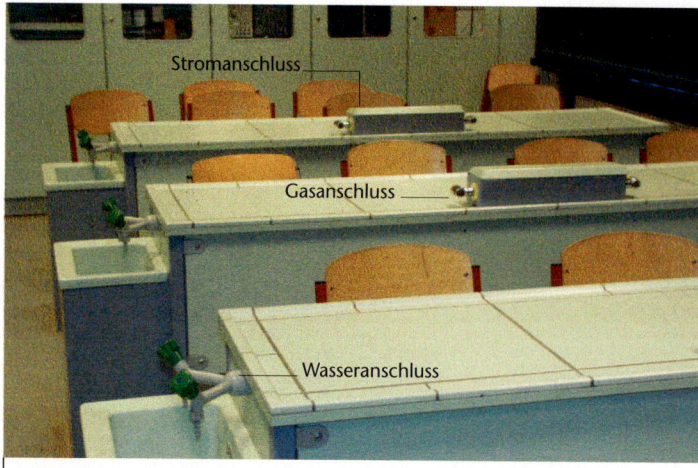

1 Der Fachraum Chemie – ein Raum mit besonderen Einrichtungen

Sicheres Experimentieren

Sehr giftige Stoffe können schon in sehr geringen Mengen zu schweren Gesundheitsschäden führen.

Leicht entzündliche Stoffe können schon bei niedrigen Temperaturen entzündet werden. Mit der Luft können sie explosionsfähige Gemische bilden.

Dieser Stoff hat Reizwirkungen auf Haut und Schleimhäute, er kann Entzündungen auslösen.

Brand fördernde Stoffe können brennbare Stoffe entzünden, Brände fördern und Löscharbeiten erschweren.

Dieser Stoff kann unter bestimmten Bedingungen explodieren.

Dieser Stoff kann lebendes Gewebe zerstören.

Gesundheitsschädliche Stoffe führen in größeren Mengen zu Gesundheitsschäden.

Giftige Stoffe können in geringen Mengen zu schweren Gesundheitsschäden führen.

Hochentzündliche Stoffe können schon bei Temperaturen unter 0°C entzündet werden.

Wasser, Boden, Luft, Klima, Pflanzen oder Mikroorganismen können durch diesen Stoff so verändert werden, dass Gefahren für die Umwelt entstehen.

Symbol	Kennbuchstabe	Bedeutung
☠	T+	Sehr giftig
☠	T	Giftig
✕	Xn	Gesundheitsschädlich
✕	Xi	Reizend
🧪	C	Ätzend
💥	E	Explosionsgefährlich
🔥	O	Brandfördernd
🔥	F+	Hochentzündlich
🔥	F	Leichtentzündlich
🌳🐟	N	Umweltgefährlich

5 Gefahrensymbole und Kennbuchstaben

Der Bau der Atome

1 DALTON und das Kugelmodell

2 RUTHERFORD und das Kern-Hülle-Modell

Das Kern-Hülle-Modell des Wasserstoffatoms

JOHN DALTON (1766–1844) stellte sich die Atome als feste Massekugeln vor (▷ B 1). Diese Atomvorstellung war allerdings nach dem Streuversuch von ERNEST RUTHERFORD (1871–1937) nicht mehr haltbar. RUTHERFORD entwickelte ein neues Atommodell, nach dem die Atome aus einem positiv geladenen Kern und einer negativ geladenen Hülle bestehen (▷ B 2).

Im Atomkern befinden sich die positiv geladenen Protonen und die ungeladenen Neutronen (mit Ausnahme des Wasserstoffatoms). Protonen und Neutronen haben beide etwa die gleiche Masse.
Der Atomkern ist im Vergleich zur Gesamtgröße des Atoms winzig klein (etwa 1/100000 des Atomdurchmessers). Trotzdem befindet sich die Masse eines Atoms fast ausschließlich im Atomkern, denn die Masse der negativ geladenen Elektronen, die sich in der Atomhülle bewegen, ist verschwindend gering.
Die positive Ladung des Kerns wird durch die negative Ladung der Atomhülle (Elektronenhülle) ausgeglichen, sodass ein Atom nach außen neutral ist.

Elektronen, Protonen und Neutronen sind die Bausteine der Atome (▷ B 3). Die Kernbausteine Protonen und Neutronen bezeichnet man als Nukleonen. Addiert man die Anzahl der Protonen und Neutronen, erhält man die Nukleonenzahl oder Massenzahl.

▶ Atome sind aus Protonen, Neutronen und Elektronen aufgebaut. Die Summe der Protonen und Neutronen ergibt die Nukleonenzahl.

Die Bedeutung der Protonen

Die Anzahl der Protonen im Kern ist von besonderer Bedeutung, da sie über die Zugehörigkeit des Atoms zu einem bestimmten Element entscheidet. Da die Protonenzahl im Periodensystem von Element zu Element zunimmt, wird sie zum Ordnen der Elemente verwendet. Sie wird daher auch Ordnungszahl genannt.

	Proton	Neutron	Elektron
Symbol	p^+	n	e^-
Masse in u	1,0073	1,0087	0,0005
Ladung	+1	0	−1
	im Kern +	im Kern	in der Hülle −

3 Bausteine der Atome

Der Bau der Atome

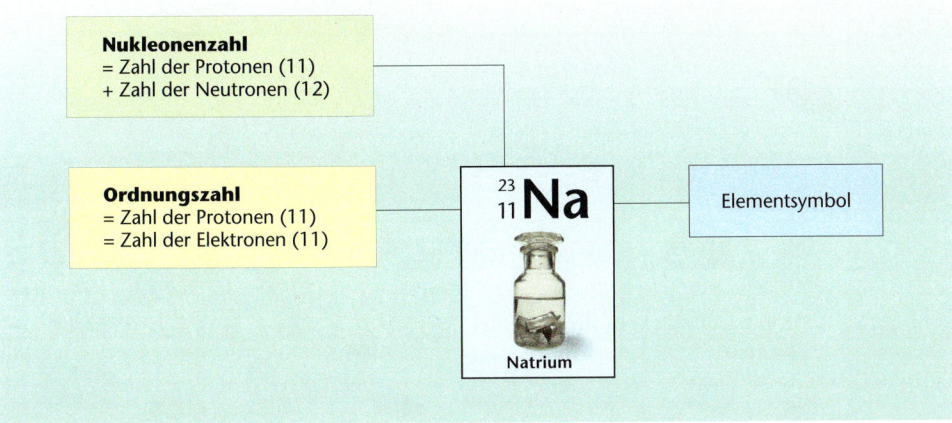

4 Die Bedeutung der Ziffern am Elementsymbol

▶ Die Ordnungszahl (Protonenzahl) gibt die Anzahl der Protonen an.

Im neutralen Atom stimmt die Anzahl der Protonen im Kern mit der Anzahl der Elektronen in der Hülle überein. Daher gibt die Ordnungszahl zugleich die Anzahl der Elektronen in der Atomhülle an.
Man kann aus den Zahlen an einem Elementsymbol die Anzahl der Atombausteine herauslesen bzw. leicht errechnen (▷ B 4).

Das Schalenmodell
Das Rutherford'sche Kern-Hülle-Modell wurde von dem dänischen Physiker NIELS BOHR (1885–1962; ▷ B 5), einem Schüler von RUTHERFORD, weiterentwickelt. Bestimmte Experimente ließen ihn vermuten, dass die Elektronenhülle aus verschiedenen Energiestufen bestehen müsse, auf denen sich die Elektronen bewegen. In Zusammenarbeit mit RUTHERFORD entwickelte BOHR daraufhin ein Modell vom Feinbau der Elektronenhülle (▷ B 6).

Die Elektronenhülle näher betrachtet
Die Elektronenhülle umgibt den Kern kugelförmig. In der Hülle bewegen sich die Elektronen.

Das Wasserstoffatom hat nur ein Elektron. Es hält sich in einem kugelförmigen Bereich um den Atomkern (hier: ein Proton) auf. Der Heliumatomkern mit zwei Protonen und zwei Neutronen umgibt sich mit zwei Elektronen, die sich beide in demselben kugelförmigen Bereich um den Kern aufhalten. Mehr Elektronen kann dieser Bereich nicht aufnehmen.

Beim Lithiumatom wird wieder ein kugelförmiger Bereich um den Kern mit zwei Elektronen besetzt. Zusätzlich enthält ein schalenförmiger weiterer Bereich das dritte Elektron. Dieser Aufenthaltsbereich wird bis auf acht Elektronen beim Neonatom aufgefüllt. Beim Übergang von einem Edelgasatom zum nachfolgenden Alkalimetallatom wird wieder eine neue Schale aufgebaut. Beim Natriumatom wird der dritte Aufenthaltsbereich, die 3. Schale, mit einem Elektron besetzt. Diese Modellvorstellung wird **Schalenmodell** genannt.

5 NIELS BOHR

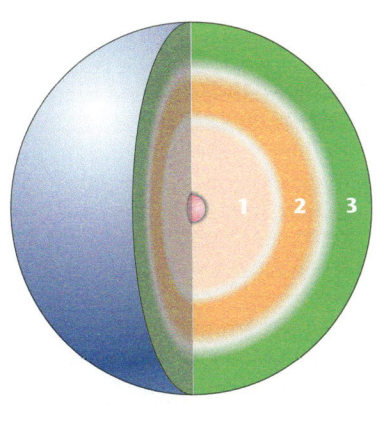

6 Die Elektronenhülle im Schalenmodell

Das Periodensystem der Elemente

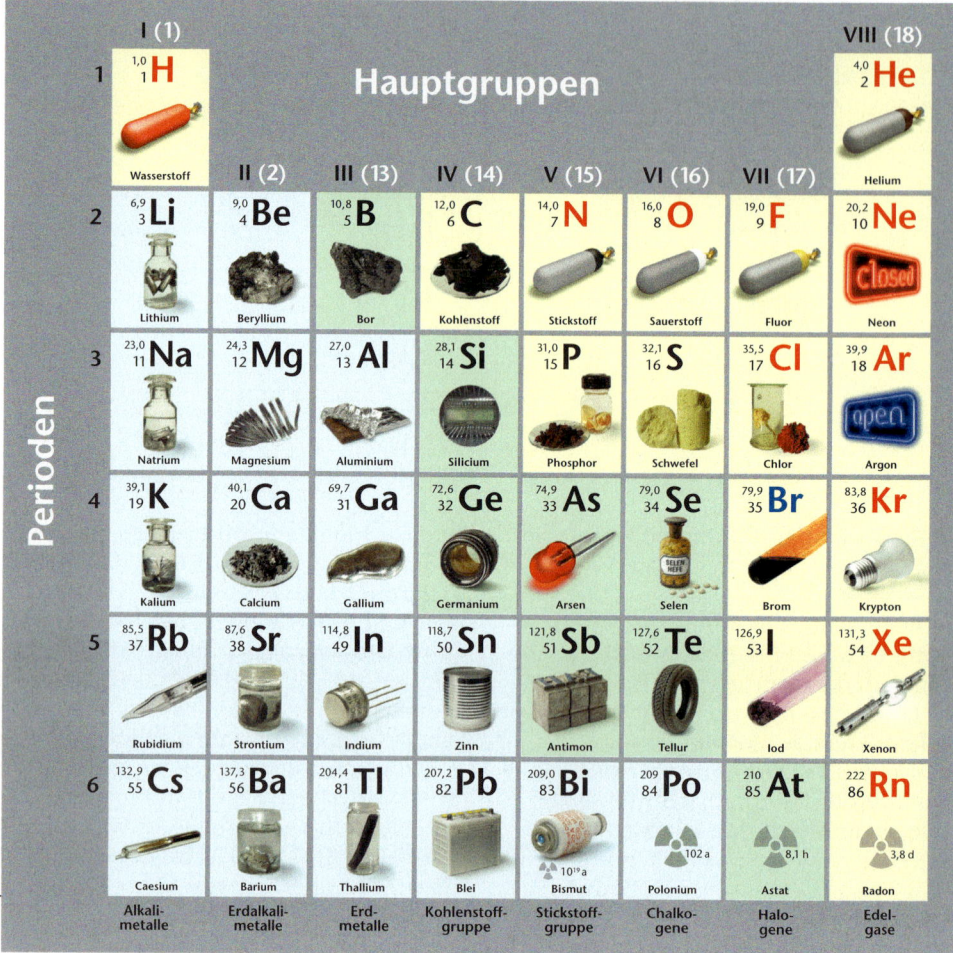

1 Die Hauptgruppen des Periodensystems

Einteilung in Perioden

Heute sind über 100 Elemente bekannt. Sie werden im **Periodensystem** der Elemente geordnet. Etwa vier Fünftel der Elemente zählen zu den Metallen, die übrigen zu den Nichtmetallen. Die waagerechten Reihen nennt man **Perioden**, weil nach bestimmten Abständen Elemente mit ähnlichen Eigenschaften wiederkehren.

Die Perioden werden mit arabischen Ziffern bezeichnet. Zur 1. Periode gehören nur zwei Elemente, Wasserstoff und Helium (▷ B 1).

Einteilung in Hauptgruppen

Die **Hauptgruppen** sind die senkrechten Spalten im Kurzperiodensystem (▷ B 1). Sie werden häufig mit römischen Ziffern gekennzeichnet. In den Hauptgruppen stehen Elemente mit ähnlichen Eigenschaften. Nicht bei allen Hauptgruppen ist die chemische Verwandtschaft so deutlich zu erkennen wie bei den Alkalimetallen der I. Hauptgruppe oder den Edelgasen der VIII. Hauptgruppe. Elemente, die nicht zu den 8 Hauptgruppen gehören, werden in **Nebengruppen** (▷ B 2) zusammengefasst (vollständiges Periodensystem im Anhang).

2 Die Nebengruppen des Periodensystems (Ausschnitt)

Das Periodensystem der Elemente

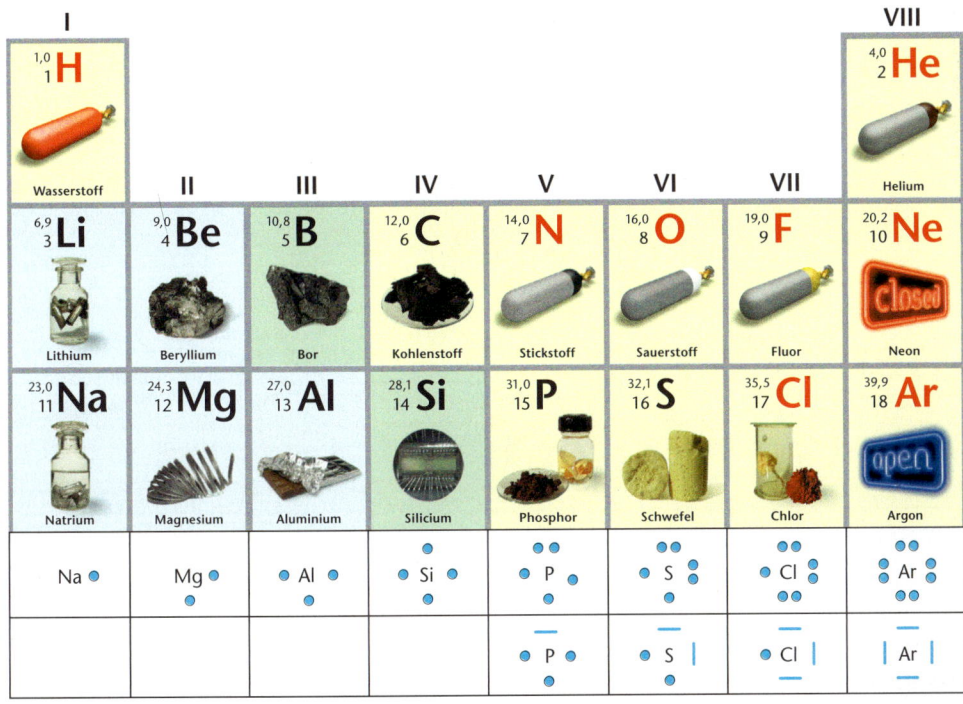

3 Periodensystem und Atombau

Periodensystem und Atombau

Als DIMITRIJ MENDELEJEW und LOTHAR MEYER das Periodensystem unabhängig voneinander in den Jahren 1869/70 entwickelten, waren ihnen die Ursachen für dieses System nicht bekannt. Heute wissen wir, dass das periodische Auftreten verwandter chemischer Elemente im Atombau begründet liegt.

Demnach werden die Elemente nach steigender Ordnungszahl in Perioden und Gruppen (Hauptgruppen und Nebengruppen) geordnet. Die Ordnungszahl gibt dabei die Anzahl der Protonen im Atomkern an. Diese Zahl entspricht zugleich der Anzahl der Elektronen in der Hülle.

Die Nummer der Periode gibt die Anzahl der Elektronenschalen in der Elektronenhülle an. Die Atome in einer Periode besitzen also die gleiche Anzahl von Schalen.

Die Nummer der Hauptgruppe entspricht der Anzahl der Elektronen auf der äußeren Schale. Bei den Atomen der Alkalimetalle (Hauptgruppe I) ist die äußere Schale mit einem Elektron besetzt, die Atome der Erdalkalimetalle (Hauptgruppe II) haben zwei Außenelektronen und die Halogenatome (Hauptgruppe VII) sieben. Diese Außenelektronen bestimmen das chemische Verhalten und die Stoffeigenschaften der Elemente. Diese Gemeinsamkeit im Aufbau der Atome erklärt, weshalb die Elemente derselben Hauptgruppe ähnliche Eigenschaften besitzen.

▶ Die Nummer der Periode gibt die Anzahl der Elektronenschalen an.
Die Nummer der Hauptgruppe gibt die Anzahl der Außenelektronen an.

Die Außenelektronen werden vereinfacht durch Punkte um das Elementsymbol gezeichnet (▷ B 3). Bei mehr als vier einzelnen Außenelektronen bildet jedes hinzukommende Elektron mit einem bereits vorhandenen ein Elektronenpaar. Ein Elektronenpaar kann anstelle von zwei Punkten durch einen Strich dargestellt werden.

▶ Die Elektronenschreibweise zeigt die Anordnung der Außenelektronen.

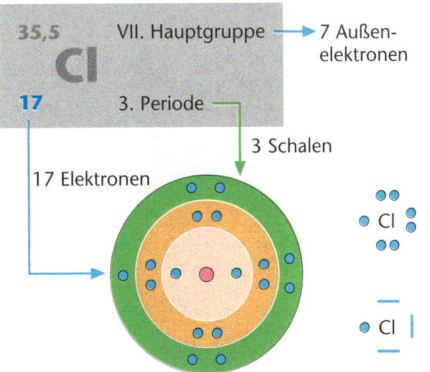

4 Was man ablesen kann.

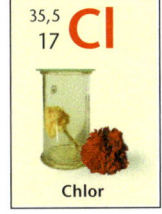

Startpunkt

Chemische Bindungen

Manche Atome verbinden sich gut miteinander, andere dagegen kaum oder gar nicht. Atome kennen keine Gefühle. Es muss andere Gründe geben, dass Atome sich verbinden.

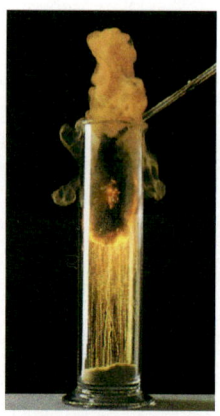

Magnesium beispielsweise reagiert heftig mit Sauerstoff zu Magnesiumoxid. Die Verbindung, die aus Magnesium- und Sauerstoffatomen entsteht, ist fest und stabil. Sie hält zusammen. Kennst du noch weitere stabile Verbindungen?

Viele gasförmige Elemente wie Wasserstoff oder Sauerstoff kommen als zweiatomige Moleküle vor. Das Element Neon in einer Neonröhre liegt dagegen in einzelnen, ungebundenen Atomen vor.
Ein Widerspruch?

Die chemischen Bindungstheorien erklären das unterschiedliche Verhalten der Atome. Dieses Verhalten ist hier als Comic dargestellt. Beschreibe die einzelnen Bilder.

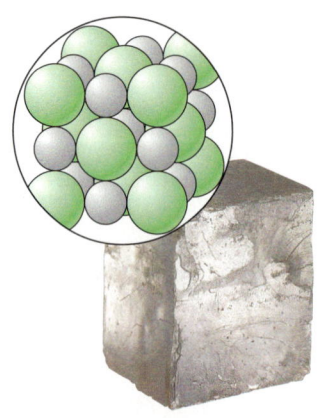

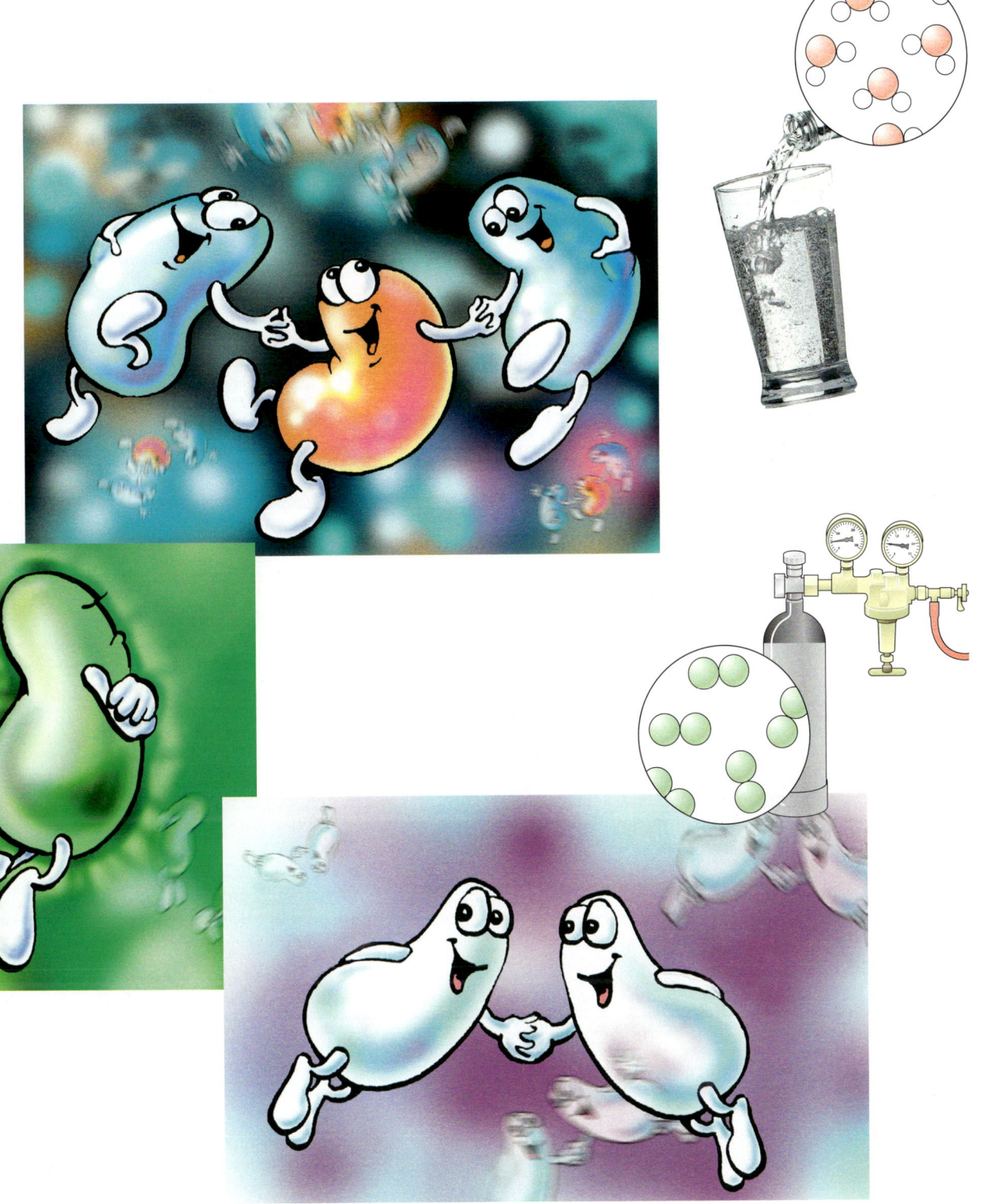

Kochsalz – aus Sicht der Chemie

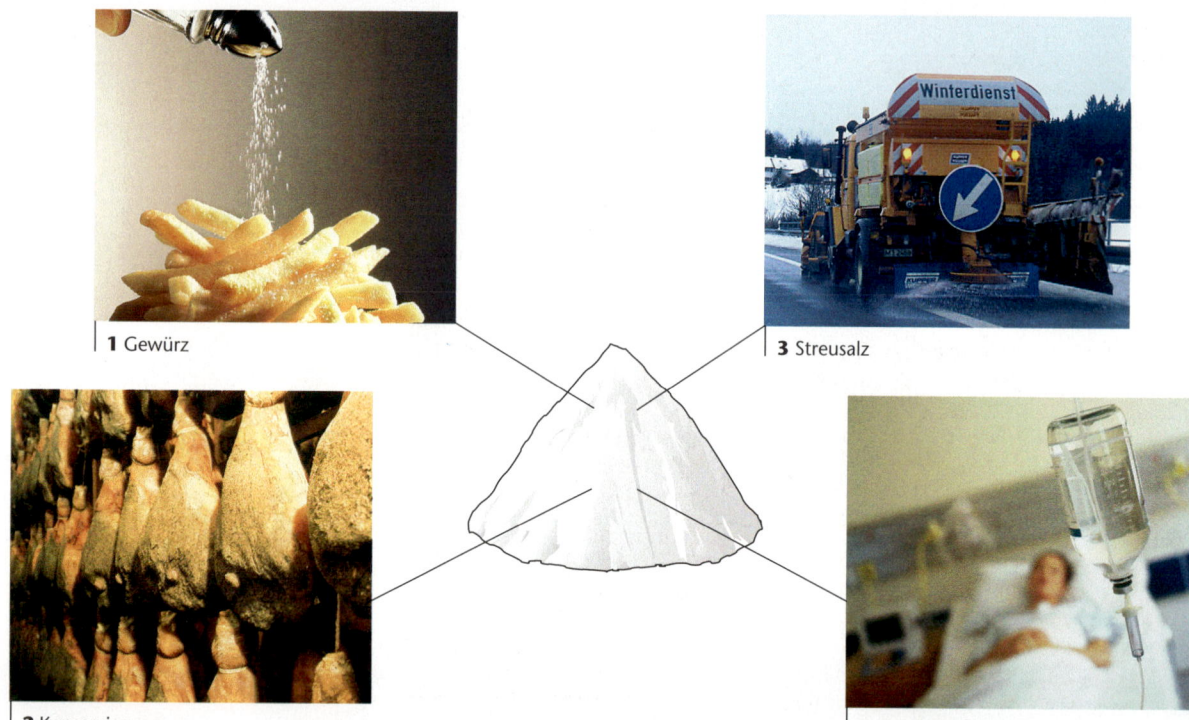

1 Gewürz

2 Konservierung

3 Streusalz

4 Physiologische Kochsalzlösung

5 Eine Stofffamilie

Die Salze – eine Stofffamilie
Wenn im Alltag der Begriff „Salz" verwendet wird, so meint man das Kochsalz, das der Chemiker „Natriumchlorid" nennt. Es besteht zu mindestens 97 % aus Natriumchloridkristallen, hat eine hohe Schmelztemperatur und sowohl die Lösung als auch die Schmelze leiten den elektrischen Strom. Derartige Eigenschaften zeigen aber z. B. auch die Stoffe Lithiumbromid, Magnesiumsulfat oder Calciumchlorid. Der Chemiker kennt somit eine Vielzahl von Salzen. Die Salze sind eine Stofffamilie.

Kochsalz – ein Multitalent
Kochsalz ist im Haushalt ein wesentlicher Bestandteil in der Gewürzliste (▷ B 1). Zudem dient es als Konservierungsmittel (▷ B 2). Im Winter hilft es als Bestandteil von Streusalz (▷ B 3), die Straßen von Eis und Schnee zu befreien. In der Medizin wird eine physiologische Kochsalzlösung als Blutersatzstoff (▷ B 4) verwendet. Die vielseitigen Verwendungsmöglichkeiten machen Kochsalz für den Menschen unentbehrlich.

Kochsalz bildet Kristalle
Verdunstet aus einer wässrigen Kochsalzlösung langsam das Wasser (▷ V 1), so bleiben regelmäßig geformte Kristalle zurück (▷ B 6).

6 Kochsalz bildet würfelförmige Kristalle.

Diese sind häufig schon mit bloßem Auge zu erkennen. Mithilfe einer Lupe oder unter dem Mikroskop erkennt man deutlich: Es handelt sich um regelmäßige Würfelformen unterschiedlicher Größe.

▶ Kochsalz (Natriumchlorid) ist ein weißer Feststoff, der aus würfelförmigen Kristallen aufgebaut ist.

Natriumchlorid entsteht
Gibt man ein heißes Stück Natrium in Chlorgas, so reagieren beide Elemente nach kurzer Zeit in einer stark exothermen Reaktion miteinander. Dabei werden Licht und Wärme frei (▷ V 3). An den Rändern des Reagenzglases setzt sich ein weißer Belag ab (▷ B 7).

Aus dem silbergrauen Alkalimetall Natrium und dem gelbgrünen Gas Chlor ist ein weißer, kristalliner Feststoff entstanden, der keine Ähnlichkeit mehr mit den Ausgangsstoffen zeigt. Es hat eine chemische Reaktion stattgefunden.

Löst man den weißen Belag in etwas Wasser und lässt das Wasser langsam verdunsten, so entstehen weiße Kristalle. Unter der Lupe oder dem Mikroskop erkennt man die typische Würfelform der Natriumchloridkristalle.

Aus dem Alkalimetall Natrium und dem Halogen Chlor ist bei der Reaktion ein Salz entstanden, das wir Natriumchlorid nennen.

Reaktionsschema:
Natrium + Chlor ⟶ Natriumchlorid
|exotherm

Natrium + Chlor ⟶ **Natriumchlorid**

7 Natrium reagiert heftig mit Chlor.

Aufgaben

1. Definiere den Begriff „Familie". Nenne Beispiele für Familien im
   a) biologischen Sinne,
   b) mathematischen Sinne,
   c) chemischen Sinne.

2. a) Auch die Metalle bilden eine Stofffamilie. Erkläre.
   b) Trage die Eigenschaften von fünf dir bekannten Metallen zusammen.

3. Formuliere die Reaktionsgleichung für die Bildung von Natriumchlorid aus den Elementen.

Versuche

1. ▶ Gib in eine flache Glasschale etwa 2 bis 3 mm hoch Wasser. Löse eine Messerspitze Kochsalz darin auf. Stelle die Schale an einen warmen Ort und lasse sie erschütterungsfrei stehen, bis sich Kristalle bilden. Betrachte die Kristalle unter einer Lupe oder einem Mikroskop.

2. ▶ Wiederhole Versuch 1 mit Natriumchlorid und vergleiche.

3. ▶ In ein Reagenzglas mit Loch wird ein entkrustetes, erbsengroßes Stück Natrium gegeben und erhitzt. Kurz bevor sich das Natrium entzündet, wird das Reagenzglas in einen Klemmhalter mit Abdeckplatte gespannt und auf den mit Chlor gefüllten Standzylinder aufgesetzt (Abzug! Schutzbrille!). Der entstandene weiße Stoff wird mit wenig Wasser herausgelöst. Einen Tropfen der Lösung gibt man auf einen Objektträger und betrachtet den Rückstand unter dem Mikroskop (▷ B 7).

4. ▶ Betrachte einige Kristalle folgender Salze unter dem Mikroskop: Kupfersulfat, Kupferchlorid, Lithiumbromid, Magnesiumsulfat und Calciumchlorid.
   a) Beschreibe die Eigenschaften der Kristalle mit Worten.
   b) Skizziere die Form der Kristalle.

Impulse

Atome wollen so wie Edelgasatome sein

Teile bleiben aneinander hängen

Das kleinste Teilchen einer Verbindung geht aus mindestens zwei Atomen hervor, die sich miteinander verbinden. Es stellt sich die Frage, warum die Atome aneinander „hängen bleiben".
Eine Hilfe bietet dir dabei ein Blick in deine Alltagswelt!

● Auch im Alltag halten Teile zusammen. Liste mindestens 20 Möglichkeiten auf.

Die Atomvorstellung von Niels Bohr

Nach der Vorstellung von Niels Bohr befinden sich in einem Atomkern Protonen und Neutronen. Um diesen Kern herum bewegen sich die Elektronen auf bestimmten Bahnen.

● Forsche im Internet nach den biografischen Daten von Niels Bohr.

● Zeichne ein Natriumatom in der Bohr`schen Atomvorstellung.

Die 8 – eine magische Zahl

Die „8" scheint eine magische Zahl zu sein. Sie taucht in vielen Zusammenhängen auf.

● Suche nach deutschen Übersetzungen für die nebenstehenden Begriffe.

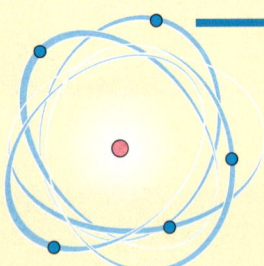
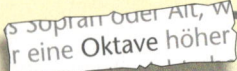

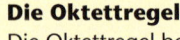

● Findest du noch weitere Begriffe mit der Vorsilbe „Okt..."?

Die Oktettregel

Die Oktettregel besagt, dass ein Teilchen dann besonders stabil ist, wenn es acht Elektronen auf seiner äußeren Schale besitzt. Man sagt, es hat Edelgaskonfiguration (Edelgasanordnung).
Diese Regel haben Walther Kossel und Gilbert Newton Lewis 1915 aufgestellt.

Gilbert Newton Lewis

● Forsche im Internet nach den biografischen Daten von Kossel und Lewis!

Gestaltung einer Symboltafel
● Ordnet jedem Schüler der Klasse die Ordnungszahl eines Hauptgruppenelements zu. Auf einem DIN-A4-Blatt gestaltet ihr nun euer Symbol nach euren Vorstellungen.
Außer dem Elementsymbol sollen auch die Atommasse, die Ordnungszahl und der deutsche Name des Elements enthalten sein.
Auf der Rückseite stellt ihr das Atom mithilfe des Schalenmodells dar. In einer Tabelle nennt ihr die Anzahl der Protonen (p+), der Elektronen (e-) und der Neutronen (n).

Du bist ein Schwefelatom
Das Schwefelatom steht im Periodensystem in der VI. Hauptgruppe und in der 3. Periode.

● Diskutiere folgende Aussagen mit deinem Nachbarn:

> Das Schwefelatom hat 6 Elektronen auf seiner äußeren Schale und besitzt 3 Schalen.

> Das Schwefelatom hat 3 Außenelektronen und besitzt 6 Schalen.

> Das Schwefelatom könnte noch 2 Elektronen aufnehmen, um seine äußere Schale voll mit Elektronen zu besetzen.

> Das Schwefelatom könnte 6 Elektronen aufnehmen, und hätte dann eine voll besetzte äußere Schale.

Die Anwendung der Oktettregel
Nur Edelgasatome (außer Helium) besitzen acht Elektronen auf ihrer Außenschale. Alle anderen besitzen weniger Elektronen als acht. Dennoch streben auch sie an, ihre äußere Schale mit acht Elektronen zu besetzen.

● Wähle ein beliebiges Hauptgruppenelement aus dem Periodensystem aus und stelle das Atom mithilfe des Schalenmodells dar.

● Gib die Anzahl der Elektronen an, die das Atom aufnehmen oder abgeben müsste, um ein „Elektronenoktett" zu erreichen. Begründe!

Die Ladung ändert sich
Protonen sind positiv geladen, Elektronen sind negativ geladen. Im Atom befinden sich immer gleich viele Protonen wie Elektronen. Das Atom ist somit neutral.

● Zeichne die nebenstehende Tabelle in dein Heft ab. Ergänze die Ladungen, die sich bei den vorgegebenen Verteilungen von Protonen und Elektronen ergeben.

● Erkunde die Atome, um die es sich ursprünglich gehandelt hat. Haben sie Elektronen aufgenommen oder abgegeben? Begründe!

Protonen-zahl (p+)	Elektronen-zahl (e−)	Ladung
11	10	?
17	18	
16	16	

Die Bildung von Ionen

Das Oktett und die Edelgasanordnung
Bei chemischen Reaktionen haben die Reaktionspartner das Bestreben, die Elektronenverteilung eines Edelgasatoms zu erreichen. Dies ist der Fall, wenn die äußere Schale voll besetzt ist wie bei Helium oder Neon oder wenn sich 8 Elektronen – also ein Elektronenoktett – auf der äußeren Schale befinden. Diese Elektronenverteilung ist besonders stabil. Man spricht von der **Oktettregel**.

Ein guter Kompromiss
Aus ihrer Stellung im Periodensystem kann man entnehmen, dass das Natriumatom 1 Elektron und das Chloratom 7 Elektronen auf ihren äußeren Schalen besitzen. Beide Atome können demzufolge in einem gemeinsamen Schritt ein Elektronenoktett erreichen: Das Natriumatom gibt sein Außenelektron an das Chloratom ab (▷ B 1).
Die so entstandenen Teilchen besitzen die gleiche Elektronenzahl und -verteilung wie die Atome der Edelgase Neon bzw. Argon. Die Oktettregel ist erfüllt.

Neue Teilchen entstehen
Das Natriumatom hat während der Reaktion 1 Elektron abgegeben. Mit 10 Elektronen entspricht die Elektronenverteilung des Teilchens nun der des Edelgasatoms Neon. Das Natriumteilchen hat aber nach wie vor 11 Protonen. Die Elektronen der Hülle können die positive Ladung des Kerns nicht mehr ausgleichen. Aus dem neutralen Natriumatom ist ein einfach positiv geladenes Teilchen Na^+ entstanden. Aus dem Chloratom ist dagegen das einfach negativ geladene Teilchen Cl^- entstanden, das 17 Protonen, aber nun 18 Elektronen besitzt. Seine Elektronenverteilung entspricht der des Argonatoms.

Wir brauchen einen neuen Namen
Da Atome neutral sind, benötigen wir für die durch Elektronenabgabe oder Elektronenaufnahme entstandenen, geladenen Teilchen einen neuen Namen. Man nennt sie **Ionen** (griech.: ionos, Wanderer).

▶ Ionen sind elektrisch positiv oder negativ geladene Teilchen. Sie entstehen aus Atomen durch Elektronenabgabe oder Elektronenaufnahme.

$$Na \longrightarrow Na^+ + e^-$$
Natriumatom $\longrightarrow$ Natriumion + Elektron

$$Cl + e^- \longrightarrow Cl^-$$
Chloratom + Elektron $\longrightarrow$ Chloridion

Aufgabe
1 Nenne die Ionen, die von folgenden Atomen gebildet werden:
a) Magnesium, b) Stickstoff, c) Sauerstoff, d) Brom, e) Lithium.

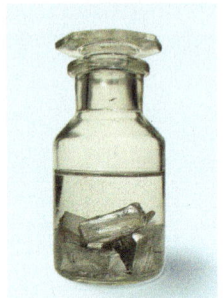

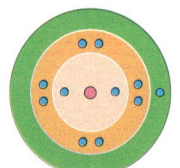
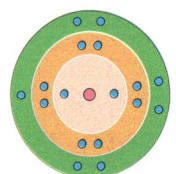
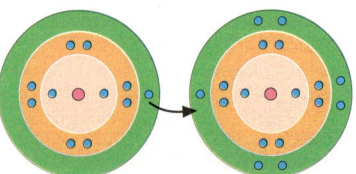
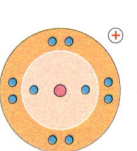
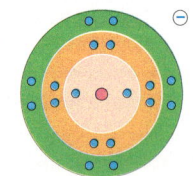

| Na· | + | ·C̅l̅| | | |N̅a̅|⁺ | |C̅l̅|⁻ |
| Natriumatom | | Chloratom | ⟶ | Natriumion | Chloridion |

1 Die Ionenbildung am Beispiel des Natrium- und Chloridions

Die Ionenbindung

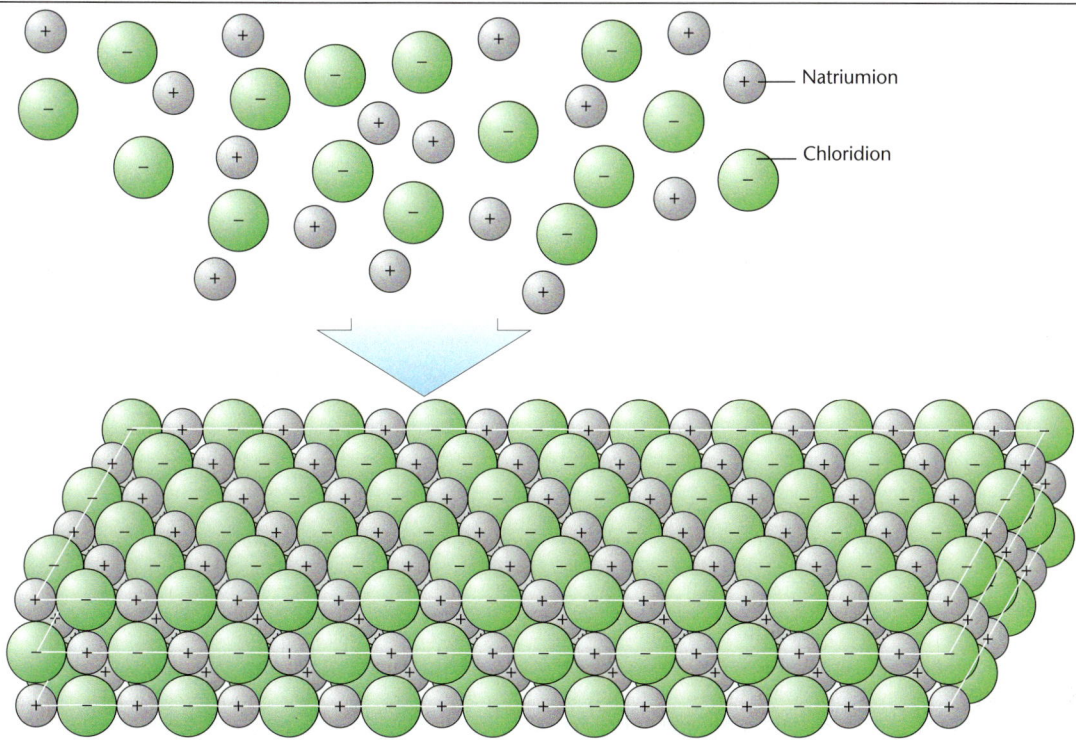

1 Unterschiedlich geladene Ionen ordnen sich.

Gegensätze ziehen sich an

Bei der heftig ablaufenden Reaktion zwischen Natrium und Chlor bilden sich sehr viele Ionen. Dabei lagern sich abwechselnd positiv geladene Natriumionen und negativ geladene Chloridionen nebeneinander und übereinander (▷ B 1).
Die Bindung zwischen den Ionen kommt aufgrund entgegengesetzter Ladungen zustande und wird **Ionenbindung** genannt. Bei der Entstehung von Ionen durch Elektronenübertragung ändert sich auch die Größe der Teilchen. So ist das Natriumion beispielsweise kleiner als das Natriumatom.

▶ Eine Ionenbindung liegt dann vor, wenn entgegengesetzt geladene Ionen sich gegenseitig anziehen.

Die räumliche Ionenverteilung – ein Merkmal von Natriumchlorid

Lagern sich viele Ionenschichten übereinander, wächst die Ionenanordnung von positiv geladenen Natriumionen und negativ geladenen Chloridionen aus der Ebene in den Raum. Es entsteht eine räumliche, regelmäßige Anordnung unterschiedlich geladener Ionen. Diese Anordnung nennt man **Ionengitter**.

▶ Die räumliche, regelmäßige Anordnung von Ionen nennt man Ionengitter.

Dieser würfelförmige Aufbau des Natriumchlorids ist unter der Lupe oder dem Mikroskop gut zu erkennen (▷ B 2).

Die kleinstmögliche Einheit dieser Ionenverbindungen besteht aus einem Na^+-Ion und einem Cl^--Ion, daher gibt man die Formel für Natriumchlorid als Verhältnisformel Na_1Cl_1 – kurz $NaCl$ – an.

Salze sind aus Ionen aufgebaut

Neben den Chloriden gibt es noch viele weitere Verbindungen, die aus Ionen aufgebaut sind und Kristalle bilden. Diese Verbindungen gehören zur Stofffamilie der Salze. Salze sind **Ionenverbindungen**.

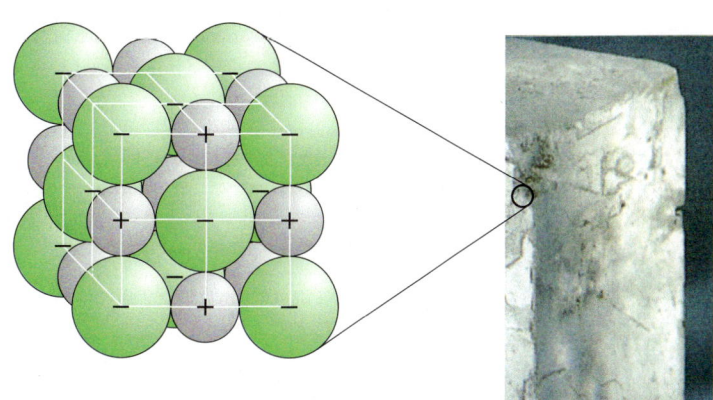

2 Natriumchlorid bildet ein Ionengitter.

Werkstatt

Kristall und Modell

1 Kristalle lassen sich züchten

Material
Schutzbrille, Gasbrenner, Dreifuß, Keramik-Drahtnetz, Becherglas (250 ml), Erlenmeyerkolben (250 ml), Messzylinder, Schnappdeckelglas, Kristallisierschale, Petrischale, Trichter, Glasstab, Thermometer (–10 °C bis 110 °C), Spatellöffel, Pinzette, Filterpapier, Papierhandtuch, Kalialaun, Kupfersulfat, destilliertes Wasser

Versuchsanleitung
a) Herstellen einer gesättigten Lösung
Gib in ein Becherglas zu ca. 150 ml Wasser unter ständigem Rühren mit dem Glasstab portionsweise Kalialaun, bis sich ein Bodensatz bildet.
Erwärme die Lösung unter Umrühren auf höchstens 50 °C (▷ B 1). Füge weiter Salz hinzu, bis ein Bodensatz sichtbar bleibt. Lass die Lösung abkühlen und filtriere sie in einen Erlenmeyerkolben. Das Filtrat muss klar und ohne Bodensatz sein (▷ B 2).

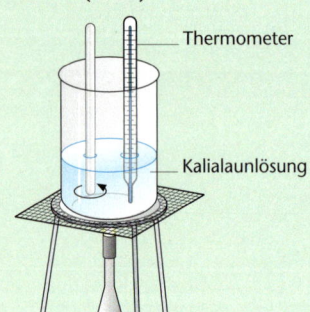

1 Erwärmen der Lösung

2 Filtrieren der Lösung

b) Herstellen von Keimkristallen
Gieße etwas von der klaren, gesättigten Salzlösung aus Versuch a) in eine Petrischale. Lass sie so lange stehen, bis sich am Boden der Petrischale größere Kristalle gebildet haben. Nimm mithilfe der Pinzette zwei oder drei Kristalle zum Weiterzüchten heraus, bevor sie mit anderen Kristallen zusammenwachsen. Trockne sie mit einem weichen, saugfähigen Papier ab. Bewahre die anderen Kristalle in einem kleinen Schnappdeckelglas auf und beschrifte das Glas korrekt. Gieße die restliche Salzlösung in den Erlenmeyerkolben zurück.

c) Züchten von Kristallen
Filtriere 100 ml bis 150 ml Salzlösung aus dem Erlenmeyerkolben in eine Kristallisierschale und lege zwei oder drei ausgewählte Keimkristalle mithilfe einer Pinzette auf den Boden des Gefäßes. Decke die Schale mit einem Rundfilterpapier ab und stelle sie an einen ruhigen, gleichmäßig temperierten Ort (▷ B 3). Bilden sich Nebenkristalle, müssen diese mithilfe der Pinzette entfernt werden.

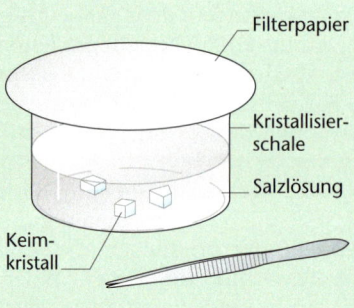

3 Kristalle werden gezüchtet.

d) Wiederhole den Versuch mit Kupfersulfat.

Aufgabe
Falls ein Scanner zur Verfügung steht, kannst du die Petrischale mit den entstandenen Kristallen direkt einscannen und als Bild ausdrucken.

2 Ein Modell ist anschaulich

Material
32 weiße Papierkugeln, 32 grüne Papierkugeln, Klebstoff

Versuchsanleitung
a) Klebe 4 Kugeln nach dem Schema grün – weiß – grün – weiß in einer Reihe zusammen.

b) Bilde danach eine Reihe, die sich genau spiegelbildlich zu der ersten verhält.

c) Führe die Anordnung in der Ebene fort, bis sich ein Quadrat ergibt.

d) Fertige eine zweite Ebene an, die sich hinsichtlich der Farbverteilung der Kugeln genau spiegelbildlich zu der ersten Ebene verhält!

e) Fahre gleichermaßen fort, bis sich ein Würfel ergibt!

Aufgaben
Führe eine Modelldiskussion durch und beantworte dabei folgende Aufgaben:

1. Bestimme die Anzahl der grünen Kugeln, die eine weiße Kugel umgeben, und umgekehrt die Anzahl der weißen Kugeln, die eine grüne Kugel umgeben.

2. Die grünen und weißen Kugeln sowie der Klebstoff symbolisieren etwas. Erkläre.

3. Wähle eine sinnvolle Formel aus:
a) Na^+Cl^-; b) $32\,Na + 32\,Cl$; c) $Na_{32}Cl_{32}$; d) $NaCl$; e) $Na^{32}Cl^{32}$

4. Vergleiche das Papiermodell mit dem Modell in Bild 4. Nenne Unterschiede.

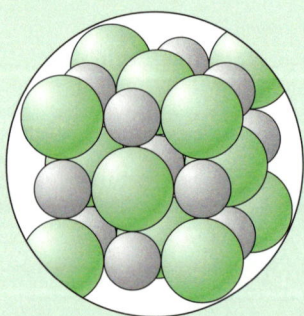

4 Raumerfüllung im Natriumchloridgitter

Eigenschaften von Salzen

Große Kräfte – hohe Schmelztemperatur
Der Zusammenhalt zwischen ungleich geladenen Ionen ist sehr groß. Um diese Anziehungskräfte zu überwinden, muss viel Energie aufgewandt werden. Daher ist die Schmelztemperatur z. B. von Natriumchlorid sehr hoch: Sie beträgt 801 °C.

Salze sind spröde
Knetmasse lässt sich zwischen den Fingern leicht verformen. Ein Kristall dagegen ist hart und spröde. Schlägt man von oben mit einem Hammer auf den Kristall, werden kleine Stücke abgespalten. Durch den Schlag verschieben sich die Ionenschichten so, dass sich gleich geladene Ionen gegenüberstehen. Diese stoßen sich ab und eine Abspaltung ist die Folge (▷ B 1).

Elektrische Leitfähigkeit von Salzen
Prüft man bei Zimmertemperatur die elektrische Leitfähigkeit eines Salzes, z. B. des Natriumchlorids, stellt man keine Leitfähigkeit fest (▷ V 1a). Dies ist erstaunlich, da doch im Gitter viele geladene Ionen vorliegen. Die Ionen sind aber so fest an ihre Plätze gebunden, dass keine Ladungsbewegung stattfindet.

Und sie bewegen sich trotzdem
Erwärmt man ein Salz, z. B. Natriumchlorid so stark, dass es schmilzt und legt eine elektrische Spannung an, stellt man eine elektrische Leitfähigkeit fest. Die zugeführte Wärmeenergie wird dabei in Bewegungsenergie umgewandelt und lässt die Ionen ihre festen Gitterplätze verlassen. Die nun frei beweglichen Ionen leiten den elektrischen Strom.

> Salze sind spröde und haben häufig hohe Schmelztemperaturen. Salzschmelzen leiten den elektrischen Strom.

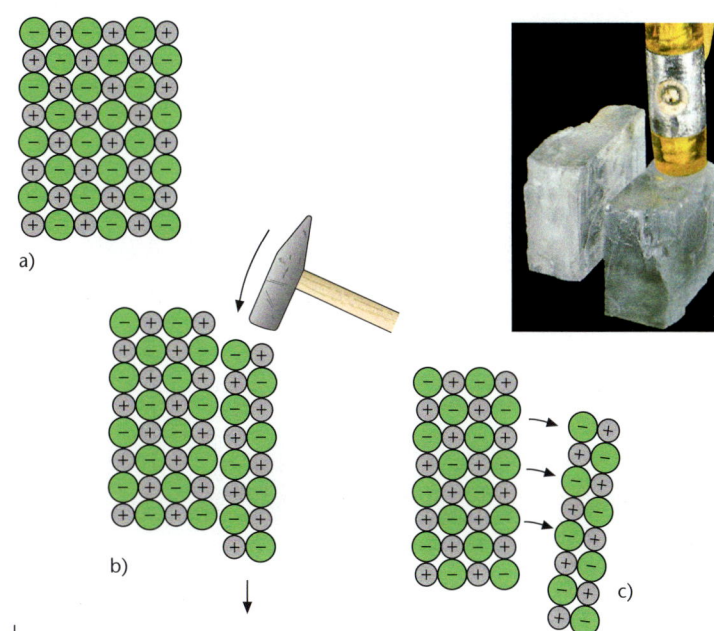

1 Abspaltung von Flächenstücken am Beispiel des Natriumchloridkristalls

Versuch

1 a) Man gibt in einen Porzellantiegel auf einem Dreifuß mit Tondreieck festes Natriumchlorid und taucht zwei Graphitelektroden in das Salz. Die Elektroden verbindet man mit einer Gleichspannungsquelle. Zum Ablesen der Stromstärke wird ein Messgerät (5 A) in Reihe geschaltet.

b) Mit einer Lötlampe mit Hartlötbrenneraufsatz wird das Natriumchlorid aus V 1a) im Porzellantiegel bis zur Schmelze erhitzt. Die Spannung wird so eingestellt, dass in der Schmelze ein Strom gemessen werden kann (▷ B 3). (Abzug! Schutzbrille!)

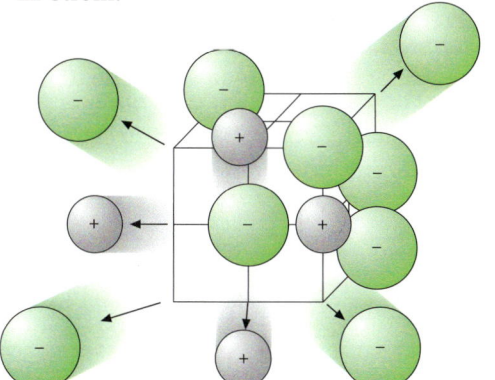

2 Frei bewegliche Ionen durch Wärmezufuhr

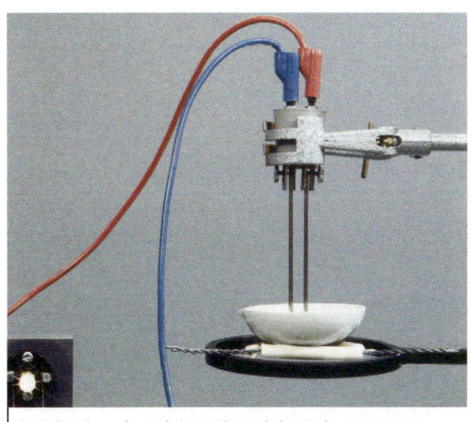

3 Salzschmelzen leiten den elektrischen Strom.

Die Atombindung

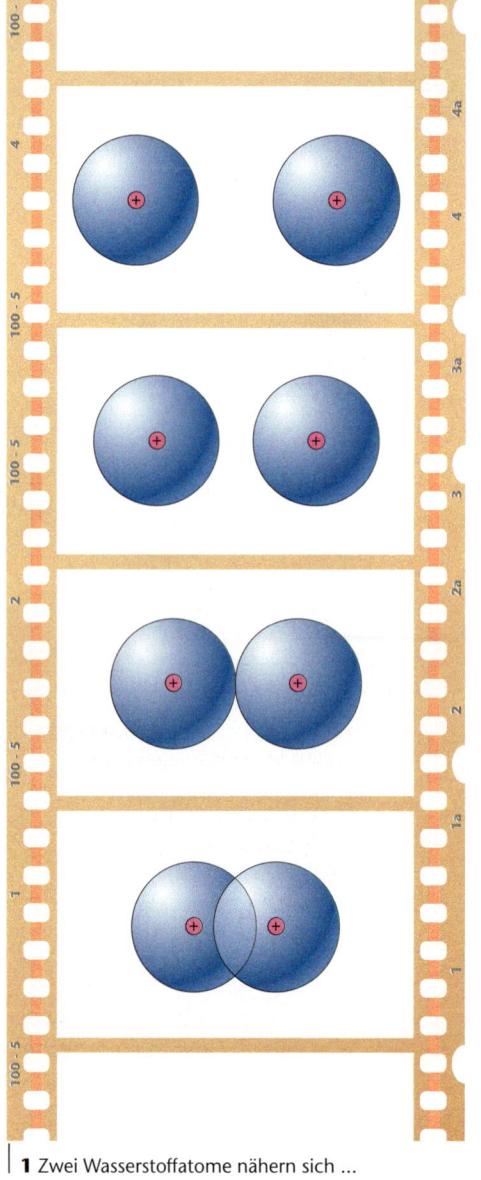

Salze entstehen beispielsweise durch die Reaktion von Metallen mit Nichtmetallen. Dabei entsteht eine Ionenbindung, wenn durch Elektronenaufnahme bzw. Elektronenabgabe Ionen gebildet werden, die sich in einem regelmäßigen Ionengitter anordnen.

Gleiche Atome verbinden sich
Die Formel für Wasserstoff ist H_2. Die Teilchen bestehen aus zweiatomigen Molekülen. Wie können sich aber zwei offensichtlich gleiche Atome aneinander binden? Aus der Stellung im Periodensystem ergibt sich, dass ein Wasserstoffatom 1 Elektron auf der äußeren Schale besitzt. Es müsste demnach noch 1 Elektron aufnehmen, um die Elektronenanordnung des Edelgasatoms Helium zu erreichen. Dessen Schale ist mit 2 Elektronen voll besetzt. Jedes der beiden Wasserstoffatome ist demnach gleichermaßen bestrebt, noch 1 Elektron aufzunehmen.

Zwei Wasserstoffatome nähern sich ...
Die Bildung eines Wasserstoffmoleküls stellt man sich in mehreren Teilschritten so vor (▷ B 1):
Bei der Annäherung der beiden Atome wird das Elektron eines Wasserstoffatoms von dem positiven Kern des jeweils anderen Wasserstoffatoms angezogen. Ab einer bestimmten Entfernung werden die Elektronen von beiden Atomen gemeinsam genutzt. Der Aufenthaltsort der beiden Elektronen ist – vergleichbar mit einer Momentaufnahme – genau zwischen den beiden Atomen. Jedes Wasserstoffatom besitzt so zwei Elektronen. Es entsteht ein Wasserstoffmolekül.

Die Atombindung
Die Elektronenschreibweise (▷ B 2) stellt den Zustand optimaler Nähe dar. Die beiden Elektronen bewirken als **bindendes Elektronenpaar** den Zusammenhalt der beiden Wasserstoffatome. Sie gehören beiden Atomen gleichermaßen an und werden durch einen **Bindungsstrich** symbolisiert.

▶ Sind Atome durch gemeinsame Elektronenpaare verbunden, so spricht man von einer Atom- oder Elektronenpaarbindung. Dabei entstehen Moleküle.

1 Zwei Wasserstoffatome nähern sich ...

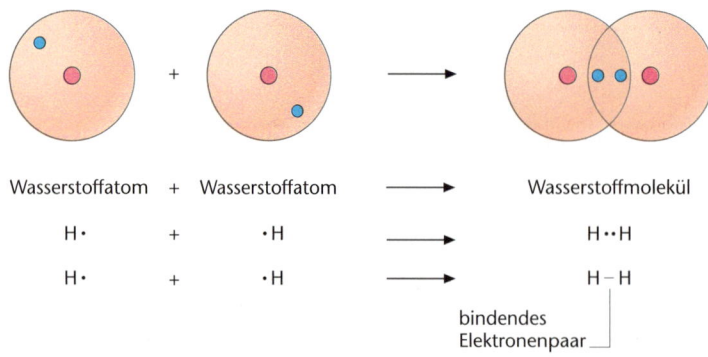

2 Zwei Wasserstoffatome verbinden sich zu einem Wasserstoffmolekül (Schalenmodell).

Die Atombindung

Moleküle lassen sich durch eine **Strukturformel** beschreiben.

▶ In der Strukturformel kennzeichnen Elementsymbole die Atome und Bindungsstriche die bindenden Elektronenpaare.

Nichtbindende Elektronenpaare

Ein Chloratom besitzt 7 Außenelektronen. 6 dieser Außenelektronen lassen sich zu 3 Paaren zusammenfassen. Das 7. Elektron bleibt ungepaart. Gehen 2 Chloratome eine Atombindung miteinander ein, so können beide Atome die Elektronenverteilung des Argonatoms erreichen. Die anderen 3 Elektronenpaare sind nicht an der Bildung der Bindung beteiligt (▷ B 3). Man nennt sie nichtbindende Elektronenpaare.

Mehrfachbindung

Ein Sauerstoffatom besitzt 6 Außenelektronen. Diese bilden nur 2 Paare, sodass 2 ungepaarte Elektronen zurückbleiben. Jedes Sauerstoffatom stellt seine beiden ungepaarten Elektronen für die Bindungsbildung im Sauerstoffmolekül zur Verfügung und erreicht dadurch die Elektronenverteilung des Neonatoms. Es sind also 4 Elektronen an der Bindung beteiligt (▷ B 4). Dies wird durch zwei Bindungsstriche symbolisiert und als **Doppelbindung**

bezeichnet. Stickstoffatome können sogar eine **Dreifachbindung** ausbilden.

Moleküle mit unterschiedlichen Atomen

Chlorwasserstoffmoleküle mit der Formel HCl sind aus unterschiedlichen Atomarten aufgebaut. Dennoch kann für jedes Atom durch die Ausbildung einer Atombindung ein stabiler Edelgaszustand erreicht werden. Dabei sind die beiden Atome über eine **Einfachbindung** miteinander verbunden und am Chloratom befinden sich drei nichtbindende Elektronenpaare (▷ B 3).

Größere Moleküle

Das Kohlenstoffdioxidmolekül besteht aus drei Atomen. Jedes Atom kann einen stabilen Edelgaszustand erreichen, wenn zwischen dem Kohlenstoffatom und jedem der beiden Sauerstoffatome eine Doppelbindung ausgebildet wird (▷ B 3).

Aufgaben

1 Die Edelgase Helium, Neon und Argon bilden keine Moleküle. Begründe.

2 Beschreibe in B 3 die Strukturformel
a) des Chlorwasserstoffmoleküls und
b) des Kohlenstoffdioxidmoleküls
mithilfe der Fachbegriffe.

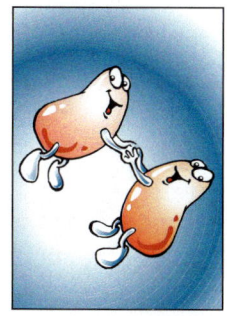

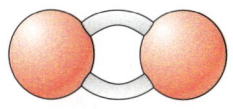

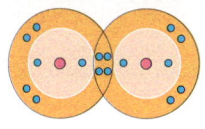

4 Das Sauerstoffmolekül O_2

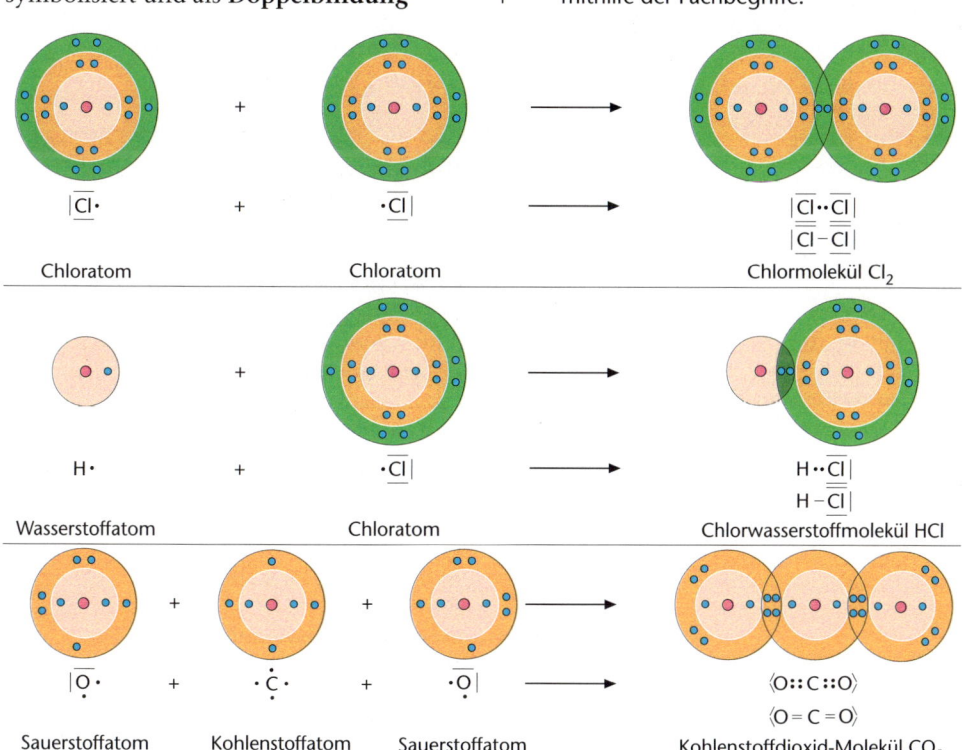

3 Die Bildung von Molekülen

Wasser, ein Dipol

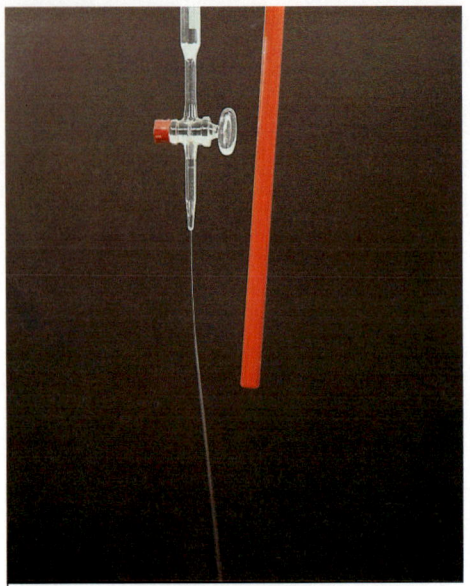

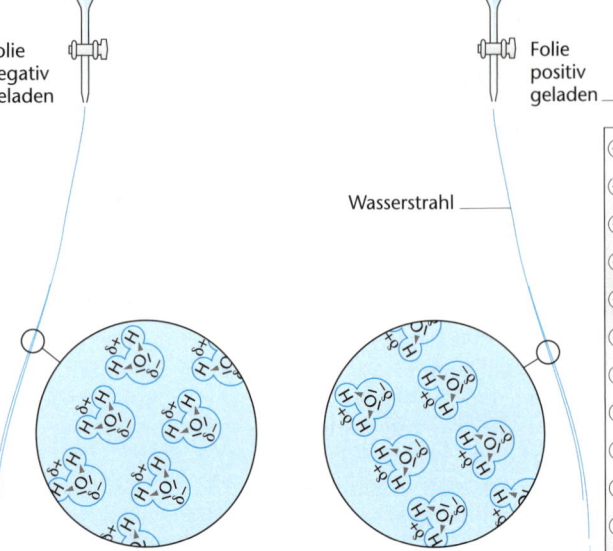

1 Ein Wasserstrahl wird abgelenkt.

Wasser – eine besondere Flüssigkeit
Hält man an einen senkrecht nach unten fließenden Wasserstrahl seitlich eine negativ aufgeladene Folie, so wird der Wasserstrahl in Richtung Folie abgelenkt. Das gleiche Verhalten zeigt der Wasserstrahl auch dann, wenn die Folie positiv aufgeladen ist (▷ V 1; B 1). Im Wassermolekül müssen folglich Ladungen vorliegen.

Bildung des Wassermoleküls
Das Sauerstoffatom im Wassermolekül benötigt 2 Elektronen, um ein stabiles Oktett zu erreichen. Das Sauerstoffatom bildet mit 2 Wasserstoffatomen jeweils eine Atombindung aus.
Woher entstehen jedoch die Ladungen im Molekül, die eine Ablenkung des Wasserstrahls bewirken?
Das Sauerstoffatom besitzt im Vergleich zum Wasserstoffatom die Fähigkeit, die Bindungselektronen stärker anzuziehen. Das Wasserstoffatom gibt jedoch sein Elektron nicht an das Sauerstoffatom ab. Das Elektron wird lediglich in die Richtung des Sauerstoffkerns verschoben.

Durch die Verschiebung macht sich beim Wasserstoffatom die positive Kernladung stärker bemerkbar. Das Wasserstoffatom bekommt eine **positive Teilladung** $\delta+$ (sprich: delta plus). Das bindende Elektronenpaar und damit die negative Ladung befindet sich nun näher am Sauerstoffatom. Dieses erhält dementsprechend eine **negative Teilladung** $\delta-$ (sprich: delta minus).

Die polare Atombindung
Eine derartige Verschiebung des bindenden Elektronenpaares in die Richtung des einen Bindungspartners kennzeichnet man in der Strukturformel durch die dickere Seite eines Keils (▷ B 2). Es entstehen Teilladungen im Molekül. Man nennt diese Bindung **polare Atombindung**.

▶ Hat ein Atom in einer Atombindung ein größeres Bestreben, das bindende Elektronenpaar an sich zu ziehen, so wird das bindende Elektronenpaar in Richtung dieses Partners verschoben. Es entsteht eine polare Atombindung.

Das Wassermolekül ist gewinkelt
Ein dünner Wasserstrahl wird zu einer Folie hin ausgelenkt (▷ B 1), gleichgültig, ob diese positiv oder negativ aufgeladen ist. Der Wasserstrahl reagiert also in jedem Fall auf die Ladung der Folie.

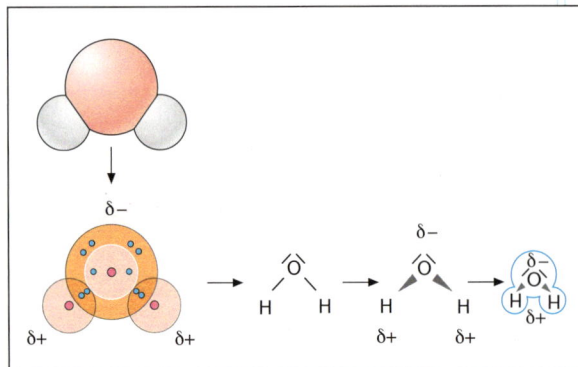

2 Im Wassermolekül liegen Teilladungen vor.

Wasser, ein Dipol

Aufgrund der Verschiebung der bindenden Elektronenpaare hin zum Sauerstoffatom und aufgrund der Anordnung der nicht bindenden Elektronenpaare des Sauerstoffatoms ergibt sich eine besondere Struktur des Wassermoleküls. Die drei Atome des Wassermoleküls stehen in einem Winkel von etwa 105° zueinander (▷ B 2). Aus dieser gewinkelten Struktur ergeben sich innerhalb des Moleküls ein positiver Ladungsschwerpunkte δ+ (sprich: delta positiv) zwischen den Wasserstoffatomen und ein negativer Ladungsschwerpunkt δ– (sprich: delta negativ) am Sauerstoffatom. Das Wassermolekül besitzt zwei unterschiedlich geladene Pole – es ist ein **Dipol**.

▶ Dipole entstehen, wenn sich durch Elektronenverschiebung innerhalb eines Moleküls unterschiedliche Ladungsschwerpunkte ausbilden.

Der Wasserstrahl wird durch elektrisch aufgeladene Folien abgelenkt, da sich die Wassermoleküle mit ihren entgegengesetzt geladenen Polen zu der aufgeladenen Folie ausrichten (▷ B 1).

Die Wasseroberfläche steht unter Spannung

Um einen Aluminiumring von einer Wasserfläche zu lösen, ist eine messbare Kraft aufzuwenden (▷ V 2; B 3). Diese Erscheinung wird als **Oberflächenspannung** bezeichnet. Die Wasserläufer, eine Insektenart, nutzen diese Oberflächenspannung, um sich mit besonders geformten Füßen auf der Wasseroberfläche zu bewegen (▷ B 5).

4 Benachbarte Wassermoleküle ordnen sich.

Wie ist die Entstehung dieser Oberflächenspannung zu erklären? Benachbarte Wassermoleküle beeinflussen sich gegenseitig. Sie drehen sich so, dass sich positive und negative Ladungsschwerpunkte gegenüber stehen. Zwischen der positiven Teilladung des Wasserstoffatoms eines Wassermoleküls und der negativen Teilladung des Sauerstoffatoms eines anderen Wassermoleküls besteht eine Wechselwirkung. Diese zwischenmolekularen Kräfte führen zu einem Zusammenhalt, den man **Wasserstoffbrücke** nennt. Die Anziehungskräfte wirken nach innen und an der Grenze zwischen Wasser und Luft, so bildet sich die Tropfenform aus (▷ B 4).

▶ Zwischen den Dipolmolekülen des Wassers treten Wasserstoffbrückenbindungen auf.

5 Die Oberflächenspannung des Wassers trägt den Wasserläufer.

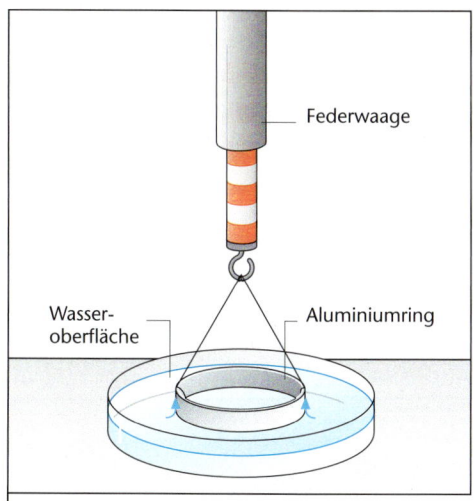

3 Die Oberflächenspannung des Wassers

Versuche

1 Lade zwei Folien durch Reibung unterschiedlich elektrisch auf. Halte sie nacheinander parallel zu einem senkrecht nach unten fließenden Wasserstrahl.

2 Hänge an eine Federwaage einen Aluminiumring (▷ B 3). Tauche ihn vorsichtig bis etwa zur Hälfte in ein Gefäß mit Wasser. Ziehe ihn langsam und gleichmäßig mit der Federwaage nach oben. Lies in dem Augenblick, in dem sich der Ring von der Wasseroberfläche löst, die Kraft an der Waage ab.

Die Elektronegativität

Ionenbindung oder Atombindung?
Welche Art von Bindung zwei Atome bilden, hängt von ihrer Fähigkeit ab, die Bindungselektronen anzuziehen. Um diese Fähigkeit vergleichen zu können, hat man den Begriff Elektronegativität eingeführt. Die Elektronegativität eines Atoms wird als Zahl angegeben. Fluor zieht von allen Elementen die Bindungselektronen am stärksten an und erhielt den Wert 4,0.

▶ Die Elektronegativität stellt die Fähigkeit eines Atoms dar, Bindungselektronen innerhalb eines Moleküls anzuziehen.

Sind zwei Atome miteinander verbunden, so besitzt das elektronegativere Atom die negative Teilladung. Je größer der Unterschied der Elektronegativitätswerte zwischen zwei Atomen ist, desto größer ist deren Tendenz, Ionen auszubilden.

Entscheidungshilfen
Ist die Elektronegativitätsdifferenz zwischen einem Metallatom und einem Nichtmetallatom größer als 1,7, so handelt es sich um eine Ionenbindung.

Ist die Elektronegativitätsdifferenz zwischen zwei Atomen kleiner als 1,7, so handelt es sich um eine polare Atombindung.

Periode																	
1	H 2,1																He
2	Li 1,0	Be 1,5											B 2,0	C 2,5	N 3,0	O 3,5	F 4,0	Ne
3	Na 0,9	Mg 1,2											Al 1,5	Si 1,8	P 2,1	S 2,5	Cl 3,0	Ar
4	K 0,8	Ca 1,0	Sc 1,3	Ti 1,5	V 1,6	Cr 1,6	Mn 1,5	Fe 1,8	Co 1,8	Ni 1,8	Cu 1,9	Zn 1,6	Ga 1,6	Ge 1,8	As 2,0	Se 2,4	Br 2,8	Kr
5	Rb 0,8	Sr 1,0	Y 1,3	Zr 1,4	Nb 1,6	Mo 1,8	Tc 1,9	Ru 2,2	Rh 2,2	Pd 2,2	Ag 1,9	Cd 1,7	In 1,7	Sn 1,8	Sb 1,9	Te 2,1	I 2,5	Xe

1 Elektronegativitätswerte der ersten fünf Perioden nach PAULING

Ist die Elektronegativitätsdifferenz 0, so ist die Atombindung unpolar, da sich die bindenden Elektronenpaare genau zwischen den beiden Atomen befinden.

Aufgabe

1 Entscheide durch die Berechnung der Elektronegativitätsdifferenz, ob zwischen dem Wasserstoffatom und dem Sauerstoffatom im Wassermolekül eine polare Atombindung vorliegt.

Werkstatt

Ein Wasserstrahl lässt sich dressieren

Material
Schutzbrille, Stativ, Doppelmuffe, Universalklemme, Bürette, Kunststoffwanne, 2 Overheadfolien mit Schutzpapier, Stoffstück, Wasser, Ethanol, Wundbenzin

Versuchsanleitung
a) Baue eine Versuchsapparatur nach Bild 2 auf. Fülle in die Bürette Wasser aus einer Spritzflasche.

b) Lege die zwei Folien übereinander auf ein Schutzpapier. Reibe mit dem Ärmel des Pullovers oder einem Stoffstück mehrmals über die obere Folie (▷ B 1).

c) Trenne ruckartig die Folien vom Schutzpapier, dann die beiden Folien voneinander.

d) Öffne den Bürettenhahn und nähere jede Folie einzeln dem Wasserstrahl aus der Bürette (▷ B 2).

e) Wiederhole den Versuch statt mit Wasser einmal mit Ethanol, das andere Mal mit Benzin.

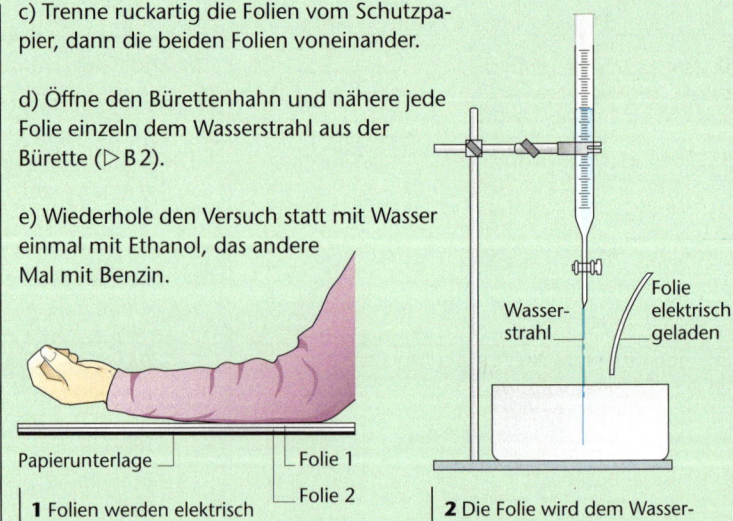

1 Folien werden elektrisch aufgeladen.

2 Die Folie wird dem Wasserstrahl genähert.

Strategie
Das Aufstellen von Strukturformeln

A. Das Lesen einer Strukturformel
Häufig findet man Strukturformeln von Molekülen, deren Atome durch Atombindungen miteinander verbunden sind. In den Strukturformeln symbolisieren Bindungsstriche die Atombindungen.

Man liest: Im Ammoniakmolekül ist das Stickstoffatom jeweils über eine Einfachbindung mit den drei Wasserstoffatomen verbunden. Zusätzlich befindet sich am Stickstoffatom ein nichtbindendes Elektronenpaar.

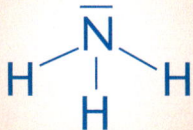

B. Einfach- oder Mehrfachbindung?
Im Cyanwasserstoffmolekül ist das Kohlenstoffatom über eine Dreifachbindung mit dem Stickstoffatom, und über eine Einfachbindung mit dem Wasserstoffatom verbunden.

Zwei Sauerstoffatome sind im Sauerstoffmolekül über eine Doppelbindung miteinander verbunden und besitzen je zwei nichtbindende Elektronenpaare.

C. Das Aufstellen einer Strukturformel
Wie kommt man zum Beispiel zur Strukturformel von N_2? Zunächst hilft ein Blick auf das Schalenmodell des Stickstoffatoms. Wir wissen, dass die erste Schale mit maximal zwei Elektronen besetzt sein kann, die zweite Schale fasst maximal acht Elektronen. Aus dem Schalenmodell kann man zudem entnehmen, dass ein Stickstoffatom fünf Elektronen auf der äußeren Schale besitzt. Zwei dieser fünf Elektronen bilden ein Paar, drei Elektronen bleiben ungepaart.

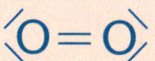

	I	II	III	IV	V	VI	VII	VIII
1	H							He
2	Li	Be	B	C	N	O	F	Ne

D. Die Lewis-Schreibweise
Gehe nach folgenden Regeln vor:

1. Schritt: Ermittle mithilfe des Periodensystems die Anzahl der Außenelektronen für das betrachtete Atom. Das Stickstoffatom N besitzt fünf Außenelektronen.

2. Schritt: Verteile nun in regelmäßiger Anordnung vier Elektronen um das Symbol herum. Erst dann fügst du ein zweites Elektron zu einem schon vorhandenen hinzu.

3. Schritt: Da die Summenformel für das Stickstoffmolekül N_2 ist, muss mit dem zweiten Atom genauso verfahren werden:

4. Schritt: Man erhält nun die Strukturformel, indem man die **einzelnen** Punkte beider Atome durch einen Strich verbindet. Hier bilden sich drei bindende Elektronenpaare aus.

5. Schritt: Die beiden Punkte, die schon vorher am Symbol standen, werden ebenfalls durch einen Strich dargestellt. Dieser befindet sich aber weiterhin in der Nähe des Symbols und stellt das nichtbindende Elektronenpaar dar.

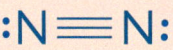

29

Wasser löst Salz

Die Herstellung von Salzwasser ist denkbar einfach. Man macht sich die gute Löslichkeit des Salzes in Wasser zu Nutze.

Wasser contra Benzin
Ein gehäufter Löffel Natriumchlorid wird in Wasser und ein weiterer in Benzin gelöst (▷ V 1). Sieht man sich bei Zugabe der beiden Lösungsmittel den Lösungsvorgang genauer an, lassen sich interessante Beobachtungen machen. Das Wasser wird vom Natriumchlorid förmlich „angesaugt" (▷ B 1). In relativ kurzer Zeit löst das neu hinzukommende Wasser das Natriumchlorid vollständig auf. Andere Flüssigkeiten, wie zum Beispiel Benzin, bewirken dieses Verhalten nicht.

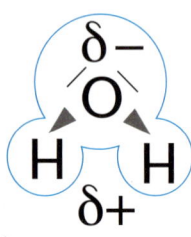

1 Natriumchlorid wird in Wasser gelöst

Frei bewegliche Ionen entstehen
Gibt man nur wenige Körnchen Natriumchlorid zu destilliertem Wasser und prüft dabei die elektrische Leitfähigkeit (▷ V 2), so kann man einen raschen Anstieg beobachten. Es müssen demnach beim Zusammentreffen von Wasser und Natriumchlorid in kurzer Zeit viele frei bewegliche Ionen entstanden sein.

Wasser löst Salz – die Hydratation
Sobald Wassermoleküle mit Natriumionen und Chloridionen in Berührung kommen, lagern sich die Dipolmoleküle des Wassers so um die Ionen des Ionengitters, dass sich jeweils ungleiche Teilladungen gegenüberstehen (▷ B 3b). Die Ionen werden von den Ecken des Gitters ausgehend aus ihren Gitterplätzen gelöst und das Kristallgitter von seiner Oberfläche her langsam zerstört (▷ B 3c).

Wassermoleküle umlagern die nun frei beweglichen Natrium- und Chloridionen und bilden so genannte **Hydrathüllen** (Wasserhüllen). Diese verhindern eine erneute Bildung des Ionengitters (▷ B 3d). Die Bildung von Hydrathüllen nennt man **Hydratation**.

▶ Bei der Hydratation lösen Wassermoleküle die Ionen eines Salzes aus ihren Gitterplätzen und bilden eine Hydrathülle um die Ionen.

Versuche

1 ▶ Man gibt in die Mitte zweier Petrischalen je einen Löffel Kochsalz und stellt die Petrischalen auf den Overheadprojektor. Aus einer Spritzflasche lässt man langsam von der Seite her Wasser bzw. Wundbenzin zulaufen.

2 ▶ Man prüft die elektrische Leitfähigkeit einer wässrigen Natriumchloridlösung.

2 Das polare Wassermolekül

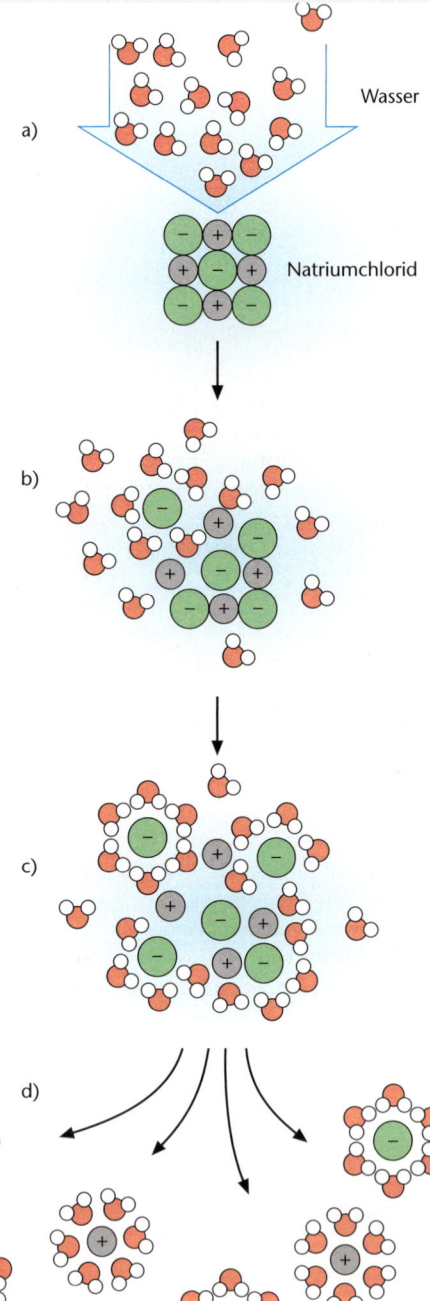

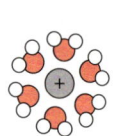 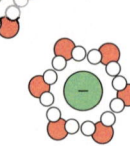 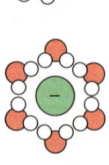

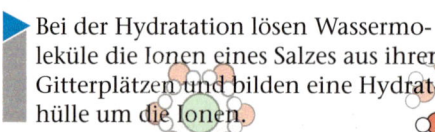

3 Modellhafte Darstellung der Löslichkeit von Natriumchlorid in Wasser

Die Ionenwanderung

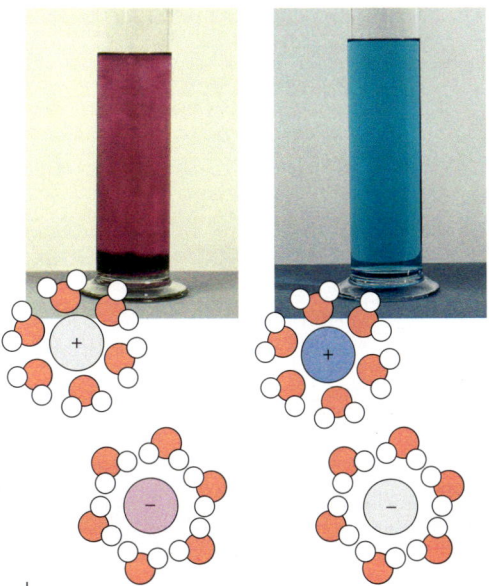

1 Kaliumpermanganat und Kupfersulfat werden in Wasser gelöst.

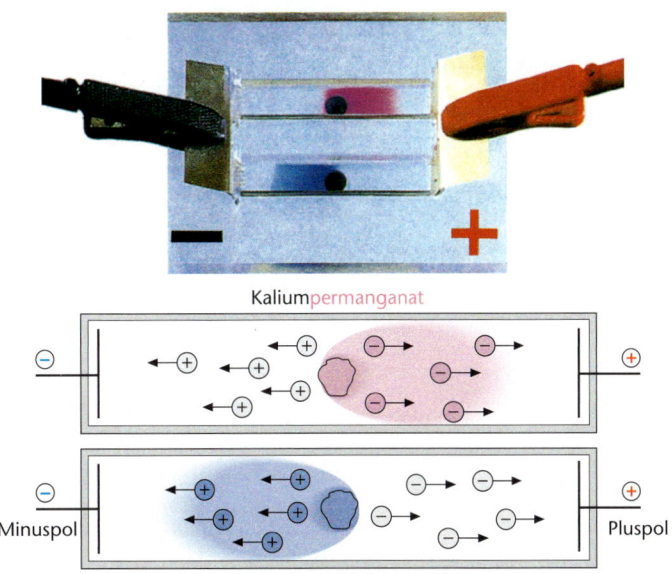

2 Wanderung der Ionen farbiger Salze in einer Ionenwanderungszelle

Lassen sich Ionen markieren?

Löst man festes Kupfersulfat in Wasser, so entsteht eine blaue Lösung. Sie enthält positiv geladene Kupferionen und negativ geladene Sulfationen. Die blaue Farbe wird durch die hydratisierten Kupferionen verursacht. Löst man festes Kaliumpermanganat in Wasser, so entsteht eine violette Lösung. In ihr sind positiv geladene Kaliumionen und negativ geladene Permanganationen enthalten. Die violette Farbe der Lösung wird durch die Permanganationen hervorgerufen (▷ B 1).

In den Lösungen bewegen sich die von Wassermolekülen umgebenen Ionen. Es ist aber nicht möglich zu sagen, an welcher Stelle der Lösung sich gerade welche Ionen befinden. Sie bewegen sich regellos.

Die Richtung wird vorgegeben

In einer Ionenwanderungszelle ändert sich die regellose Bewegung der Ionen durch anlegen einer Gleichspannung in eine zielgerichtete (▷ B 2; V 1). Mit farbigen Ionen kann dies beobachtet werden. Die Ionen „wandern" wie auf einer durch Leitplanken begrenzten Autobahn nach rechts oder links. In Richtung Pluspol bewegt sich mit der Zeit eine violette Farbfront und in Richtung Minuspol eine blaue Farbfront.

Aus dem Versuch ist abzulesen, dass die violette Farbfront negativ geladene Permanganationen enthält und die blaue Farbfront positiv geladene Kupferionen.

Die Sulfationen und Kaliumionen werden ebenfalls zu den entgegengesetzt geladenen Polen hingezogen, ihre Bewegung ist aber wegen der fehlenden Farbe nicht zu erkennen. Die Grafik zeigt, wie positiv geladene Ionen (Kaliumionen) zum Minuspol, negativ geladene Ionen (Sulfationen) zum Pluspol wandern (▷ B 2, unten).

Genauso wie die Ionen in einer Kupfersulfatlösung bzw. in einer Kaliumpermanganatlösung verhalten sich die Ionen in allen Salzlösungen. In einem elektrischen Feld findet eine **Ionenwanderung** statt.

▶ Liegen in einer Lösung frei bewegliche Ionen vor, so wandern die positiv geladenen Ionen bei Anlegen einer elektrischen Gleichspannung zum Minuspol und die negativ geladenen Ionen zum Pluspol.

Versuch

1 In die Rinnen einer Ionenwanderungszelle wird ca. 2 mm hoch verdünnte Kaliumnitratlösung (Elektrolytlösung) gegeben. Die Elektroden werden an eine Gleichspannung von 20 V angeschlossen. Ein Körnchen Kaliumpermanganat wird in die Mitte der oberen Rinne gelegt. In die untere Rinne gibt man einige Tropfen verdünnte Ammoniaklösung und legt in die Mitte ein Körnchen Kupfersulfat (▷ B 2).

Werkstatt

Wir untersuchen Metalleigenschaften

1 Die Beweglichkeit von Elektronen

Material
Schutzbrille, 4 Experimentierkabel, Stromstärkemessgerät mit verschiedenen Messbereichen, Gleichspannungsquelle ($U = 2\,V$), 2 Isolatoren, Glühlampe mit Fassung, Kupferdraht, Magnesiumband, Holzstab

Versuchsanleitung
Baue den Versuch nach der Abbildung 1 auf und befestige zwischen den Isolatoren nacheinander den Kupferdraht, das Magnesiumband und den Holzstab. Bestimme jeweils die elektrische Stromstärke. Beginne zunächst mit dem größten Messbereich. Werte die Beobachtungen aus.

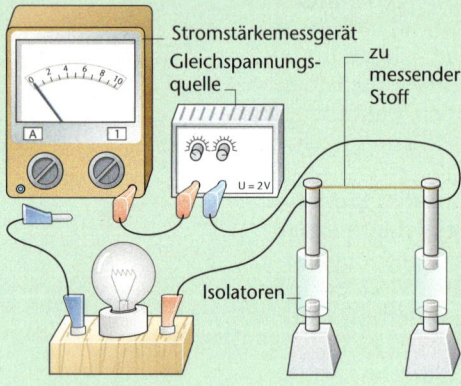

1 Elektrische Leitfähigkeit von Metallen

2 Elektronen werden schneller

Material
Schutzbrille, 4 Experimentierkabel, Stromstärkemessgerät, Gleichspannungsquelle, 2 Isolatoren, Zange, Thermometer (–10 °C bis 110 °C), Streichhölzer, Kupferdraht (Ø ca. 0,8 mm), gestampftes Eis

Versuchsanleitung
Benutze die Versuchsapparatur aus Versuch 1 (▷ B 1). Schneide mithilfe einer Zange zwei gleich lange Drahtstücke ab. Stelle die elektrische Spannung auf einen kleinen Wert ein (ca. 0,5 V).

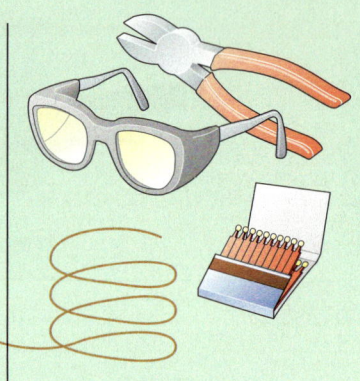

Der erste Kupferdraht wird einige Stunden im Eis auf etwa –10 °C abgekühlt. Anschließend wird das Drahtstück möglichst schnell zwischen die Isolatoren gespannt und die Stromstärke wird abgelesen. Ein zweiter Draht wird bei Zimmertemperatur (ca. 20 °C) eingespannt und die elektrische Stromstärke gemessen. Danach erwärmt man, bei sonst gleichen Bedingungen, den Draht vorsichtig von unten mit einem brennenden Streichholz und liest die elektrische Stromstärke ab. Deute die Beobachtungen.

3 Elektronen sind leicht übertragbar

Material
Elektroskop, Tesaband

Versuchsanleitung
Klebe auf den Zinkteller eines Elektroskops einen Streifen Tesaband sehr fest auf.
Reiße anschließend ruckartig das Tesaband wieder ab und beobachte den Zeigerausschlag (▷ B 2).

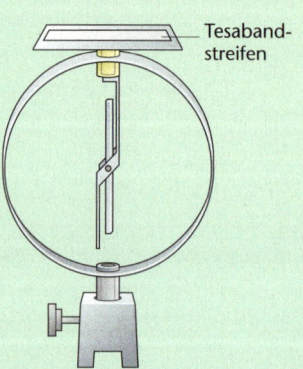

2 Elektronen sind leicht übertragbar und beweglich.

Aufgabe
Betrachte die zugehörige Versuchsabbildung (▷ B 2) und versuche die Beobachtungen mithilfe des Elektronengasmodells zu erklären.

4 Namenskette aus Draht

Material
Kleine Zange, Silber- oder Kupferdraht, Lederband, Papier, Stift

3 Namenskette aus Draht

Versuchsanleitung
Schreibe, bevor mit dem Biegen begonnen wird, deinen Namen zuerst auf Papier. Der Name muss ohne Absetzen geschrieben werden können. Forme mithilfe der Zange deinen Namen aus Silber- bzw. Kupferdraht. Überlege, an welchen Stellen das Lederband befestigt werden kann (▷ B 3).

Aufgabe
Erkläre mithilfe des Elektronengasmodells die leichte Verformbarkeit des Drahtes.

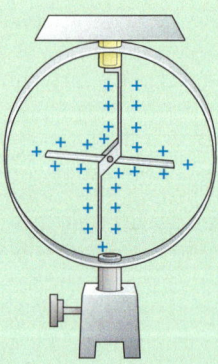

Die Metallbindung

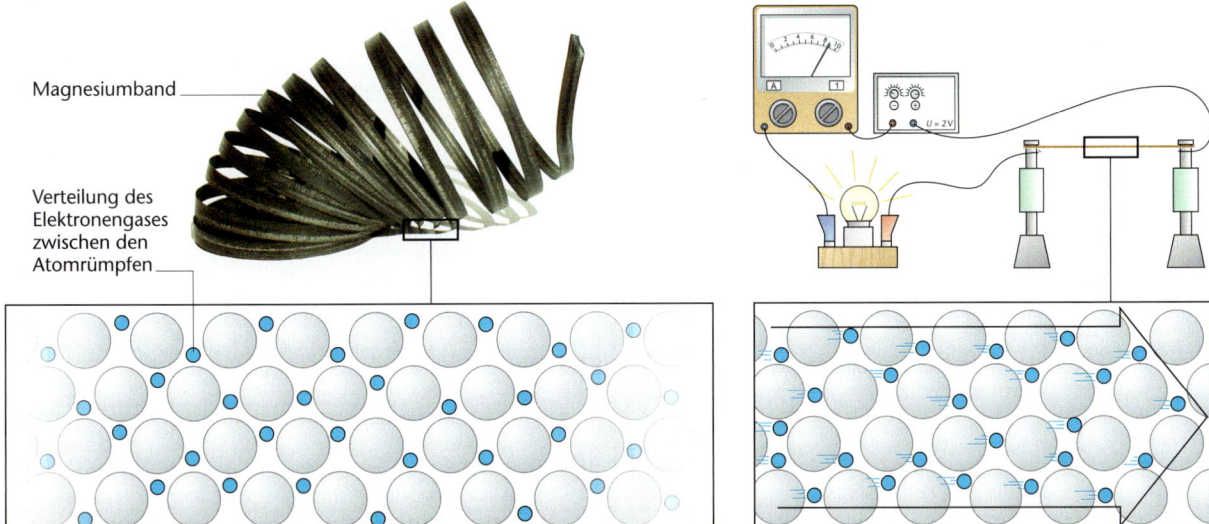

1 Atomrumpfmodell und Verhalten des Elektronengases bei Anlegen einer elektrischen Spannung

Metalle sind gute elektrische Leiter

Metalle zeigen eine wesentlich höhere Leitfähigkeit für elektrischen Strom als eine wässrige Natriumchloridlösung (▷ V 1). Diese hohe elektrische Leitfähigkeit kann nicht auf das Vorhandensein von frei beweglichen Ionen zurückgeführt werden. Es liegen andere Ladungsträger in Metallen vor.

Die Ladungsträger in Metallen

Metallatome haben meist nur ein oder zwei Außenelektronen. Diese sind sehr beweglich und verlassen leicht den Aufenthaltsbereich des Atoms. So entstehen positiv geladene **Atomrümpfe** (▷ B 1; B 2). Die positiv geladenen Atomrümpfe werden durch negativ geladene Elektronen zusammengehalten. Da die Elektronen sich frei wie die Teilchen in einem Gas bewegen, spricht man von einem **Elektronengas**. Diese hohe Beweglichkeit der Elektronen erklärt die gute elektrische Leitfähigkeit (▷ B 1, rechts).

▶ Die Metallbindung wird hervorgerufen durch die Anziehung zwischen positiv geladenen Atomrümpfen und negativ geladenen Elektronen (Elektronengas).

Metalle lassen sich verformen

Die Beweglichkeit der Atomrümpfe und des Elektronengases sorgt auch dafür, dass sich Metalle leicht verformen lassen. In Salzverbindungen sind die Ionen fest an ihre Plätze gebunden. In Metallen dagegen haben die Teilchen eine größere Bewegungsfreiheit. Beim Verformen werden die Atomrümpfe gegeneinander verschoben. Das Elektronengas hält die Atomrümpfe zusammen.
Deshalb kann man einen Magnesium- oder einen Kupferdraht leicht verformen.

Versuch

1 Man baut einen Stromkreis nach Bild 1 auf. In die Messstrecke setzt man nacheinander verschiedene Metalldrähte und bestimmt die elektrische Stromstärke. Anschließend vergleicht man mit der Stromstärke einer verdünnten Natriumchloridlösung.

Magnesiumatom

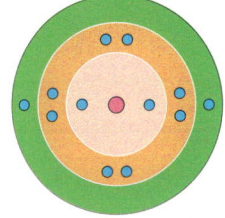

Atomrumpf von Magnesium

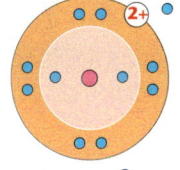

vereinfachtes Modell

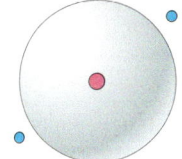

2 Entstehung des Atomrumpfes

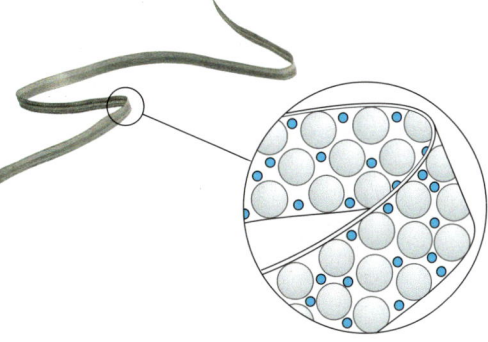

3 Metalle lassen sich gut verformen.

Schnittpunkt

Theorie: Bindungsarten und Stoffeigenschaften

Modell	Kleinste Teilchen	Entstehung	Stoffeigenschaften
	Positiv und negativ geladene Ionen, die sich abwechselnd in die drei Richtungen des Raumes aneinander lagern, sodass ein Ionengitter entsteht.	Durch Elektronenabgabe und Elektronenaufnahme entstehen aus neutralen Atomen geladene Ionen, die sich aufgrund der elektrostatischen Kräfte anziehen.	Hohe Schmelz- und Siedetemperaturen, hart, spröde, leiten als Schmelze und Lösung den elektrischen Strom.

1 Die Ionenbindung

2 Kupfersulfatkristalle

Die Ionenbindung

Die Elemente der I. und II. Hauptgruppe sind der Elektronenverteilung eines Edelgasatoms schon sehr nahe.
Sie besitzen nur 1 oder 2 Elektronen in der Außenschale.

Ähnlich geht es den Elementen der VI. und VII. Hauptgruppe. Ihnen fehlen nur 2 oder 1 Elektronen, um die Elektronenverteilung eines Edelgasatoms zu erreichen.

Reagieren Elemente der I. oder II. Hauptgruppe mit Elementen der VI. oder VII. Hauptgruppe, so gibt derjenige, der zu viele Elektronen hat, demjenigen, der zu wenige Elektronen hat. Beide Reaktionspartner erreichen dadurch die Elektronenverteilung eines Edelgasatoms.
Durch die Abgabe bzw. Aufnahme von Elektronen werden aus den neutralen Atomen positiv oder negativ geladene Teilchen, die Ionen (▷ B 1).

Modell	Kleinste Teilchen	Entstehung	Stoffeigenschaften
	Abgegrenzte Moleküle aus 2 oder mehreren Atomen	Annäherung der Atome, sodass Außenelektronen gemeinsam genutzt werden, dadurch entstehen bindende Elektronenpaare.	Niedrige Schmelz- und Siedetemperatur, leiten nicht den elektrischen Strom.

3 Die Atombindung

Chlor   Brom   Iod

4 Diese Elemente bilden Moleküle

Die Atombindung (Elektronenpaarbindung)

Wasserstoff besitzt nur ein einziges Elektron. Die Elemente der IV. Hauptgruppe müssten zum Beispiel entweder 4 Elektronen abgeben oder 4 Elektronen aufnehmen, um die Elektronenverteilung eines Edelgasatoms zu erreichen. Durch starke Annäherung der Atome können ungepaarte Außenelektronen von beiden Atomen gemeinsam genutzt werden, so kommt es zur Bildung bindender Elektronenpaare. Auf diese Weise erreicht jedes Atom die Elektronenverteilung eines Edelgasatoms. Als kleinste Teilchen entstehen abgegrenzte Moleküle (▷ B 3; B 5; B 6).

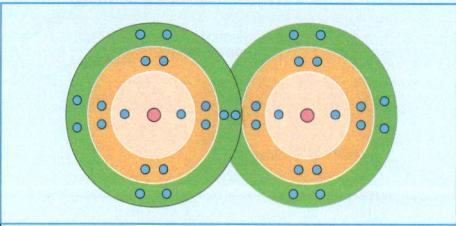

5 Schalenmodell von Chlor Cl_2

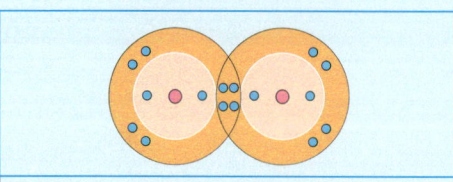

6 Schalenmodell von Sauerstoff O_2

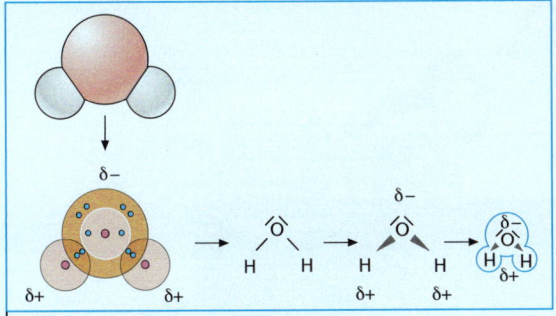

7 Im Wassermolekül liegen Teilladungen vor.

Die polare Atombindung

Nur wenn Atome desselben Elementes sich miteinander verbinden, entsteht eine ideale Atombindung, bei der die bindenden Elektronen beiden Atomen im gleichen Maße zur Verfügung stehen.

Reagieren unterschiedliche Atome miteinander, so haben sie ein unterschiedlich starkes Bestreben, die bindenden Elektronen anzuziehen. Die bindenden Elektronen werden stärker zu dem Atom mit dem höheren Elektronegativitätswert verschoben. Es entsteht eine polare Atombindung. Durch diese Ladungsverschiebung im Molekül entsteht z. B. im Wassermolekül ein Dipol (▷ B 7).

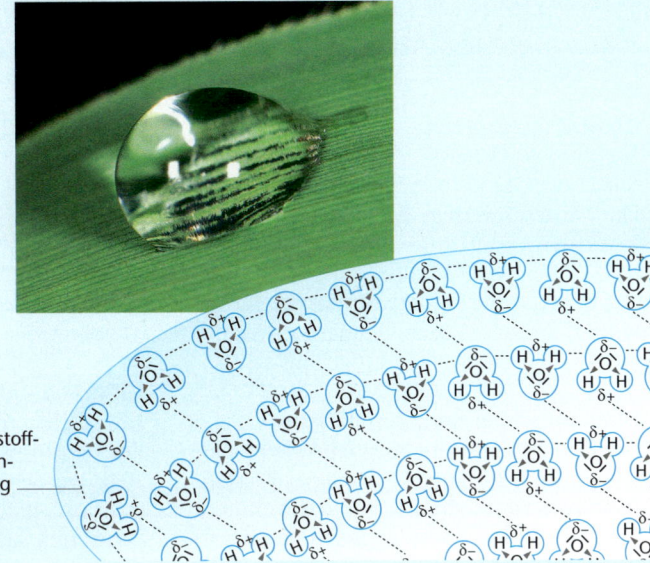

8 Benachbarte Wassermoleküle ordnen sich.

Die Metallbindung

In Metallen geben alle Metallatome Elektronen ab, sodass positiv geladene Atomrümpfe zurückbleiben. Die Elektronen werden allerdings nicht an ein anderes Atom abgegeben, sondern die Elektronen bewegen sich frei als „Elektronengas" zwischen den positiv geladenen Metallionen und schirmen sie so gegeneinander ab.

Modell	Kleinste Teilchen	Entstehung	Stoffeigenschaften
	Positiv geladene Atomrümpfe und frei bewegliche Elektronen (Elektronengas)	Metallatome geben Elektronen ab, die sich frei zwischen den dann positiven Atomrümpfen als Elektronengas bewegen.	Gute Verformbarkeit, metallischer Glanz, leiten den elektrischen Strom und die Wärme.

9 Die Metallbindung

10 Magnesiumband

Aufgaben

1. Verbindungen mit Atombindung haben niedrigere Schmelzpunkte als Verbindungen mit Ionenbindung. Erkläre.

2. Einen Autokühler füllt man im Winter nicht ausschließlich mit Wasser. Begründe.

3. Benenne bei folgenden Stoffen Neon, Sauerstoff, Wasser, Kupfer, Kupferoxid, Helium und Kohlenstoffdioxid die Teilchenart (Atome, Moleküle oder Ionen).

4. Aus einem dickeren Goldblech wird eine hauchdünne Blattgoldfolie hergestellt. Erkläre dieses Phänomen mithilfe des Modells zur Metallbindung.

Versuch

1. a) Plant selbstständig im Team einen Versuch zur Leitfähigkeitsmessung an folgenden Stoffen: destilliertes Wasser, Natriumchlorid, Zucker, Natriumchloridlösung, Zuckerlösung.

   b) Besprecht eure Materialauswahl und die Durchführung mit eurer Lehrkraft.

   c) Führt den Versuch durch und notiert eure Beobachtungen.

   d) Erklärt die Versuchsbeobachtungen mithilfe der Bindungstheorien.

Schnittpunkt

Theorie: Riesenmoleküle aus gleichen Atomen

1 Verbrennung eines Diamanten 1775

Diamanten im Feuer
Im Jahre 1775 bewies der französische Forscher A. L. Lavoisier (1743–1794), dass Diamanten brennen. Er erhitzte auf dem Marktplatz von Paris einen Diamanten (▷ B 1). Bei dieser Verbrennung entstand wie bei Graphit Kohlenstoffdioxid. Sowohl Graphit als auch Diamant müssen aus Kohlenstoffatomen aufgebaut sein.

Diamant – alles ganz regelmäßig
Ein Kohlenstoffatom hat vier Außenelektronen. Im Diamantgitter ist jedes Kohlenstoffatom (tetraedrisch) mit vier weiteren Kohlenstoffatomen über gleich lange Atombindungen verbunden. Es entsteht ein regelmäßiges, stabiles Gitter (▷ B 2). Die Atombindungen sind für die große Härte und die fehlende elektrische Leitfähigkeit des Diamanten verantwortlich.

Graphit – alles in Schichten
Im Graphitgitter ist jedes Kohlenstoffatom mit nur drei weiteren, gleich weit entfernten Kohlenstoffatomen verbunden. Dadurch entstehen Schichten aus regelmäßigen Sechsecken, die wie Stockwerke übereinander angeordnet sind (▷ B 2). Das vierte Außenelektron eines jeden Kohlenstoffatoms ist über die ganze Schicht beweglich. Die beweglichen Elektronen bewirken die elektrische Leitfähigkeit von Graphit. Die Schichten lassen sich leicht gegeneinander verschieben, daher ist Graphit leicht spaltbar und sehr weich.

Fullerene – alles rund
Erst in neuerer Zeit konnte eine dritte Erscheinungsform des Kohlenstoffs hergestellt werden, käfigartig gebaute Moleküle aus Kohlenstoffatomen. Nach dem amerikanischen Architekten Richard Buckminster Fuller, der durch den Bau von Kuppeln bekannt wurde, werden sie Fullerene genannt. Die aus ihnen aufgebauten Stoffe heißen Fullerite. Das bekannteste Fulleren ist ein kugelförmiges Kohlenstoffmolekül aus 60 Kohlenstoffatomen. Jedes Kohlenstoffatom ist mit drei weiteren Kohlenstoffatomen zu Fünf- und Sechsecken verbunden, die wie bei einem Fussball die Oberfläche einer Kugel bilden (▷ B 3). Die überzähligen Elektronen sind ähnlich wie bei Graphit über die ganze Oberfläche beweglich.

Diamant, Graphit und Fullerene sind verschiedene Erscheinungsformen, so genannte Modifikationen des Elements Kohlenstoff. Die unterschiedlichen Eigenschaften der Stoffe beruhen auf der unterschiedlichen Anordnung der Atome.

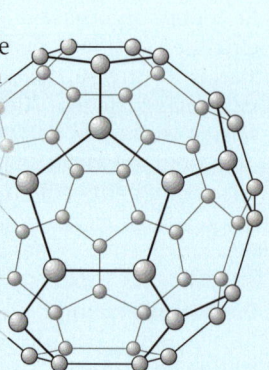

3 Aufbau eines Buckminsterfullerens

Eigenschaften von Diamant
farblos, durchsichtig, stark lichtbrechend
sehr hart
schwer spaltbar
keine elektrische Leitfähigkeit
Dichte 3,5 g/cm^3
schmilzt nicht, sondern wandelt sich in Graphit um

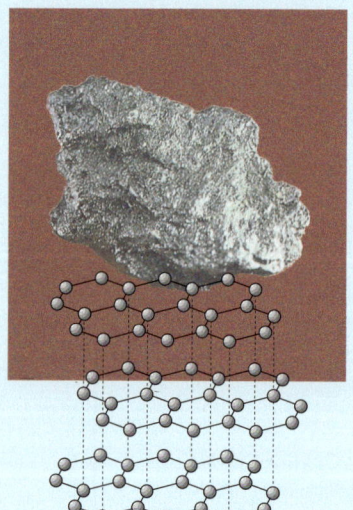
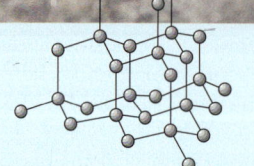

Eigenschaften von Graphit
schwarz, glänzend
sehr weich
leicht spaltbar
gute elektrische Leitfähigkeit
Dichte 2,3 g/cm^3
Schmelztemperatur ca. 3700 °C

2 Diamant und Graphit – Eigenschaften und Aufbau der beiden Erscheinungsformen des Kohlenstoffs

Schlusspunkt

Chemische Bindungen

Ionen
Ionen sind elektrisch positiv oder elektrisch negativ geladene Teilchen. Sie entstehen aus Atomen durch Elektronenabgabe oder -aufnahme (▷ B 1).

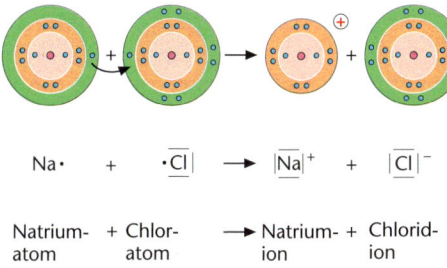

1 Die Ionenbildung am Beispiel von Natriumchlorid

Ionenbindung, Ionengitter
Eine Ionenbindung liegt dann vor, wenn entgegengesetzt geladene Ionen sich gegenseitig anziehen. Die räumliche, regelmäßige Anordnung von Ionen nennt man Ionengitter (▷ B 4).

Salze
Salze sind aus Ionen aufgebaut. Sie sind spröde und haben häufig hohe Schmelztemperaturen. Salzschmelzen leiten den elektrischen Strom.

Atombindung
Sind Atome durch gemeinsame Elektronenpaare gebunden, so spricht man von einer Atombindung. Dabei entstehen Moleküle (▷ B 2).

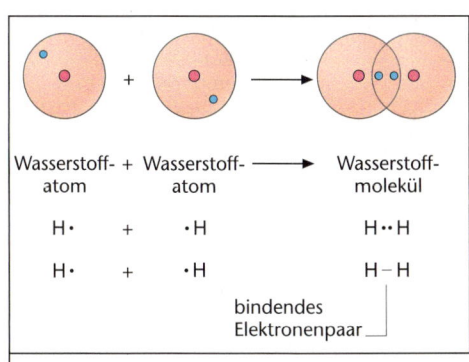

2 Die Atombindung am Beispiel des Wasserstoffmoleküls

Nichtbindende Elektronenpaare
Nichtbindende Elektronenpaare sind nicht an der Bindungsbildung beteiligt und gehören einem Atom alleine an.

Strukturformel
In der Strukturformel kennzeichnen die Elementsymbole die Atome und die Bindungsstriche zwischen Atomsymbolen die bindenden Elektronenpaare. Nichtbindende Elektronenpaare werden als Striche dargestellt, die sich in der Nähe des Elementsymbols befinden.

Elektronegativität
Die Elektronegativität stellt die Fähigkeit eines Atoms dar, Bindungselektronen anzuziehen.

Die polare Atombindung
Hat ein Atom in einer Atombindung eine größere Tendenz, das Bindungselektronenpaar an sich zu ziehen, so wird das bindende Elektronenpaar in Richtung dieses Partners verschoben. Es entsteht eine polare Atombindung (▷ B 3).

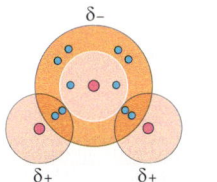 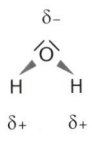 

3 Das Wassermolekül als Dipol

Dipole, Wasserstoffbrücken
Dipole entstehen, wenn sich durch Elektronenverschiebung innerhalb eines Moleküls unterschiedliche Ladungsschwerpunkte ausbilden (▷ B 3). Zwischen den Dipolmolekülen des Wassers treten Wasserstoffbrückenbindungen auf.

Hydratation
Bei der Hydratation lösen Wassermoleküle die Ionen eines Salzes aus ihren Gitterplätzen und umlagern die jetzt freien Ionen.

Ionenwanderung
Liegen in einer Lösung frei bewegliche Ionen vor, so wandern die positiv geladenen Ionen bei Anlegen einer elektrischen Gleichspannung zum Minuspol und die negativ geladenen Ionen zum Pluspol.

Metallbindung
Die Metallbindung (▷ B 5) wird hervorgerufen durch die Anziehung zwischen positiv geladenen Atomrümpfen und negativ geladenen Elektronen (Elektronengas).

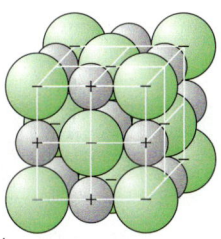

4 Ionengitter am Beispiel von NaCl

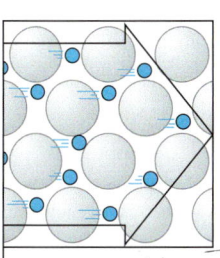

5 Die Metallbindung im Atomrumpfmodell

37

Chemische Bindungen

Aufgaben

1 Zeichne die Strukturformeln folgender Verbindungen und kennzeichne gegebenenfalls die Teilladungen: a) F_2, b) NH_3, c) CH_4, d) CCl_4, e) O_2.

2 Ermittle die Art der chemischen Bindung durch Berechnung der Elektronegativitätsdifferenz: a) HCl, b) LiCl, c) Br_2, d) H_2O, e) CH_4, f) $MgCl_2$.

3 Für die Verbindung Magnesiumchlorid lässt sich keine Strukturformel zeichnen. Begründe.

4 Das linear gebaute Chlorwasserstoffmolekül ist ein Dipol. Zeichne die Strukturformel, kennzeichne die Teilladungen und begründe so die Aussage.

5 Nenne die Eigenschaften von Natriumchlorid, die zeigen, dass es zur Stofffamilie der Salze gehört.

6 Deute die Salzeigenschaften von Natriumchlorid mithilfe des Gittermodells (▷B 6).

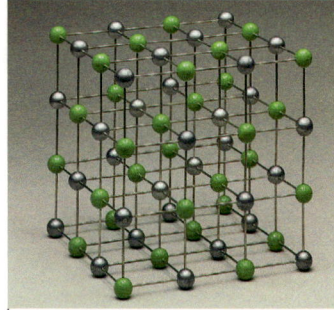

6 Zu Aufgabe 6

7 a) Beschreibe den Vorgang in Abbildung 7.
b) Benenne die entstehenden Teilchen.

8 Die Atome der VIII. Hauptgruppe des Periodensystems kommen nicht als Moleküle vor. Begründe dies mithilfe des Schalenmodells und der Oktettregel.

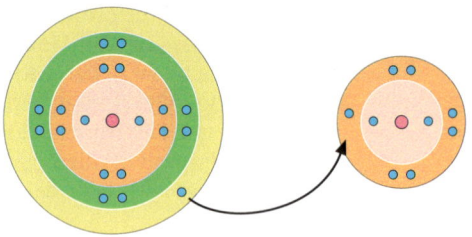

7 Zu Aufgabe 7

9 Benenne die nachfolgenden Verbindungen und begründe mithilfe der Elektronegativität und der Bindungstheorie die Zugehörigkeit zur Stofffamilie der Salze:
a) HCl, b) $AlCl_3$, c) NaF, d) CaO, e) Li_2O.

10 Metalle sind gut verformbar (▷B 8). Erkläre diese Eigenschaft mithilfe eines geeigneten Modells.

8 Zu Aufgabe 10

11 a) Beschreibe den Aufbau folgender Moleküle (▷B 9) mithilfe der Fachbegriffe.
b) Übertrage die Strukturformeln in dein Heft. Kennzeichne die Elektronenverschiebungen mit der Keilschreibweise und trage die Teilladungen mit δ+ und δ– ein.

12 Formuliere mithilfe des Schalenmodells die Bildung
a) eines Methanmoleküls CH_4 aus einem Kohlenstoffatom und vier Wasserstoffatomen,
b) eines Stickstoffmoleküls N_2 aus zwei Stickstoffatomen.

13 Die chemische Formel von Salzen wird als „Verhältnisformel" bezeichnet. Die Verhältnisformel für Natriumchlorid ist „NaCl".
a) Diskutiere folgende Aussagen mit deinem Nachbarn:
– NaCl drückt aus, dass ein Natriumion mit einem Chloridion verbunden ist
– NaCl drückt aus, dass die Ionen im Zahlenverhältnis 1:1 miteinander verbunden sind
b) Begründet eure Entscheidung schriftlich.

14 Sowohl in der Metallbindung als auch in der Ionenbindung sind positiv geladene Teilchen vorhanden.
a) Grenze die Begriffe „positiv geladener Atomrumpf" und „positiv geladenes Ion" gegeneinander ab.
b) Verdeutliche deine Überlegungen anhand einer Skizze in deinem Heft.

15 a) Bestimme bei folgenden Verbindungen, ob es sich um eine Ionenbindung oder um eine Atombindung handelt: HF, KCl, Na_2S, Al_2O_3, H_2S, SO_2
b) Gib die chemischen Formeln an, bei denen es sich um eine Verhältnisformel handelt. Begründe deine Entscheidung mithilfe der Bindungstheorie.
c) Die chemischen Formeln von Molekülen werden als „Summenformel" bezeichnet. Versuche, diesen Begriff zu definieren und gegen den Begriff „Verhältnisformel" abzugrenzen.

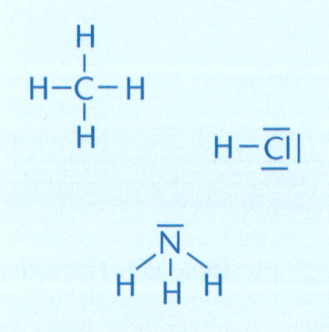

9 Zu Aufgabe 11

Chemische Bindungen

10 Material zu Aufgabe 16

16 Chlorgas zeigt nicht nur mit dem Metall Natrium eine heftige Reaktion, sondern ebenfalls mit Magnesium. Hält man ein brennendes Magnesiumband in Chlorgas, so setzt eine heftige exotherme Reaktion ein, bei der Licht und Wärme frei werden. Nach Ablauf der Reaktion hat sich an der Gefäßwand ein weißer, salzartiger Feststoff abgesetzt. Die grüngelbe Farbe im Standzylinder ist verschwunden. Es ist Magnesiumchlorid entstanden.

a) Formuliere die vollständige Reaktionsgleichung für die Reaktion zwischen Magnesium und Chlor.

b) Bei einer Reaktion bilden sich Ionen. Zeichne eine Tabelle aus 10 Spalten und 14 Zeilen (▷ B 11) in dein Heft und beschrifte die Spalten dem Beispiel entsprechend. Ergänze die Tabelle durch die Elemente: Ca, Al, N, O, C, Mg, Li, F, K.

c) Formuliere eine Regel, aus der zu entnehmen ist, wann Atome Elektronen abgeben und wann sie Elektronen aufnehmen.

Symbol	Name	Schale				Aufnahme e⁻	Abgabe e⁻	Ion	Edelgas
		1	2	3	4				
Na	Natrium	2	8	1	–	–	–1	Na^+	Ne
Cl	Chlor	2	8	7	–	+1	–	Cl^-	Ar
S	Schwefel	2	8	6		+2	–	S^{2-}	Ar

11 Material zu Aufgabe 16b)

12 Unterschiedliche Kristalle

17 Ein Kristall ist nach außen hin ungeladen. Deswegen besitzt Magnesiumchlorid die Formel $MgCl_2$ und nicht MgCl.

a) Erkläre die Bildung der Formel für Magnesiumchlorid, indem du Abbildung 13 beschreibst.

b) Bilde die Formel für folgende Salze: Natriumsulfid, Aluminiumoxid, Calciumbromid, Lithiumfluorid.

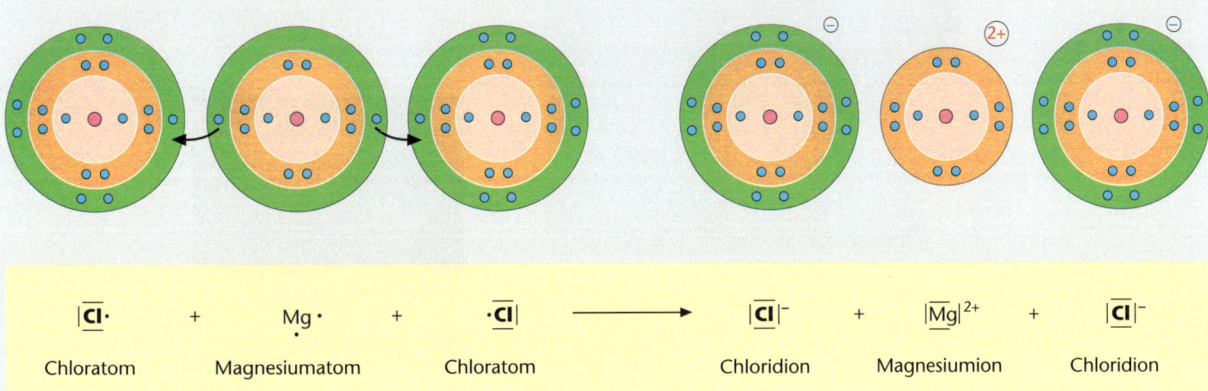

13 Die Ionenbildung am Beispiel von Magnesiumchlorid

Startpunkt

Säuren, Laugen, Salze

Säuren und Salze sind wichtige Stoffgruppen. Unter Säuren und Salzen kann sich jeder etwas vorstellen. Der Begriff „Lauge" sagt uns viel weniger. Laugen begegnet man im Alltag häufig, man erkennt diese Lösungen aber oft nicht sofort.

In der Natur kann man Salze in Form schön ausgebildeter Kristalle finden. Kennst du außer Kochsalz noch andere Salze?

In welchen Lebensmitteln und Reinigern begegnen dir Säuren?

Recherchiere, woher der Begriff Lauge stammt. Frage auch deine Großeltern.

Laugen sind alkalische Lösungen. Wie lassen sich saure und alkalische Lösungen (Laugen) leicht voneinander unterscheiden?

Werkstatt

Eigenschaften saurer Lösungen

1 Saure Lösungen und Metalle

Material
Schutzbrille, Gasbrenner, Reagenzgläser, kleines Reagenzglas, durchbohrter Stopfen mit Gasableitungsrohr, Reagenzglasgestell, Papierhandtuch, Magnesiumband, Eisennagel, Kupferblech, Citronensäurelösung, verd. Salzsäure, verd. Essigsäure

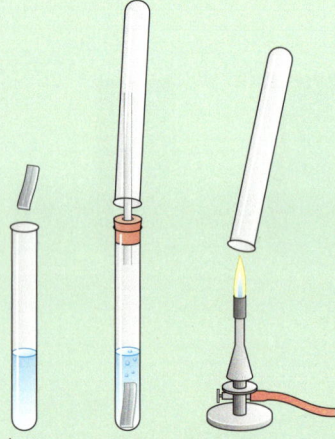

1 Saure Lösung und Metall

Versuchsanleitung
a) Fülle jeweils drei Reagenzgläser etwa 3 cm hoch mit Citronensäurelösung, verd. Essigsäure, verd. Salzsäure und stelle die Reagenzgläser in das Reagenzglasgestell.

b) Gib zu jeder Säure in jeweils einem Reagenzglas ein Stückchen Magnesiumband, einen Eisennagel, ein Stück Kupferblech. Beobachte etwa 10 Minuten.

c) Fülle ein Reagenzglas zu etwa einem Drittel mit verd. Essigsäure.
Stelle das Reagenzglas in das Reagenzglasgestell. Gib zu der Säure ein Stück Magnesiumband. Verschließe das Reagenzglas mit dem durchbohrten Stopfen mit Ableitungsrohr. Stülpe über das Ableitungsrohr ein kleines Reagenzglas. Führe nach einiger Zeit das kleine Reagenzglas mit der Öffnung an die Brennerflamme.

d) Wiederhole den Versuch c) mit Citronensäurelösung bzw. Salzsäure.

Aufgabe
Beschreibe und deute deine Beobachtungen.

Entsorgung
Das Kupferblech wird abgetrocknet und kann wieder verwendet werden. Die anderen Lösungen werden sachgerecht entsorgt.

2 Elektrische Leitfähigkeit

Material
Schutzbrille, Kochplatte, 3 Bechergläser (100 ml), Porzellanschale mit flachem Boden, Glasstab, Tiegelzange, Spatellöffel, Batterie (4,5 V) oder Spannungsquelle, 4 Krokodilklemmen, Unterputzkabel (mit abisolierten Enden), 3 Experimentierkabel, Glühlämpchen (4 V; 0,04 A) mit Fassung, dest. Wasser, Citronensäure, verd. Essigsäure, verd. Salzsäure

Versuchsanleitung
a) Gib in die Porzellanschale Citronensäure. Erwärme die Säure auf der Kochplatte bis zum Schmelzen. Halte die Schale dabei mit der Tiegelzange fest und rühre die Citronensäure mit dem Glasstab.

2 Citronensäure wird unter Umrühren geschmolzen.

b) Prüfe mithilfe des Unterputzkabels, ob die Schmelze den elektrischen Strom leitet.

c) Prüfe, ob eine Citronensäurelösung, Essigsäure, Salzsäure den elektrischen Strom leiten.

Aufgabe
Welche Teilchensorten leiten in Schmelzen und Lösungen den elektrischen Strom?

3 Saures auf Marmor

Aufgabe
Legt man eine Zitronenscheibe auf einen Marmorfußboden, so erhält man nach einiger Zeit einen Abdruck der Zitronenscheibe. Mit Essigreinigern und anderen sauren Reinigern dürfen Marmorfußböden nicht gepflegt werden.

Gibt man ein Marmorstückchen in eine saure Lösung, so bildet sich ein Gas.
Es ist jetzt deine Aufgabe herauszufinden, ob es sich bei dem Gas um Sauerstoff, Stickstoff, Wasserstoff oder Kohlenstoffdioxid handelt.

Du erhältst das folgende Material (▷ B 3).
a) Plane die Versuche.

b) Stelle deine Planung dem Lehrer vor und führe danach die Versuche durch.

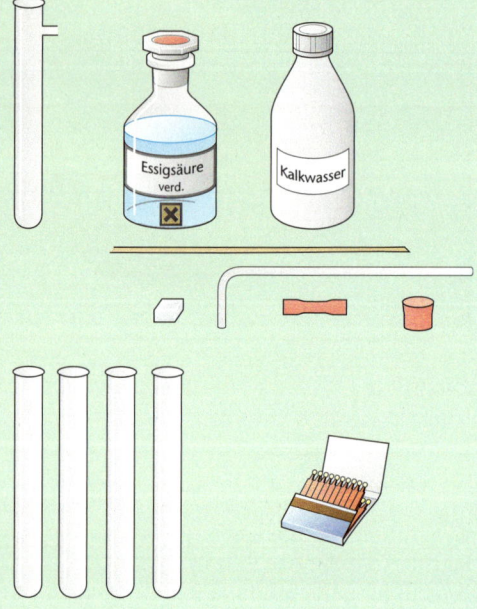

3 Material zu Versuch 3

Saure Lösungen haben Gemeinsamkeiten

Saure Lösungen reagieren mit unedlen Metallen

Saure Lösungen werden in Behältnissen aus Glas oder Kunststoff aufbewahrt. Warum werden saure Lösungen nicht in Gefäße aus Eisen gefüllt, obwohl diese Gefäße nicht so leicht zerbrechen?

Gibt man einen Eisennagel in eine Citronensäurelösung, so bilden sich nach kurzer Zeit Bläschen am Eisennagel. Die Gasbläschen kann man auffangen und mit der Knallgasprobe als Wasserstoff nachweisen. Auch mit Magnesium und Zink bilden saure Lösungen Wasserstoff (▷ B 1, B 2), nicht aber mit Gold, Silber oder Platin.

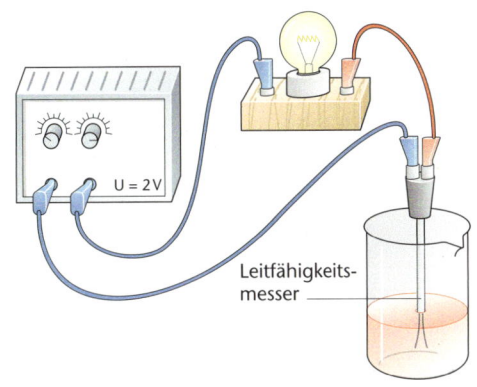

3 Saure Lösungen leiten den elektrischen Strom.

1 Magnesium in Citronensäurelösung

2 Zink in Essigsäurelösung

In Gefäßen aus den edlen Metallen könnte man saure Lösungen aufbewahren, nicht aber in Gefäßen aus unedlen Metallen. Die unedlen Metalle reagieren mit sauren Lösungen. Im Alltag sagt man auch, die Metalle werden „zerfressen".

▶ Saure Lösungen reagieren mit unedlen Metallen unter Bildung von Wasserstoff.

Zeichnen mit sauren Lösungen

In unedle Metalle lassen sich mit sauren Lösungen Zeichnungen oder Namen eintragen. Dazu wird eine Metallplatte mit Wachs beschichtet, dieses wird nicht von der sauren Lösung angegriffen. Der Schriftzug oder das Bild wird mit einem Nagel in das Wachs bis auf die Metallplatte geritzt. Die Platte wird in eine stark saure Lösung gestellt. Das frei gelegte Metall reagiert mit der sauren Lösungen. Das Bild oder der Schriftzug gräbt sich in das Metall (▷ B 4).

Saure Lösungen reagieren mit Kalk

Kalk besteht hauptsächlich aus Calciumcarbonat, das man in der Natur vor allem als Marmor und Kalkspat findet. Tropft man verdünnte Salzsäure auf Marmor, so wird dieser sehr rasch zersetzt. Dabei entsteht Kohlenstoffdioxid, das durch die Kalkwasserprobe nachgewiesen wird.

Saure Lösungen leiten den elektrischen Strom

Feste und geschmolzene Citronensäure zeigen keine elektrische Leitfähigkeit. Löst man jedoch Citronensäure in Wasser, stellt man eine hohe elektrische Leitfähigkeit fest. Es müssen also in der Lösung frei bewegliche Ionen vorliegen. Diese können sich erst beim Lösen der Säure in Wasser gebildet haben.

▶ Saure Lösungen leiten den elektrischen Strom. In der Lösung liegen frei bewegliche Ionen vor.

Aufgaben

1 Eine Schmelze von Kochsalz leitet den elektrischen Strom, eine Citronensäureschmelze leitet den elektrischen Strom nicht. Erkläre den Unterschied.

2 Saure Lebensmittel (Obst im eigenen Saft, Erbsensuppe, Bratheringe), aber auch Cola-Getränke werden in Metalldosen aufbewahrt. Warum reagiert das Metall der Konservendosen nicht mit den sauren Flüssigkeiten? Sammle leere Konservendosen und untersuche die Innenflächen der Dosen. Vorsicht, Schnittgefahr!
Recherchiere, aus welchen Metallen die Dosen bestehen.

4 Zeichnung auf einer Metallplatte

Werkstatt

Alles sauer, oder?

1 WC-Reiniger und Rohrreiniger

Material
Schutzbrille, Schutzhandschuhe, Pipette, 2 Petrischalen, Zahnstocher, Universalindikatorpapier, dest. Wasser, Rohrreiniger (fest), WC-Reiniger (fest)

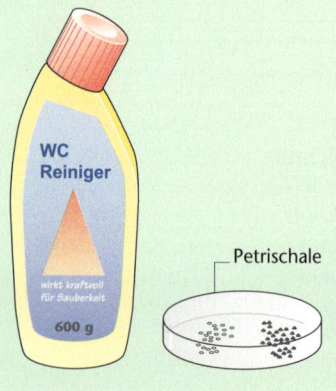

1 Bestandteile des WC-Reinigers lassen sich sortieren.

Versuchsanleitung
Schütte ein wenig Rohrreiniger und ein wenig WC-Reiniger in je eine Petrischale. Sortiere die unterschiedlichen Bestandteile mit einem Zahnstocher an jeweils verschiedene Stellen der Petrischale (▷ B 1). Lasse die Bestandteile einige Zeit liegen und achte auf Veränderungen.
Gib vorsichtig einige Tropfen destilliertes Wasser auf die jeweiligen Stoffproben und prüfe mit Universalindikatorpapier (▷ B 2). Welche Bestandteile wirken sauer?

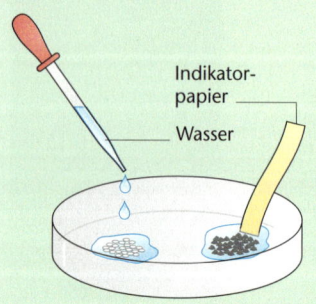

2 Prüfen mit Indikatorpapier

2 Welche Stoffe beseitigen Kalk?

Material
Schutzbrille, Schutzhandschuhe, 5 Bechergläser, Spatellöffel, Folienstift, destilliertes Wasser, kleine Marmorstücke, Essigessenz, verdünnte Salzsäure, Rohrreiniger, Citronensäurelösung, WC-Reiniger

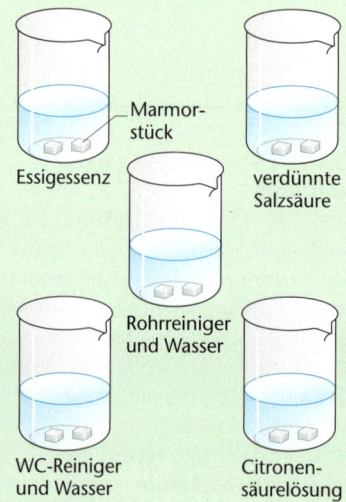

3 Was löst Kalk?

Versuchsanleitung
Gib in jedes Becherglas ein Stück Marmor und übergieße dieses
a) mit Essigessenz,
b) mit verdünnter Salzsäure,
c) mit Wasser und Rohrreiniger,
d) mit Wasser und WC-Reiniger,
e) mit Citronensäurelösung
(▷ B 3). Beschrifte die Bechergläser. Lege eine Tabelle an.

Aufgabe
Welche Stoffe sind geeignet, Kalkablagerungen zu beseitigen? Vergleiche diese Stoffe mit den Inhaltsstoffen von Haushaltschemikalien, die Kalk beseitigen.

3 Haushaltsstoffe – sauer oder nicht sauer?

Material
Schutzbrille, mehrere Bechergläser (50 ml), Spatellöffel, Universalindikatorpapier, Pinzette, Folienstift, Stoffe aus dem Haushalt (z. B. Seife, Essig, Weißwein, Mineralwasser usw.), dest. Wasser

Versuchsanleitung
Gib in je ein Becherglas eine Probe eines Stoffes aus dem Haushalt und beschrifte die Gläser. Haushaltsmittel, die Feststoffe sind, müssen erst in ein wenig destilliertem Wasser gelöst werden. Prüfe die Stoffe mit Universalindikatorpapier. Benutze eine Pinzette, um das Indikatorpapier in die Lösung zu halten.
Lege eine Tabelle an und trage die Ergebnisse ein (▷ B 4).

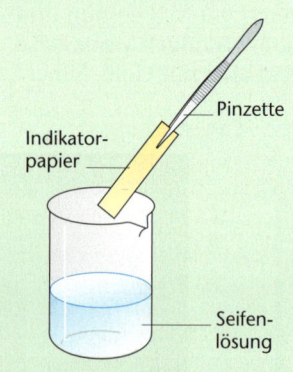

Haushaltsstoff	sauer	nicht sauer
Feinseife		
Kernseife		
Entkalker		
Essigessenz		
Speiseessig		
Weißwein		
Mineralwasser		
Maschinenspülmittel		
Klarspüler		

4 Sauer oder nicht sauer?

Der pH-Wert

Indikatoren und pH-Wert-Skala
Indikatoren zeigen über eine charakteristische Farbe an, ob eine Lösung sauer oder alkalisch ist. Zur genauen Beschreibung, wie sauer oder alkalisch eine Lösung ist, wird der **pH-Wert** benutzt. Meist wird eine pH-Skala von 0 bis 14 eingesetzt.

Der pH-Wert von Lösungen
Saure Lösungen besitzen einen pH-Wert, der kleiner als 7 ist. Je niedriger der pH-Wert ist, desto saurer ist die Lösung.
Alkalische Lösungen besitzen dagegen einen pH-Wert, der größer als 7 ist. Je stärker alkalisch eine Lösung ist, desto größer ist der pH-Wert (bis 14).
Neutrale Lösungen, wie z. B. reines Wasser, haben den pH-Wert 7.

▶ Der pH-Wert ist ein Maß für den sauren (pH<7), alkalischen (pH>7) oder neutralen (pH=7) Charakter einer Lösung.

Der pH-Wert ist entscheidend
Für viele Pflanzen und Tiere ist ein bestimmter pH-Wert lebensnotwendig. Viele Fische können nur in Gewässern überleben, die einen pH-Wert zwischen 5 und 9,5 aufweisen. In Aquarien ist der Bereich sogar noch enger gesteckt. Viele Zierfische benötigen zum Überleben einen pH-Wert von 6,5 bis 8,5. Abweichungen hiervon können zum Erkranken oder sogar Sterben der Fische führen.

Auch viele Pflanzen benötigen zum Gedeihen einen möglichst optimalen pH-Wert. Für Birke und Tanne liegt dieser beispielsweise zwischen 5 und 6.

Aber auch im Lebensumfeld des Menschen kann der pH-Wert eine Rolle spielen. So sollte das Wasser in einem Schwimmbad einen pH-Wert von etwa 7,2 haben. Liegt er über 7,8, werden die Schleimhäute gereizt. Der Badende empfindet ein Brennen in der Nase und den Augen. Liegt der pH-Wert aber unter 6,8, können Metallteile der Schwimmbadanlage angegriffen werden.

Man sieht also, wie wichtig es ist, den pH-Wert möglichst genau bestimmen zu können. Im Chemieunterricht geschieht dies in der Regel mit dem Universalindikator. Schneller und genauer kann der pH-Wert allerdings mit einem elektrischen pH-Meter (▷ B 2) bestimmt werden.

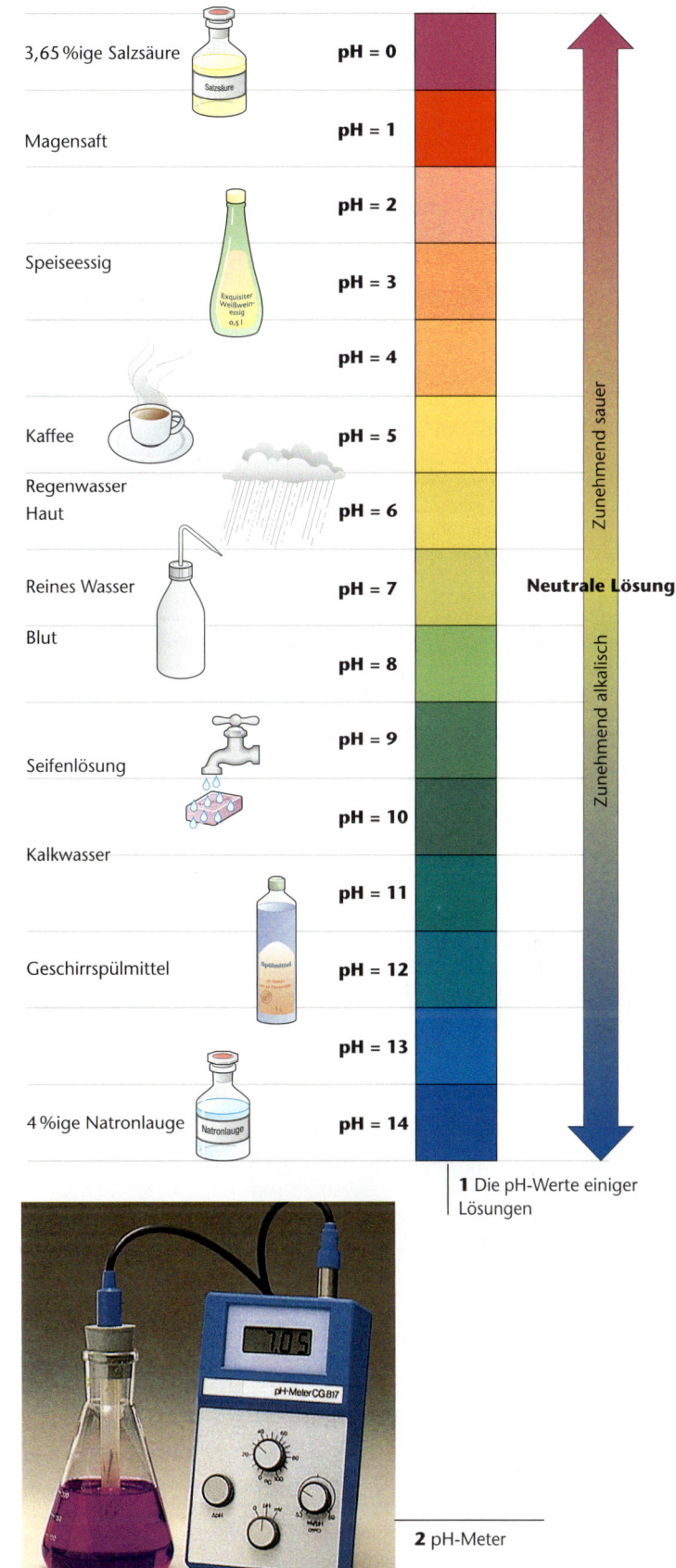

1 Die pH-Werte einiger Lösungen

2 pH-Meter

Salzsäure – eine bekannte Säure

Eine Säure aus Kochsalz
Die Salzsäure trägt ihren Namen, weil sie früher aus Kochsalz hergestellt wurde. Lässt man konzentrierte Schwefelsäure auf Kochsalz tropfen, entsteht ein Gas. Dieses Gas löst sich begierig in Wasser und bildet eine saure Lösung, die **Salzsäure**. Das entstehende Gas wird „Salzsäuregas" genannt (▷ B 1; V 1a).

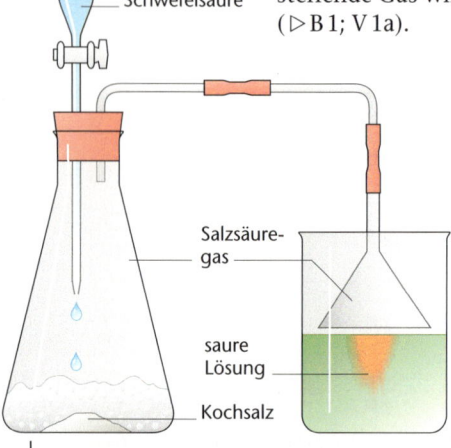

1 „Salzsäuregas" löst sich begierig in Wasser.

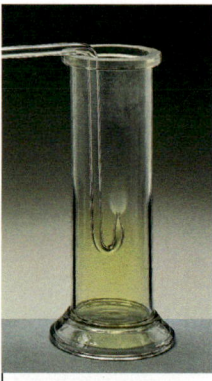

2 Die Bildung von Chlorwasserstoff

Das große Bestreben des „Salzsäuregases", sich in Wasser zu lösen, kann man in einem Versuch zeigen.
Taucht man einen mit Salzsäuregas gefüllten Kolben in Wasser, so schießt das Wasser, nachdem der erste Tropfen durch die enge Öffnung des Glasrohres eingedrungen ist, springbrunnenartig in den Kolben (▷ B 3; V 1b). In 1 l Wasser lösen sich ca. 500 l Salzsäuregas. Weil bereits die ersten in den Kolben eindringenden Wassertropfen fast das gesamte Gas lösen, entsteht ein Unterdruck, der Wasser nachströmen lässt.

Die entstandene wässrige Lösung des Salzsäuregases bewirkt bei Zugabe von Universalindikator einen roten Farbumschlag. Im Kolben hat sich eine saure Lösung gebildet (▷ B 3).

Die Bestandteile der Salzsäure
Salzsäure entsteht aus „Salzsäuregas" und Wasser. Führt man mit verdünnter Salzsäure eine Elektrolyse durch (▷ B 4; V 2), entsteht an der Kathode Wasserstoff, der durch die Knallgasprobe nachgewiesen werden kann. An der Anode entsteht gelbgrünes Chlorgas, das sich in der Waschflasche sammelt. Es hat eine größere Dichte als Luft. Chlor und Wasserstoff stammen aus dem Salzsäuregas.

Dies lässt sich durch ein weiteres Experiment überprüfen. Hält man eine Wasserstoffflamme in Chlorgas, so erstickt die Flamme nicht, wie man es erwarten könnte. Vielmehr reagiert Wasserstoff mit Chlor zu einem stechend riechenden Gas (▷ B2; V 3). Das Gas heißt **Chlorwasserstoff** und hat die Formel **HCl**.

$$H_2 + Cl_2 \longrightarrow 2\,HCl$$

Löst man das Gas in Wasser und prüft die Lösung mit Universalindikatorpapier, so stellt man fest, dass sich eine saure Lösung gebildet hat. Auch diese Lösung lässt sich wieder durch Elektrolyse in Wasserstoff und Chlor zerlegen (▷ V 3). Beim Lösen von Chlorwasserstoff in Wasser ist also wieder Salzsäure entstanden. Salzsäuregas ist folglich Chlorwasserstoff.

▶ Salzsäure ist eine Lösung von Chlorwasserstoff in Wasser.

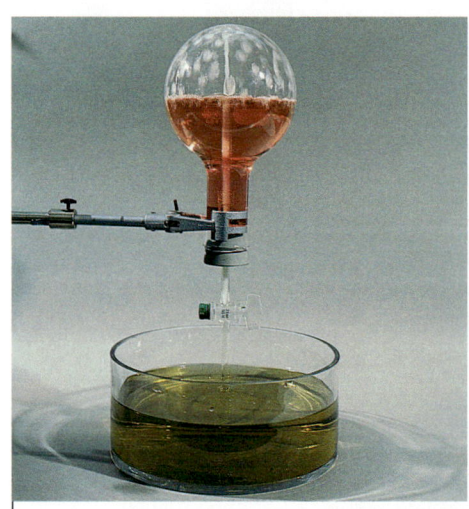

3 Salzsäuregas löst sich sehr gut in Wasser.

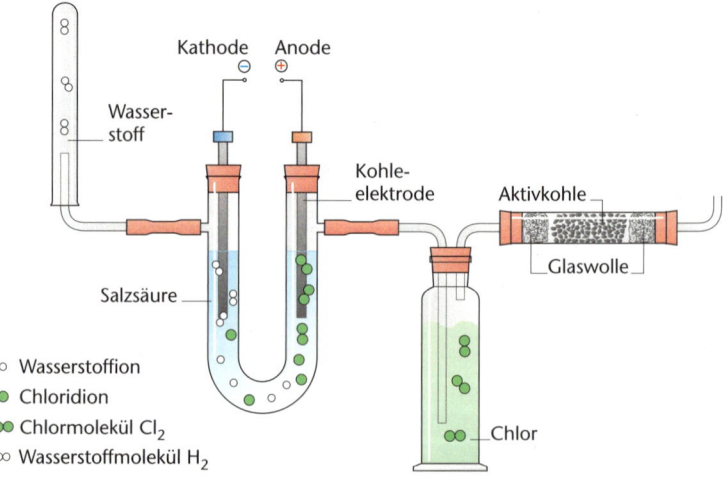

4 Die Elektrolyse von Salzsäure

Salzsäure – eine bekannte Säure

Die Elektrolyse der Salzsäurelösung genauer betrachtet

Salzsäure bildet in Wasser frei bewegliche Ionen. Weil sich Wasserstoff an der Kathode bildet, müssen **Wasserstoffionen**, H^+-Ionen, vorliegen. Da Chlor an der Anode entsteht, muss die Lösung Chloridionen, Cl^--Ionen, enthalten. Beim Lösen von Chlorwasserstoff in Wasser zerfallen die Moleküle in Wasserstoffionen und Chloridionen (▷ B 5).

$$HCl \longrightarrow H^+ + Cl^-$$

▶ Beim Lösen von Chlorwasserstoff in Wasser entstehen Wasserstoffionen und Chloridionen.

Welche Ionen bewirken die sauren Eigenschaften?

Warum färbt sich Universalindikator in Salzsäure und anderen sauren Lösungen rot? Saure Lösungen müssen Gemeinsamkeiten haben.
Eine Kochsalzlösung, die Chloridionen enthält, färbt Universalindikator nicht rot (▷ V 4). Die Chloridionen können folglich nicht für die Rotfärbung verantwortlich sein.

Auch bei der Elektrolyse anderer verdünnter Säuren entsteht an der Kathode Wasserstoff. Es müssen also in jeder sauren Lösung Wasserstoffionen vorliegen. Diese Ionen sind für die sauren Eigenschaften verantwortlich.

▶ Saure Lösungen enthalten Wasserstoffionen, H^+-Ionen. Sie bewirken die sauren Eigenschaften.

Die Chloridionen in der Salzsäurelösung sind nicht für die sauren Eigenschaften verantwortlich. Man bezeichnet sie als **Säurerest-Ionen** der Salzsäure.

▶ Das Säurerest-Ion der Salzsäure ist das Chloridion.

Säuren zerfallen in Wasser in positiv geladene Wasserstoffionen und negativ geladene Säurerest-Ionen.

Das Wasserstoffion (H^+-Ion) ist identisch mit einem Proton. Dieses wird sofort von einem Wassermolekül gebunden. Es entsteht ein H_3O^+-Ion (siehe Seite 70).

Versuche

1 a) Man stellt Chlorwasserstoff durch Reaktion von konz. Schwefelsäure mit Kochsalz her (▷ B 1) und leitet das Gas zunächst durch einen Trichter auf Wasser, welches Universalindikatorlösung enthält. (Abzug! Schutzbrille!)

b) Anschließend fängt man Chlorwasserstoff in einem Rundkolben (500 ml) auf. Nach dem Füllen wird der Kolben durch einen Stopfen mit einem zur Spitze ausgezogenen Glasrohr verschlossen (▷ B 3). Der Kolben wird in einem Wasserbecken mit Universalindikatorlösung auf- und abbewegt. (Abzug! Schutzscheibe! Schutzbrille!)

2 Verdünnte Salzsäure wird in einem U-Rohr mit Gleichstrom an Kohleelektroden zerlegt (▷ B 4). Das Gas, das sich an der Anode sammelt, wird in eine Waschflasche geleitet. Mit dem an der Kathode entstehenden Gas wird die Knallgasprobe durchgeführt. In die Waschflasche mit dem Gas der Anode gibt man blaue Blüten (z. B. Stiefmütterchen). (Abzug! Schutzbrille!)

3 Man taucht eine Wasserstoffflamme langsam in einen mit Chlor gefüllten Standzylinder. Nach der Reaktion wird etwas Wasser in das Gefäß geschüttet und die Lösung mit Universalindikator getestet. Danach führt man wie in Versuch 2 die Elektrolyse durch. (Abzug!)

4 Löse in einem Reagenzglas etwas Kochsalz in Wasser und prüfe die Lösung mit Universalindikatorpapier.

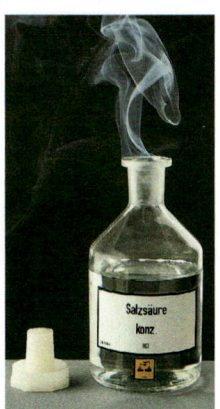

6 Aus Salzsäure entweicht Chlorwasserstoff.

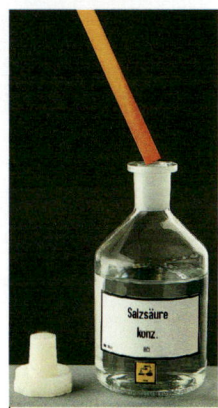

7 Feuchtes Universalindikatorpapier färbt sich rot.

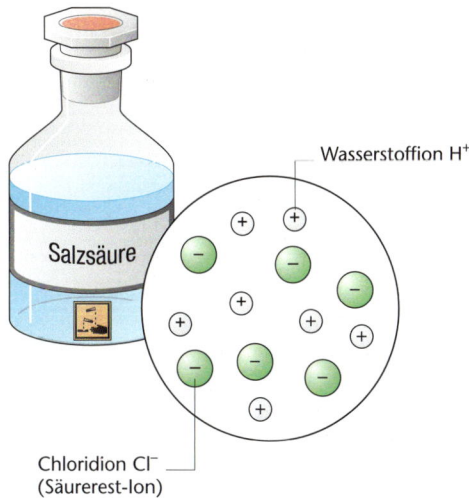

5 In Salzsäure liegen Ionen vor.

Chloride – Salze der Salzsäure

1 Kochsalz entsteht.

2 Eingedampfte Kochsalzlösung

3 Kochsalzkristalle unter dem Mikroskop

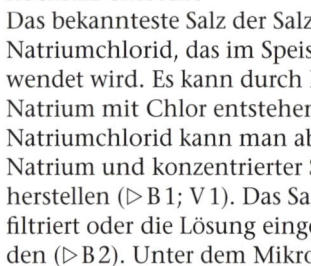

4 Ionengitter von Natriumchlorid

Versuche

1. Man füllt in einen Reagierkelch konz. Salzsäure und gibt ein erbsengroßes, frisch entrindetes Stück Natrium auf die Salzsäure. (Schutzscheibe! Vorsicht, Spritzgefahr! Schutzbrille!)

2. Gib in ein Reagenzglas 1–2 ml verdünnte Salzsäure und
   a) ein Stück Magnesiumband,
   b) ein Stück Kupfernetz.
   Dampfe die Lösungen nach der Reaktion ein. (Schutzbrille!)

3. Gib in ein Reagenzglas 1–2 ml verdünnte Salzsäure und
   a) eine Spatelspitze Magnesiumoxid,
   b) eine Spatelspitze Kupferoxid.
   Dampfe die Lösungen nach der Reaktion ein. (Schutzbrille!)

4. Löse in einem Reagenzglas etwas Kochsalz in Wasser und gib dann einige Tropfen Silbernitratlösung dazu. (Schutzbrille!)

Kochsalz entsteht

Das bekannteste Salz der Salzsäure ist Natriumchlorid, das im Speisesalz verwendet wird. Es kann durch Reaktion von Natrium mit Chlor entstehen. Natriumchlorid kann man aber auch aus Natrium und konzentrierter Salzsäure herstellen (▷B 1; V 1). Das Salz kann abfiltriert oder die Lösung eingedampft werden (▷B 2). Unter dem Mikroskop sieht man die würfelförmigen Kristalle des Kochsalzes (▷B 3).

Aus den Natriumatomen entstehen bei der Reaktion Natriumionen. Diese lagern sich mit den bereits vorhandenen Chloridionen der Salzsäure in einem Ionengitter zusammen und bilden das Salz Natriumchlorid (▷B 4). Gleichzeitig entsteht aus den Wasserstoffionen der Salzsäure Wasserstoff.

$$2\,Na + 2\,H^+ + 2\,Cl^- \longrightarrow 2\,Na^+ + 2\,Cl^- + H_2$$

Obwohl in wässriger Lösung Ionen vorliegen, schreibt man die entgegengesetzt geladenen Ionen oft auch zusammen.

$$2\,Na + 2\,HCl \longrightarrow 2\,NaCl + H_2$$

Neben Natrium reagieren auch andere Metalle mit Salzsäure unter Bildung von Chloriden und Wasserstoff.

Magnesiumchlorid entsteht

Bei der Reaktion von Magnesium und verdünnter Salzsäure (▷B 5; V 2a) kann man zwar eine Wasserstoffentwicklung, aber keine Salzbildung erkennen. Das Salz ist gelöst.
Nach Eindampfen der Flüssigkeit bleibt ein weißer Belag von Magnesiumchlorid zurück:

$$Mg + 2\,HCl \longrightarrow MgCl_2 + H_2$$

▶ Die Salze der Salzsäure heißen Chloride. Unedle Metalle reagieren mit Salzsäure zu Chloriden und Wasserstoff.

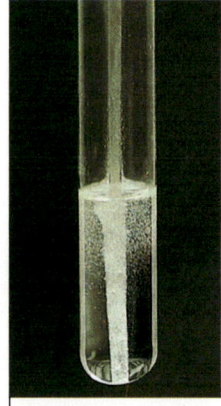 

5 Magnesium in Salzsäure   6 Kupfer in Salzsäure

Lexikon

Chloride

Kaliumchlorid KCl ist ein weißes Salz und wie Kochsalz für unseren Körper lebensnotwendig. Die Kaliumionen werden über das Blut verteilt und sind für viele Stoffwechselprozesse, für die Muskelarbeit, für die Nerven- und Nierenfunktion und zur Aufrechterhaltung der Zellstruktur notwendig.

Silberchlorid AgCl ist ein weißes, in Wasser unlösliches Salz. Es ist lichtempfindlich und wird neben Silberbromid AgBr in der Schwarzweißfotografie eingesetzt. Licht zersetzt die Verbindung Silberchlorid, es entsteht Silber. Je dunkler eine Bildstelle ist, desto mehr Silber ist vorhanden.

Calciumchlorid $CaCl_2$ ist ein sehr gutes Trockenmittel. Hiermit wird z. B. beim Skispringen der Kunstschnee von überflüssigem Wasser trocken gehalten (▷B 1). Zudem wird es als Streusalz, Heilmittel bei Allergien und Kalkmangelkrankheiten sowie als Frostschutzmittel verwendet.

Eisen(III)-chlorid $FeCl_3$ ist ein gelbbraunes Salz. Es wird bei der Herstellung von Farbstoffen und zur Wasseraufbereitung benutzt. Daneben wird Eisenchlorid auch zum Ätzen von Metallen, z. B. für die Herstellung von Leiterbahnen auf Platinen, verwendet (▷B 2).

1 Kunstschnee enthält Calciumchlorid.

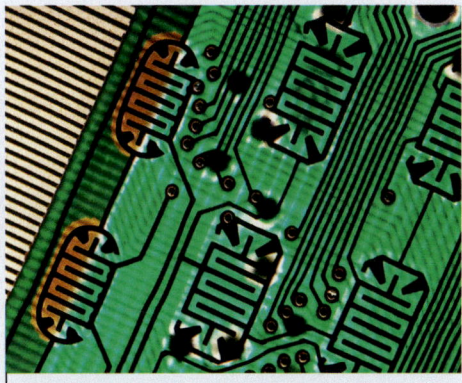

2 Leiterbahnen auf einer Platine

Ein anderer Weg zu Magnesiumchlorid

Magnesiumchlorid lässt sich auch aus Magnesiumoxid und Salzsäure herstellen (▷V 3a). Hierbei ist jedoch keine Gasentwicklung zu beobachten. Stattdessen entsteht Wasser.
Nach Eindampfen der Lösung wird das weiße Salz Magnesiumchlorid sichtbar.

$$MgO + 2\ HCl \longrightarrow MgCl_2 + H_2O$$

Kupferchlorid entsteht

Kupfer reagiert nicht mit Salzsäure (▷B 6; V 2b). Kupferoxid dagegen reagiert mit Salzsäure. Nach dem Eindampfen der Lösung kann man Kupferchlorid gewinnen (▷B 7; V 3b).

$$CuO + 2\ HCl \longrightarrow CuCl_2 + H_2O$$

▶ Metalloxide reagieren mit Salzsäure zu Chloriden und Wasser.

Nachweis von Chloridionen

Treffen in einer Lösung Silberionen Ag^+ auf Chloridionen Cl^-, so bilden die Ionen sofort unlösliches weißes Silberchlorid AgCl. Diese Reaktion ist ein Nachweis für Chloridionen (▷B 8; V 4).

$$Ag^+ + Cl^- \longrightarrow AgCl$$

▶ Silberionen dienen als Nachweis für Chloridionen.

8 Der Nachweis für Chloridionen

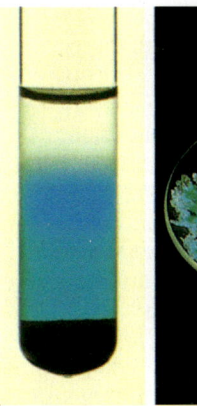

7 Kupferoxid reagiert mit Salzsäure (links) zu Kupferchlorid (rechts).

Aufgaben

1 Formuliere jeweils die Reaktionsgleichung für die Entstehung von Calciumchlorid aus dem Metall und aus Calciumoxid.

2 Eisen(III)-chlorid hat die Formel $FeCl_3$ und wird als blutstillender Zusatz zur Verbandswatte gegeben. Wie kann Eisen(III)-chlorid hergestellt werden?

Schweflige Säure und Schwefelsäure

In Vulkangas kommt das stechend riechende Schwefeldioxid vor. Auch bei der Verbrennung von Kohle und Heizöl entsteht Schwefeldioxid, da diese Stoffe Schwefelverbindungen enthalten.

Eigenschaften von Schwefeldioxid
Schwefeldioxid tötet Schimmelpilze und Bakterien ab, deshalb wird es u. a. zum Desinfizieren („Ausschwefeln") von Fässern vor der Wein- und Mostbereitung, zur Gärungshemmung in Wein und Fruchtsäften und zur Konservierung von Lebensmitteln verwendet (▷ B 1; V 1). Da Schwefeldioxid Farbstoffe zerstören kann (▷ B 2), wird es auch als Bleichmittel eingesetzt. Schwefeldioxid ist ein Umweltgift, das mitverantwortlich ist für den „sauren Regen".

1 Mit Schwefeldioxid haltbar gemachtes Trockenobst

Die Entstehung dieses giftigen Gases bei Verbrennungsvorgängen muss verhindert werden, dabei helfen Katalysatoren und Entschwefelungsanlagen.

2 Entfärbung von Blüten durch Schwefeldioxid. Die Farbstoffe werden zerstört.

Schweflige Säure
Schwefeldioxid bildet wie andere Nichtmetalloxide mit Wasser eine saure Lösung (▷ B 3). Dies lässt sich dadurch erklären, dass Schwefeldioxid zunächst mit Wasser zu Schwefliger Säure reagiert:

$$SO_2 + H_2O \longrightarrow H_2SO_3$$

Diese Säure leitet den elektrischen Strom, sie enthält also Ionen. Schweflige Säure bildet in Wasser H^+-Ionen und zwei Arten von Anionen. Die H^+-Ionen und die Anionen sind für die elektrische Leitfähigkeit verantwortlich (▷ V 2).

$$H_2SO_3 \longrightarrow H^+ + HSO_3^-$$

$$HSO_3^- \longrightarrow H^+ + SO_3^{2-}$$

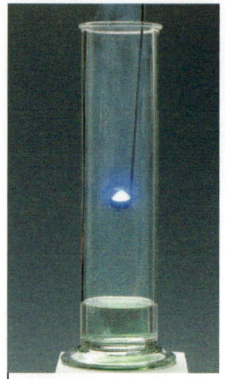 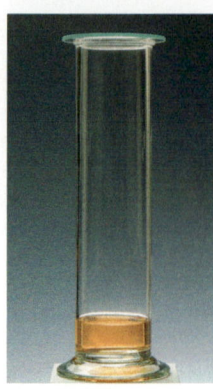

3 Eine Lösung von Schwefeldioxid und Wasser ist sauer.

Die SO_3^{2-}**-Ionen** heißen **Sulfitionen**, die HSO_3^-**-Ionen Hydrogensulfitionen** (lat.: hydrogenium, Wasserstoff), da sie noch gebundene Wasserstoffatome enthalten. Aus einem H_2SO_3 – Molekül können demnach zwei Wasserstoffionen abgespalten werden.

Durch Eindampfen von Schwefliger Säure erhält man keine konzentrierte oder gar reine Schweflige Säure, da diese beim Erwärmen in Schwefeldioxid und Wasser zerfällt. Schon bei Zimmertemperatur ist dieser Zerfall durch den Geruch nach Schwefeldioxid erkennbar. Säuren, die in Nichtmetalloxide und Wasser zerfallen, bezeichnet man als **unbeständige Säuren**.

Schwefeldioxid kann mithilfe geeigneter Katalysatoren zu Schwefeltrioxid (SO_3) umgewandelt werden. Dieses bildet mit Wasser die **Schwefelsäure**:

$$SO_3 + H_2O \longrightarrow H_2SO_4$$

Verwendung der Schwefelsäure
Schwefelsäure H_2SO_4 ist eine der am meisten verwendeten Chemikalien. Weltweit werden etwa 150 Mio. Tonnen dieser Säure pro Jahr produziert. Bekannt ist ihre Verwendung als ca. 37 %ige Säure in Autoakkumulatoren („Autobatterien", ▷ B 5). Der Hauptanteil der Schwefelsäure wird zur Herstellung von Düngemitteln, Waschmitteln und Farbstoffen verwendet (▷ B 6). Schwefelsäure wird meist als konzentrierte Schwefelsäure mit einem Massenanteil von 96 % bis 98 % gehandelt. Diese ist eine farblose, ölige Flüssigkeit mit einer Siedetemperatur von 338 °C und einer Dichte von 1,84 g/ml. Im Gegensatz zur Schwefligen Säure ist die Schwefelsäure eine beständige Säure.

Schweflige Säure und Schwefelsäure

Schwefelsäure ist hygroskopisch

Stellt man eine Porzellanschale mit konzentrierter Schwefelsäure auf die Waage (▷ V 1), so beobachtet man eine Massenzunahme. Die Schwefelsäure nimmt begierig Wasser aus feuchter Luft auf und verdünnt sich dadurch. Die Schwefelsäure ist hygroskopisch.

Die bei der Wasseraufnahme frei werdende Wärme kann dazu führen, dass Dampfblasen gebildet werden, die aus dem Gefäß spritzen. Beim Verdünnen darf deshalb niemals Wasser in konzentrierte Schwefelsäure gegossen werden (▷ B 7).

Will man konzentrierte Schwefelsäure verdünnen, muss die Säure in kleinen Portionen in kaltes Wasser gegossen werden.

Aus Stoffen wie Zucker, Holz oder Papier, die hauptsächlich aus Kohlenstoff-, Wasserstoff- und Sauerstoffatomen aufgebaut sind, spaltet konzentrierte Schwefelsäure Wasser ab, die Säure wirkt verkohlend. Auch Kleidungsstücke (▷ B 4), Haut und Haare werden zerstört. Beim Umgang mit Schwefelsäure sind daher die Sicherheitsvorschriften streng zu beachten.

Die Säurerest-Ionen der Schwefelsäure

Das Schwefelsäuremolekül H_2SO_4 weist zwei Wasserstoffatome auf. In Wasser kann es deshalb zwei Wasserstoffionen abgeben. Diese Abgabe erfolgt in Schritten. Wird ein Wasserstoffion abgegeben, entsteht das Säurerest-Ion mit der Formel HSO_4^-, das **Hydrogensulfation**:

$$H_2SO_4 \longrightarrow H^+ + HSO_4^-$$

Das Hydrogensulfation kann ein weiteres Wasserstoffion abgeben. Dabei wird das **Sulfation SO_4^{2-}** gebildet:

$$HSO_4^- \longrightarrow H^+ + SO_4^{2-}$$

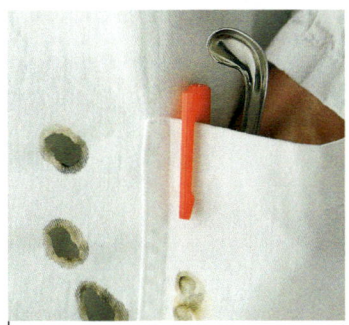

4 Schwefelsäure zerstört Baumwollgewebe.

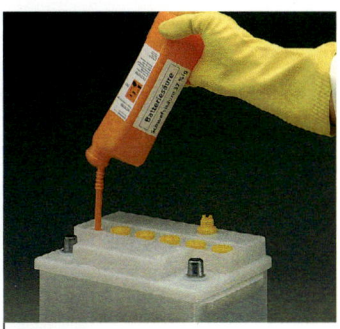

5 Schwefelsäure im Autoakku

▶ Schwefelsäure hat die Formel H_2SO_4. Sie bildet in Wasser Wasserstoffionen, Hydrogensulfationen und Sulfationen.

Versuche

1 Verbrenne zur Herstellung von Schwefeldioxid Schwefel auf einem Verbrennungslöffel und senke ihn in ein mit Sauerstoff gefülltes Gefäß (Abzug!). Zerreibe einen Apfel. Lass einen Teil des Breis an der Luft stehen und gib den Rest in das Gefäß mit Schwefeldioxid. Verschließe das Gefäß.
Vergleiche nach einigen Stunden.

2 Man prüft die elektrische Leitfähigkeit von Wasser, dem etwas Universalindikator zugesetzt wurde. Man hält brennenden Schwefel in das Gefäß, schüttelt und prüft erneut (Abzug!).

3 Man gibt konzentrierte Schwefelsäure in eine Porzellanschale und wiegt diese. Im Abstand von jeweils mehreren Minuten wird erneut gewogen. (Schutzhandschuhe! Schutzbrille!)

6 Schwefelsäure wird vielseitig verwendet.

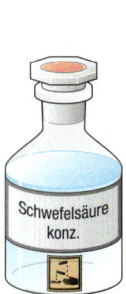

7 Beim Umgang mit konzentrierter Säure ist Vorsicht geboten.

Gips, ein Salz der Schwefelsäure

1 Gipsabbau

Da Schwefelsäure zwei Säurerest-Ionen bilden kann, können auch bei der Reaktion mit Metallen zwei unterschiedliche Salze entstehen: die **Hydrogensulfate** und die **Sulfate**.

▶ Die Salze der Schwefelsäure sind die Hydrogensulfate und die Sulfate.

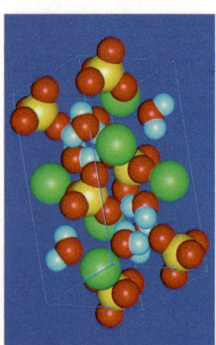

2 Modell eines Gipskristalls

3 Gips als Marienglas

4 Gips als Zwillingskristall

Gips, ein Naturprodukt

Calciumsulfat, das bekannteste Calciumsalz der Schwefelsäure, kommt in der Natur als Gips vor und wird in Steinbrüchen abgebaut (▷ B 1). Im Ionengitter (▷ B 2) sind neben den Calcium- und Sulfationen auch Wassermoleküle eingebaut. Dieses eingelagerte Wasser bezeichnet man als Kristallwasser. Die Menge des eingelagerten Wassers bestimmt die Eigenschaften des Stoffs. Deshalb wird es in der Formel angegeben:

$CaSO_4 \cdot 2\ H_2O$; lies: $CaSO_4$ mit $2\ H_2O$.

In der Natur gibt es verschiedene Gipskristalle. Marienglas (▷ B 3), Alabaster und Zwillingskristalle (▷ B 4) sind Beispiele.

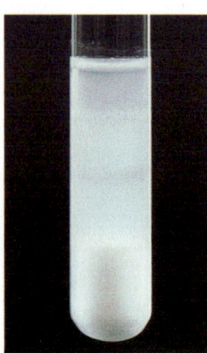

5 Niederschlag von Bariumsulfat

Gips, ein vielseitig verwendbares Material

Durch Erhitzen des abgebauten Gipses auf ca. 130 °C erhält man gebrannten Gips. Dabei wird ein großer Teil des Kristallwassers entfernt, die Kristallstruktur wird zerstört. Das so gewonnene Material wird gemahlen und als Stuckgips, Modellgips (Zahnmedizin) oder Reparaturgips verkauft. Wird gebrannter Gips mit Wasser angerührt, so erhärtet das breiige Material nach kurzer Zeit: „Der Gips bindet ab". Durch die Wasseraufnahme bilden sich nadelförmige Kristalle, die ineinander verfilzt sind. Gips wird für Abdrücke (▷ V 1), oder für Reparaturen (▷ B 6) verwendet.

Der Nachweis von Sulfationen

Gibt man zu einer Sulfatlösung eine Bariumchloridlösung (▷ V 2), fällt ein weißer Niederschlag aus. Dabei handelt es sich um **Bariumsulfat BaSO₄**, ein schwer lösliches Salz der Schwefelsäure (▷ B 5):

$$Ba^{2+} + SO_4^{2-} \longrightarrow BaSO_4$$

Die Schwerlöslichkeit des Salzes nutzt man, um Sulfationen SO_4^{2-} nachzuweisen.

▶ Bariumionen Ba^{2+} dienen als Nachweis für Sulfationen SO_4^{2-}.

Versuche

1 Rühre Gips mit Wasser an. Fülle den Brei in eine Streichholzschachtel und drücke eine mit Öl bestrichene Münze in den Brei. Entferne die Münze nach ca. 15 Minuten.

2 Gib zu einer Natriumsulfatlösung einige Tropfen Bariumchloridlösung und beobachte. (Schutzbrille!)

6 Reparaturarbeiten mit Gips

Lexikon

Sulfate und Hydrogensulfate

1 Barytkristall

Bariumsulfat BaSO$_4$ wird auf Grund seiner hohen Dichte auch Schwerspat genannt. Die schönen Kristalle heißen Barytkristalle (▷ B 1). Dieses Salz ist nahezu völlig unlöslich in Wasser und wird deshalb von unserem Körper nicht aufgenommen. Es ist deshalb (im Gegensatz zu der Giftigkeit löslicher Bariumsalze) ungiftig und wird bei bestimmten Röntgenaufnahmen als Kontrastmittel eingenommen (▷ B 2).

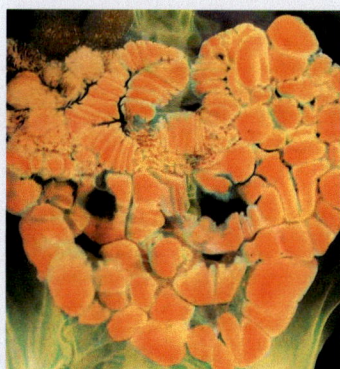

2 Falschfarbenaufnahme des Dünndarms

Kupfersulfat hat die Formel **CuSO$_4$ · 5 H$_2$O**. Diese zeigt an, dass im Ionengitter Wassermoleküle eingelagert sind. Beim Erhitzen wird das Wasser aus dem Kristallverband herausgetrieben. Dabei wird das blaue Salz weiß (▷ B 3). Dieser Vorgang ist umkehrbar. Kupfersulfat kann in wasserfreier Form als Nachweismittel für Wasser (Blaufärbung) verwendet werden. Das blaue Kupfersulfat wird zum Verkupfern in galvanischen Bädern, zur Kupferstich-Ätzung (▷ B 4) in Druckereien und in der Medizin als Brech- und Bandwurmmittel eingesetzt. Die Winzer setzen es zur Bekämpfung von Rebläusen ein.

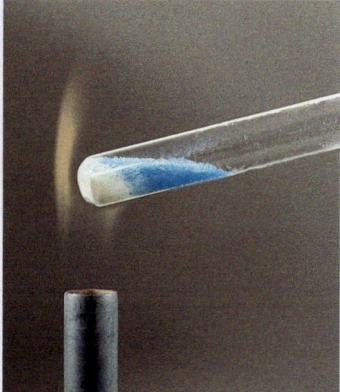

3 Blaues Kupfersulfat wird erhitzt.

4 Kupferstich

Natriumhydrogensulfat hat die Formel **NaHSO$_4$**. Beim Lösen in Wasser bildet sich das Hydrogensulfation (HSO$_4^-$). In wässriger Lösung kann ein weiteres Wasserstoffion abgespalten werden:

$$HSO_4^- \longrightarrow H^+ + SO_4^{2-}$$

Man sagt deshalb, Natriumhydrogensulfat ist ein saures Salz.

Festes Natriumhydrogensulfat ersetzt heute in WC-Reinigern die früher verwendete Salzsäure.

5 Glaubersalz

Natriumsulfat Na$_2$SO$_4$ · 10 H$_2$O wird auch Glaubersalz genannt. Neben **Magnesiumsulfat MgSO$_4$ · 7 H$_2$O**, das auch als Bittersalz bezeichnet wird, ist es in vielen Mineralwässern der Heilquellen gelöst.
Glaubersalz (▷ B 5) wird bei der Papier- und Zellstoffgewinnung, bei der Glasherstellung, zur Herstellung des Farbpigmentes Ultramarinblau (▷ B 6) und als Trockenmittel benötigt. Bittersalz wird in Mineralstoffdüngern verwendet.

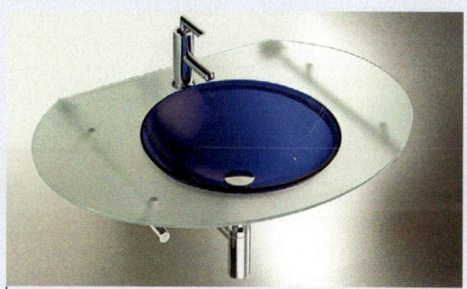

6 Waschbecken mit Glas in Ultramarinblau

Bleisulfat hat die Formel **PbSO$_4$**. Es entsteht bei der Entladung des Autoakkumulators. Der Akku besitzt eine Bleielektrode und eine Bleidioxidelektrode, die in Schwefelsäure eintauchen. Beim Entladen läuft folgende Reaktion ab:

$$PbO_2 + Pb + 2\,H_2SO_4 \longrightarrow 2\,H_2O + 2\,PbSO_4$$

Beim Laden des Akkumulators werden die Vorgänge umgekehrt. Es wird Energie zugeführt, z. B. durch die Lichtmaschine im Auto.

Strategie

Präsentieren für alle Sinne

Das Thema einer Präsentation soll heißen: „Wie entsteht eine Tropfsteinhöhle?"
Es ist wichtig, dass eine Präsentation interessant und abwechslungsreich gestaltet ist. Eine gelungene Präsentation spricht alle Sinne der Zuschauer an.

A. Text als Information
Auf einer Folie, einem Plakat usw. sollten immer nur die wichtigsten Informationen zum Thema der Seite stehen.
Auf einer Karteikarte, die für die anderen nicht sichtbar ist, steht in Stichpunkten alles, was du sagen willst.

Was sind...

STALAKTITEN UND STALAGMITEN?

Stalaktiten sind Zapfen und Kalksäulen, die von der Höhlendecke herabwachsen.

Stalagmiten sind Zapfen und Kalksäulen, die vom Höhlenboden emporwachsen.

- Wassertropfen hängen an der Decke einer Tropfsteinhöhle.
- Tropfen enthalten Calcium- und Hydrogencarbonationen gelöst.
- Kohlenstoffdioxid entweicht aus dem Tropfen, Wasser verdunstet, zurück bleibt ein Kalkfleck.
- Dieses wiederholt sich millionenfach, es entsteht ein Stalaktit.
- Aus Tropfen, die auf den Höhlenboden fallen, entstehen die Stalagmiten.
- Die Länge eines schnell wachsenden Stalaktiten oder Stalagmiten nimmt etwa um 5 mm pro Jahr zu.

B. Unbewegte Bilder als Information
Es sollte nicht nur Text auf den Folien stehen. Benutze auch Fotos und Grafiken. Eine Grafik oder ein Bild zu Beginn der Präsentation erhöht die Aufmerksamkeit der Zuschauer.

C. Bewegte Bilder als Information
Filme erhöhen das Interesse. Du solltest darauf achten, nur kurze Filmausschnitte zu benutzen. Ein Film kann mit oder ohne Ton gezeigt werden. In der Nähe deiner Schule gibt es ein Medienzentrum, bei dem deine Schule Filme, Videos und DVDs ausleihen kann.

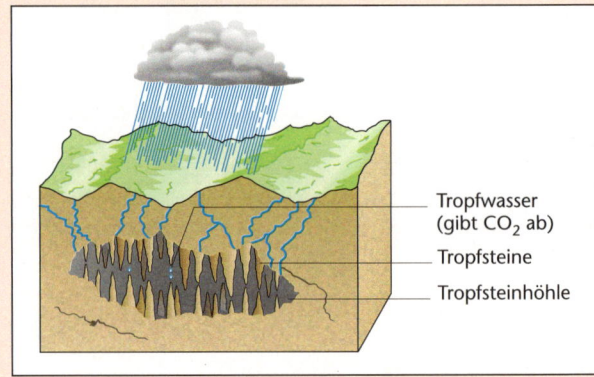

Tropfwasser (gibt CO_2 ab)
Tropfsteine
Tropfsteinhöhle

D. Stoff- und Materialproben im Vortrag
Stoff- und Materialproben vermitteln den Zuschauern unmittelbare Eindrücke. Die Proben können, wenn von ihnen keine Gefahren ausgehen, angefasst werden. Es können Geruchsproben durchgeführt werden.

E. Experimente im Vortrag
Du kannst während einer Präsentation selbst ein Experiment vorführen oder von den Zuschauern durchführen lassen. Die Demonstration eines Experiments ist viel einprägsamer als ein Film oder ein Bild, denn das Experiment kann von den Zuschauern direkt wahrgenommen werden.

Kohlensäure

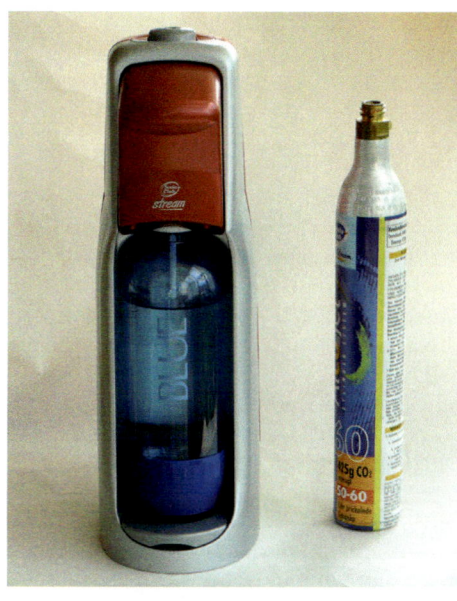

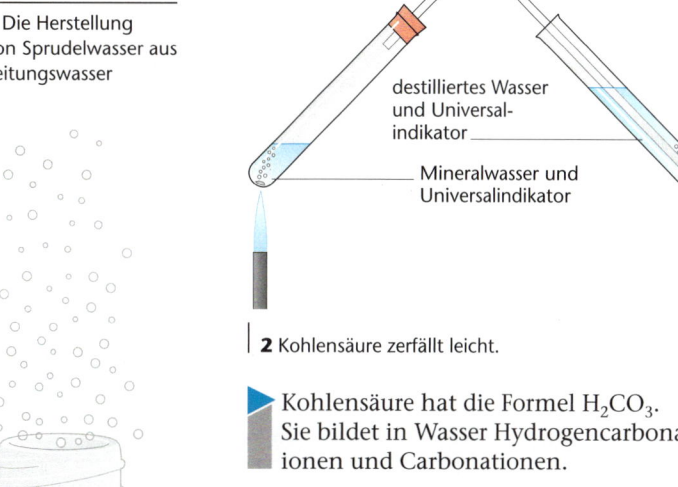

1 Die Herstellung von Sprudelwasser aus Leitungswasser

2 Kohlensäure zerfällt leicht.

▶ Kohlensäure hat die Formel H_2CO_3. Sie bildet in Wasser Hydrogencarbonationen und Carbonationen.

Die Kohlensäure in Getränken

In vielen sprudelnden Erfrischungsgetränken ist Kohlensäure enthalten. Unsere Erfahrung zeigt, dass Sprudel fade schmeckt, je wärmer er geworden ist. Auch zum Zapfen von Bier wird häufig Kohlenstoffdioxid eingesetzt.

Die Entstehung der Kohlensäure

In vielen Haushalten steht heute eine Sprudelmaschine, mit der aus Leitungswasser ein erfrischendes Getränk hergestellt werden kann (▷ B 1). Dabei wird aus einer Gaspatrone Kohlenstoffdioxid in das Wasser gepresst. Prüft man das Wasser vor und nach der Zugabe von Kohlenstoffdioxid mit Universalindikator (▷ V 1), so stellt man fest, dass die Lösung sauer geworden ist. Die saure Lösung kann nur durch das Einleiten des Gases entstanden sein. Saure Lösungen enthalten Wasserstoffionen. Das Kohlenstoffdioxidmolekül CO_2 enthält aber keine Wasserstoffatome. **Kohlensäure** entsteht durch die Reaktion mit Wasser:

$$CO_2 + H_2O \longrightarrow H_2CO_3$$

Die Bildung von Ionen

Das Kohlensäuremolekül besitzt zwei Wasserstoffatome. Es kann deshalb zwei verschiedene Säurerest-Ionen bilden, das **Hydrogencarbonation** HCO_3^- und das **Carbonation** CO_3^{2-}.

$$H_2CO_3 \longrightarrow H^+ + HCO_3^-$$

$$HCO_3^- \longrightarrow H^+ + CO_3^{2-}$$

Der Zerfall von Kohlensäure

Beim Einleiten von Kohlenstoffdioxid in Wasser wird der größte Teil in Wasser gelöst. Nur ein sehr kleiner Teil (weniger als 1 %) bildet Kohlensäure und damit die saure Lösung.
In Wasser gelöstes Kohlenstoffdioxid kann leicht wieder ausgetrieben werden (▷ B 2; V 2). Durch Erwärmen zerfällt die Kohlensäure in Kohlenstoffdioxid und Wasser:

$$H_2CO_3 \longrightarrow CO_2 + H_2O$$

Kohlensäure ist eine unbeständige Säure, die leicht wieder zerfällt.

Versuche

1 Presse in einer „Sprudelmaschine" Kohlenstoffdioxid aus einer Gaspatrone in Leitungswasser. Prüfe das Wasser vorher und nachher mit Universalindikatorpapier.

2 Ein Reagenzglas wird zu etwa einem Drittel mit kaltem kohlensäurehaltigem Mineralwasser gefüllt. Man gibt Universalindikator und einige Siedesteinchen zu und setzt einen Stopfen mit gewinkeltem Glasrohr auf. Das Glasrohr wird tief in ein 2. Reagenzglas geführt, das mit destilliertem Wasser und etwas Universalindikator gefüllt ist. Das 1. Reagenzglas wird mit dem Gasbrenner schwach erhitzt (▷ B 2). Bei Versuchsende zuerst das rechte Reagenzglas entfernen, dann das Erhitzen einstellen (Rückschlag! Schutzbrille!).

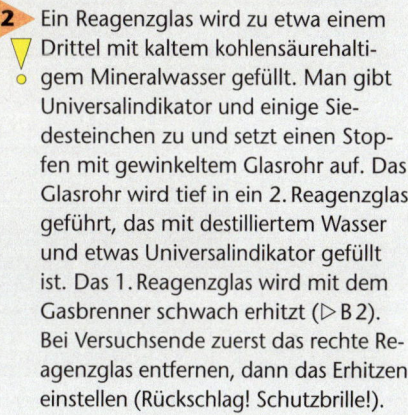

Salze der Kohlensäure

Carbonate – die Salze der Kohlensäure
Von den Namen der Säurerest-Ionen der Kohlensäure leiten sich die Namen ihrer Salze ab: **Hydrogencarbonate** und **Carbonate**. Während die Hydrogencarbonate gut wasserlöslich sind, sind viele Carbonate in Wasser schwer löslich. Dazu gehört **Calciumcarbonat $CaCO_3$**, das als Kalkstein ganze Gebirgszüge bildet (▷ B 1) oder als Kreide oder Marmor vorkommt.

▶ Die Salze der Kohlensäure sind die Carbonate und die Hydrogencarbonate.

1 Gebirgszüge aus Kalk

Kohlensäure „zerfrisst" Kalk
Da Regenwasser aus der Luft Kohlenstoffdioxid aufnimmt, bildet sich auf diese Weise stark verdünnte Kohlensäure. Diese Kohlensäure dringt tief in den Boden ein. Falls sie im Untergrund auf Kalkstein $CaCO_3$ trifft, wandelt sie einen Teil des Kalksteins in lösliches Calciumhydrogencarbonat $Ca(HCO_3)_2$ um (▷ V 1).

$$CaCO_3 + H_2CO_3 \longrightarrow Ca(HCO_3)_2$$

2 In einer Tropfsteinhöhle bildet sich Kalk.

Der Kalk geht in Lösung und wird als Hydrogencarbonat vom Grundwasser fortgespült. Mit der Zeit höhlt das Grundwasser auf diese Weise das kalkhaltige Gestein aus. Es entsteht ein Höhle (▷ B 2).

Kalk bildet sich neu
An der Decke einer Tropfsteinhöhle hängen Wassertropfen mit darin gelöstem Calciumhydrogencarbonat. Wenn das Wasser verdunstet und das Kohlenstoffdioxid entweicht, wandelt sich das gelöste Calciumhydrogencarbonat in schwer lösliches Calciumcarbonat um:

$$Ca(HCO_3)_2 \longrightarrow CaCO_3 + H_2O + CO_2$$

Calciumcarbonat bleibt an der Decke hängen. Auf diese Weise wächst der Kalk als Tropfstein von der Decke herab. Es bilden sich Stalaktiten (▷ B 2).

Andere wichtige Salze der Kohlensäure
Natriumcarbonat Na_2CO_3 wurde früher aus Salzseen gewonnen. Heute wird es technisch hergestellt und kommt unter dem Namen Soda in den Handel. Es wird für die Herstellung von Seifen, Waschmitteln, Glas und Farben benötigt.

Natriumhydrogencarbonat $NaHCO_3$ ist auch unter dem Namen Natron bekannt und wird als Mittel gegen Sodbrennen verwendet. Es ist auch als Treibmittel in Backpulver, Brausepulver (▷ B 3) und in Pulverlöschern enthalten.

Versuch
1 Man leitet Kohlenstoffdioxid über längere Zeit in Kalkwasser ein. Beobachte.

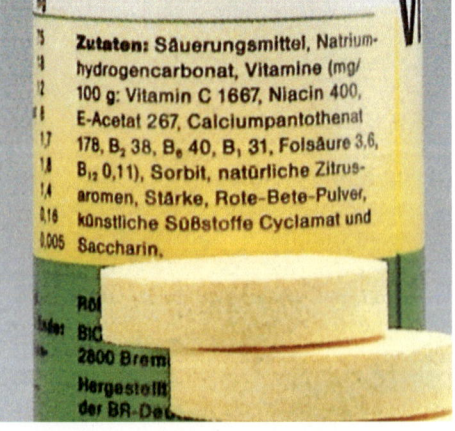

3 Brausepulver enthält Natriumhydrogencarbonat.

- Regenwasser nimmt Kohlenstoffdioxid aus der Luft auf.
- Kohlensäurehaltiger Regen löst Kalk aus dem Gestein.
- Das gelöste Calciumhydrogencarbonat versickert im Boden.
- Wenn das Wasser verdunstet und das Kohlenstoffdioxid entweicht, wandelt sich Calciumhydrogencarbonat wieder in Kalk um.

Werkstatt

Wir untersuchen Salze der Kohlensäure

| 1 Badezimmer aus Marmor

1 Ist Marmor säurefest?

Material
Schutzbrille, Becherglas, Reagenzglas, Gummistopfen (einfach durchbohrt) mit Glasrohr (spitzwinklig, ungleichschenklig), Kalkwasser, Marmorstücke, verdünnte Salzsäure

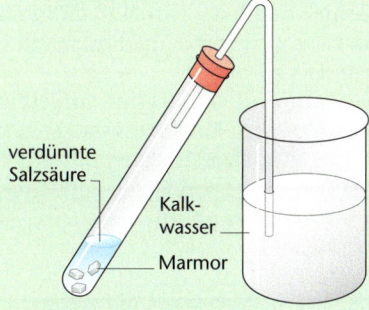

| 2 Ist Marmor säurefest?

Versuchsanleitung
Gib kleine Marmorstücke in ein Reagenzglas und übergieße sie mit so viel verdünnter Salzsäure, bis die Marmorstücke von der Flüssigkeit überdeckt werden. Verschließe das Reagenzglas mit einem Stopfen und halte das Glasrohr in ein mit Kalkwasser gefülltes Becherglas (▷ B 2). Beobachte.

Aufgabe
Anstelle von Marmor können auch die Schalen von Muscheln (▷ B 3) genommen werden. Warum sind diese geeignet?

| 3 Muscheln

2 Eierschalen verschwinden

Material
Schutzbrille, Reagenzglas, Spatellöffel, Citronensäure, destilliertes Wasser, trockene Eierschalen

Versuchsanleitung
Gib eine kleine Spatelspitze Citronensäure in ein Reagenzglas. Löse die Säure in etwas destilliertem Wasser. Zerreibe die Eierschalen zwischen den Fingern und gib sie in die Citronensäurelösung.

3 Antrieb mit Natron und Essig

Material
Schutzbrille, Spatellöffel, Filmdose oder Kapsel von Überraschungsei, verdünnte Essigsäure, Natron (Natriumhydrogencarbonat)

Versuchsanleitung
Gib eine Spatelspitze Natriumhydrogencarbonat in eine Filmdose (oder die Kapsel eines Überraschungseis) und gib etwas Essigsäure dazu. Verschließe die Dose sofort und stelle dich etwas abseits. Beobachte, was geschieht.

4 Schaumschlägerei mit Natriumhydrogencarbonat

Material
Schutzbrille, Becherglas (50 ml), Reibschale mit Pistill, Spatel, Spatellöffel, Spülmittel, Natriumhydrogencarbonat, Weinsäure, destilliertes Wasser

a) Vermische und verreibe eine Spatelspitze Natriumhydrogencarbonat mit einer Spatelspitze Weinsäure in der Reibschale. Beobachte, ob eine Reaktion einsetzt.

b) Gib das Pulvergemisch in ein Becherglas und übergieße es mit etwas Wasser, dem einige Tropfen Spülmittel zugefügt wurden (▷ B 4). Erkläre die Beobachtung.

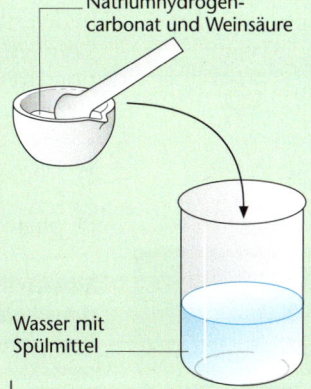

| 4 Schaumschlägerei

5 Dem Geheimnis des Natrons auf der Spur

Material
Schutzbrille, Gasbrenner, Stativ, Doppelmuffe, Universalklemme, Becherglas (50 ml), Reagenzglas, Gummistopfen (einfach durchbohrt) mit Glasrohr (spitzwinklig, ungleichschenklig), Spatel, Natron (Natriumhydrogencarbonat), Kalkwasser

Versuchsanleitung
Gib eine Spatelspitze Natriumhydrogencarbonat in ein Reagenzglas und setze einen Stopfen mit Glasrohr darauf. Spanne das Reagenzglas am Stativ so ein, dass das Glasrohr in das Becherglas mit Kalkwasser taucht. Erhitze das Natriumhydrogencarbonat im Reagenzglas mit dem Gasbrenner und beobachte (▷ B 5). Entferne den Gasbrenner erst, wenn das Glasrohr aus dem Kalkwasser herausgezogen worden ist!

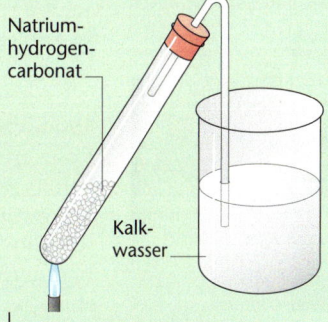

| 5 Das Geheimnis des Natrons

Phosphorsäure und Salpetersäure

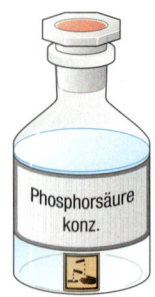

Phosphorsäure
Bei Verbrennen von rotem Phosphor entsteht Phosphoroxid, das beim Lösen in Wasser die Phosphorsäure bildet. Sie hat die Formel H_3PO_4. Da das Phosphorsäuremolekül drei Wasserstoffatome besitzt, bilden sich im Wasser drei verschiedene Säurerest-Ionen: Das Dihydrogenphosphation $H_2PO_4^-$, das Hydrogenphosphation HPO_4^{2-} und das Phosphation PO_4^{3-}.

▶ Die Salze der Phosphorsäure sind die Dihydrogenphosphate, Hydrogenphosphate und Phosphate.

Eigenschaften und Verwendung der Phosphorsäure
Phosphorsäure ist eine farblose, ölige, stark ätzende Flüssigkeit.
Phosphat dient als Ausgangsstoff für die Herstellung von Düngemitteln, Waschmitteln und Rostumwandlern (▷ B 1; V 1) sowie zur Passivierung von Eisen und Zink zum Schutz vor Korrosion. Verdünnt wird die Phosphorsäure in der Lebensmittelindustrie als Konservierungsmittel und Säurungsmittel verwendet. Sie wird colahaltigen Erfrischungsgetränken zugesetzt.

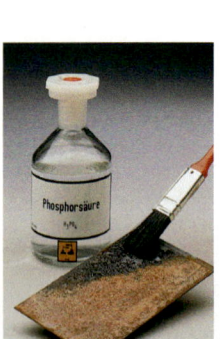

1 Manche Rostumwandler enthalten Phosphorsäure.

Phosphate sind lebensnotwendig
Phospate sind für alle Organismen lebenswichtig. Sie sind am Knochenbau und beim Pflanzenwachstum beteiligt. Außerdem sind sie Bestandteil des Erbgutes von Lebewesen.
Phosphate lassen sich mit Ammoniummolybdatlösung nachweisen. Es bildet sich ein gelber Niederschlag (▷ V 2).

Salpetersäure
Der Name der Salpetersäure leitet sich von Salpeter, (lat.: sal petrae „Felsensalz") ab, aus dem es durch Zugabe von Salzsäure oder Schwefelsäure gewonnen werden kann. Die Formel ist HNO_3. In Wasser entsteht nur ein Säurerest-Ion: das Nitration NO_3^-.

▶ Salpetersäure hat die Formel HNO_3. Das Säurerest-Ion ist das Nitration.

Eigenschaften und Verwendung
Konzentrierte Salpetersäure zersetzt sich bereits durch Lichteinwirkung unter Bildung von rotbraunen, sehr giftigem Stickstoffdioxid. Deshalb wird Salpetersäure in braunen Flaschen aufbewahrt. Sie wirkt stark oxidierend und kann brennbare Stoffe, z. B. Holz, entzünden. Viele Metalle lösen sich in Salpetersäure auf. Ausnahmen sind die Edelmetalle wie Gold und Platin. Gemischt mit Salzsäure kann sogar das „königliche Metall" Gold aufgelöst werden, weshalb dieses Gemisch Königswasser genannt wird. Bei Kontakt mit Eiweiß ergibt sich eine Gelbfärbung, die als Nachweis dient (Xanthoproteinreaktion).

Verwendung der Nitrate
Wichtig für die Technik sind Nitrate, die Salze der Salpetersäure. Kaliumnitrat KNO_3 (Salpeter), Natriumnitrat $NaNO_3$ und Ammoniumnitrat NH_4NO_3 dienen als Stickstoffdünger für Pflanzen. Auch für die Herstellung von Sprengstoffen, Kunstfasern und Farbstoffen werden Nitrate gebraucht. Kaliumnitrat ist ein Bestandteil des Schwarzpulvers. Bariumnitrat $Ba(NO_3)_2$ und Strontiumnitrat $Sr(NO_3)_2$ werden in Feuerwerkskörpern eingesetzt.

Gefahr durch Nitrat
Bei Überdüngung nimmt die Pflanze mehr Nitrat auf, als sie für das Wachstum benötigt. Nitrat wird dann in der Pflanze gespeichert oder gelangt über das Grundwasser in das Trinkwasser. Zu hohe Nitrataufnahme in unseren Körper gefährdet die Gesundheit, weil Nitrat zu giftigem Nitrit und krebserregendem Nitrosamin umgewandelt wird.
Deshalb wird vom Gesetz vorgeschrieben, dass in einem Liter Trinkwasser höchstens 50 mg Nitrat vorkommen dürfen. Diese Höchstmenge von 50 mg Nitrat pro Liter Trinkwasser kann mit Teststreifen überprüft werden (▷ B 2).

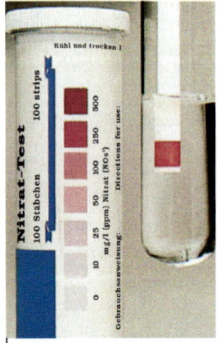

2 Teststreifen für Nitrat

Versuche

1 ▶ Man bestreicht ein rostiges Stück Eisenblech dünn mit konz. Phosphorsäure und lässt das Blech vorsichtig über dem Gasbrenner trocknen.

2 ▶ a) Zu einer wässrigen Ammoniummolybdatlösung wird so lange ca. 20 %ige Salpetersäure getropft, bis sich der anfänglich gebildete Niederschlag wieder aufgelöst hat.

b) Ein colahaltiges Getränk wird so lange mit Wasser verdünnt, bis die Eigenfarbe kaum noch wahrnehmbar ist. Dann gießt man die Getränkelösung in die Molybdatlösung aus Versuch a).

Schnittpunkt

Umwelt: Waldschäden

Saurer Regen – ein Verursacher der Waldschäden

Das verstärkte Absterben von Bäumen wird seit etwa 25 Jahren beobachtet. Seit dieser Zeit wird nach den genauen Ursachen geforscht. Die Waldschäden können nicht nur auf eine Ursache zurückgeführt werden. Dennoch ist in der Zwischenzeit unumstritten, dass der **saure Regen** ein Verursacher der Baumschäden ist.

Was bewirkt saurer Regen?

Bei der Verbrennung schwefelhaltiger Verbindungen (z. B. in Kohle, Erdgas, Erdöl) und der Verbrennung von Stickstoff (z. B. im Automotor, in Kraftwerken) entstehen Schwefeldioxid SO_2 und Stickstoffoxide NO_x. Diese sind gasförmig und werden mit dem Wind verbreitet und mit dem Regen ausgewaschen.

Diese Gase schädigen einerseits direkt die Nadeln oder Blätter der Bäume, da sie das für die Fotosynthese wichtige Chlorophyll zerstören. Andererseits bilden sie mit dem Regen Schwefelsäure, Schweflige Säure und Salpetersäure. Diese Säuren verändern den pH-Wert des Bodens an manchen Stellen so stark, dass die Wurzeln der Bäume geschädigt werden.

Abhilfe

Am sinnvollsten ist es, die Luftschadstoffe erst gar nicht entstehen zu lassen bzw. am Ort der Entstehung sofort zu beseitigen. Hierbei helfen Katalysatoren in Autos oder Anlagen zur Reinigung der Abluft in der Industrie. Auch die Suche nach und der Einsatz von alternativen Energiequellen und umweltfreundlichen Brennstoffen sollen der zunehmenden Luftverschmutzung entgegenwirken.

Bereits übersäuerte Böden oder Seen können durch Kalkung neutralisiert werden.

Waldschäden, nicht nur durch sauren Regen

In jüngerer Zeit wird ein Pilz als eine Hauptursache für das Absterben insbesondere von Laubbäumen angesehen. Der Name des Pilzes Phythophtera bedeutet Pflanzenzerstörer. Der Pilz, der vermutlich in den vergangenen 100 Jahren aus Ostasien über Pflanzentransporte eingeschleppt wurde, befällt die Wurzeln und dringt in die Rinde ein. Die Baumkrone kann nicht mehr mit Wasser und Nährstoffen versorgt werden. Der Baum stirbt ab. Gegen diesen Pilz gibt es bisher keine Bekämpfungsmittel.

3 Hinweis auf Waldschäden

1 Gesunde Nadelbäume

2 Kranke Nadelbäume

- lichte Krone
- Schäden an Nadeln (Vergilbung, später Abfall)
- Rindenschäden, Holzschäden
- Schäden an Knospen und jungen Trieben
- Wachstumsanomalien

Impulse

Sauer, alkalisch und salzig

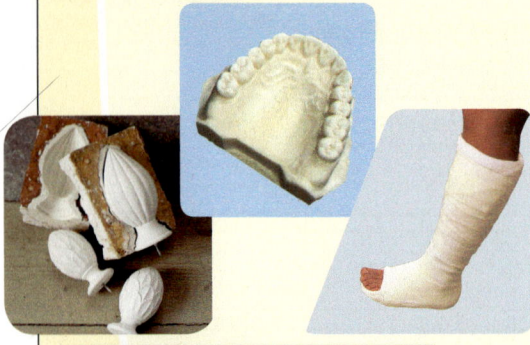

Sauer macht nicht immer lustig!
Es stößt einem etwas sauer auf. Im übertragenen Sinn bedeutet dieses, dass einem etwas missfällt. Es kann einem aber tatsächlich sauer aufstoßen. Dieses Sodbrennen löst körperliches Missbehagen aus.

● Wodurch wird Sodbrennen hervorgerufen?

● Gegen Sodbrennen kann man Antazida einnehmen. Was sind Antazida und was sollen sie bewirken?

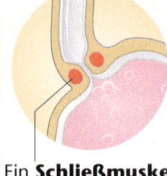

Ein **Schließmuskel** am Mageneingang verhindert normalerweise, dass Magensäure in die Speiseröhre aufsteigen kann.

Bei Funktionsstörungen des Schließmuskels, bei häufigem Stress oder ungesundem Essen gelangt Magensäure in die Speiseröhre und löst dort schmerzhafte Entzündungen aus – das „Sodbrennen".

Arbeiten mit Gips

● Gips begegnet uns auf Schritt und Tritt. Ermittle die vielfältigen Verwendungsmöglichkeiten von Gips und schreibe diese übersichtlich auf.

● Gib in einen Jogurtbecher 2 Esslöffel Gipspulver und rühre so viel Wasser unter, bis ein dicker Brei entsteht. Stecke in den Gipsbrei einen Kunststoffdübel.

Miss die Zeit, bis der Brei hart ist. Nimm den Becher in die Hand und fühle.

Kannst du die Abbindezeit des Gipses verlängern?

Versuche den Dübel herauszuziehen, nachdem der Gips hart geworden ist.

● Forme aus einem Gipsbrei eine Figur oder ein Zeichen. Du kannst deine Plastik nach dem Abbinden auch farbig gestalten.

● Erkundige dich, wie man eine Theatermaske selbst herstellen kann.

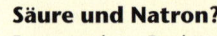

Säure und Natron?
Brausepulver, Backpulver und Süßstofftabletten haben etwas gemeinsam. Sie enthalten eine Säure und Natron (Natriumhydrogencarbonat).

● Gib einen Teelöffel Natron in ein großes Wasserglas, das etwa zur Hälfte mit Wasser gefüllt ist. Schütte dazu Essig und beobachte.

● Gib in ein Glas mit etwas Wasser eine Süßstofftablette und beobachte.

● Warum muss ein Kaffee, zu dem eine Süßstofftablette gegeben wird, nicht umgerührt werden?

Was ist drin?
Mineralwässer enthalten positiv geladene Ionen (Kationen) und negativ geladene Ionen (Anionen) von Salzen.

- Stelle Tabellen für unterschiedliche Mineralwässer zusammen und trage die Kationen und Anionen ein. Welche Anionen und Kationen sind am meisten vertreten?

- Was bedeutet „natriumarm"?

- Bewerte die Qualität unterschiedlicher Mineralwässer.

Isotonische Getränke für Sportler?
Wer Sport treibt und schwitzt, muss viel Flüssigkeit trinken, denn beim Schwitzen verliert man nicht nur Wasser, sondern auch Mineralstoffe, also Salze. Auch diese Salze müssen ersetzt werden, da sie am Körperaufbau beteiligt und für die chemischen Reaktionen im Körper unentbehrlich sind.

- Ermittle, wie viel Flüssigkeit man bei mäßiger, intensiver oder extremer Belastung in einer Stunde verliert.

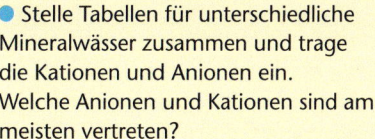

Wassersorte: *Reine Quelle*	Stilles Mineralwasser
Kationen (in g/l)	**Anionen** (in g/l)
Natrium Na^+ : 0,24	Hydrogencarbonat HCO_3^- : 0,32
Calcium Ca^{2+} : 0,0027	Chlorid Cl^- : 0,124
Kalium K^+ : 0,048	Sulfat SO_4^{2-} : 0,0279
Magnesium Mg^{2+} : 0,00067	Fluorid F^- : 0,00045

- Getränke, deren Gehalt an gelösten Teilchen denen des Blutes entspricht, werden isotonische Getränke genannt. Mach dich kundig über die Zusammensetzung solcher isotonischen Getränke.

- Das optimale isotonische Getränk ist die Apfelsaftschorle: Die Mischung von einem Drittel Saft und zwei Dritteln natriumreichem Mineralwasser ist nicht besonders süß, versorgt den Körper aber dennoch mit Zucker und Mineralstoffen.
Bewerte das Trinken von Cola oder Bier nach dem Sport.

- Empfiehl ein geeignetes Getränk.

- Plane ein Experiment zur Überprüfung der elektrischen Leitfähigkeit eines isotonischen Getränkes.

- Plane ein Experiment zum Nachweis von Natriumverbindungen in isotonischen Getränken.

Chemie zu Hause
Die Heizstäbe des Warmwasserboilers sind verkalkt, der Abfluss der Spüle ist wieder mal verstopft und das T-Shirt ist voller Flecken von Filzschreibern!

- Mit welchen Geräten oder Reinigern lassen sich die Verkalkung, die Verstopfung und die Farbflecken entfernen?

Die Bildung von Laugen

Der Indikator zeigt eine andere Farbe
Das Gefahrensymbol auf einem Rohrreiniger zeigt an, dass beim Umgang Vorsicht geboten ist. Löst man etwas Rohrreiniger in Wasser (▷V1) und prüft mit Universalindikatorpapier, so zeigt sich eine kräftig blaue Farbe. Sie zeigt an, dass eine alkalische Lösung entstanden ist.

Die Reaktion von Natrium mit Wasser
Gibt man ein entrindetes Stück Natrium auf Wasser, reagiert es so heftig, dass es durch die Reaktionswärme schmilzt und kugelförmig wird (▷B1; V2a). Zischend bewegt sich das Natriumstück auf der Wasseroberfläche hin und her und verschwindet schnell. Es lassen sich Schlieren und eine Blaufärbung des Universalindikators beobachten. Die Lösung ist alkalisch.

1 Natrium reagiert heftig mit Wasser.

Neben der alkalischen Lösung entsteht bei der Reaktion von Natrium mit Wasser ein Gas. Bei dem Gas handelt es sich um Wasserstoff. Das zischende Geräusch und die Bewegung des Natriumstücks auf der Wasseroberfläche entstehen durch die heftige Wasserstoffentwicklung.

Eine Lauge entsteht
Bei der Reaktion von Natrium mit Wasser entsteht Wasserstoff. Die Schlierenbildung weist darauf hin, dass noch ein weiterer Stoff entstanden ist.
Dampft man die Lösung ein, so bleibt ein weißer Belag zurück, der keine Ähnlichkeit mit Natrium hat. Der weiße Stoff ist **Natriumhydroxid NaOH**.
Natriumhydroxid ist stark wasseranziehend (hygroskopisch; ▷B2). Löst man Natriumhydroxid wieder in Wasser und prüft mit Universalindikator, zeigt die Blaufärbung eine alkalische Lösung an. Diese Lösung nennt man **Natronlauge**. Bei der Reaktion von Natrium mit Wasser ist Natronlauge entstanden (▷B3):

$$2\,Na + 2\,H_2O \longrightarrow 2\,NaOH + H_2$$

▶ Die Lösung von Natriumhydroxid in Wasser nennt man Natronlauge. Universalindikator ergibt mit Natronlauge eine Blaufärbung.

Die Ionen der Natronlauge
Löst man festes Natriumhydroxid in Wasser, so zeigt die Lösung eine gute elektrische Leitfähigkeit (▷B4; V3). Natriumhydroxid ist beim Lösen in Wasser in Ionen zerfallen. Beim Zerfall entsteht ein positiv geladenes Natriumion Na^+ und ein negativ geladenes **Hydroxidion OH^-**.

$$NaOH \longrightarrow Na^+ + OH^-$$

Andere Laugen
Die Alkalimetalle Lithium und Kalium zeigen ein ähnliches Reaktionsverhalten wie Natrium. Auch sie reagieren mit Wasser unter Wasserstoffentwicklung

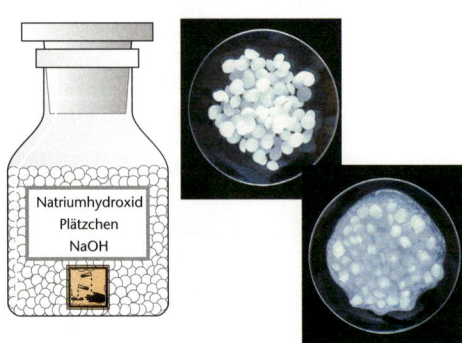

2 Natriumhydroxid ist fest und stark hygroskopisch.

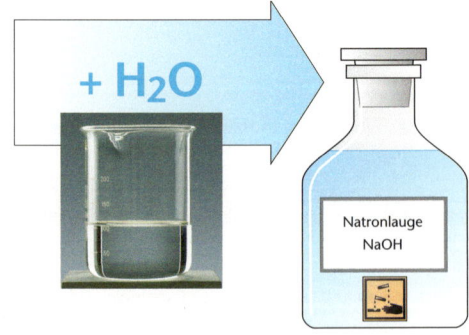

3 Natronlauge – eine farblose Flüssigkeit

Die Bildung von Laugen

festes Hydroxid	frei bewegliche Ionen in wässriger Lösung	Name der Laugen
NaOH	→ Na$^+$ + OH$^-$	Natronlauge
KOH	→ K$^+$ + OH$^-$	Kalilauge
LiOH	→ Li$^+$ + OH$^-$	Lithiumlauge
Ca(OH)$_2$	→ Ca^{2+} + 2 OH$^-$	Calciumlauge (Kalkwasser)
Ba(OH)$_2$	→ Ba^{2+} + 2 OH$^-$	Bariumlauge (Barytwasser)

4 Alkalische Lösungen leiten den elektrischen Strom.

5 Hydroxide bilden beim Lösen in Wasser Laugen.

und bilden Hydroxide. Lithium reagiert langsamer als Natrium (▷ V 2b), Kalium wesentlich heftiger.

Die Hydroxide lösen sich in Wasser und bilden **Laugen**. In jeder dieser Lösungen kommen Hydroxidionen vor. Diese Hydroxidionen sind verantwortlich für die alkalische Reaktion und die Farbänderung des Universalindikators.
Die wässrige Lösung von Lithiumhydroxid in Wasser nennt man **Lithiumlauge**, die Lösung von Kaliumhydroxid in Wasser **Kalilauge** (▷ B 5).

▶ Laugen sind wässrige Lösungen, die Hydroxidionen (OH$^-$-Ionen) enthalten. Diese sind verantwortlich für die alkalischen Eigenschaften.

Die Erdalkalimetalle reagieren mit Wasser ähnlich wie die Alkalimetalle und bilden ebenfalls Hydroxide. Diese Hydroxide bilden mit Wasser Laugen (▷ V 4).
Eine bekannte Lauge ist die **Calciumlauge**, auch Kalkwasser genannt.

Versuche

1 Löse vorsichtig etwas Rohrreiniger in einem Reagenzglas in Wasser und prüfe die Lösung mit Universalindikatorpapier. (Schutzbrille!)

2 a) Ein etwa linsengroßes, frisch entrindetes Stück Natrium wird (hinter einer Schutzscheibe) in einer pneumatischen Wanne auf Wasser gegeben. Die Lösung wird mit Universalindikator geprüft. (Schutzscheibe! Schutzbrille!)
b) Der Versuch wird in einer anderen Wanne mit einem linsengroßen Lithiumstück wiederholt. (Schutzscheibe! Schutzbrille!)

3 Festes Natriumhydroxid wird in Wasser gelöst und die elektrische Leitfähigkeit geprüft. (Schutzbrille!)

4 Ein Körnchen Calcium wird in ein Reagenzglas mit etwas Wasser gegeben. Nach der Reaktion wird mit Universalindikator getestet. (Schutzbrille!)

Werkstatt

Wir stellen Laugen her

1 Bildet Magnesium eine Lauge?

Material
Schutzbrille, Reagenzglas, Tropfpipette, Reagenzglasgestell, feines Schleifpapier, Universalindikatorlösung, destilliertes Wasser, Magnesiumband

Versuchsanleitung
Schleife vorsichtig die Oberfläche eines Magnesiumbandes mit einem Schleifpapier blank und gib es mit wenig Wasser in ein Reagenzglas. Füge einige Tropfen Universalindikatorlösung hinzu und stelle das Reagenzglas in ein Reagenzglasgestell. Beobachte.

2 Bildet Calcium eine Lauge?

Material
Schutzbrille, Gasbrenner, Dreifuß, Keramik-Drahtnetz, 3 Reagenzgläser (davon ein Reagenzglas mit größerem Durchmesser), Porzellanschale, Reagenzglasgestell, Pinzette, Trichter, Filterpapier, Calcium (gekörnt), destilliertes Wasser, Universalindikatorlösung

Versuchsanleitung
a) Fülle in ein Reagenzglas etwa 5 ml Wasser und stelle es in das Reagenzglasgestell. Gib mit einer Pinzette zwei Körnchen Calcium in das Wasser und halte sofort das größere Reagenzglas mit der Öffnung über die Öffnung des Reagenzglases im Gestell (▷ B 1). Führe mit dem entstandenen Gas dann die Knallgasprobe durch.

b) Stelle ein Reagenzglas mit Trichter und Filterpapier in ein Reagenzglasgestell. Filtriere die Lösung aus Versuchsteil a) in das Reagenzglas im Gestell (▷ B 2).

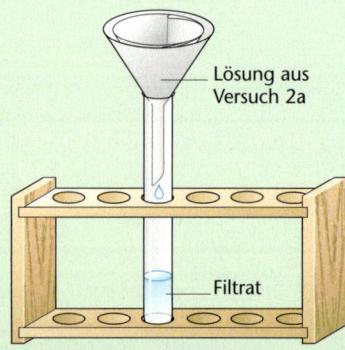

2 Die Lösung wird filtriert.

Gib zu einem Teil des Filtrates einige Tropfen Universalindikatorlösung.
Gieße den anderen Teil in eine Porzellanschale und dampfe die Lösung vorsichtig mit der nicht leuchtenden Flamme ein (▷ B 3). Entferne den Brenner, bevor der Feststoff ganz trocken ist (Spritzgefahr!)

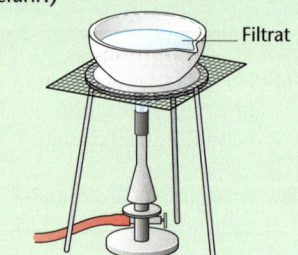

3 Die Lösung wird eingedampft.

Aufgabe
Wie heißt der eingedampfte Feststoff?

3 Wir stellen Kalkwasser her

Material
Schutzbrille, 2 Erlenmeyerkolben (250 ml), Trichter, Filterpapier, Spatellöffel, Universalindikatorpapier, destilliertes Wasser, Calciumhydroxidpulver

Versuchsanleitung
Gib eine Spatelspitze Calciumhydroxidpulver in ca. 100 ml destilliertes Wasser in einem Erlenmeyerkolben. Rühre um. Bilde aus zwei Filterpapieren einen Doppelfilter. Filtriere die Lösung in den zweiten Erlenmeyerkolben. Evtl. muss der Vorgang wiederholt werden. Prüfe eine Probe der Lösung mit Universalindikatorpapier. Bewahre die Lösung für weitere Versuche auf.

Aufgabe
Wie kann man leicht überprüfen, ob Kalkwasser entstanden ist?

4 Wir arbeiten mit selbst hergestelltem Kalkwasser

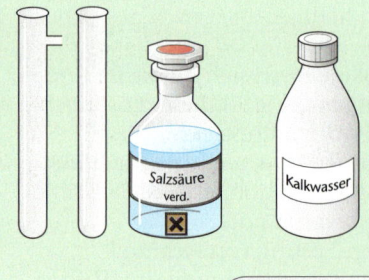

4 Material zu Versuch 4

Aufgabe
Welches Gas entsteht, wenn verdünnte Salzsäure auf kalkhaltige Materialien tropft? Du erhältst die gezeigten Materialien (▷ B 4).
a) Plane den Versuch.
b) Stelle deine Planung der Lehrerin/dem Lehrer vor und führe danach den Versuch durch (Schutzbrille!). Beachte, dass du wenig verdünnte Salzsäure brauchst. Die zerkleinerten kalkhaltigen Probestückchen müssen von der Flüssigkeit nur überdeckt werden.

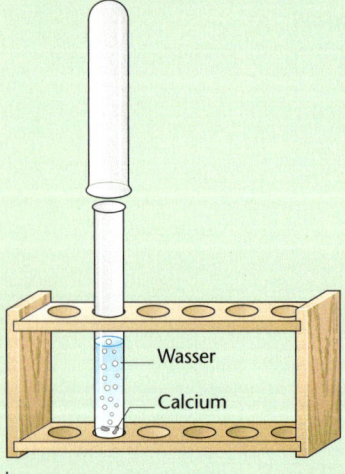

1 Calciumlauge entsteht.

Ammoniak

1 Ammoniak reagiert mit Salzsäuregas.

Ammoniak – ein Gas

Öffnet man eine Flasche mit Ammoniakwasser, so kann man bereits bei großem Abstand einen stechenden Geruch wahrnehmen. Das entweichende Gas heißt **Ammoniak** und hat die Formel **NH$_3$**.

Lässt man die Gase Ammoniak und Chlorwasserstoff miteinander reagieren (▷ V 1), so bildet sich weißer Rauch. Das farblose Gas Ammoniak reagiert mit dem farblosen Chlorwasserstoffgas zu festem Ammoniumchlorid NH$_4$Cl, das als weißer Rauch sichtbar wird (▷ B 1).

$$NH_3 + HCl \longrightarrow NH_4Cl$$

Diese Reaktion wird auch als Nachweis für Ammoniakgas benutzt.

Die Eigenschaften von Ammoniak

Das Gas Ammoniak löst sich sehr gut in Wasser und bildet Ammoniakwasser. Eine 10%ige wässrige Lösung wird auch als „Salmiakgeist" bezeichnet. Ammoniak darf nicht eingeatmet werden; auf der Haut verursacht es eine entzündliche Rötung und Blasenbildung. Deshalb muss mit Ammoniakwasser vorsichtig umgegangen werden.

Ammoniakwasser – alkalisch ohne Alkalimetall

Ammoniakwasser zeigt mit Universalindikator eine alkalische Reaktion (▷ V 2). Es müssten in der Lösung also Hydroxidionen OH$^-$ vorliegen. Das Ammoniakmolekül NH$_3$ enthält jedoch keine Hydroxidionen. Diese können nur durch eine Reaktion mit Wasser entstanden sein. Beim Lösen in Wasser reagieren einige Ammoniakmoleküle mit den Wassermolekülen. Dabei wird jeweils ein Wasserstoffion H$^+$ eines Wassermoleküles an das Ammoniakmolekül gebunden.

Es entsteht ein Hydroxidion und ein positiv geladenes Ion, das **Ammoniumion NH$_4^+$** (▷ B 2). Die entstehende Lauge wird daher auch als Ammoniumhydroxidlösung bezeichnet.

Tatsächlich reagiert nur ein kleiner Teil der Ammoniakmoleküle zu Ammonium- und Hydroxidionen, die meisten Moleküle lösen sich in Wasser, manche entweichen schon bei Zimmertemperatur. Aus diesem Grund riechen ammoniakhaltige Putzmittel (▷ B 3) und Ammoniakwasser stark nach dem Gas.

▶ Ammoniak bildet in Wasser gelöst eine Lauge. Diese heißt Ammoniakwasser oder Ammoniumhydroxidlösung.

Vorkommen und Verwendung von Ammoniumsalzen

Salze, die Ammoniumionen enthalten, nennt man **Ammoniumsalze**. Ammoniumchlorid NH$_4$Cl wird in geringen Mengen den Salmiakpastillen (▷ B 4) zugesetzt, es wirkt schleimlösend und geschmacksverstärkend.

Ein Gemisch aus Ammoniumhydrogencarbonat und Ammoniumcarbonat ist ein besonderes Backpulver, das als Hirschhornsalz bezeichnet wird (▷ V 3).

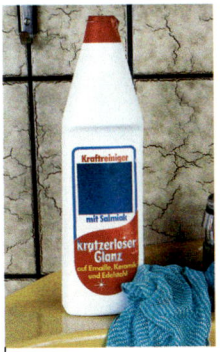

3 Ammoniakhaltiges Putzmittel

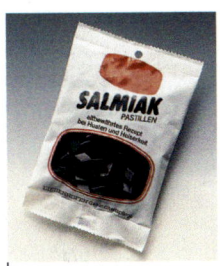

4 Salmiakpastillen

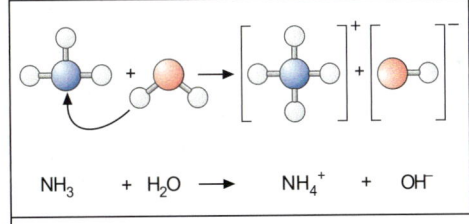

$$NH_3 \quad + \quad H_2O \quad \longrightarrow \quad NH_4^+ \quad + \quad OH^-$$

2 Ein Ammoniakmolekül reagiert mit einem Wassermolekül.

Versuche

1 Man gibt je einen mit konz. Ammoniakwasser und mit konz. Salzsäure getränkten Wattebausch in eine Abdampfschale. (Abzug! Schutzbrille!)

2 Gib zu verdünnter Ammoniaklösung in einem Reagenzglas etwas Universalindikatorlösung. (Schutzbrille!)

3 Gib in ein Reagenzglas eine Spatelspitze Hirschhornsalz und erhitze. Halte feuchtes Universalindikatorpapier in die Öffnung des Reagenzglases.

Die Neutralisation

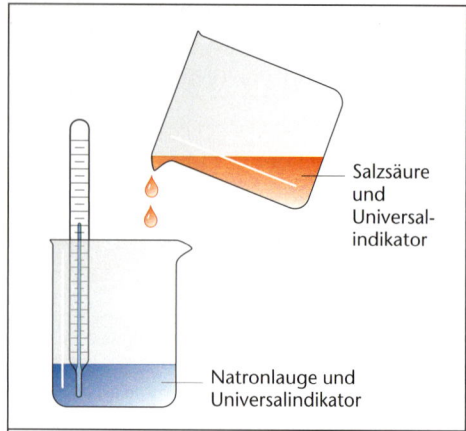

1 Neutralisation von Natronlauge mit Salzsäure

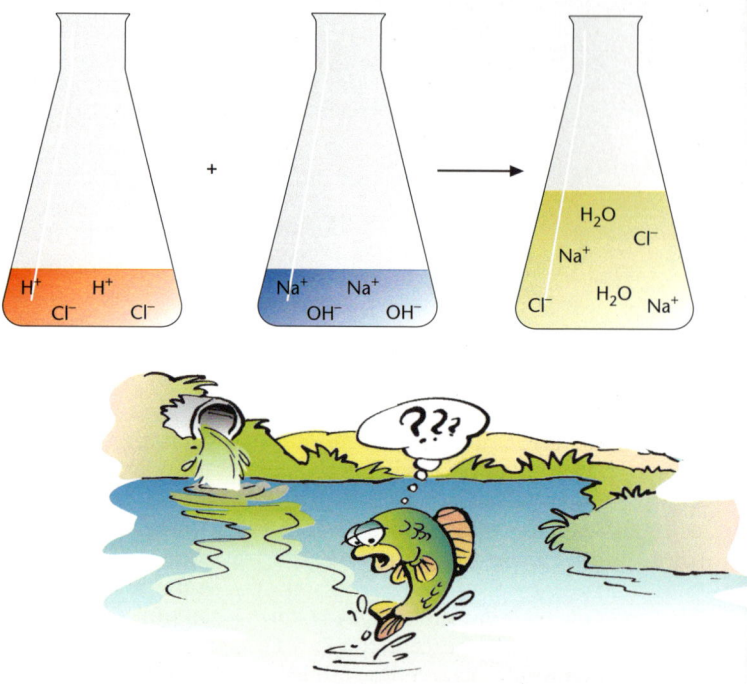

Mischen von Säure und Lauge

Saure und alkalische Lösungen dürfen nicht einfach ins Abwasser gegeben werden. Sie gefährden Fische und Pflanzen in Flüssen, aber auch Mikroorganismen. Was passiert, wenn eine saure und eine alkalische Lösung zusammen in das Abwasser gelangen?

Tropft man verdünnte Salzsäure zu verdünnter Natronlauge, der Universalindikator zugesetzt wurde, so nimmt die Blaufärbung ab und geht langsam in Gelbgrün über (▷ B 1; V 1). Diese Farbe zeigt, dass eine neutrale Lösung entstanden ist. Ihr pH-Wert ist 7. Außerdem ist eine Temperaturerhöhung messbar. Temperaturerhöhung und Farbänderung des Indikators deuten darauf hin, dass eine chemische Reaktion stattgefunden hat.

Beim Zusammentreffen der Wasserstoffionen der sauren Lösung und der Hydroxidionen der alkalischen Lösung bilden sich Wassermoleküle.

$$H^+ + OH^- \longrightarrow H_2O \quad |\text{exotherm}$$

Diese Reaktion wird als **Neutralisation** bezeichnet. Die Neutralisation ist eine exotherme chemische Reaktion.

▶ Die Bildung von Wassermolekülen aus Wasserstoffionen und Hydroxidionen ist eine Neutralisationsreaktion.

Salze durch Neutralisation

Salzsäure enthält neben Wasserstoffionen auch Chloridionen. Natronlauge weist neben den Hydroxidionen auch Natriumionen auf.

2 Beim Eindampfen einer neutralisierten Lösung bleibt ein Salz zurück.

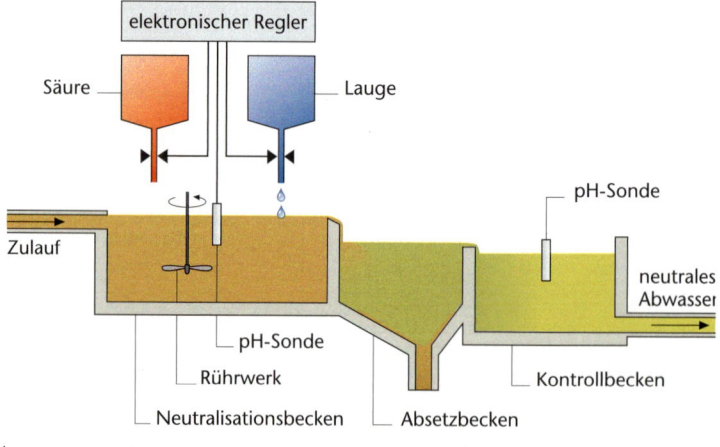

3 Schema einer Neutralisationsanlage

Wenn die Wasserstoffionen mit den Hydroxidionen zu Wassermolekülen reagieren, bleiben Natrium- und Chloridionen übrig. Aus diesen Ionen ist Natriumchlorid (Kochsalz) aufgebaut. Tatsächlich zeigt sich ein weißer, salzartiger Feststoff, wenn man die Lösung aus Salzsäure und Natronlauge eindampft (▷ B 2).

$$Na^+ + OH^- + H^+ + Cl^- \longrightarrow NaCl + H_2O$$
Natron-   Salz-   Natrium- Wasser
lauge   säure   chlorid

Nicht nur Salzsäure und Natronlauge, sondern auch andere Säuren und Laugen können zu Salzen und Wasser reagieren.

$$Säure + Lauge \longrightarrow Salz + Wasser \mid exotherm$$

Neutralisation, wichtig für die Umwelt
In vielen Industriezweigen (z. B. Lack-, Waschmittel- oder Papierindustrie) entstehen saure oder alkalische Abfälle. Bevor diese in die Umwelt eingeleitet werden, müssen sie neutralisiert werden (▷ B 3).

Versuch

1 a) Fülle ein Reagenzglas zu etwa einem Drittel mit verdünnter Natronlauge. Füge drei Tropfen Universalindikator zu der Natronlauge. Gib anschließend tropfenweise verdünnte Salzsäure zu der Lauge, bis der Indikator nach Gelbgrün umschlägt. (Schutzbrille!) Miss die Temperatur der Natronlauge, der Salzsäure und der entstandenen Lösung.
b) Schüttle die Lösung zur Entfernung des Indikators mit Aktivkohle und filtriere. Lass die Flüssigkeit des Filtrats verdunsten und betrachte den Rückstand unter der Lupe.

Aufgaben

1 Stelle die Reaktionsgleichungen für die Reaktionen von a) Kalilauge und Salzsäure und b) Calciumlauge (Kalkwasser) und Salzsäure auf.

2 Welche Säure muss man mit welcher Lauge neutralisieren, um das Salz Natriumsulfat zu erhalten?

3 Zum Kalken eines Bodens wird häufig Calciumoxid (Branntkalk) eingesetzt. Welche Stoffe entstehen bei der Reaktion von Calciumoxid und Schwefelsäure?

Werkstatt

Umgang mit der Bürette

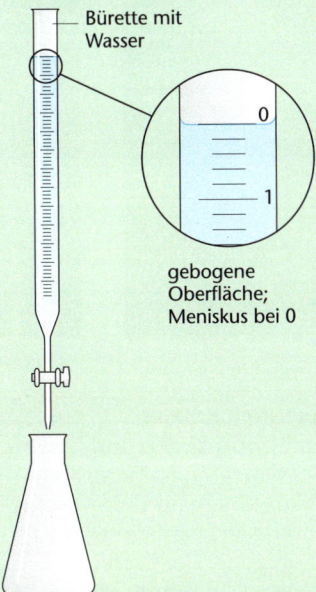

1 Volumenmessung mit der Bürette

1 Messen mit einer Bürette
Material
Stativ, Doppelmuffe, Universalklemme, Bürette (50 ml), Erlenmeyerkolben (100 ml), Becherglas (100 ml), dest. Wasser

Versuchsanleitung
a) Befestige die Bürette mit der Klemme am Stativ. Gib dann destilliertes Wasser in das Becherglas. Fülle damit die Bürette bis über die obere Markierung und stelle das Becherglas unter den Bürettenhahn. Öffne den Bürettenhahn kurz, damit die Luft aus dem Hahn entfernt wird. Stelle den Wasserstand durch vorsichtiges Öffnen der Bürette auf den Nullpunkt (▷ B 1). Lass 20 Tropfen aus der Bürette ausfließen und lies das Volumen an der Bürette ab. Vergleiche die Messergebnisse in der Klasse.

b) Fülle die Bürette wie in a) beschrieben mit Wasser. Lass 1 ml Wasser aus der Bürette in das Becherglas tropfen. Zähle dabei die Tropfen. Wie viele Tropfen hat 1 ml? Vergleiche die Ergebnisse in der Klasse.

2 Neutralisation
Material
Schutzbrille, Stativ, Doppelmuffe, Universalklemme, Bürette (50 ml), Erlenmeyerkolben (100 ml), Messzylinder, 2 Bechergläser (100 ml), Universalindikator, Salzsäure (c(HCl) = 0,1 mol/l), Natronlauge (c(NaOH) = 0,1 mol/l)

Versuchsanleitung
a) Befestige die Bürette mit der Klemme am Stativ. Gib dann etwa 10 ml Salzsäure in das Becherglas und fülle die Säure in die Bürette. Lasse die Säure aus der Bürette in das zweite Becherglas laufen. Die Bürette ist jetzt von Staub und Wasserresten befreit.

b) Gib jetzt etwa 30 ml Salzsäure in die Bürette. Halte unter den Bürettenhahn das zweite Becherglas und öffne kurz den Hahn, damit die Luft aus dem Hahn entfernt wird. Lies den Stand der Bürette genau ab.

c) Gib in den Erlenmeyerkolben genau 20 ml Natronlauge und 5 Tropfen Universalindikator.

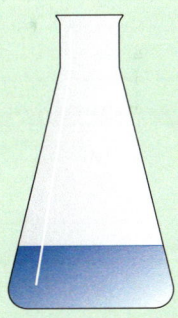

2 Diese Lösung wird neutralisiert.

d) Lass aus der Bürette die Salzsäure in die Natronlauge im Erlenmeyerkolben tropfen. Schwenke den Erlenmeyerkolben ständig. Schließe den Hahn der Bürette, wenn die Flüssigkeit im Erlenmeyerkolben die Farbe Gelbgrün zeigt.
Lies wieder den Stand der Bürette ab und vergleiche in der Klasse.

Neutralisation und Salzbildung zum Umweltschutz

1 Kalken eines übersäuerten Waldbodens

2 Pflanzen- und Algenwachstum durch Überdüngung

Neutralisation durch Kalken

Die Übersäuerung von Böden und Gewässern gefährdet Pflanzen und Tiere. Böden und Gewässer können neutralisiert werden. Allerdings neutralisiert man diese meist nicht mit Natronlauge. Der Einsatz von Natronlauge kann dazu führen, dass Böden und Gewässer in einigen Bereichen zu alkalisch gemacht werden. Außerdem müssen Neutralisationsmittel preiswert sein, da sie in großen Mengen eingesetzt werden.

Häufig wird fein gemahlener Dolomit zur Neutralisation von übersäuerten Böden und Gewässern eingesetzt (▷ B 1). Dolomit ist ein Salz, das aus Calciumcarbonat und Magnesiumcarbonat zusammengesetzt ist. Die Carbonationen CO_3^{2-} dieses Salzes reagieren mit den Wasserstoffionen zu Kohlensäure (▷ V 1), diese zerfällt in Wasser und Kohlenstoffdioxid:

$$CO_3^{2-} + 2\,H^+ \longrightarrow H_2CO_3 \longrightarrow H_2O + CO_2$$

Durch die Neutralisation mit Dolomit werden den Pflanzen auch lebensnotwendige Magnesiumionen zugeführt. Man spricht vom Kalken von Gewässern und Wäldern, weil Calciumcarbonat im Alltag als Kalk bezeichnet wird.

Gewässerschutz durch Fällungsreaktionen

Gewässer sind nicht nur durch Übersäuerung gefährdet, sondern auch durch Überdüngung. Gelangen Phosphate, Nitrate und Ammoniumverbindungen durch häusliche Abwässer und Auswaschungen überdüngter Ackerflächen in die Gewässer, dienen sie den Pflanzen im Wasser als Mineralstoffe.

Ein überhöhtes Angebot an Mineralstoffen führt jedoch zu einem übermäßigen Pflanzen- und Algenwachstum (▷ B 2). Phosphate lassen sich in Abwasseranlagen und Badeseen durch Zugabe von Eisen- und Aluminiumsalzen (Eisen- und Aluminiumchloride oder Eisen- und Aluminiumsulfate) entfernen. Eisen- und Aluminiumionen bilden mit Phosphationen schwer lösliche Salze (▷ V 2).

$$Fe^{3+} + PO_4^{3-} \longrightarrow FePO_4$$

Allerdings gelangen auf diese Weise auch Chlorid und Sulfat in die Umwelt.
Nitrat- und Ammoniumionen bilden nur wenige schwer lösliche Salze. Diese Stickstoffverbindungen werden in Kläranlagen durch Kleinstlebewesen abgebaut, dabei entsteht elementarer Stickstoff.

Aufgaben

1 Plane einen Versuch, mit dem sich das bei der Reaktion von Schwefelsäure mit Calciumcarbonat gebildete Gas nachweisen lässt.

2 Begründe, weshalb die Bekämpfung der Bodenversauerung mit Dolomit besser ist als mit Natriumcarbonat.

Versuche

1 Gib zu verdünnter Schwefelsäure kleine Stückchen Calciumcarbonat.

2 Löse in einem Reagenzglas, das zu etwa einem Drittel mit dest. Wasser gefüllt ist, ca. 1 g Natriumphosphat. Füge anschließend Eisen(III)-chlorid in kleinen Portionen zu.

Werkstatt

Kalken eines Bodens

1. Neutralisation einer Bodenprobe

Material
Schutzbrille, Erlenmeyerkolben (100 ml), 2 Bechergläser (10 ml), Glasstab, Spatel, Trichter, Filterpapier, Handtuchpapier, Universalindikatorpapier, destilliertes Wasser, Bodenprobe (z. B. entnommen unter einer Birke), Calciumoxid

1 Dekantieren der Lösung

2 Filtrieren der Lösung

Versuchsanleitung
Gib zu der Bodenprobe im Becherglas ein wenig Wasser und rühre kräftig um. Lass das Becherglas einige Minuten stehen, gieße anschließend die über dem Bodensatz stehende Flüssigkeit in ein zweites Becherglas (▷ B 1). Filtriere die Lösung in den Erlenmeyerkolben (▷ B 2).
Entnimm dem Filtrat einen Tropfen und lass diesen auf ein Stück Universalindikatorpapier fließen. Lege das Indikatorpapierstück dazu auf das Handtuchpapier. Bestimme den pH-Wert.

Gib zu dem Filtrat einige Spatelspitzen Calciumoxid und bestimme nach kurzem Schütteln erneut den pH-Wert. Achte darauf, dass kein Calciumoxid-Körnchen auf das Universalindikatorpapier fällt.

Aufgaben
1. Vergleiche die pH-Werte und deute die Änderung des pH-Wertes.

2. Wie muss die Versuchsanleitung geändert werden, damit der Boden bzw. das Bodenwasser gerade neutralisiert oder leicht alkalisch gemacht wird?

3. Erläutere, zu welchem Zweck manche Böden gekalkt werden.

4. Mit welchen Stoffen kann ein Boden gekalkt werden?

5. Bestimme die pH-Werte einiger Bodenproben deiner Umgebung. Lege auch eine Tabelle an, in die der Ort der Entnahme, die Vegetation, das Aussehen des Bodens und der pH-Wert eingetragen werden.

Schnittpunkt

Gesundheit: Saures in unserem Körper

Sodbrennen – Säure brennt wie Feuer
Der menschliche Magensaft enthält eine etwa 0,3 %ige Salzsäure. Diese saure Lösung soll die Verdauung unterstützen und mit der Nahrung verschluckte Bakterien töten. Wenn etwas Magensaft in die Speiseröhre gerät, dann empfindet man dies als unangenehmes Brennen (Sodbrennen). Zur Neutralisation der überschüssigen Magensäure kann man einmalig etwas Natron $NaHCO_3$ (▷ B 1) einnehmen.

Erstickungsmelder im Blut
Das Blut transportiert Kohlenstoffdioxid CO_2 zur Lunge. Dort wird es ausgeatmet. Auf diese Weise erreicht der Körper, dass das Blut weniger sauer wird. Kohlenstoffdioxid bildet nämlich mit dem Wasser im Blut Kohlensäure. Je mehr Kohlenstoffdioxid im Blut ist, desto saurer ist das Blut. Der Mensch kann den Atem deshalb nicht sehr lange anhalten. Wenn Kohlenstoffdioxid nicht ausgeatmet wird, reichert sich das Blut damit an und übersäuert dadurch. Der Körper reagiert darauf mit einem unbändigen Drang zum Ausatmen, um das Kohlenstoffdioxid so schnell wie möglich loszuwerden (▷ B 2).

1 Natron hilft gegen Sodbrennen.

2 Erstickungsmelder im Blut

Schnittpunkt

Theorie: Der Säurebegriff hat sich gewandelt

Von der Farbänderung zu den Wasserstoffionen

Die Kenntnis über die Eigenschaften und die Zusammensetzung der Säuren hat sich erst allmählich entwickelt.
Säuren wurden zuächst über ihren Geschmack und die Farbänderung der Indikatoren erkannt.

Unsere heutigen Vorstellungen gehen auf das Ende des 19. Jahrhunderts und das erste Viertel des 20. Jahrhunderts zurück.
Der dänische Chemiker S. Arrhenius führte 1887 die elektrische Leitfähigkeit saurer Lösungen darauf zurück, dass die Moleküle von Säuren sich im Wasser in Wasserstoffionen (H^+-Ionen) und Säurerest-Ionen spalten. Die Wasserstoffionen sind entscheidend für die Eigenschaften saurer Lösungen.

Oxoniumionen

Beim Zerfall eines Chlorwasserstoffmoleküls in Wasser entstehen ein Chloridion und ein Wasserstoffion. Ein Wasserstoffion(H^+-Ion) ist identisch mit einem Proton. Dieses kleine positiv geladene Teilchen kommt in wässrigen Lösungen nicht frei vor. Das Proton wird sofort von einem Wassermolekül gebunden (▷ B 1). Das Wassermolekül stellt für die Bindung des Protons ein Elektronenpaar zur Verfügung. Das aus einem Wassermolekül und einem Proton gebildete H_3O^+-Ion heißt **Oxoniumion**. Dieses Ion wird wie jedes sich in Wasser befindende Ion noch von weiteren Wassermolekülen umhüllt.

1678 **Boyle:** Säuren schmecken sauer, färben bestimmte Pflanzenfarbstoffe rot.

R. Boyle (1627–1691)

1778 **Lavoisier:** Säuren enthalten Sauerstoff.

A. L. Lavoisier (1743–1794)

1816 **Davy:** Säuren enthalten Wasserstoff.

H. Davy (1778–1829)

1838 **Liebig:** Säuren enthalten Wasserstoff, der durch Metalle ersetzbar ist.

J. v. Liebig (1803–1873)

1887 **Arrhenius:** Säuren sind Stoffe, die in Wasser in Wasserstoffionen und Säurerest-Ionen zerfallen.

S. Arrhenius (1859–1927)

1923 **Brönsted:** Säuren sind Teilchen, die Protonen abgeben können.

J. N. Brönsted (1879–1947)

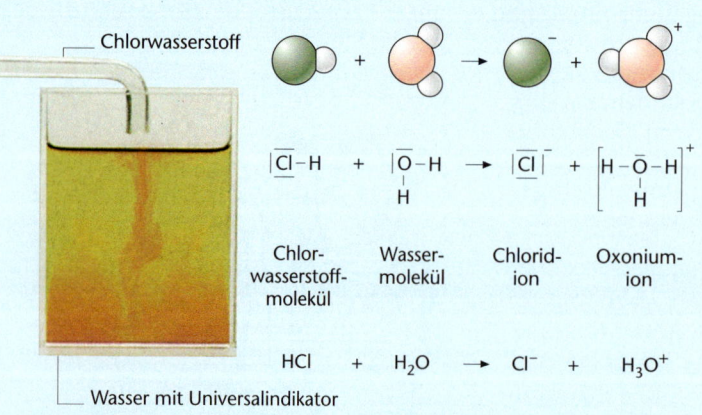

$|\overline{Cl}-H\ +\ |\overline{O}-H\ \longrightarrow\ |\overline{Cl}|^-\ +\ [H-\overline{O}-H]^+$
$\qquad\qquad\ \ \ |\qquad\qquad\qquad\qquad\ \ |$
$\qquad\qquad\ \ H\qquad\qquad\qquad\qquad\ H$

Chlor-   Wasser-   Chlorid-   Oxonium-
wasserstoff-   molekül   ion   ion
molekül

$HCl\ +\ H_2O\ \longrightarrow\ Cl^-\ +\ H_3O^+$

1 Beim Einleiten von Chlorwasserstoff in Wasser bilden sich H_3O^+-Ionen.

Schlusspunkt

Säuren, Laugen, Salze

Säure Name (Formel)	Säurerest-Ion Name	Formel	Salze	Beispiel
Salzsäure (HCl)	Chloridion	Cl^-	Chloride	NaCl
Schweflige Säure (H_2SO_3)	Hydrogensulfition Sulfition	HSO_3^- SO_3^{2-}	Hydrogensulfite Sulfite	$Ca(HSO_3)_2$ $MgSO_3$
Schwefelsäure (H_2SO_4)	Hydrogensulfation Sulfation	HSO_4^- SO_4^{2-}	Hydrogensulfate Sulfate	$NaHSO_4$ Na_2SO_4
Kohlensäure (H_2CO_3)	Hydrogencarbonation Carbonation	HCO_3^- CO_3^{2-}	Hydrogencarbonate Carbonate	$NaHCO_3$ $CaCO_3$
Phosporsäure (H_3PO_4)	Dihydrogenphosphation Hydrogenphosphation Phosphation	$H_2PO_4^-$ HPO_4^{2-} PO_4^{3-}	Dihydrogenphosphate Hydrogenphosphate Phosphate	KH_2PO_4 Na_2HPO_4 $Ca_3(PO_4)_2$
Salpetersäure (HNO_3)	Nitration	NO_3^-	Nitrate	KNO_3

1 Wichtige Säuren, ihre Ionen und ihre Salze

Hydroxid	Ionen der Lauge (wässrig. Lösung)	Name der Lauge
NaOH	$Na^+ + OH^-$	Natronlauge
KOH	$K^+ + OH^-$	Kalilauge
$Ca(OH)_2$	$Ca^{2+} + 2\ OH^-$	Calciumlauge
$Ba(OH)_2$	$Ba^{2+} + 2\ OH^-$	Bariumlauge

5 Wichtige Laugen

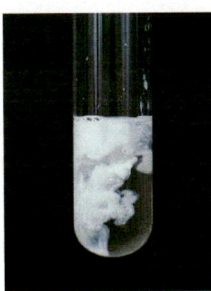

2 Nachweis von Chloridionen

3 Nachweis von Sulfationen

Säuren und ihre Eigenschaften
Säuren (▷ B 1) sind Stoffe, die in wässrigen Lösungen H^+-Ionen bilden. Diese sind verantwortlich für die sauren Eigenschaften. Saure Lösungen:
- färben Universalindikator rot,
- leiten den elektrischen Strom,
- reagieren mit unedlen Metallen unter Bildung von Wasserstoff,
- reagieren mit Kalk unter Bildung von Kohlenstoffdioxid.

Nachweisreaktionen für Säurerest-Ionen
- Silberionen Ag^+ sind ein Nachweis für Chloridionen Cl^-. Es entsteht ein weißer Niederschlag von Silberchlorid AgCl (▷ B 2):
$Ag^+ + Cl^- \longrightarrow AgCl$

- Bariumionen Ba^{2+} sind ein Nachweis für Sulfationen SO_4^{2-}. Es entsteht ein weißer Niederschlag von Bariumsulfat $BaSO_4$ (▷ B 3): $Ba^{2+} + SO_4^{2-} \longrightarrow BaSO_4$

Laugen und ihre Eigenschaften
Laugen (▷ B 5) sind wässrige Lösungen, die Hydroxidionen OH^- enthalten. Diese sind verantwortlich für die alkalischen Eigenschaften. Alkalische Lösungen:
- färben Universalindikator blau,
- leiten den elektrischen Strom.

Ammoniak
Ammoniak bildet in Wasser gelöst eine Lauge. Diese heißt Ammoniakwasser.

Die Neutralisation
Die Reaktion zwischen H^+-Ionen einer sauren Lösung und OH^--Ionen einer alkalischen Lösung (Lauge) zu Wassermolekülen nennt man Neutralisation.

Wege der Salzbildung
Salze können auf verschiedenen Wegen entstehen.
- Unedle Metalle reagieren mit sauren Lösungen zu Salzen und Wasserstoff.
Bsp.: $2\ Na + 2\ HCl \longrightarrow 2\ NaCl + H_2$
- Metalloxide und saure Lösungen reagieren zu Salzen und Wasser.
Bsp.: $MgO + 2\ HCl \longrightarrow MgCl_2 + H_2O$
- Säuren und Laugen reagieren zu Salzen und Wasser (Neutralisation).
$HCl + NaOH \longrightarrow NaCl + H_2O$

Der pH-Wert
Der pH-Wert ist ein Maß für den sauren, alkalischen oder neutralen Charakter einer Lösung (▷ B 4).
Durch Verdünnung steigt der pH-Wert einer sauren Lösung, der pH-Wert einer alkalischen Lösung fällt.

pH = 0	pH = 1	pH = 2	pH = 3	pH = 4	pH = 5	pH = 6	pH = 7	pH = 8	pH = 9	pH = 10	pH = 11	pH = 12	pH = 13	pH = 14
Salzsäure (3,65%-ig)	Magensaft		Speiseessig		Kaffee	Haut, Regenwasser	Neutrale Lösung / Reines Wasser		Blut	Seifenlösung		Kalkwasser	Geschirrspülmittel	Natronlauge (4%-ig)

← Zunehmend sauer | Zunehmend alkalisch →

4 Die pH-Werte von Lösungen

Säuren, Laugen, Salze

Aufgaben

6 Zu Aufgabe 1

1 An welchen Farben des Universalindikators erkennt man, ob eine Lösung alkalisch, sauer oder neutral ist (▷ B 6)?

2 Zinksulfat $ZnSO_4$ kann auf verschiedenen Wegen entstehen. Formuliere die Bildung:
a) aus Zink und Säure,
b) aus Zinkoxid (Zink ist II-wertig) und Säure.

7 Zu Aufgabe 3

3 Welches in Bild 7 angegebene Gefahrensymbol muss auf jeden Fall auf einer Chemikalienflasche, die eine stark saure Lösung enthält, stehen?

4 Formuliere folgende Reaktionsgleichungen und benenne die entstehenden Salze:
a) Kalkwasser reagiert mit Salzsäure.
b) Natronlauge reagiert mit Salzsäure.
c) Bariumlauge reagiert mit Schwefelsäure.

5 Leitet eine Lösung, die bei der Neutralisation von Salzsäure durch Natronlauge entsteht, den elektrischen Strom? Begründe deine Entscheidung. Stelle auch die Reaktionsgleichung auf.

6 a) Erläutere die Begriffe Neutralpunkt und Neutralisation.
b) Nenne Situationen aus dem Alltag, bei denen eine Neutralisation stattfindet.

7 Erkläre den Begriff Lauge und nenne die charakteristischen Eigenschaften einer Lauge.

8 Zu Aufgabe 8

8 Woraus bestehen die Schneckenhäuser der Weinbergschnecken (▷ B 8)? Unter Einwirkung einer sauren Lösung schäumt das Schneckenhaus auf. Erkläre den Vorgang.

9 Aluminiumsulfat $Al_2(SO_4)_3$ ist ein Salz, das weiße Kristalle bildet (▷ B 9).
a) Welche Ionen sind am Aufbau des Kristallgitters beteiligt?
b) Beschreibe, mit welchem Versuch Sulfationen nachgewiesen werden können.

9 Zu Aufgabe 9

10 Zu Aufgabe 10

10 Zur Bekämpfung der Reblaus werden die Weinstöcke oft mit einer Lösung eines Salzes der Schwefelsäure gespritzt (▷ B 10). Es enthält Kupferionen Cu^{2+}. Mit Bariumhydroxid bildet es einen weißen Niederschlag. Welche Formel hat dieses Salz?

11 Im sauren Regen sind Schweflige Säure und Schwefelsäure enthalten. Der saure Regen lässt sich mit Branntkalk (Calciumoxid), mit Kalkmilch (Calciumlauge) oder mit Kalk (Calciumcarbonat) neutralisieren. Formuliere die Reaktionsgleichungen.

12 Die Verdünnung von konzentrierter Schwefelsäure mit Wasser ist nicht ungefährlich. Nenne die Gefahr, die dabei besteht, begründe diese und beschreibe, wie solch eine Verdünnung geschehen muss.

13 Die Abwässer der Haushalte passieren in der Kläranlage unter anderem eine biologische Reinigungsstufe.
a) Informiere dich, was hier geschieht.
b) Begründe, warum vor einer biologischen Reinigung der pH-Wert kontrolliert werden muss.
c) Zähle Stoffe aus dem Haushalt auf, die den pH-Wert des Abwassers beeinflussen können.

14 Man kann eine Neutralisation über die Leitfähigkeit verfolgen. Man löst z. B. einen Spatel Bariumhydroxid in einem Becherglas in ca. 100 ml Wasser. Zu dieser Lösung lässt man Schwefelsäure aus einer Bürette tropfen. Die Stromstärke wird in Abhängigkeit vom Volumen der zugegebenen Schwefelsäure notiert. Die Werte werden in eine Tabelle geschrieben. Beim Zutropfen der Schwefelsäure zu der Bariumhydroxidlösung bildet sich ein weißer Niederschlag.

a) Beschreibe den Verlauf der Stromstärke in Abhängigkeit vom Volumen der zugegeben Schwefelsäure und mache Vorschläge zur Deutung.

b) Formuliere die Reaktionsgleichung für diese Neutralisationsreaktion.

15 Ein Auszubildender füllt die folgenden Lösungen ab: Salzsäure, Natronlauge, Natriumchloridlösung, Natriumcarbonatlösung. Nach einiger Zeit stellt er fest, dass er die Beschriftung der Gefäße vergessen hat. Nach kurzen Überlegungen fällt ihm ein, dass er die Lösungen mit einigen einfachen Nachweisen identifizieren kann.
Entwirf einen Untersuchungsplan zur Identifzierung der Lösungen. Schreibe die benötigten Materialien auf.

Volumen der zugegebenen Schwefelsäure	Gemessene Stromstärke
0	80 mA
5 ml	60 mA
10 ml	40 mA
15 ml	20 mA
20 ml	0
25 ml	25 mA
30 ml	50 mA
35 ml	75 mA

11 Tabelle zu Aufgabe 14

16 a) Erkläre die chemischen Grundlagen der Entkalkung.

b) Begründe, warum auch Essig zum Entkalken eingesetzt werden kann.

c) Wähle ein geeignetes Nachweismittel für das bei der Entkalkung entstehende Gas aus.

d) Mit einer 5%igen Salzsäure (pH-Wert etwa 0) verläuft die Entkalkung wesentlich schneller als mit 5%igem Essig (pH-Wert etwa 2,6). Erkläre!

e) Nimm Stellung zu der Forderung „keine chemischen Entkalker" zu verwenden!

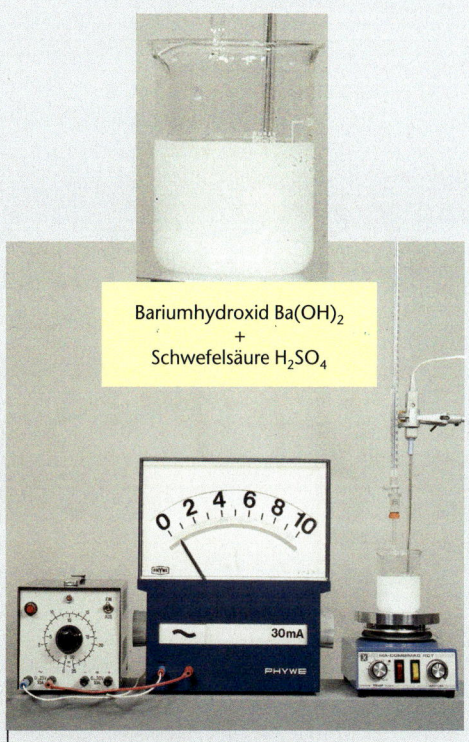

12 Material zu Aufgabe 14

Aus einer Gebrauchsanweisung für einen Wasserkocher

Bei kalkhaltigem Wasser muss der Wasserkocher in regelmäßigen Zeitabständen entkalkt werden. Verwenden Sie zum Entkalken ein handelsübliches flüssiges Enkalkungsmittel (keine chemischen Entkalker verwenden) und beachten Sie dabei dessen Gebrauchsanweisung!

Tipp: Bei leichter Verkalkung können Sie anstelle eines Entkalkungsmittels auch mit einer Mischung von 5–6 Löffeln Essig auf 0,5 Liter Wasser entkalken. Achtung, kaltes Wasser verwenden! Kann nach der Entkalkerzugabe stark schäumen. Anschließend den Wasserkocher zweimal mit klarem Wasser spülen.

Technische Prozesse

In der chemischen Industrie werden große Mengen an Grundchemikalien wie Schwefelsäure oder Ammoniak produziert. Diese Grundchemikalien werden benötigt, um Produkte wie Farbstoffe, Kunststoffe oder Wasch- und Reinigungsmittel herzustellen.

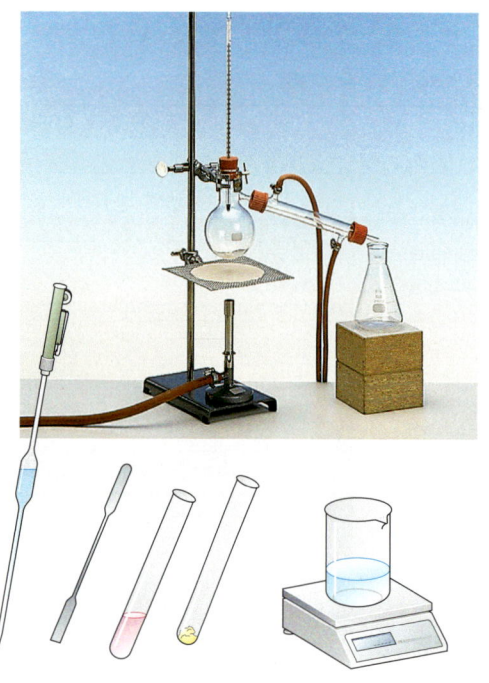

Wird eine chemische Reaktion in einem Schulexperiment durchgeführt, so geht es darum, den Reaktionsablauf zu verstehen. Dabei ist es vollkommen ausreichend, wenn kleine Stoffportionen von wenigen Gramm oder Millilitern eingesetzt werden.

In der chemischen Industrie dagegen dient der Ablauf einer Reaktion dazu, große Mengen eines Stoffes zu produzieren. Häufig beträgt die Tagesproduktion eines solchen Stoffes viele Tonnen.

Technische Prozesse in der chemischen Industrie verlaufen anders als Schulexperimente. Fallen dir Unterschiede ein?

Die Abläufe in einem Betrieb müssen möglichst wirtschaftlich gestaltet sein. Überlege dir geeignete Maßnahmen.

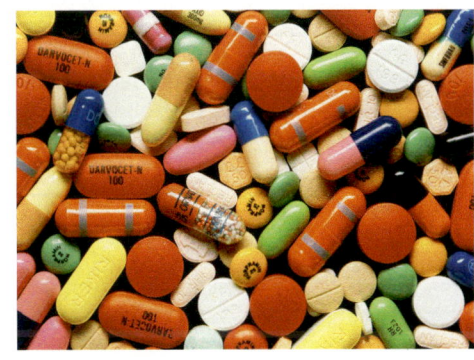

75

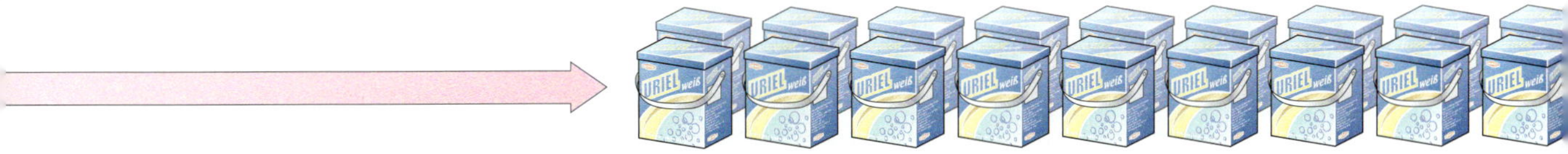

Schwefelsäure durch Kontaktverfahren

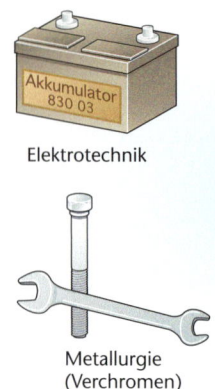

1 Verwendung der Schwefelsäure

Das Kontaktverfahren im Schulexperiment
Schwefelsäure gehört aufgrund ihrer vielen Einsatz- und Verwendungsmöglichkeiten zu den wichtigsten Säuren überhaupt (▷ B 1). Ihre Herstellung kann in einem Schulexperiment nachvollzogen werden (▷ B 3; V 1).

Das Kontaktverfahren in der Industrie
In der chemischen Industrie wird die Schwefelsäure im Prinzip in den gleichen Schritten wie im Schulexperiment hergestellt. Da man Katalysatoren in der Technik auch als Kontaktstoffe oder kurz als „Kontakt" bezeichnet, wird das technische Verfahren zur Herstellung von Schwefelsäure auch **Kontaktverfahren** genannt. Im Gegensatz zum Schulversuch müssen in der Technik jedoch große Mengen von konzentrierter Schwefelsäure produziert werden. Das Kontaktverfahren verläuft in drei Schritten.

1. Gewinnung von Schwefeldioxid
Ausgangsstoff für die Herstellung von Schwefelsäure ist elementarer Schwefel, der in großen Mengen bei der Entschwefelung von Erdgas und Rohölprodukten anfällt. Dieser Schwefel wird zunächst in einem Ofen geschmolzen, dann mit Luft zerstäubt und zu Schwefeldioxid verbrannt.
Vor der Weiterverarbeitung wird das heiße Gas in Abhitzekesseln abgekühlt und in einer Elektrofiltration von Schmutzpartikeln gereinigt. Schmutzpartikel würden den nachfolgenden Katalysator unwirksam machen. Es sind Katalysatorgifte.

2. Katalytische Oxidation von Schwefeldioxid
In dem nachfolgenden Kontaktofen wird bei einer Temperatur von 430 °C Schwefeldioxid in Schwefeltrioxid umgewandelt. Als Katalysator wird Vanadiumoxid (V_2O_5) verwendet. Damit das Schwefeltrioxid nicht zu heiß wird und dadurch wieder in Schwefeldioxid und Sauerstoff zerfällt, muss es während der Reaktion abgekühlt werden. Diese Abkühlung erfolgt in einem Wärmetauscher. Die abgeführte Wärme wird an anderer Stelle wieder eingesetzt.

Nicht umgewandeltes Schwefeldioxid wird nochmals in den Kontaktofen zurückgeführt. Durch dieses **Doppelkontaktverfahren** werden ca. 99,7 % des Schwefeldioxids in Schwefeltrioxid umgesetzt.

3. Aus Schwefeltrioxid wird Schwefelsäure
Da Schwefeltrioxid von Schwefelsäure besser aufgenommen wird als von Wasser, wird Schwefeltrioxid aus den Kontaktöfen in **Absorptionstürme** mit konzentrierter Schwefelsäure eingeleitet. Durch fortwährende Wasserzufuhr wird die Konzentration auf 98 % gehalten.

Versuch

1 Nach dem Versuchsaufbau in Bild 3 wird Schwefelpulver im Luftstrom verbrannt. Das an den Katalysatorperlen entstehende Schwefeltrioxid wird durch einen Rundkolben und dann durch eine Waschflasche mit Bariumchloridlösung gesaugt.

2 Großtechnische Anlage zur Herstellung von Schwefelsäure

Schwefelsäure durch Kontaktverfahren

Schwefel verbrennt in einem Standzylinder zu Schwefeldioxid.

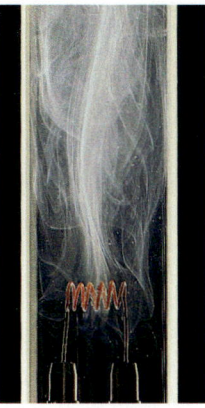
An einem glühenden Platindraht bildet sich Schwefeltrioxid, das als weißer Rauch sichtbar wird.

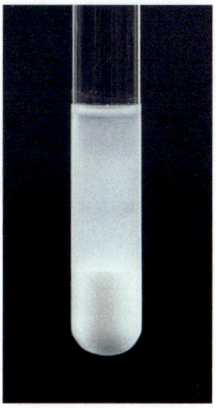
Bei Anwesenheit von Schwefelsäure bildet sich ein weißer Niederschlag von Bariumsulfat.

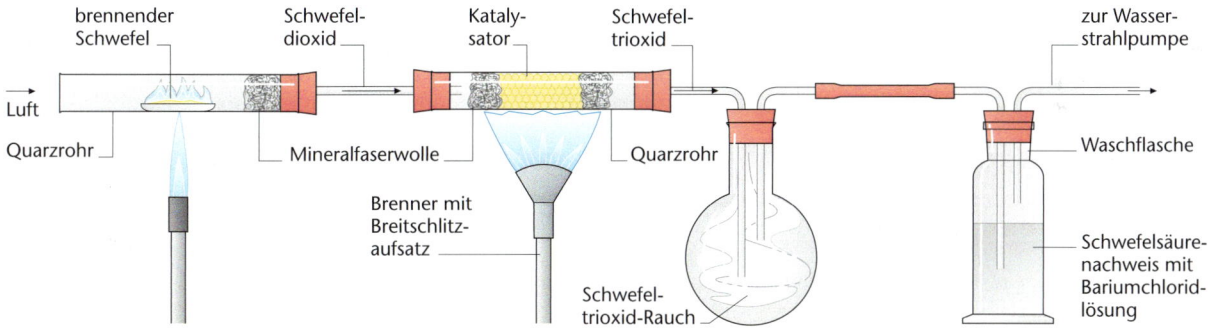

1. Gewinnung von Schwefeldioxid

Bei der Verbrennung von Schwefel entsteht Schwefeldioxid.

$$S + O_2 \longrightarrow SO_2$$

2. Katalytische Bildung von Schwefeltrioxid

Tritt Schwefeldioxid mit einem geeigneten Katalysator in Kontakt, wird Schwefeldioxid zu Schwefeltrioxid umgewandelt. Das Schwefeltrioxid wird als weißer Rauch sichtbar.

$$2\ SO_2 + O_2 \longrightarrow 2\ SO_3$$

3. Aus Schwefeltrioxid wird Schwefelsäure

Wird der Schwefeltrioxid-Rauch durch eine Waschflasche mit Wasser geleitet, so bildet sich Schwefelsäure.

$$SO_3 + H_2O \longrightarrow H_2SO_4$$

3 Modellexperiment zur Herstellung von Schwefelsäure

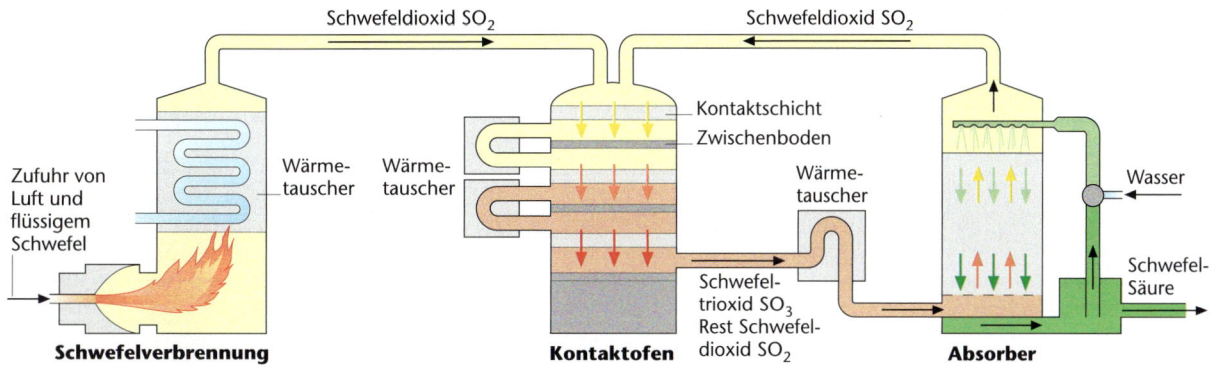

4 Schema der Schwefelsäureherstellung in der Industrie

Katalysatoren senken die Aktivierungsenergie

1 Entzündung von Wasserstoff am Perlkatalysator

Ein Knallgasgemisch kann man über längere Zeit aufbewahren, ohne dass es sich verändert. Durch einen Funken oder ein brennendes Streichholz lässt sich das Gemisch aber sofort entzünden. Es verbrennt explosionsartig.

Zünden ohne Feuer

Lässt man Wasserstoff über eine platinbeschichtete Perle strömen, beginnt sie zu glühen. Nach kurzer Zeit entzündet sich der Wasserstoff oberhalb der rot glühenden Perle und verbrennt (▷ B 1; V 1). Zum Zünden sind kein Funke und keine Wärme nötig, die chemische Reaktion kommt bei Zimmertemperatur trotzdem in Gang.

Ursache für die Selbstzündung von Wasserstoff ist das fein verteilte Platin auf der Perle. An der Platinoberfläche reagiert Wasserstoff mit Sauerstoff zu Wasser. Dabei wird so viel Wärme frei, dass sich die Perle bis zur Rotglut erhitzt. Schließlich entzündet sich der Wasserstoff. Mit Platin benötigt man weniger Aktivierungsenergie. Man sagt: Platin wirkt als **Katalysator**. Nach der chemischen Reaktion ist die Katalysatorperle unverändert. Sie kann jederzeit wieder verwendet werden.

Modellvorstellung zum Ablauf einer chemischen Reaktion mit einem Katalysator

Die Modellvorstellung (▷ B 2) veranschaulicht, dass Katalysatoren einen anderen Reaktionsweg ermöglichen. Mit einem Katalysator wird weniger Aktivierungsenergie benötigt, um die Reaktion zu starten. Katalysatoren werden häufig verwendet, um chemische Reaktionen bei niedrigen Temperaturen zu ermöglichen.

2 Modellvorstellung zum Ablauf einer chemischen Reaktion

▶ Katalysatoren setzen die Aktivierungsenergie herab. Sie liegen nach der Reaktion unverändert vor.

Versuch

1 Eine Glaspipette wird mit Kupferwolle als Rückschlagsicherung vorbereitet. Man drückt eine mit Platin beschichtete Perle auf die Öffnung der Pipette und leitet langsam Wasserstoff durch das Rohr (2 bis 3 Blasen pro Sekunde) bis zur Zündung des Gases. Man wiederholt den Versuch. (Schutzbrille!)

Schnittpunkt

Geschichte: Das Platinfeuerzeug von Döbereiner

Im Jahr 1823 entdeckte JOHANN WOLFGANG DÖBEREINER (1780–1849), dass sich Wasserstoff an der Luft entzündet, wenn das Gas gegen Platindrähte strömt. Dabei kam ihm die Idee, ein Feuerzeug herzustellen.
„Meine Platinfeuerzeuge werden immer beliebter. Gegen 20 000 derselben sind bereits teils in Deutschland, teils in England in Gebrauch."

Dies konnte er wenig später berichten. Im Feuerzeug wurde Wasserstoff aus Zink und verdünnter Schwefelsäure erzeugt. Drückte man den großen Hebel des Feuerzeugs herunter, konnte das Gas entweichen und sich an einem Platinschwamm entzünden. Der Flüssigkeitsspiegel im inneren Glas stieg und benetzte das Zink. Dabei entstand so lange Wasserstoff, bis die Säure das Zink nicht mehr berührte.
Das Feuerzeug war wieder zündbereit.

1 J. W. DÖBEREINER und sein Platinfeuerzeug

Schnittpunkt

Geschichte: Der Griff in die Luft

Großer Bedarf an Ammoniak zu Beginn des 20. Jahrhunderts

Mit zunehmender wirtschaftlicher Entwicklung wurde in Deutschland auch der Bedarf an der Grundchemikalie Ammoniak immer größer. Ammoniak diente hauptsächlich der Gewinnung von stickstoffhaltigen Düngemitteln und Sprengstoffen. Da die Herstellung von Ammoniak aus natürlich vorkommenden Stickstoffverbindungen (Salpeter) den großen Bedarf nicht mehr decken konnte, wurde nach neuen Wegen gesucht.

3 Die ersten Ammoniaköfen

FRITZ HABER – Ammoniak aus Luftstickstoff

Der Chemiker und Nobelpreisträger WALTHER NERNST (1864–1941) konnte zeigen, dass sich Ammoniak aus den Elementen Stickstoff und Wasserstoff bilden lässt, wenn die Reaktion bei hohem Druck und hoher Temperatur verläuft. Bei der hohen Temperatur von ca. 1000 °C zerfiel jedoch der größte Teil des Ammoniaks sofort wieder. Auf der Suche nach einer wirtschaftlichen Ammoniaksynthese konnte der Chemiker FRITZ HABER (1868–1934) die Arbeiten von NERNST weiterführen. HABER experimentierte dabei mit unterschiedlichen Katalysatoren, um die Synthese bei niedrigen Temperaturen durchführen zu können. 1908 fand HABER mit den Metallen Uran und Osmium zwei Katalysatoren, die bereits bei Temperaturen von 500 °C bis 600 °C eine große Ammoniakausbeute ermöglichen. Mithilfe dieser Katalysatoren konnte HABER im Juli 1909 vor Mitarbeitern der BASF eine kleine Versuchsanlage vorführen (▷ B 2), die bei einer Temperatur von 550 °C und einem Druck von 20 MPa pro Stunde etwa 80 g Ammoniak produzierte. Für seine Arbeiten wurde HABER 1918 mit dem Nobelpreis für Chemie ausgezeichnet.

1 FRITZ HABER

Von der Versuchsanlage zur Großtechnik

CARL BOSCH (1874–1940), ein Chemiker und Verfahrenstechniker bei der BASF, griff die Ideen von HABER auf und entwickelte die Versuchsanlage technisch weiter. Dabei tauschte er die teuren Katalysatoren Osmium und Uran gegen ein preiswertes Gemisch aus Eisen, Aluminiumoxid, Kaliumoxid und Kalk aus.

4 CARL BOSCH

1913 konnte dann die erste großtechnische Anlage mit einer Tagesproduktion von 30 t Ammoniak in der Nähe von Ludwigshafen in Betrieb genommen werden. Dieses Verfahren zur Gewinnung von Ammoniak wird nach ihren Erfindern auch **Haber-Bosch-Verfahren** genannt. Für seine Arbeiten erhielt BOSCH 1931 den Nobelpreis für Chemie.

2 Versuchsanlage von FRITZ HABER

Die Ammoniaksynthese

1 Getreidefeld mit und ohne Dünger

Stickstoffverbindungen sind unentbehrlich für das Pflanzenwachstum

Der Blick auf eine Packung Mineraldünger verrät anhand der Bezeichnung „Nitro" (lat.: Nitrogenium, Stickstoff), dass dieser Dünger Stickstoff in gebundener Form enthält (▷ B 1). Die Düngung mit Stickstoffdünger wird notwendig, wenn der natürliche Stickstoffkreislauf unterbrochen wird.

Der natürliche Stickstoffkreislauf wird vom Menschen unterbrochen

In der unberührten Natur verrotten abgestorbene Pflanzenteile an Ort und Stelle. Die von der Pflanze aus dem Boden aufgenommenen Mineralstoffe werden dadurch wieder an den Boden zurückgegeben. Der Mineralstoffgehalt bleibt somit erhalten.

Werden jedoch Böden landwirtschaftlich genutzt und abgeerntet, entzieht man dem Boden immer mehr Mineralstoffe, wie z. B. auch Stickstoffverbindungen. Der Boden verarmt, die Ernteerträge gehen zurück (▷ B 1). Da heute viele Böden landwirtschaftlich intensiv genutzt werden, ist der Bedarf an Stickstoffdünger sehr groß.

Ammoniak: der „Ausgangsstoff" der Stickstoffdüngung

Stickstoffdünger enthalten Stickstoffverbindungen. Diese Verbindungen werden aus **Ammoniak NH$_3$** hergestellt. Da Ammoniak der Ausgangsstoff für die Produktion von Stickstoffdünger ist, werden heute große Mengen an Ammoniak benötigt.

Ammoniaksynthese: der Griff in die Luft

Grundlegend für die **Ammoniaksynthese** waren Untersuchungen von Fritz Haber und Carl Bosch. In einer kleinen Versuchsanlage konnte gezeigt werden, dass sich Wasserstoff und Stickstoff, der in der Luft nahezu unbegrenzt vorliegt, zu Ammoniak verbinden:

$$N_2 + 3\,H_2 \longrightarrow 2\,NH_3 \quad | \text{exotherm}$$

▶ Bei der Ammoniaksynthese reagieren Stickstoff und Wasserstoff zu Ammoniak.

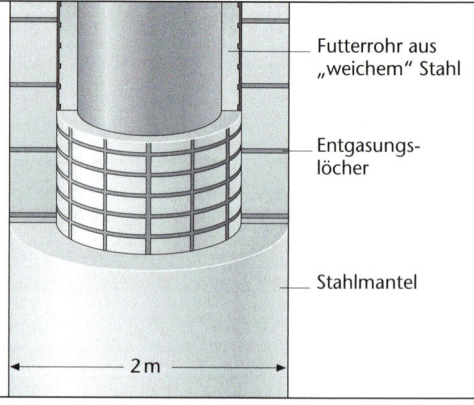

2 Großtechnische Ammoniakanlage und Schnittdarstellung des Doppelrohrs

Die Ammoniaksynthese

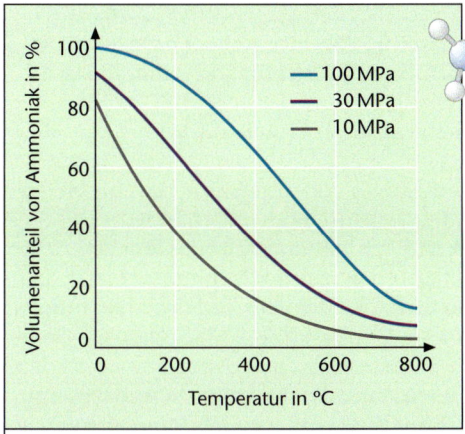

3 Die Ammoniakausbeute ist temperatur- und druckabhängig.

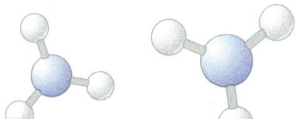

stoff nicht angegriffen werden kann. Entgasungslöcher in diesem Futterrohr sorgen dafür, dass eindringender Wasserstoff ins Freie abgeführt wird, ohne den äußeren Stahlmantel zu beschädigen (▷ B 2).
Die großtechnische Ammoniaksynthese wird heute bei einem Druck von 20 MPa bis 30 MPa und einer Temperatur von 450 °C durchgeführt. Eine moderne Anlage produziert über 1500 t Ammoniak am Tag.

Die Synthese von Ammoniak ist temperatur- und druckabhängig

Wie Bild 3 zeigt, ist die Ausbeute an Ammoniak von den Reaktionsbedingungen abhängig. Da bei hoher Temperatur Ammoniak wieder zerfällt, ist die Ausbeute bei niedrigen Temperaturen höher. Bei niedrigen Temperaturen verläuft die Ammoniakbildung aber sehr langsam, sodass die Produktion von Ammoniak zu lange dauern würde. Deshalb werden zur Beschleunigung der Reaktion geeignete Katalysatoren (Gemisch aus Eisen, Aluminiumoxid, Kaliumoxid und Kalk) eingesetzt. Diese sorgen als Reaktionsbeschleuniger dafür, dass eine schnelle Synthese auch bei niedrigeren Temperaturen möglich ist.

Beim Arbeiten mit unterschiedlichen Drücken stellt man fest, dass sich bei hohem Druck mehr Ammoniak bildet als bei niedrigem Druck (▷ B 3).
Aufgrund der besonderen Anforderungen an das verwendete Material kann der Druck jedoch nicht beliebig erhöht werden.

Der Ammoniakofen – der Trick mit dem Doppelrohr

Das eigentliche Kernstück einer Ammoniaksyntheseanlage ist das ca. 30 m lange Reaktionsrohr. Es wird auch als **Ammoniakofen** bezeichnet (▷ B 2). Um einem hohen Druck standzuhalten, muss der Ammionakofen aus hartem Stahl bestehen. Stahl ist eine Legierung aus Eisen und Kohlenstoff. Kohlenstoff reagiert jedoch bei höheren Temperaturen mit Wasserstoff; ein reines Stahlrohr würde deshalb schnell platzen. Deshalb besteht der Ofen im Inneren aus einer zweiten Schicht aus „weichem", kohlenstoffarmen Stahl, der von Wasser-

Aufgaben

1 Die Verwendung geeigneter Katalysatoren ist bei der Durchführung der Ammoniaksynthese von besonderer Bedeutung. Erkläre.

2 Die Ammoniakausbeute ist bei einem Druck von 100 MPa sehr hoch (▷ B 3). Trotzdem wird die Synthese bei einem niedrigeren Druck durchgeführt. Begründe.

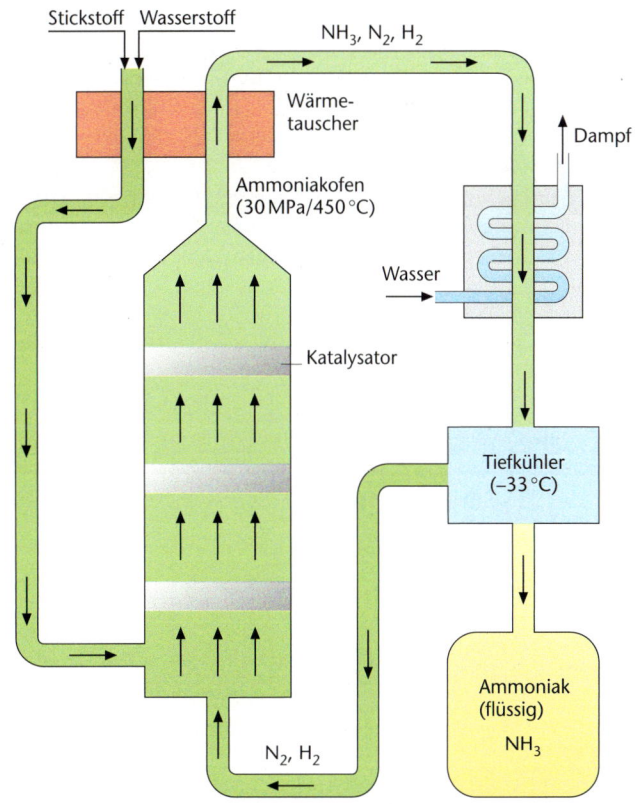

4 Schema einer Ammoniakanlage

Schnittpunkt

Geschichte: Justus von Liebig

1 Justus von Liebig im Labor

Justus von Liebig (▷ B 1) wurde 1803 in Darmstadt als Sohn eines Drogerie-Inhabers geboren. Mit 16 Jahren begann er in Bonn sein Chemiestudium.

Als Liebig mit 21 Jahren bereits Chemieprofessor in Gießen wurde, stellte er die Anleitung der Studenten zum Experimentieren in den Vordergrund der Ausbildung. Denn für ihn stand fest, dass man den Geheimnissen der Natur nicht durch Spekulationen auf die Spur kommt, sondern allein durch Experimente.

Liebig erkannte, dass jede Pflanze zum Wachsen „Pflanzennährstoffe" aus dem Boden aufnimmt. Das sind Mineralstoffe, die als Salze vorliegen. Eine Pflanze kann daher nur so gut wachsen, wie ihr der Boden die erforderlichen Mineralstoffe liefert (▷ B 2; B 5). Wenn der Boden an Mineralstoffen erschöpft ist, dann muss man ihm die erforderlichen Salze wieder zuführen. Liebig empfahl daher die künstliche Düngung der Äcker mit industriell hergestelltem Mineraldünger.

Außerdem erkannte Liebig, dass die kleinste Menge der im Boden vorhandenen, notwendigen Mineralstoffe das Wachstum der Pflanzen bestimmt (Minimumgesetz). Sein Fassbeispiel dient als Veranschaulichung dieses Gesetzes (▷ B 4). Die niedrigste Stelle des Fasses entspricht dem Element, an dem es am stärksten mangelt. Die anderen, im Überschuss vorliegenden Mineralstoffe, können die Mangelerscheinung, die durch den fehlenden Mineralstoff entsteht, nicht ausgleichen.

Die Anwendung der Mineralstofftheorie führte zur Vervielfachung der Ernteerträge, mit der Folge, dass heute über 6 Milliarden Menschen auf der Erde leben können. Mineralstoffdünger werden heute hauptsächlich aus Phosphorsäure und Salpetersäure gewonnen.

3 Getreide mit Stickstoffmangel

4 Bildliche Darstellung des Minimumgesetzes von Liebig

2 Pflanzen benötigen bestimmte Elemente.

Elemente	Wirkung bei der Pflanze
Stickstoff (N)	Blatt- und Sprossenentwicklung
Phosphor (P)	Wachstum, Blüten- und Samenbildung
Kalium (K)	Ausbildung von Blüten und Früchten, Wachstum, Widerstandsfähigkeit
Calcium (Ca)	Allgemeines Pflanzenwachstum
Magnesium (Mg)	Ausbildung des grünen Farbstoffs Chlorophyll
Schwefel (S)	Allgemeines Pflanzenwachstum
Spurenelemente (Fe, Cu, Mn, Zn, B, Mo)	Allgemeines Pflanzenwachstum

5 Die Bedeutung der Elemente für Pflanzen

Die großtechnische Herstellung der Salpetersäure

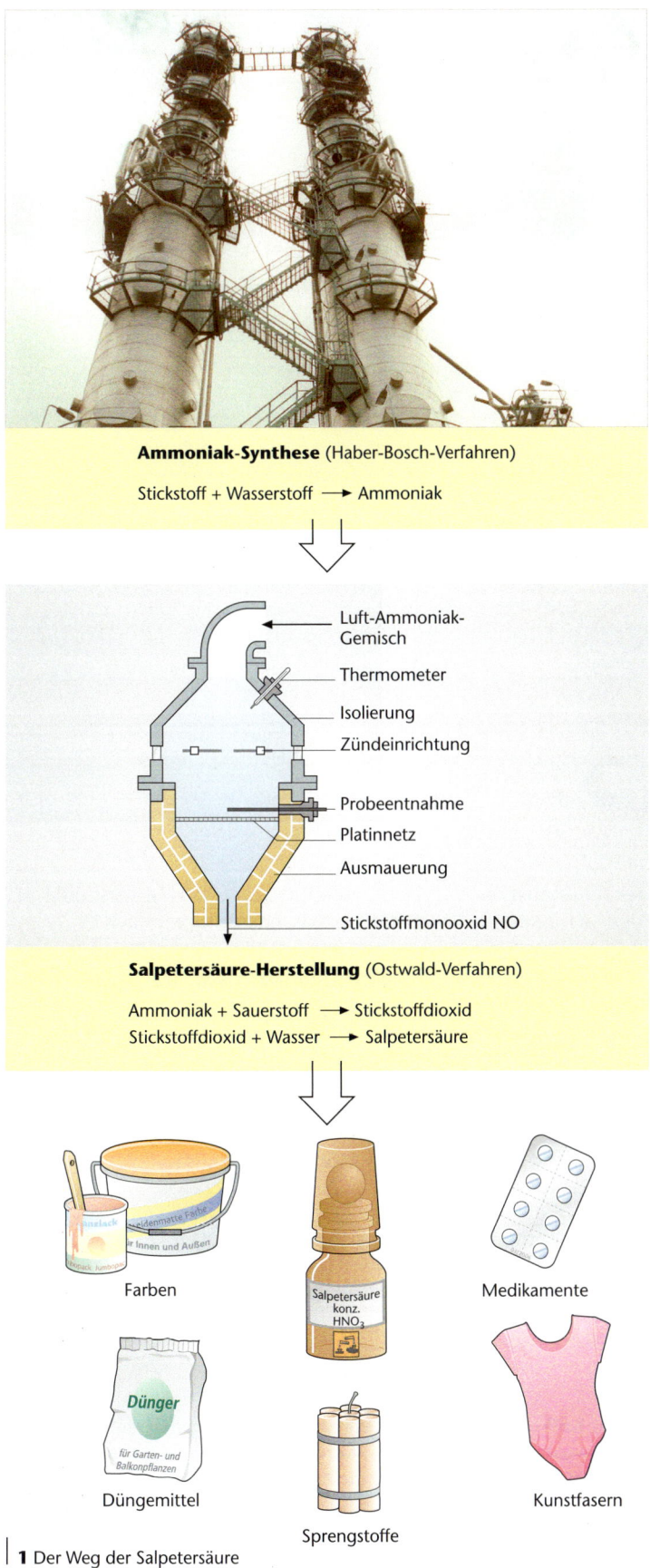

1 Der Weg der Salpetersäure

Die Herstellung der Salpetersäure früher und heute

Die beiden Gase Stickstoff und Sauerstoff liegen in der Luft zusammen vor, ohne miteinander zu reagieren. Bei den hohen Temperaturen eines Blitzes von bis zu 30 000 °C verbrennt Stickstoff jedoch zu Stickstoffdioxid. Mit dem Wasser des Regens verbindet sich Stickstoffdioxid zu stark verdünnter Salpetersäure. Sie ist Bestandteil des sauren Regens.

Diese natürliche Reaktion kann mithilfe eines elektrischen Lichtbogens im Labor nachgeahmt werden. Weil zur Erzeugung des Lichtbogens viel Energie notwendig ist, hat dieses Verfahren in der Technik nur in Ländern mit preiswertem Strom aus Wasserkraft (Norwegen, Schweiz) eine Rolle gespielt.

Als Ausgangsstoff für die großtechnische Gewinnung von Salpetersäure dient heute Ammoniak, das in großen Mengen durch das **Haber-Bosch-Verfahren** gewonnen wird. In einem von WILHELM OSTWALD (1853–1932) entwickelten Spezialofen (▷ B 1) wird Ammoniak großtechnisch zunächst bei etwa 700 °C mithilfe von Platinkatalysatoren zu Stickstoffmonooxid NO verbrannt:

$$4\ NH_3 + 5\ O_2 \longrightarrow 4\ NO + 6\ H_2O$$

Stickstoffmonooxid reagiert mit dem Sauerstoff der Luft sofort zu Stickstoffdioxid NO_2:

$$2\ NO + O_2 \longrightarrow 2\ NO_2$$

Stickstoffdioxid wird dann mit Wasser und Sauerstoff aus der Luft zu Salpetersäure HNO_3 umgesetzt:

$$4\ NO_2 + O_2 + 2\ H_2O \longrightarrow 4\ HNO_3$$

▶ Salpetersäure wird großtechnisch durch Verbrennung von Ammoniak nach dem Ostwald-Verfahren gewonnen.

Salpetersäure wird in der chemischen Industrie zu zahlreichen Produkten weiter verarbeitet. Die Produktionsmöglichkeiten sind dabei weit gespannt: Medikamente, Farbstoffe, Sprengstoffe, Kunststoffe und Pflanzenschutzmittel werden aus Salpetersäure hergestellt. Salpetersäure ist deshalb ein Halbfertigprodukt. Wichtiger noch als die Säure selbst sind die Salze der Salpetersäure, die Nitrate.

Kalk, Zement, Beton

Kalkstein

Marmor

$CaCO_3 \longrightarrow CaO + CO_2$

$Ca(OH)_2 + CO_2 \longrightarrow CaCO_3 + H_2O$

$CaO + H_2O \longrightarrow Ca(OH)_2$

1 Der technische Kalkkreislauf

Kalkstein: Grundstoff der Bauindustrie
In Kalksteinbrüchen finden sich häufig Versteinerungen, die auf die Herkunft des Kalkes hinweisen. So kann man gut Formen von Korallen, Schnecken, Muscheln, Seelilien und Ammoniten erkennen. Kalkstein besteht zum größten Teil aus **Calciumcarbonat $CaCO_3$** und ist der Ausgangsstoff für die Zementherstellung. Calciumcarbonat ist nicht nur Hauptbestandteil des Kalksteins, sondern auch des Marmors. Kalkstein ist aus Meeresablagerungen entstanden, die Kristalle des Marmors haben sich nachträglich aus solchen Ablagerungen in der Tiefe der Erdrinde bei hoher Temperatur und hohem Druck gebildet. Marmor zeichnet sich deshalb gegenüber dem Kalkstein durch seine Härte und Festigkeit aus.

Der technische Kreislauf des Kalkes
Zum Mauern und Verputzen wird häufig **Kalkmörtel** verwendet. Ausgangsstoff für die Mörtelherstellung ist Branntkalk. Er wird durch Erhitzen von Kalkstein auf etwa 1000 °C gewonnen.

Dabei zerfällt Kalkstein in **Branntkalk** CaO und Kohlenstoffdioxid (▷ B 1):

$CaCO_3 \longrightarrow CaO + CO_2$

Versetzt man Branntkalk mit Wasser, so bildet sich in einer stark exothermen Reaktion **Löschkalk** (Calciumhydroxid $Ca(OH)_2$):

$CaO + H_2O \longrightarrow Ca(OH)_2$

Ein Gemisch aus Löschkalk mit Sand und Wasser ergibt dann **Kalkmörtel**. Beim Festwerden (Abbinden) nimmt das Calciumhydroxid des Mörtels Kohlenstoffdioxid aus der Luft auf:

$Ca(OH)_2 + CO_2 \longrightarrow CaCO_3 + H_2O$

Mit den Sandkörnern bilden die entstandenen Kalkkristalle ein festes Gefüge, das dann die Mauersteine zusammenhält. Aus dem Ausgangsstoff Calciumcarbonat ist beim Abbinden wieder Calciumcarbonat geworden (▷ B 1).

Kalk, Zement, Beton

Zement – für die Bauindustrie unverzichtbar

Zur Herstellung von **Zement** werden Kalkstein und Ton benötigt. Ton ist ein Aluminiumsilicat, eine Verbindung aus den Elementen Aluminium, Silicium und Sauerstoff. Ein Gemisch aus 25% Ton und 75% Kalkstein wird in einem Zementwerk zunächst fein gemahlen und dann bei etwa 1450°C zu einem festen Zementklinker gebrannt. Fein gemahlen kommt der Zementklinker dann als Zement in den Handel. Am häufigsten wird der Portlandzement verkauft. Er hat eine ähnliche Farbe wie ein Felsgestein in der Nähe der englischen Stadt Portland.

Zementhaltige Bindemittel wurden schon von den Römern zum Verbinden von Bruchsteinen eingesetzt. Aus dieser Zeit leitet sich auch der Name für Zement (lat.: caementum, Bruchstein) ab.

Wird Zement mit Wasser angerührt, dann erstarrt er ohne weitere Zusätze zu einer festen Masse, man sagt „der Zement bindet ab". Durch Aufnahme von Wasser bildet der Zement faserartige Kristalle, die miteinander verfilzen und so einen festen Verband bilden.

Vom Zement zum Beton

Mischt man Zement mit Kies und Sand, dann erhält man bei Zugabe von Wasser **Beton**. Beton spielt in der heutigen Bauindustrie eine führende Rolle. Er ist vielseitig verwendbar und verhältnismäßig preiswert.

Wird auf einer Baustelle eine größere Menge an Beton benötigt, dann wird er als „Transportbeton" in Spezialfahrzeugen angeliefert. Beton wird hierbei während der Anlieferung gemischt.

Zur weiteren Festigung werden in den Beton häufig Stahlstäbe oder Stahlgitter eingelegt. Man erhält dann **Stahlbeton** (▷ B 2). Da sich Beton und Eisen beim Erwärmen gleich stark ausdehnen, entstehen bei Temperaturschwankungen keine Risse im Beton. Stahlbeton hat eine sehr hohe Festigkeit. Dadurch sind Baukonstruktionen wie Hochhäuser und weit gespannte Brücken (▷ B 3) möglich geworden, die mit einer Steinbauweise nicht erreichbar gewesen wären.

2 Beton wird in Stahlgitter eingelegt.

3 Brücke aus Stahlbeton

Werkstatt

Kalkbrennen und Kalklöschen

1 Kalkbrennen

Material
Schutzbrille, Gasbrenner, Becherglas, Tiegelzange, kleines Marmorstück, Wasser, Universalindikatorlösung

Versuchsanleitung
Halte mit einer Tiegelzange ein Stück Marmor etwa 2 bis 3 Minuten in die rauschende Brennerflamme. Gib anschließend das abgekühlte Marmorstück in ein Becherglas mit etwas Wasser, das mit wenigen Tropfen Indikatorlösung versetzt wurde.

2 Kalklöschen

Material
Schutzbrille, Abdampfschale, Thermometer (–10°C bis 110°C), Spatellöffel, Universalindikatorpapier, gebrannter Kalk (Calciumoxid), Spritzflasche mit Wasser

Versuchsanleitung
Gib in eine Abdampfschale einige Spatellöffel gebrannten Kalk. Füge vorsichtig Wasser hinzu, verrühre, miss die Temperatur und prüfe mit Indikatorpapier.

85

Werkstatt

Wir experimentieren mit Baustoffen

1 Eigenschaften verschiedener Baustoffe

Material
Schutzbrille, 3 Bechergläser oder Jogurtbecher, 3 Glasstäbe, Tropfpipette, Spatellöffel, 3 Pappstücke, verd. Salzsäure, gelöschter Kalk (Calciumhydroxid), Gips, Sand, Zement, Wasser

Versuchsanleitung
a) Stelle folgende Baustoffmischungen her (ein Teil der Mischungen wird für V2, ein zusätzlicher Teil des Mörtels für V3 benötigt):

Gips: Gib in ein Becherglas 6 bis 8 Spatellöffel Gipspulver und rühre langsam soviel Wasser dazu, dass ein gießfähiger, nicht zu dünnflüssiger Brei entsteht.

Mörtel: Mische in einem Becherglas gelöschten Kalk mit der dreifachen Menge Sand. Gib dann soviel Wasser hinzu, dass ein dicker Brei entsteht.

Zement: Mische in einem Becherglas 1 Teil Zement mit 2 Teilen Sand. Rühre dann portionsweise soviel Wasser hinzu, dass ein dicker Brei entsteht.

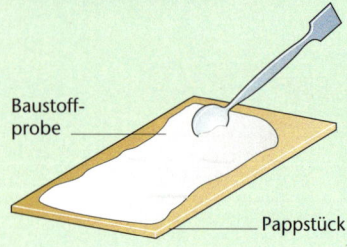

1 Auftragen der Baustoffproben auf Pappstücke

b) Streiche jeweils eine etwa 0,5 cm dicke Schicht des Gips-, Mörtel- und Zementbreis auf ein Pappstück (▷ B1). Lasse die Proben 1 bis 2 Tage aushärten. Zerbrich dann die ausgehärteten Proben zwischen den Fingern und beurteile ihre Härte.

c) Gib danach mithilfe einer Tropfpipette einige Tropfen verdünnte Salzsäure auf Bruchstücke von jeder Baustoffprobe. Vergleiche.

2 Wir untersuchen den Härtevorgang

Material
Schutzbrille, 3 Reagenzgläser, Reagenzglasgestell, 2 Stopfen, Spatel, Baustoffmischungen (Gips, Mörtel und Zement aus Versuch 1), Wasser

Versuchsanleitung
Forme aus Gipsbrei 6 kleine Kugeln von der Größe, dass sie in ein Reagenzglas passen. Gib je 2 Kugeln in ein Reagenzglas und bereite die Reagenzgläser wie folgt vor:

Reagenzglas 1: offen lassen,

Reagenzglas 2: mit einem Stopfen verschließen,

Reagenzglas 3: vorsichtig mit Wasser bedecken und mit einem Stopfen verschließen (▷ B 2).

Eine andere Schülergruppe führt den Versuch mit Mörtel- bzw. mit Zementkugeln durch.
Lasse die Reagenzgläser 1 bis 2 Tage stehen und prüfe die Härte der Kugeln dann mithilfe eines Spatels.
Erkläre die Versuchsergebnisse.

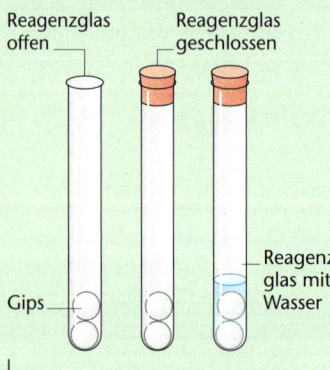

2 Untersuchung des Härtevorgangs am Beispiel Gips

3 Abbinden des Kalkes genauer betrachtet

Material
Schutzbrille, 4 Standzylinder mit Deckglas, Spatel, 4 kleine Kugeln Kalkmörtel (aus Versuch 1), Stickstoff, Sauerstoff und Kohlenstoffdioxid aus Gasflaschen (Bedienung erfolgt durch die Lehrkraft)

Versuchsanleitung
Gib auf den Boden von 4 Standzylindern jeweils eine kleine Kugel Kalkmörtel. Verschließe den ersten Standzylinder mit einem Deckglas. Die anderen Standzylinder werden mit Sauerstoff, Stickstoff und Kohlenstoffdioxid gefüllt und dann ebenfalls verschlossen (▷ B 3).
Prüfe nach 1 bis 2 Tagen die Härte der Kugeln mithilfe eines Spatels.

Aufgabe
Erkläre anhand der Versuchsbeobachtungen, welches Gas für das Abbinden (Härten) des Kalkmörtels verantwortlich ist.

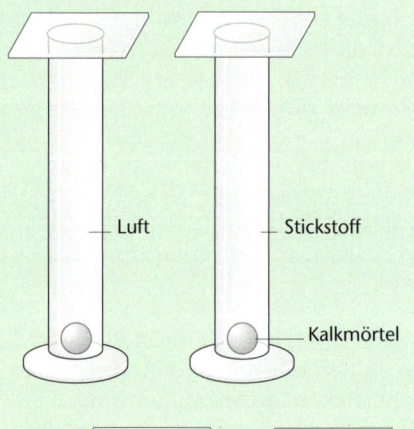

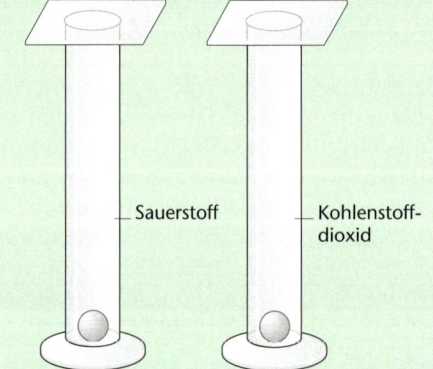

3 Abbinden des Kalkes

Lexikon

Der Kohlenstoffkreislauf

Das Element Kohlenstoff ist in vielen chemischen Verbindungen vertreten. Kohlenstoff findet man auf der Erde in verschiedenen Speichern: in der Atmosphäre, der lebenden Biomasse, dem Boden, dem Meer, den fossilen Brennstoffen und dem Gestein (Sediment). Dabei stellt die Atmosphäre den kleinsten Speicher dar und das Gestein den größten. Zwischen den verschiedenen Kohlenstoffspeichern findet ein ständiger Austausch statt. Diesen Austausch bezeichnet man als Kohlenstoffkreislauf.

Der geologische Kohlenstoffkreislauf

Im Regenwasser ist Kohlenstoffdioxid (CO_2) gelöst. Mit diesem CO_2 entstehen bei der Verwitterung von Carbonatgesteinen lösliche Hydrogencarbonate (HCO_3^-). Sie werden von den Flüssen zum größten Teil ins Meer befördert.

Dort bauen Korallen und Lebewesen des Planktons daraus ihre Außenskelette und Schalen aus Calciumcarbonat auf. Dabei wird CO_2 wieder freigesetzt. Nach dem Absterben sinken die Lebewesen zu Boden und bilden Ablagerungen. Dieser Vorgang führt zur Neubildung von Carbonatgesteinen.

Der biologische Kohlenstoffkreislauf

Bei der Fotosynthese bauen Pflanzen aus dem CO_2 der Atmosphäre und Wasser mithilfe des Sonnenlichtes und des Chlorophylls Traubenzucker auf. Dieser Traubenzucker kann später in Biomasse umgewandelt werden. Bei der Zellatmung, die in allen lebenden Organismen zur Energiegewinnung abläuft, wird dieser Prozess wieder umgekehrt und Traubenzucker und Sauerstoff werden zu Wasser und CO_2, das in die Atmosphäre ausgeatmet wird.

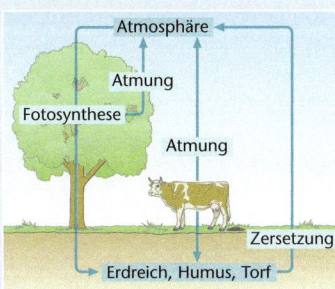

2 Der biologische CO_2-Kreislauf

Der Kohlenstoffdioxid-Austausch zwischen Atmosphäre und Meer

CO_2 wird in großen Mengen an der Grenzfläche zwischen Meer und Atmosphäre ausgetauscht. Kühlt Meerwasser ab, so sinkt es in die Tiefe und nimmt das gelöste CO_2 mit. Erwärmt sich dagegen das Meerwasser, so wird CO_2 an die Atmosphäre abgegeben.

Da die Atmosphäre der kleinste Kohlenstoffspeicher ist, haben Schwankungen im CO_2-Gehalt, zum Beispiel durch Verbrennung fossiler Brennstoffe, Brandrodung von Wäldern oder Anstieg der Meerwassertemperatur große Auswirkungen auf die Umwelt.

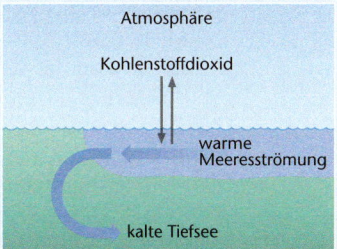

3 CO_2-Austausch zwischen Atmosphäre und Meer

Der technische Kalkkreislauf

Kalkstein (Calciumcarbonat) wird durch Erhitzen in Branntkalk und CO_2 überführt. Beim Kalklöschen wird aus Branntkalk (Calciumoxid) durch Zugabe von Wasser Lösch-kalk (Calciumhydroxid). Löschkalk wird beim Abbinden unter Aufnahme von CO_2 wieder zu Calciumcarbonat.

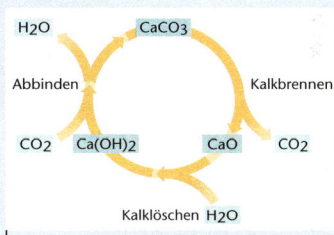

4 Der technische Kalkkreislauf

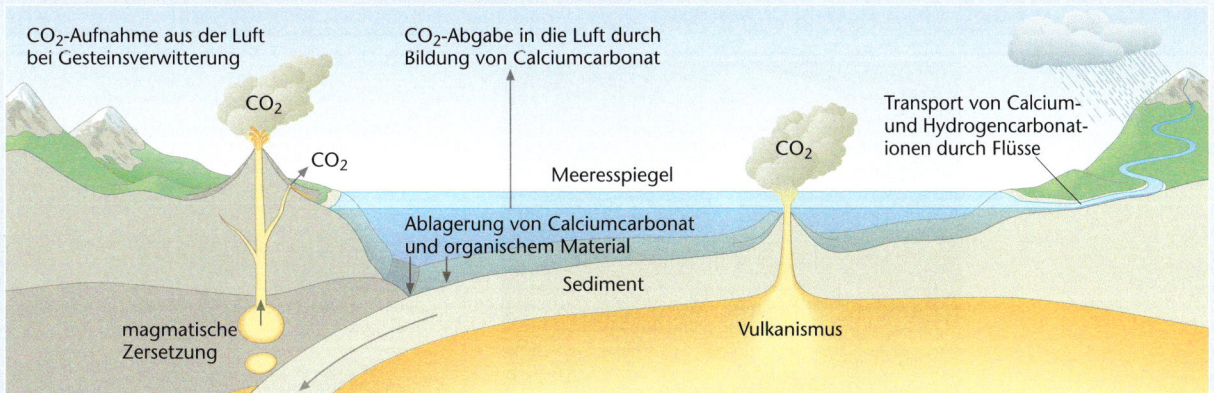

1 Der geologische Kohlenstoffdioxid-Kreislauf

Glas – ein Stoff mit Durchblick

Eigenschaften und Verwendungsmöglichkeiten

Die Lichtdurchlässigkeit des Glases ist Voraussetzung für die vielen Verwendungsmöglichkeiten: für Linsen der Kameraobjektive, für Brillengläser, Frontgläser der Fernseher oder Monitore. Da die Oberfläche des Glases glatt, porenfrei, leicht zu reinigen und gasundurchlässig ist, stellt Glas ein ideales Verpackungsmaterial für Lebensmittel und Medikamente dar. Aufgrund der Beständigkeit gegen saure Lösungen und organische Lösungsmittel ist Glas ebenso als Material für Chemikalienbehälter und viele Laborapparaturen aus dem Chemielabor nicht wegzudenken (▷ B 1). Schon vor über 2000 Jahren ist es gelungen, Glasschmelzen herzustellen. Auch wenn es heute für die Herstellung von Spezialgläsern besondere Verfahren gibt, hat sich an der grundsätzlichen Herstellung von Glas nichts geändert.

Quarzsand: Der Ausgangsstoff für die Glasherstellung

Der Hauptbestandteil fast aller Gläser ist **Quarz**. Reiner Quarz ist Siliciumdioxid SiO_2.

1 Glas – ein vielseitiger Werkstoff

2 Glasschmelze – erst zähflüssig, dann kristallin

3 Glasbearbeitung

Wird Quarz geschmolzen und langsam wieder abgekühlt (▷ B 2), dann wird die Schmelze allmählich zähflüssig und erstarrt schließlich ohne zu kristallisieren. Solche Schmelzen ohne regelmäßige Kristallstruktur werden allgemein als **Gläser** bezeichnet.

Gläser haben keine feste Schmelztemperatur, sondern erweichen beim Erhitzen. Aufgrund dieser Eigenschaft lassen sich Gläser leicht zu den unterschiedlichsten Formen verarbeiten. Glasbläser können daher kunstvolle Produkte herstellen (▷ B 3).

Reiner Quarz schmilzt erst bei ca. 1700 °C. Diese hohe Temperatur macht reines **Quarzglas** zu einem feuerfesten, aber teuren Spezialglas. Durch leicht schmelzbare Zusätze wie Natrium- und Calciumcarbonat kann man die Schmelztemperatur auf ca. 1300 °C senken. Das so hergestellte Glas wird **Kalknatronglas** oder **Normalglas** genannt und z. B. für Fensterscheiben oder Flaschen verwendet.

Aufgaben

1. Fügt man der Glasschmelze bestimmte Salze hinzu, so kann man das Glas in verschiedene Farben einfärben. Recherchiere die Salze und ihre Farben.

2. Ein Glasbläser stellt sein fertiges Kunstwerk in einen ca. 800 °C warmen Ofen und lässt es dort langsam abkühlen. Erkläre.

3. Glas bezeichnet man auch als „erstarrte Schmelze". Begründe.

Schnittpunkt

Technik: Vom Sand zum Computerchip

Silicium – das „Computermetall"

Der Fortschritt der heutigen Computertechnik ist eng mit der Entwicklung immer leistungsfähigerer Mikrochips verbunden. Der Grundstoff der Mikrochips, das Silicium, wird aus Sand gewonnen (▷ B 1).

1 Sand – der Grundstoff für die Siliciumproduktion

Sand – der Grundstoff der Siliciumproduktion

Sand besteht überwiegend aus **Siliciumdioxid SiO_2**. Zur Gewinnung von Silicium wird Sand mit Kohlenstoff (Koks oder Holzkohle) in einem elektrischen Brennofen auf 1800 °C erhitzt. Bei dieser hohen Temperatur reagiert Siliciumdioxid zu Silicium, wobei Kohlenstoffmonooxid frei wird:

$$SiO_2 + 2\,C \longrightarrow Si + 2\,CO$$

Das bei diesem Prozess entstandene **Rohsilicium** (▷ B 2) besteht zu 98 % aus Siliciumatomen. Für die Verwendung in der Computerindustrie ist es noch nicht rein genug.

2 Gewinnung von flüssigem Rohsilicium

Vom Rohsilicium zum Reinstsilicium

Für die Chipindustrie wird hochreines Silicium mit einem Reinheitsgrad von 99,9999999 % benötigt. Dies bedeutet, dass auf 1 Milliarde Siliciumatome höchstens 1 Fremdatom kommen darf.
In einem komplizierten und aufwändigen Verfahren wird deshalb das Rohsilicium in mehreren Schritten in hochreines Silicium überführt. Dazu wird es zunächst in eine flüssige Siliciumverbindung umgewandelt. Diese Flüssigkeit wird in großen Destillationsanlagen von allen Verunreinigungen befreit. Aus dem gereinigten Destillat werden dann Stäbe aus reinstem Silicium gewonnen. Ein solcher Siliciumstab kann eine Länge von über 2 m und einen Durchmesser von 30 cm besitzen und über 150 kg wiegen (▷ B 3).

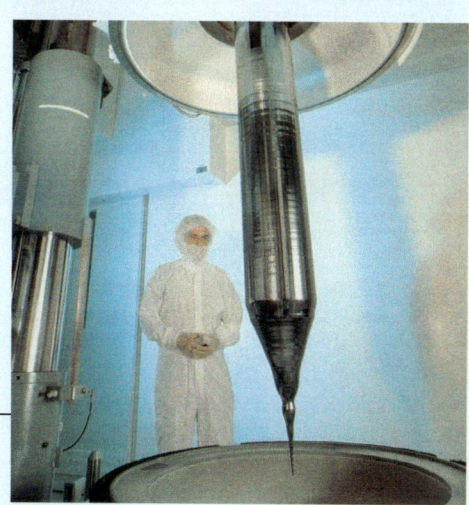

3 Siliciumstab aus der Schmelze

Vom Reinstsilicium zum Computerchip

Die Siliciumstäbe werden in einem weiteren Verfahren in dünne Scheiben zerschnitten. Diese Siliciumscheiben nennt man Wafer. Aus einem Wafer können dann bis zu 1000 Chips zum Einsatz in der Computerindustrie hergestellt werden (▷ B 4).

4 Chips auf einem Wafer

Lexikon

Labortechnik und großtechnische Prozesse

Kleine Mengen – große Mengen

Im Gegensatz zu Laborversuchen kommt es bei der Durchführung chemischer Reaktionen in der Industrie darauf an, in kurzer Zeit eine große Menge an Reaktionsprodukten möglichst wirtschaftlich herzustellen. Auch wenn die Apparaturen und Verfahren im Labor und in der chemischen Industrie oft unterschiedlich sind, bleiben viele Reaktionsabläufe dieselben.

1 Destillation in der Industrie und im Labor

Die Katalysatortechnik

Großtechnische Verfahren wie das Haber-Bosch-Verfahren zur Gewinnung von Ammoniak, das Doppelkontaktverfahren zur Herstellung von Schwefelsäure oder das Cracken von Erdöl zur Benzingewinnung wären ohne den Einsatz geeigneter Katalysatoren nicht durchführbar. Als Katalysatoren werden häufig Edelmetalle wie Platin oder Palladium, aber auch Gemische unterschiedlicher Stoffe eingesetzt. Da durch die Verwendung von Katalysatoren die Aktivierungsenergie einer chemischen Reaktion herabgesetzt wird, kann durch den Einsatz von Katalysatoren viel Energie eingespart werden.

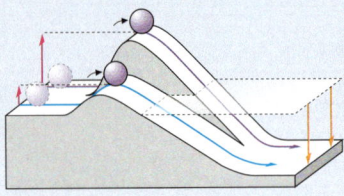

2 Das Katalysatorprinzip

Die Kraft-Wärme-Kopplung

Bei der Erzeugung von Strom in einem Kohlekraftwerk wird viel Abwärme frei. Diese Abwärme kann in Form von Fernwärme z. B. zum Heizen von Wohnungen oder auch zum Heizen von Schwimmbädern genutzt werden. Wenn Abwärme auf diese Weise genutzt wird, spricht man von Kraft-Wärme-Kopplung.

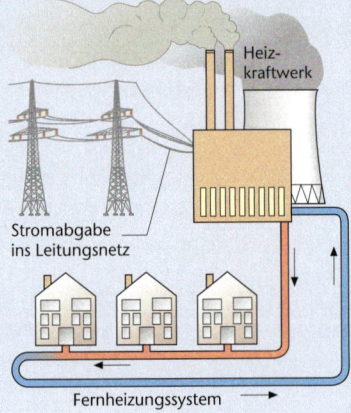

3 Die Kraft-Wärme-Kopplung

Der Wärmetauscher

Häufig wird in einem chemisch-technischen Prozess an einer Stelle Wärme frei, während an anderer Stelle Wärme zum Erhitzen von Stoffen benötigt wird. Um Wärme abzuführen und an anderer Stelle wieder einzusetzen, sind Apparaturen entwickelt worden, die als Wärmetauscher bezeichnet werden.
Heiße Reaktionsprodukte können z. B. durch kaltes Wasser gekühlt werden. Der entstehende heiße Wasserdampf dient dann an anderer Stelle zum Erhitzen von Reaktionsgemischen. Durch einen solchen Wärmetausch kann bei

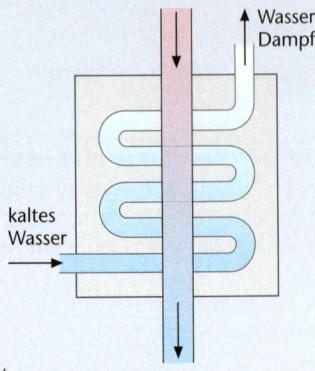

4 Der Wärmetauscher

einem technischen Prozess viel Energie eingespart werden.

Das Kreislaufprinzip

Werden bei einem chemisch-technischen Prozess nicht alle Ausgangsstoffe umgesetzt, werden die nicht umgesetzten Stoffe häufig wieder in den Verarbeitungsprozess zurückgeführt. So wird beispielsweise bei der Schwefelsäureherstellung nicht umgewandeltes Schwefeldioxid noch einmal in den Kontaktofen geleitet. Durch diesen Kreisprozess kann die Ausbeute an Schwefeltrioxid auf 99,7 % gesteigert werden. Auch bei der Ammoniaksynthese wird nicht umgewandeltes Stickstoff-Wasserstoff-Gemisch wieder in den Ammoniakofen zurückgeführt. Dort reagiert es an den Katalysatorschichten zu weiterem Ammoniak. Insgesamt wird die Ausbeute an Ammoniak durch Anwendung des Kreislaufprinzipes erheblich erhöht.

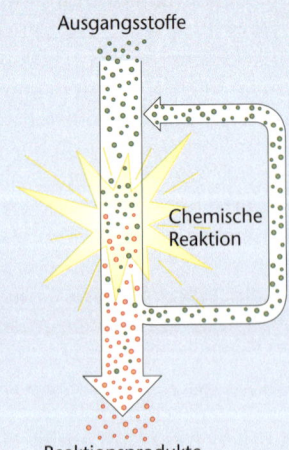

5 Das Kreislaufprinzip

Strategie

Planspiel: Eine neue Chemiefabrik soll entstehen

Am Rande deiner Stadt möchte ein Chemiekonzern eine neue Chemieanlage zur Herstellung von Farbstoffen bauen. In einer Sitzung im Rathaus soll beraten werden, ob dieses Vorhaben unterstützt oder abgelehnt werden soll.

Diese für die Bewohner der Stadt sehr wichtige Sitzung muss von allen Teilnehmern besonders sorgfältig vorbereitet werden. Es gibt viele Argumente, die für die Errichtung der Anlage sprechen, aber auch solche, die dagegen sprechen.

In einem **Planspiel** sollen die Argumente erarbeitet, formuliert und in einer fiktiven Sitzung ausgetauscht und zur Abstimmung gebracht werden.

B. Vorbereitung der Sitzung
Alle Teilnehmer bereiten sich intensiv auf die entscheidende Sitzung vor. Das gilt auch für die interessierten Bürger, die auf der Sitzung kritische Fragen stellen und Anregungen geben sollen. Als Informations- und Vorbereitungsquellen können z. B. genutzt werden:
– Fachkundige Personen, z. B. auch Lehrerinnen und Lehrer unterschiedlicher Fächer,
– Tageszeitungen,
– Firmenprospekte,
– Internetseiten unterschiedlicher Firmen,
– Politiker / Vertreter der Stadt.

C. Durchführung der Sitzung
Jede Gruppe bzw. jeder Interessensvertreter kann zunächst einmal die Argumente für oder gegen die Chemieanlage vortragen. Dazu bestimmt jede Gruppe einen Gruppensprecher. In einem weiteren Schritt können die interessierten Bürger dann Fragen stellen. Es muss darauf geachtet werden, dass eine Person die Sitzung leitet und dass während der Sitzung ein Protokoll geschrieben wird.

D. Abstimmung
Nachdem alle Argumente ausgetauscht worden sind, soll in einer Abstimmung entschieden werden, ob die Anlage gebaut werden soll oder nicht. Vorher muss natürlich geklärt werden, wer überhaupt an der Abstimmung teilnehmen darf.

A. Festlegung und Verteilung der Rollen
Es wird festgelegt, welche Rollen zu besetzen sind. Es bieten sich z. B. folgende Rollen an:
– Bürgermeister,
– Vertreter des Chemiekonzerns,
– Sachkundige Bürger,
– Vertreter von Umweltschutzverbänden,
– Vertreter der heimischen Industrie.
Die Schüler, die keine Rolle erhalten, bilden in der Sitzung die interessierten Bürger. Es ist auch möglich, mehrere Sitzungen durchzuführen, bei denen die Rollen dann getauscht werden.

Impulse

Vom Laborversuch zur Produktion

Von der Entwicklung eines chemischen Produktes bis zum Verkauf im Geschäft ist es ein langer Weg. Die einzelnen Schritte zur Einführung eines neuen Produktes sollen an einem Beispiel nachvollzogen werden. Dazu müssen sich unterschiedliche Gruppen bilden, die verschiedene Aufgaben wahrnehmen.

Die Unternehmensführung

In der obersten Ebene „deines" Unternehmens sollte die Entscheidung für oder gegen eine neues Produkt getroffen werden.

● Führe in einer Gruppe eine Diskussion zur Markteinführung eines neuen Produktes. Beispiele für ein solches Produkt könnten eine neue Hautcreme oder ein neues Erfrischungsgetränk sein.

● Zähle die benötigten Informationen auf, um sich für bzw. gegen ein bestimmtes Produkt zu entscheiden.

Die Produktentwicklung

● Suche in unterschiedlichen Quellen nach Rezepten für eine Hautcreme oder für ein Erfrischungsgetränk.

● Stelle Materialien zusammen, um die neue Hautcreme oder das Getränk zu „produzieren".

● Plane Versuche, um die neuen Produkte im Labor herzustellen und führe die Versuche im Labor durch.

Verfahrenstechnik und Prozess-Steuerung

Bei der Umsetzung der Laborversuche in einen großtechnischen Prozess sind viele Aspekte zu berücksichtigen. Viele Vorgänge werden heute durch Computer gesteuert.

● Zähle die Vorgänge auf, die mit dem Computer gesteuert werden können.

● Stelle die Geräte und Apparaturen zusammen, die für die industrielle Herstellung deines Produktes benötigt werden.

Sicherheitstechniker und Sicherheitsingenieure

Wie bei jedem chemischen Experiment spielt auch in der chemischen Industrie die Sicherheit eine besondere Rolle.

● Bilde eine „Sicherheitsgruppe", die sich mit möglichen Gefahren bei der Produktion auseinandersetzt.

● Häufig findet man in größeren Chemiebetrieben eigenes Fachpersonal, das für die Sicherheit zuständig ist. Erkundige dich nach solchen Berufen.

Die Qualitätskontrolle
Bevor das Produkt auf den Markt kommt, muss sichergestellt sein, dass die Qualität des hergestellten Produktes auch den Anforderungen entspricht.

● Zähle für dein Produkt sinnvolle Qualitätskontrollen auf.

● Könnten Probleme entstehen, wenn entsprechende Qualitätskontrollen fehlen? Diskutiere in deiner Gruppe.

Die Marketing-Abteilung
Diese Abteilung versucht, das neue Produkt auf den Markt zu bringen.

● Finde einen werbewirksamen Namen für die Hautcreme oder das neue Getränk.

● Gestalte ein wirkungsvolles Werbeplakat, das auf das neue Produkt aufmerksam macht.

● Wähle eine geeignete Verpackung für das neue Produkt. Entwickle auch ein „augenfälliges" Etikett, das möglichst geschickt auf das neue Produkt aufmerksam macht.

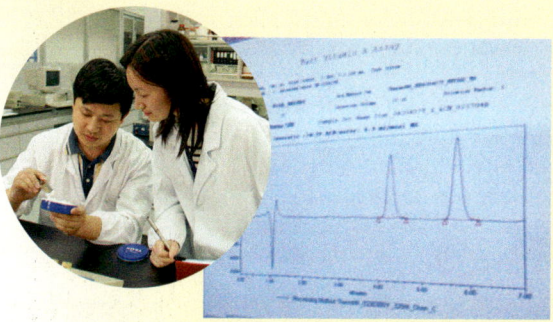

Die medizinische Abteilung
In größeren Betrieben findet man häufig auch Betriebsärzte.

● Recherchiere die Aufgaben des Betriebsarztes in seinem Betrieb.

● Auch der Berufgenossenschaftliche Arbeitsmedizinische Dienst (BAD) ist für die medizinische Betreuung von Arbeitnehmern zuständig. Informiere dich im Internet über die Aufgabenbereiche des BAD.

● Liste gesundheitliche Gefährdungen auf, die mit der Herstellung des von dir gewählten Produktes verbunden sein könnten.

Chemische Berufe
Chemische Betriebe bieten eine Vielzahl von unterschiedlichen Berufsfeldern.

● Erkundige dich nach unterschiedlichen Ausbildungsberufen der chemischen Industrie. Informiere dich mithilfe von Merkblättern, die die Ausbildungsprofile unterschiedlicher Berufe übersichtlich zusammenfassen.

● Stelle für den Ausbildungsberuf „Chemikant/Chemikantin" oder „Chemielaborant/Chemielaborantin" ein Informationsblatt zusammen.

● Nicht nur in Ausbildungsberufen der chemischen Industrie sind Chemiekenntnisse von Bedeutung. Kannst du dir Berufe außerhalb der chemischen Industrie vorstellen, in denen Chemiekenntnisse wichtig sind?

● Eine Betriebsbesichtigung soll geplant werden. Stelle die notwendigen Schritte für die Durchführung zusammen. Liste mögliche Fragen an die Mitarbeiter und Ausbilder des Betriebs auf. Bildet Erkundungsgruppen, die sich auf einzelne Themen gezielt vorbereiten.

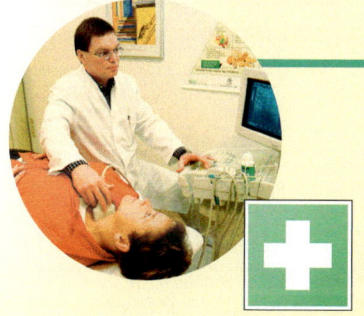

Das Controlling
Controller übernehmen Planungs-, Kontroll-, Steuerungs- und Koordinierungsaufgaben. Das Controlling umfasst vor allem die Wirtschaftlichkeitsberechnungen und bereitet wichtige Entscheidungen der Unternehmensführung vor.

● Stelle Aufgabenbereiche zusammen, die für ein Controlling für das gewählte Produkt sinnvoll sind.

● Überlege kritische Stellen, die sich beim Controlling ergeben könnten.

Schlusspunkt

Technische Prozesse

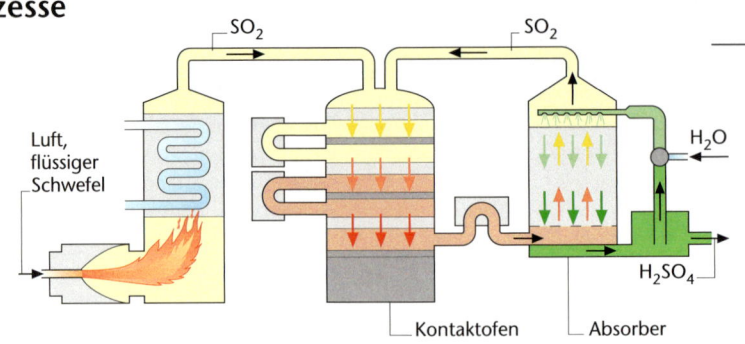

1 Herstellung von Schwefelsäure nach dem Kontaktverfahren

▶ **Herstellung der Schwefelsäure nach dem Kontaktverfahren**
Beim Kontaktverfahren wird ein Katalysator, auch „Kontakt" genannt, benötigt.

1. Schritt: Verbrennung von Schwefel zu Schwefeldioxid:
$S + O_2 \longrightarrow SO_2$

2. Schritt: Katalytische Oxidation von Schwefeldioxid zu Schwefeltrioxid:
$2\,SO_2 + O_2 \longrightarrow 2\,SO_3$

3. Schritt: Reaktion von Schwefeltrioxid mit Wasser zu Schwefelsäure:
$SO_3 + H_2O \longrightarrow H_2SO_4$

▶ **Katalysatoren**
Katalysatoren setzen die Aktivierungsenergie herab. Sie liegen nach der Reaktion unverändert vor.

▶ **Die Ammoniaksynthese**
Die Ammoniaksynthese wird nach dem Haber-Bosch-Verfahren durchgeführt. Bei der Synthese verbinden sich Wasserstoff und Stickstoff zu Ammoniak:
$N_2 + 3\,H_2 \longrightarrow 2\,NH_3$
Die Anwendung von hohem Druck und geeigneten Katalysatoren erhöht die Ausbeute an Ammoniak.

▶ **Die Herstellung von Salpetersäure**
Salpetersäure wird großtechnisch durch Verbrennung von Ammoniak nach dem Ostwald-Verfahren hergestellt.

▶ **Technischer Kreislauf des Kalkes**
Beim Brennen von Kalkstein (Calciumcarbonat) entsteht gebrannter Kalk CaO, der mit Wasser zu Löschkalk $Ca(OH)_2$ reagiert. Beim Abbinden nimmt Löschkalk Kohlenstoffdioxid aus der Luft auf und wird wieder zu festem Kalkstein.

▶ **Zement und Beton**
Zement wird durch Brennen von Ton und Kalkstein hergestellt. Beton ist ein Gemisch aus Zement, Kies, Sand und Wasser. Durch Zugabe von Stahlstäben oder Stahlgittern erhält man Stahlbeton.

▶ **Glas**
Als Gläser bezeichnet man Schmelzen ohne regelmäßige Kristallstruktur. Gläser haben keine festen Schmelztemperaturen, sondern erweichen beim Erhitzen.

Kalkbrennen
$CaCO_3 \rightarrow CaO + CO_2$

Kalklöschen
$CaO + H_2O \rightarrow Ca(OH)_2$

Abbinden
$Ca(OH)_2 + CO_2 \rightarrow CaCO_3 + H_2O$

2 Der technische Kalkkreislauf

Aufgaben

1 Gib alle Reaktionsgleichungen zur Herstellung der Schwefelsäure in der richtigen Reihenfolge an.

2 Das Verfahren zur Herstellung von Schwefelsäure wird als Kontaktverfahren bezeichnet. Erkläre diesen Begriff.

3 Die Ammoniaksynthese nach dem Haber-Bosch-Verfahren wird auch manchmal als „Griff in die Luft" beschrieben. Finde für diese Beschreibung eine Erklärung.

4 Bei der Ammoniaksynthese ist die Verwendung eines geeigneten Katalysators von Bedeutung. Begründe.

5 Hochhäuser werden mit Stahlbeton gebaut (▷ B 3). Nenne die besonderen Eigenschaften dieses Baustoffes, die solche Konstruktionen möglich machen.

3 Zu Aufgabe 5

6 Beschreibe die Herstellung von Kalkmörtel und Beton (▷ B 4).

7 Erkläre die Begriffe: Kalkbrennen, Kalklöschen und Abbinden und gib die für diese Prozesse zutreffenden Reaktionsgleichungen an.

8 In der chemischen Industrie werden zahlreiche Produkte in großen Mengen hergestellt.

a) Liste Unterschiede zwischen Laborgeräten und den Apparaturen, die in der chemischen Industrie eingesetzt werden, auf.

b) Prozesse und Abläufe im Labor haben gegenüber den entsprechenden großtechnischen Prozessen in der chemischen Industrie eine unterschiedliche Zielsetzung. Erkläre.

4 Zu Aufgabe 6

5 Zu Aufgabe 9

9 In der unberührten Natur (z. B. Urwälder, Steppen) ist starkes Pflanzenwachstum ohne Düngung möglich. Auf landwirtschaftlich genutzten Böden ist jedoch ein guter Ernteertrag nur durch zusätzliche Düngung der Böden zu erreichen.

a) Landwirtschaftlich genutzte Flächen müssen gedüngt werden, natürlich belassene Flächen jedoch nicht. Begründe.

b) Nenne verschiedene Arten der Düngung, die eingesetzt werden können.

10 Bild 7 zeigt einen für das Pflanzenwachstum wichtigen Stoffkreislauf.

a) Beschreibe den Stoffkreislauf.

b) Nenne die Begriffe, die in die Kästchen eingetragen werden können.

c) Beschreibe den Eingriff des Menschen in den abgebildeten Stoffkreislauf.

d) Nenne Folgen dieses Eingriffs.

11 Bereits vor über 100 Jahren entdeckte JUSTUS VON LIEBIG ein wichtiges Wachstumsgesetz.

a) Formuliere dieses Gesetz.

b) Beschreibe das Gesetz des Minimums mithilfe der abgebildeten Tonne (▷ B 6).

c) Es ist nicht sinnvoll einen an Magnesiumsalzen armen Boden mit zusätzlichen Calciumsalzen zu düngen. Begründe.

6 Zu Aufgabe 11

12 Für das Pflanzenwachstum sind Stickstoffverbindungen unerlässlich.

a) Für die Herstellung von Stickstoffdüngern ist ein großtechnischer Prozess von besonderer Bedeutung. Nenne ihn und formuliere die grundlegende Reaktionsgleichung für diesen Prozess.

b) Beschreibe die für diesen Prozess wichtigen Reaktionsbedingungen und begründe sie.

c) Einige Pflanzen können mithilfe von Knöllchenbakterien Stickstoff aus der Luft binden. Gib Pflanzen an, die diese Eigenschaft haben.

8 Zu Aufgabe 12

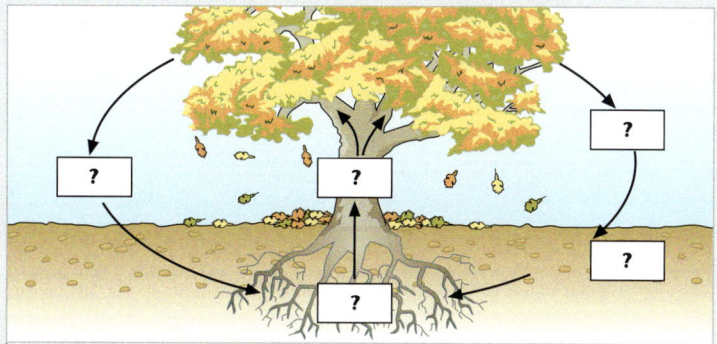

7 Zu Aufgabe 10

Startpunkt

Elektrische Energie
und
chemische Prozesse

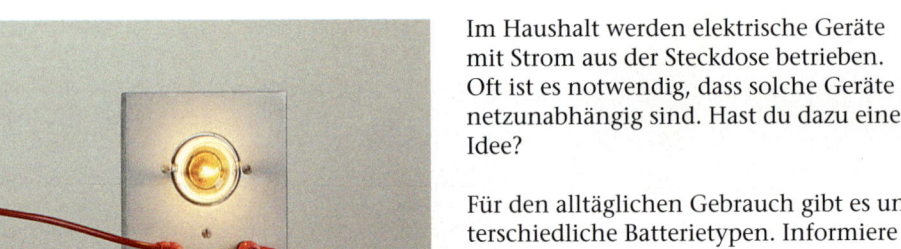

Der elektrische Strom kann chemische Reaktionen in Gang bringen. Durch chemische Reaktionen kann aber auch Strom erzeugt werden.

Im Haushalt werden elektrische Geräte mit Strom aus der Steckdose betrieben. Oft ist es notwendig, dass solche Geräte netzunabhängig sind. Hast du dazu eine Idee?

Für den alltäglichen Gebrauch gibt es unterschiedliche Batterietypen. Informiere dich. Berichte über Vor- und Nachteile der verschiedenen Batterietypen.

Betrachte die Abbildungen auf dieser Doppelseite und beschreibe sie.

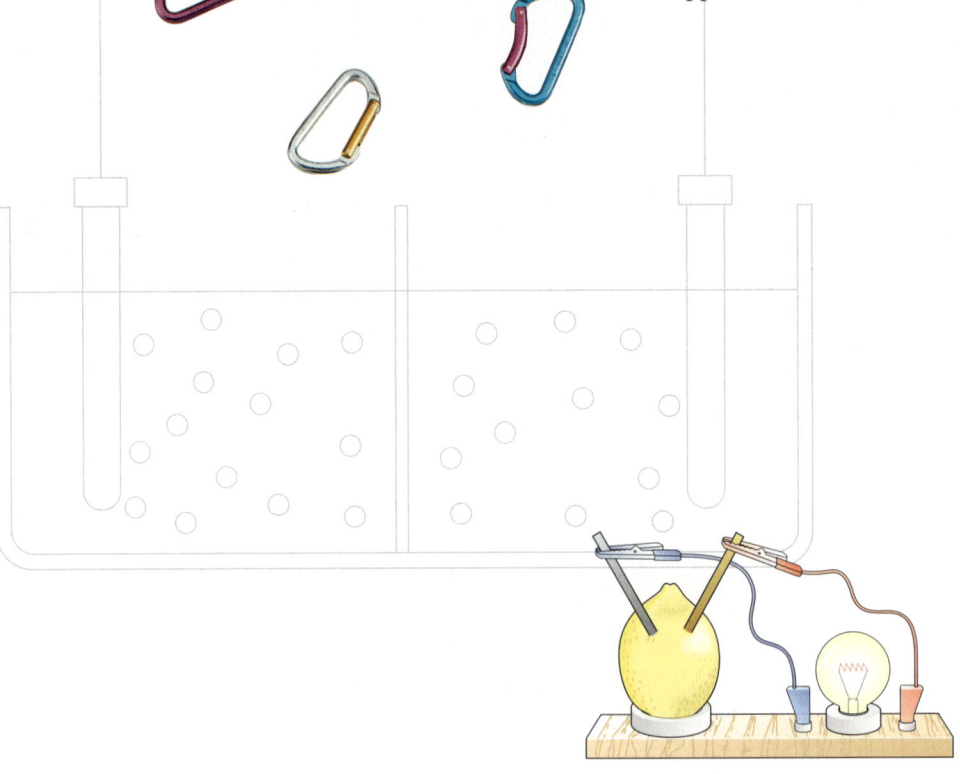

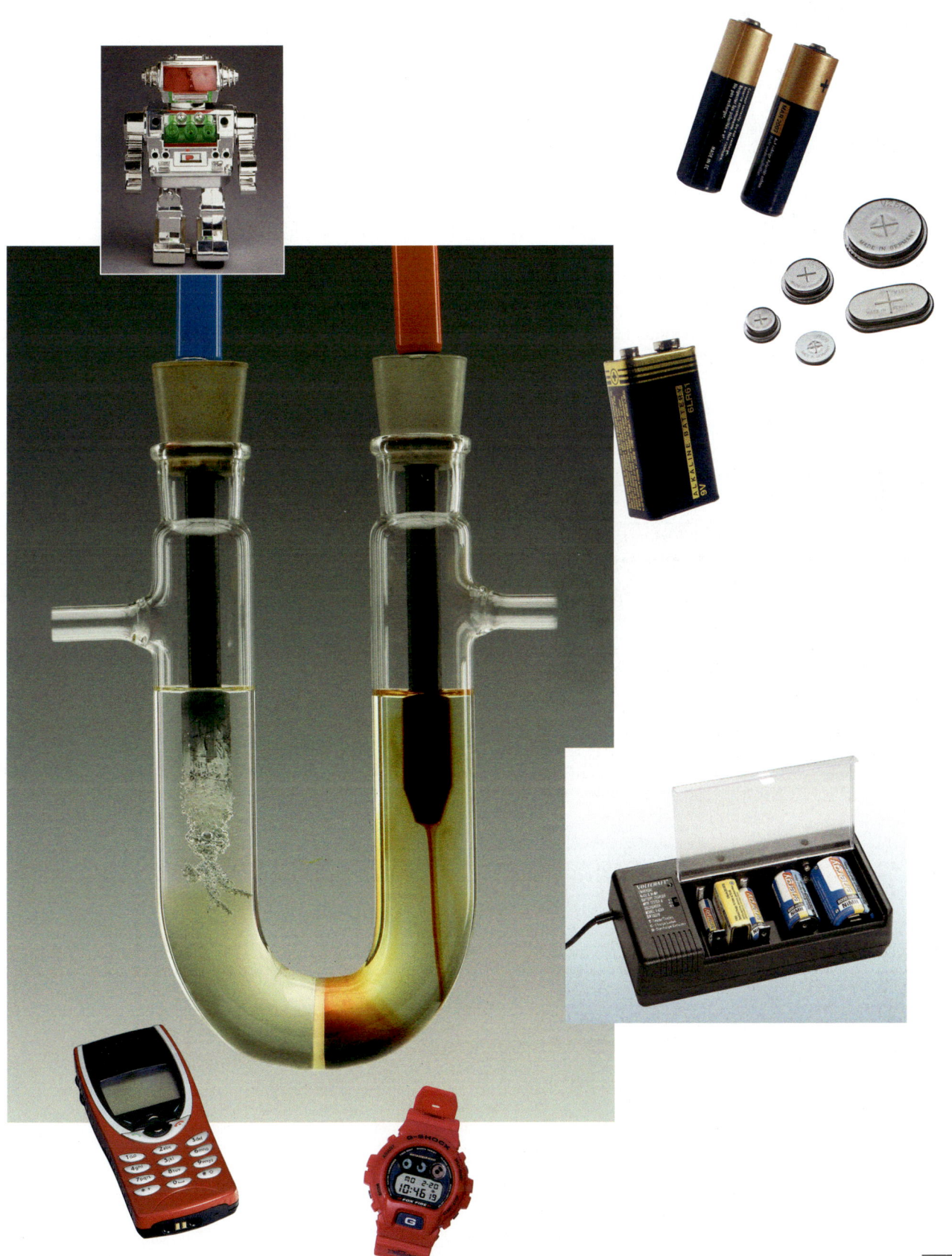

Die Elektrolyse

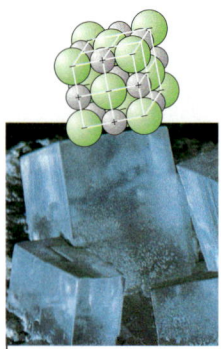

1 Natriumchloridkristall

Salzschmelzen sind elektrisch leitfähig

Erhitzt man Natriumchlorid stark, kann man in der Schmelze elektrische Leitfähigkeit nachweisen. Ursache dafür sind Ionen, die beim Schmelzen der Salzkristalle frei beweglich werden.

Im Experiment drückt man in das feste Natriumchlorid zwei Graphitstäbe. Einen Graphitstab verbindet man mit dem Minuspol, den anderen mit dem Pluspol einer Gleichspannungsquelle. Die Stromstärke wird an einem Messgerät kontrolliert (▷ B 2; ▷ V 1).

Mit einem Gebläsebrenner erhitzt man das Salz, die Anzeige am Messgerät bleibt zunächst auf Null. Ist die Schmelze rotglühend, ist ein Stromfluss am Messgerät festzustellen.

Vorgänge an den Elektroden

An der einen Elektrode ist ein geschmolzenes Metall erkennbar, an der anderen wird ein gelbgrünes Gas beobachtet. Die mit dem Minuspol verbundene Elektrode ist negativ geladen, d. h., sie besitzt Elektronenüberschuss. Sie wird **Kathode** (griech.: kathodos, abwärts führender Weg) genannt. Die Kathode zieht positiv geladene Ionen an. Diese Ionen werden als **Kationen** bezeichnet.

Die mit dem Pluspol verbundene Elektrode weist Elektronenmangel auf und ist deshalb positiv geladen. Sie wird **Anode** (griech.: anodos, Aufgang) genannt. Die Anode zieht negativ geladene Ionen an. Diese Ionen werden **Anionen** genannt.

In der Schmelze werden die positiv geladenen Natriumionen an der Kathode entladen, d. h., sie nehmen je ein Elektron auf und bilden ungeladene Natriumatome. An die Anode geben die negativ geladenen Chloridionen je ein Elektron ab und werden zu ungeladenen Chloratomen. Jeweils zwei Chloratome bilden ein Chlormolekül (▷ B 3).

Mithilfe des elektrischen Stromes wurde Natriumchlorid in der Schmelze in die Elemente Natrium und Chlor zerlegt. Diesen Vorgang bezeichnet man als **Elektrolyse**.

▶ Die Zerlegung einer Verbindung mithilfe des elektrischen Stromes wird Elektrolyse genannt.

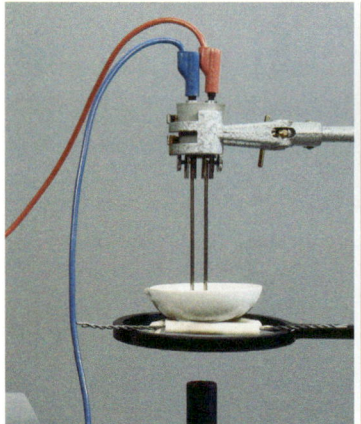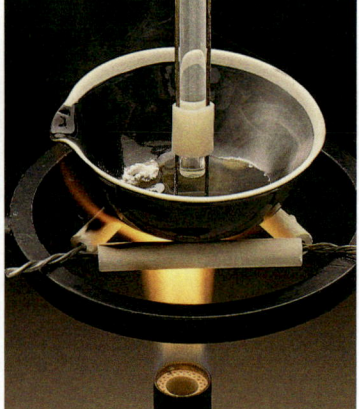

2 Elektrolyse einer Natriumchlorid-Schmelze

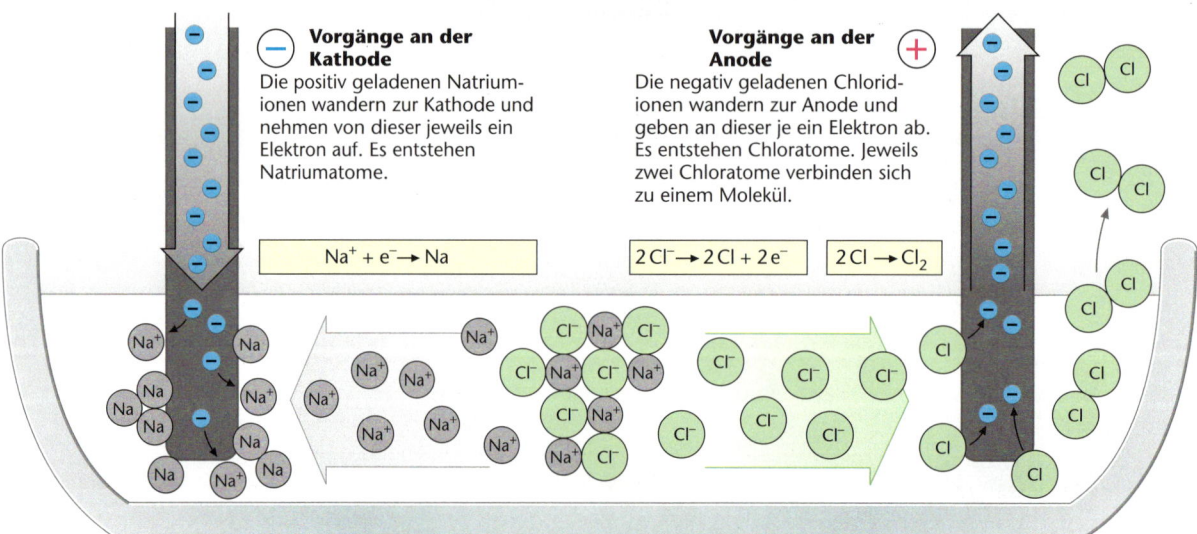

3 Vorgänge bei der Elektrolyse einer Natriumchlorid-Schmelze

Die Elektrolyse

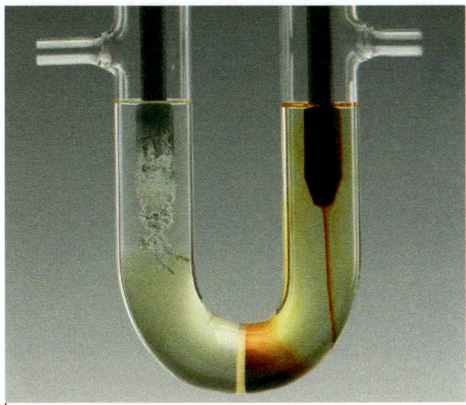

4 Elektrolyse von Zinkiodid

Elektrolyse einer Zinkiodidlösung

Vorgänge bei einer Elektrolyse lassen sich auch in wässrigen Lösungen beobachten. Führt man mit einer wässrigen Zinkiodidlösung eine Elektrolyse durch, erkennt man am Minuspol (Kathode) einen grauen metallischen Überzug von Zink und am Pluspol (Anode) braun-gelbe Schlieren von Iod (▷ B 4; V 2).
In der wässrigen Zinkiodidlösung sind die Ionen frei beweglich. Positiv geladene Zinkionen wandern zur Kathode und werden an dieser entladen. Durch Aufnahme von je zwei Elektronen entstehen ungeladene Zinkatome.

$$Zn^{2+} + 2\,e^- \longrightarrow Zn$$

Negativ geladene Iodidionen wandern zur Anode. An der Anode geben die Iodidionen je ein Elektron ab und werden zu ungeladenen Iodatomen. Je zwei Iodatome bilden ein Iodmolekül.

$$2\,I^- \longrightarrow 2\,I + 2\,e^-$$
$$2\,I \longrightarrow I_2$$

Mithilfe des elektrischen Stromes wurde Zinkiodid in Zink und Iod zerlegt (▷ B 5).

▶ Kationen sind positiv geladene Ionen und wandern zur Kathode, dem Minuspol. Anionen sind negativ geladene Ionen und wandern zur Anode, dem Pluspol.

Bei allen Elektrolysen mit Halogeniden wandern positiv geladene Metallionen zur Kathode und bilden durch Aufnahme von Elektronen Metallatome. Negativ geladene Halogenidionen geben an der Anode Elektronen ab. Es entstehen Halogenatome. Aus diesen bilden sich Moleküle.

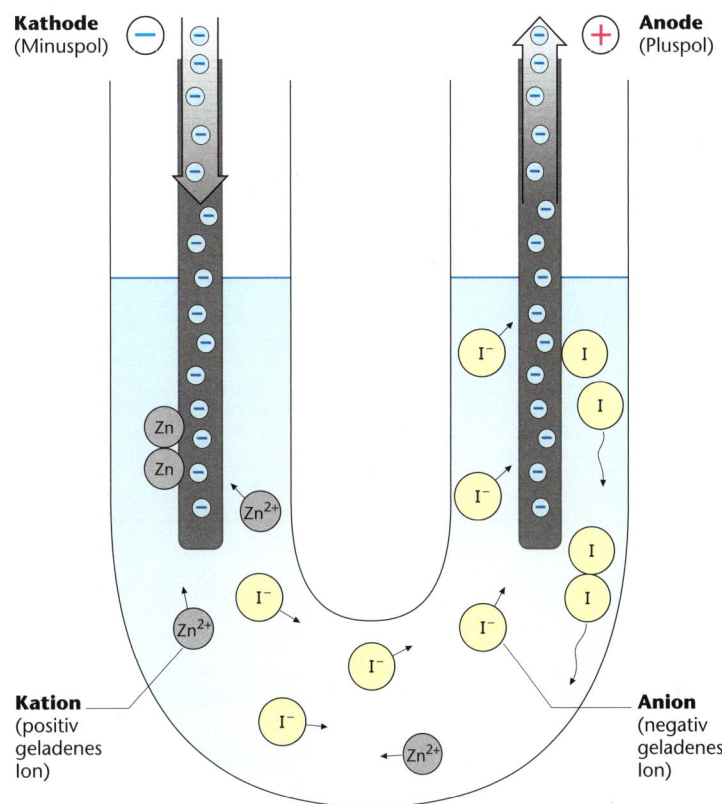

5 Vorgänge bei der Zinkiodid-Elektrolyse

Versuche

1 Man gibt in einen Porzellantiegel auf einem Dreifuß mit Tondreieck festes Natriumchlorid und taucht zwei Graphitelektroden in das Salz. Die Elektroden verbindet man mit einer Gleichspannungsquelle. Zum Ablesen der Stromstärke wird ein Messgerät (5 A) in Reihe geschaltet.

Mit einer Lötlampe mit Hartlötbrenneraufsatz wird das Salz bis zur Schmelze erhitzt. Die Spannung wird so eingestellt, dass in der Schmelze ein Strom gemessen werden kann (Abzug!).

2 In ein U-Rohr wird eine Zinkiodidlösung gefüllt. Zwei Graphitelektroden werden in die Flüssigkeit getaucht und mit einer Gleichspannungsquelle verbunden. Nach Anlegen einer Spannung von ca. 4 V werden beide Elektroden vor einem weißen Hintergrund auf Veränderungen hin beobachtet. Die Zinkiodidlösung kann mit Zinkgranalien im Vorratsgefäß recycelt werden.

Schnittpunkt

Technik: Aluminiumgewinnung

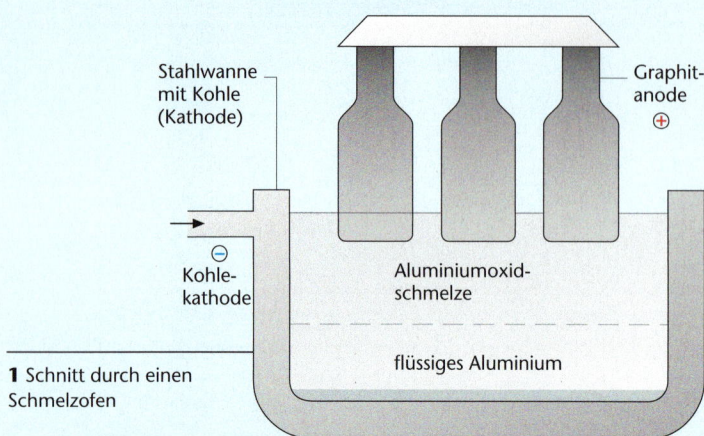

1 Schnitt durch einen Schmelzofen

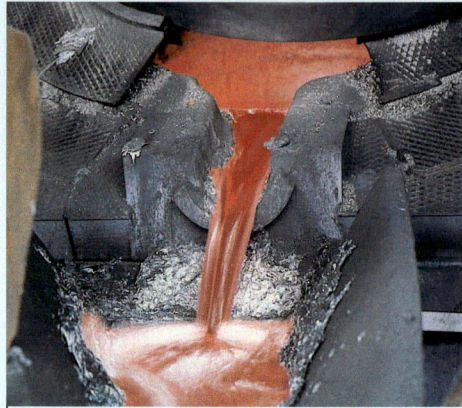

4 Flüssiges Aluminium

1820 wurde in Les Baux, einem kleinen Ort in Südfrankreich, ein rötliches Gestein entdeckt. Man nannte es Bauxit. Aus Bauxit wird **Aluminiumoxid** gewonnen. Reines Aluminiumoxid wird durch Elektrolyse in Aluminium und Sauerstoff zerlegt. Das Salz ist nicht in Wasser löslich. Deshalb muss es durch Erhitzen geschmolzen werden. Eine solche Elektrolyse wird **Schmelzflusselektrolyse** genannt.

Viel Energie für das Metall Aluminium

Aluminiumoxid hat eine sehr hohe Schmelztemperatur von 2050 °C und ist nur mit hohem Energieaufwand zu schmelzen. Im Gemisch mit Kryolith (Natrium-Aluminium-Fluorid) erhält man schon bei 960 °C eine Schmelze. Das Gemisch aus Aluminiumoxid und Kryolith wird in eine Stahlwanne gefüllt, die mit Kohle ausgekleidet ist (▷ B1). Diese Wanne dient als Kathode. Die positiv geladenen Aluminiumionen wandern zur Kathode und nehmen dort jeweils drei Elektronen auf. Es entstehen Aluminiumatome. Das flüssige Aluminium sammelt sich auf dem Boden der heißen Wanne und wird von Zeit zu Zeit abgesaugt und in Barren gegossen (▷ B4).

Die Anode besteht aus Graphitblöcken, die in die Schmelze tauchen. Die negativ geladenen Oxidionen wandern zur Anode und geben dort jeweils zwei Elektronen ab. Es entstehen Sauerstoffatome, die mit dem Kohlenstoff der Anode zu Kohlenstoffdioxid und Kohlenstoffmonooxid reagieren. Die Gase werden abgesaugt und aufgefangen.

2 Eloxiertes Aluminiumprodukt

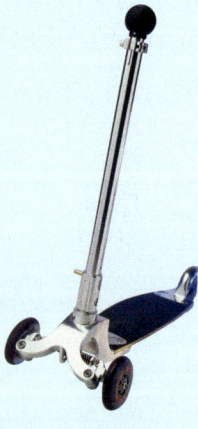

3 Kickboard mit Aluminiumteilen

Die Elektrolyse erfolgt mit einer Spannung von ca. 6 V und einer Stromstärke von bis zu 200 000 A. Im Vergleich dazu können an einem Elektroherd höchstens 20 A gemessen werden.

Aus 2 kg Aluminiumoxid und 0,5 kg Graphit wird 1 kg Aluminium gewonnen.

Aluminium wird geschützt

Aluminium ist als unedles Metall durch eine dünne, aber fest haftende Oxidschicht auf der Oberfläche vor Umwelteinflüssen geschützt. Die Oxidschicht lässt sich durch Elektrolyse um das Hundertfache verstärken und anschließend anfärben (▷ B2). Die **e**lektrolytische **Ox**idation von **Al**uminium nennt man kurz **Eloxal**verfahren.

Aufgabe

1 Aluminium besitzt eine geringe Dichte. Dies macht Aluminium zu einem wertvollen Werkstoff (▷ B5). Nenne möglichst viele Beispiele für die Verwendung von Aluminium.

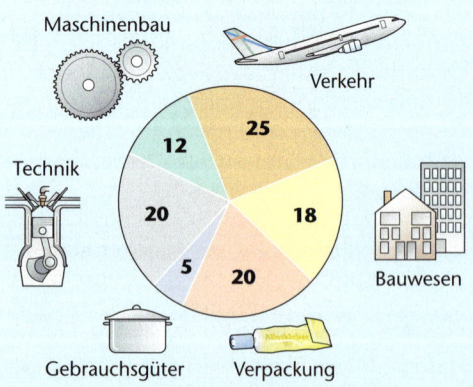

5 Die Verwendung von Aluminium (Angaben in %)

Strategie

Fachsprachen-Trainer

Der Fachsprachen-Trainer hilft beim Einüben von Sätzen mit Fachbegriffen. Korrekte Formulierungen kann man sich dann einfacher merken. Schreibt man Fachbegriffe und einzelne Satzteile auf verschiedenfarbige Kärtchen, kann man damit vollständige Sätze bilden. Das Satzmuster lässt sich so leicht erkennen und einüben. Jedes Satzmuster setzt sich aus bestimmten Fachbegriffen und verbindenden Satzteilen zusammen.

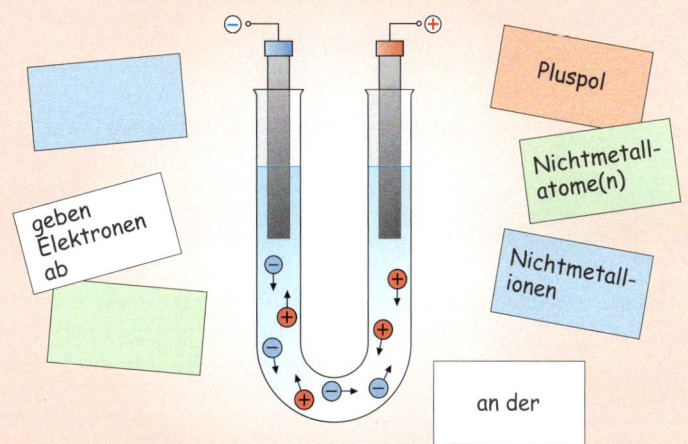

A. Anfertigen von Satzmusterteilen auf Kärtchen am Beispiel der Elektrolyse

Schreibe auf rote Kärtchen alle Fachbegriffe, die auf eine positive Ladung hinweisen.
Schreibe auf blaue Kärtchen Begriffe, die auf negative Ladungen hindeuten und auf grüne Kärtchen solche ohne Ladung.
Auf weißen Kärtchen stehen verbindende Satzteile.

B. Partnerarbeit im Trainingslager

Stelle in Partnerarbeit einfache Satzmuster auf. Beschreibe dazu die Vorgänge bei einer Elektrolyse an der Anode und an der Kathode.

C. Lernplakate mit Satzmuster

Klebe Satzmuster in der richtigen Reihenfolge auf Plakate und hänge sie im Fachraum aus.

D. An Beispielen trainieren

Verwende die Satzmuster zur Erklärung der Elektrolyse folgender Salze:
– Natriumchlorid NaCl
– Kaliumchlorid KCl
– Kupferchlorid $CuCl_2$
– Eisenchlorid $FeCl_3$
– Aluminiumbromid $AlBr_3$
– Kaliumiodid KI
– Zinkiodid ZnI_2.

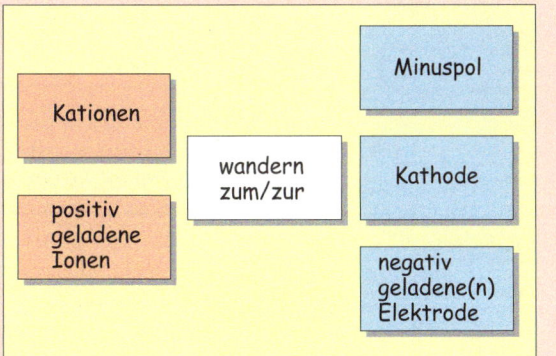

E. Weitere Trainingsgebiete

Mit dem Fachsprachen-Trainer kann man auch andere Themen einüben, z. B. die Bildung von Ionen oder Molekülen.

Schnittpunkt

Geschichte: Galvani und Volta

Galvani und die „tierische Elektrizität"

Luigi Galvani (1737–1798) war Arzt und Professor für Anatomie an der Universität von Bologna in Italien (▷ B 1). Er untersuchte Muskeln und Nerven von toten Tieren, besonders von Fröschen. Dabei interessierte ihn, wodurch Nerven erregt und Muskeln bewegt werden können. Galvani befestigte Metalldrähte an den Nerven von Froschschenkeln (▷ B 5). Er entdeckte, dass die Muskeln zuckten, wenn sie elektrischen Entladungen einer Elektrisiermaschine ausgesetzt waren.
Im Jahr 1786 entdeckte Galvani, dass Froschschenkel, die er an Messinghaken an das eiserne Geländer seines Balkons gehängt hatte, jedes Mal heftig zuckten, wenn sie das Geländer berührten. Nach vielen weiteren Versuchen stellte er fest: Der Froschschenkel zuckte nur dann, wenn er den Messinghaken und das Eisengeländer gleichzeitig berührte. Galvani hatte eine Art „tierische Elektrizität" entdeckt.

1 Luigi Galvani

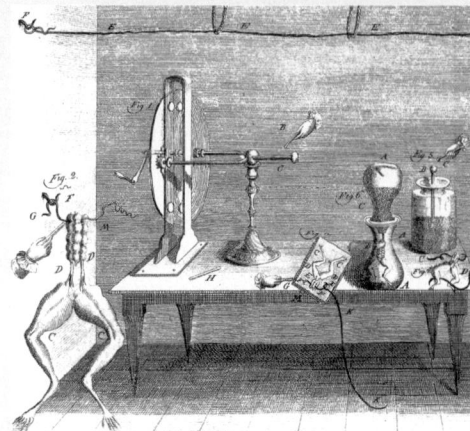

5 Galvanis erster Versuch

Volta und die erste „Batterie"

Graf Alessandro Volta (1745–1827) war Professor für Physik an den Universitäten Pavia und Padua in Italien (▷ B 6). Nach ihm ist die Einheit der Spannung „Volt" benannt. Volta kannte die Versuche von Galvani. Er konnte nachweisen, dass der Frosch für die Erzeugung von Elektrizität völlig unnötig war. Man musste nur zwischen zwei verschiedene Metalle eine leitfähige Flüssigkeit bringen und die Metalle außerhalb des Gefäßes leitend miteinander verbinden.
Mit den „Tassenkronen" hat Volta die ersten „Batterien" der Geschichte hergestellt (▷ B 4).

6 Alessandro Volta

3 Volta führt 1801 vor Napoleon sein Experiment vor.

Die Voltasäule

Schon 1796 suchte Volta nach einer Möglichkeit, die geringe Spannung der „Batterie" zu erhöhen. In der Voltasäule schaltete er so viele Batterieelemente hintereinander, dass eine Spannung von ca. 100 V erreicht wurde. Dazu schichtete er Kupferplättchen, Zinkplättchen und in Salzwasser getränkte Pappstücke regelmäßig übereinander. Volta führte seine Erfindung 1801 in Paris vor (▷ B 3). Das war die Geburtsstunde der Elektrizität.
Napoleon Bonaparte sah die Vorführung und bedachte Volta mit höchstem Lob und fürstlicher Belohnung. Die Voltasäule war die erste Gleichstromquelle zur Erzeugung von elektrischem Strom (▷ B 2).

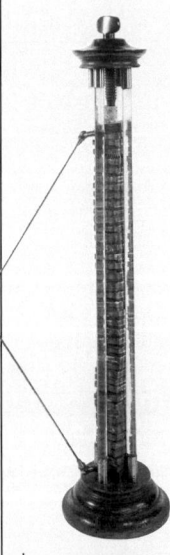

2 Die Voltasäule

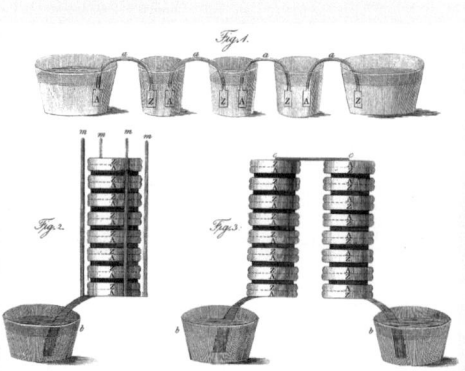

4 „Tassenkrone" (oben) und Voltasäule (unten)

Werkstatt

Strom ohne Steckdose

Die Lebensmittel werden nach dem Experimentieren entsorgt!

1 Strom aus einem Apfel

Material
Schutzbrille, Handmultimeter, Mikromotor mit Propeller, 2 Experimentierkabel, 2 Krokodilklemmen (isoliert), Kupferblechstreifen (15 mm × 75 mm), Zinkblechstreifen (15 mm × 75 mm), Apfel

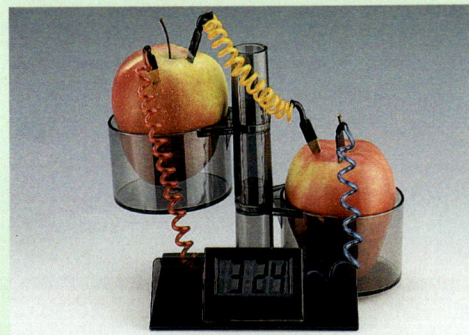

1 Apfelkraftwerk – Stromgewinnung ohne Steckdose

Versuchsanleitung
a) Spannung messen:
Stecke die beiden Metallstreifen aus Zink und Kupfer in möglichst großem Abstand voneinander tief in einen Apfel. Verbinde die freien Enden über Krokodilklemmen und Experimentierkabel mit einem Handmultimeter (▷ B 2, links). Miss die Spannung.

b) Motor antreiben:
Verbinde die beiden Experimentierkabel aus Versuch a) mit einem Mikromotor mit aufgesetztem Propeller und halte den Motor frei in der Luft (▷ B 2, rechts).

2 Was bringt mehr Spannung?

Material
Schutzbrille, Handmultimeter, 2 Experimentierkabel, 2 Krokodilklemmen (isoliert), Kupferblechstreifen und Zinkblechstreifen (je 15 mm × 75 mm), Kartoffel, Zitrone, destilliertes Wasser in der Spritzflasche

Versuchsanleitung
Stecke wie in Versuch 1a) die beiden Metallbleche möglichst weit voneinander entfernt in eine Kartoffel und verbinde die freien Enden der Bleche mit einem Handmultimeter. Miss die Spannung.
Wiederhole den Versuch mit einer Zitrone. Spüle vorher die verwendeten Metallblechstreifen mit destilliertem Wasser gründlich ab.

Aufgabe
Trage die erhaltenen Messwerte in eine Tabelle ein und vergleiche.

	Kartoffel	Zitrone	Apfel
Spannung in V			

3 Unterschiedlich hohe Spannungen

Material
Schutzbrille, Handmultimeter, 2 Experimentierkabel, 2 Krokodilklemmen (isoliert), ein Satz Metallbleche gleicher Größe (15 mm × 75 mm) von Zink, Kupfer, Eisen, Silber, Apfel oder Kartoffel oder Zitrone, destilliertes Wasser in der Spritzflasche

Versuchsanleitung
Verwende in diesem Versuch entweder einen Apfel oder eine Kartoffel oder eine Zitrone und wähle zwei verschiedene Metallstreifen aus. Verfahre wie in Versuch 1a).
Miss mit einem Handmultimeter die Spannung zwischen folgenden Metallpaaren:
a) Kupfer/Zink
b) Kupfer/Silber
c) Kupfer/Eisen
d) Eisen/Zink
e) Eisen/Silber
f) Zink/Silber

Aufgabe
Trage alle Metallpaare mit den Messwerten in eine Tabelle ein. Überlege, welche Schlussfolgerungen aus den unterschiedlichen Messwerten möglich sind.

4 Mehr Energie aus mehr Äpfeln?

Aufgabe
a) Stelle eine Hypothese auf, wie die zu erreichende Spannung aus einer Apfelbatterie erhöht werden kann.
b) Plane einen Versuchsaufbau, bei dem durch geeignete Wahl der Metallpaarung und durch die Anzahl der Äpfel eine höhere Spannung erreicht werden soll.
c) Führe den Versuch, nachdem du deinen Vorschlag mit der Lehrkraft abgesprochen hast, durch.
d) Erläutere die Unterschiede im Vergleich zu Versuch 1.
e) Reflektiere deine Hypothese aufgrund der gemachten Versuchsbeobachtungen selbstkritisch.

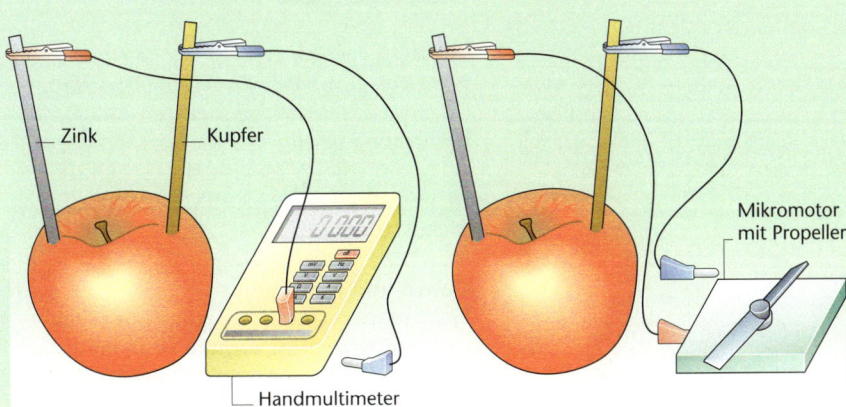

2 Strom aus einem Apfel

Oxidation und Reduktion

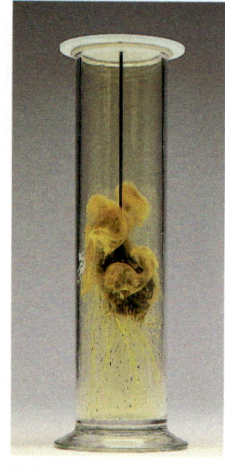

1 Bildung von Eisenchlorid (links) und Kupferchlorid (rechts)

Elektronen – von einem zum andern
Stellt man einen frisch angeschmirgelten Eisennagel in eine Kupfersalzlösung, sieht man nach wenigen Minuten zuerst am eingetauchten Nagel und später auch in der Lösung Veränderungen. Der Eisennagel überzieht sich mit einer feinen, rotbraunen Kupferschicht, die Lösung verliert ihre intensiv blaue Farbe (▷ B 2; V 1).

Es müssen **Elektronenübergänge** stattgefunden haben. Eisenatome haben an Kupferionen aus der Lösung Elektronen abgegeben. Aus Eisenatomen wurden Eisenionen, aus Kupferionen bildeten sich Kupferatome. Zwischen Eisenatomen und Kupferionen findet ein Elektronenübergang statt.

$$Fe \longrightarrow Fe^{2+} + 2\,e^-$$
$$Cu^{2+} + 2\,e^- \longrightarrow Cu$$

Eine ähnliche Beobachtung macht man, wenn ein Zinkstab in eine Kupfersalzlösung getaucht wird (▷ B 4; V 2). Am Zinkstab bildet sich ein feiner Überzug aus Kupfer. Der Zinkstab verändert, wie zuvor der Eisennagel, allmählich seine Oberfläche.

2 Eisennagel in Kupferchloridlösung

Wettstreit um Elektronen
Taucht man Eisenwolle oder Kupferblattfolie in einen mit Chlorgas gefüllten Standzylinder, beobachtet man unterschiedlich heftige Reaktionen (▷ B 1). Eisen reagiert heftiger mit Chlor als Kupfer. Daraus schließt man, dass Eisen unedler ist als Kupfer. In beiden Fällen bildet sich ein Chlorid.

Aus den Metallatomen werden durch Abgabe von Elektronen Metallionen.
Als Reaktionspartner nehmen die Chloratome die Elektronen auf und bilden Chloridionen.
Experimente zeigen, dass die Metallatome Elektronen nicht nur an Nichtmetallatome abgeben können, sondern auch untereinander in eine Art Wettstreit um die Elektronen treten.

Je unedler ein Metall ist, desto leichter gibt es Elektronen ab.

Das unedle Metall Zink hat durch Abgabe von Elektronen Zinkionen gebildet. Diese Ionen gehen in Lösung. Gleichzeitig nehmen die Kupferionen in der Lösung die abgegebenen Elektronen auf und bilden Kupferatome.

Man sagt, das unedlere Metall hat das edlere Metall aus seiner Salzlösung ausgefällt. Ordnet man die Metalle nach ihrer Fähigkeit andere Metalle aus ihre Salzlösungen zu verdrängen, so erhält man die **Fällungsreihe** der Metalle.

unedel   edel
Na – Mg – Zn – Fe – Pb – Cu – Ag – Au

3 Kupfernagel in Eisenchloridlösung

▶ Atome unedler Metalle können die Ionen edlerer Metalle durch Elektronenübertragung aus ihren Salzlösungen ausfällen.

Geben und Nehmen
Sieht man sich diese Vorgänge der Elektronenübertragung einmal genauer an, so trifft man auf ein schon bekanntes Prinzip – das Donator/Akzeptor-Prinzip.

Der eine Reaktionspartner gibt etwas ab, das der andere Reaktionspartner nimmt.

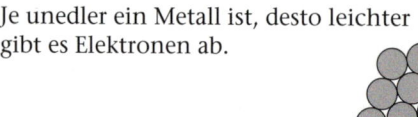

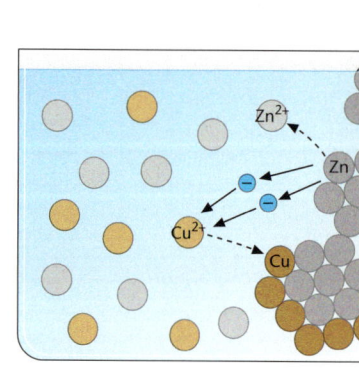

4 Zinkstab in Kupferchloridlösung

5 Vorgänge beim Elektronenfluss zwischen Zink und Kupferionen

Redoxreaktion

Das Eisenatom gibt zwei Elektronen ab und wird zum Eisenion. Es ist der Donator (lat.: donare, schenken).

$$Fe \longrightarrow Fe^{2+} + 2\ e^-$$

Diese Abgabe von Elektronen bezeichnet man als **Oxidation**.

Dagegen nimmt das Kupferion zwei Elektronen auf und wird zum Kupferatom. Das Kupferion ist der Akzeptor (lat.: accipere, in Empfang nehmen).

$$Cu^{2+} + 2\ e^- \longrightarrow Cu$$

Diese Aufnahme von Elektronen bezeichnet man als **Reduktion**.

Da Elektronenabgabe und Elektronenaufnahme gleichzeitig ablaufen, nennt man die Elektronenübertragung (▷ B 6) auch **Redoxreaktion**.

$$\underset{\text{Elektronenaufnahme}}{\overset{\text{Elektronenabgabe}}{Fe + Cu^{2+} \longrightarrow Fe^{2+} + Cu}}$$

▶ Die Abgabe von Elektronen wird Oxidation, die Aufnahme von Elektronen Reduktion genannt. Den Elektronenübergang bezeichnet man als Redox-Reaktion.

Magnesium und Sauerstoff

Auch die Reaktion von Magnesium und Sauerstoff ist aus dieser Sicht eine Redoxreaktion (▷ B 7). Das Magnesiumatom gibt zwei Elektronen ab und wird zu einem positiv geladenen Magnesiumion. Es ist also der Elektronendonator.

$$Mg \longrightarrow Mg^{2+} + 2\ e^-$$

Versuche

1 Stelle einen frisch angeschmirgelten Eisennagel in eine Kupferchloridlösung. Wiederhole den Versuch mit einem Kupfernagel in einer Eisenchloridlösung. Beobachte einige Minuten und deute die Beobachtungen.

2 Stelle einen Zinkstab in eine Kupferchloridlösung. Beobachte einige Minuten und deute den Vorgang mithilfe von Bild 5.

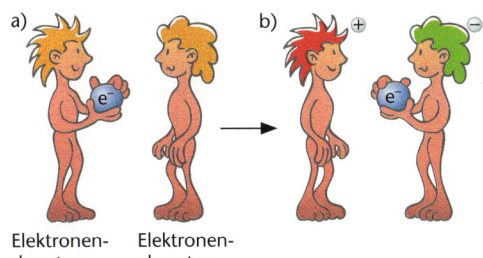

Elektronen-   Elektronen-
donator   akzeptor

6 Elektronenübergang

Das Sauerstoffatom dagegen ist der Elektronenakzeptor, denn es nimmt die zwei vom Magnesium abgegebenen Elektronen auf und wird zu einem negativ geladenen Sauerstoffion.

$$O + 2\ e^- \longrightarrow O^{2-}$$

Der Elektronendonator – in diesem Beispiel das Magnesiumatom – wird auch als Reduktionsmittel bezeichnet, da es den Reaktionspartner reduziert.

Der Elektronenakzeptor – in diesem Beispiel das Sauerstoffatom – wird als Oxidationsmittel bezeichnet, da es den Reaktionspartner oxidiert.

Aufgabe

1 Aluminium reagiert mit Chlor nach folgender Reaktionsgleichung:
$$2\ Al + 3\ Cl_2 \longrightarrow 2\ AlCl_3$$
a) Übertrage die Reaktionsgleichung in dein Heft und kennzeichne in dieser Redoxreaktion die Elektronenabgabe und -aufnahme durch Pfeile.
b) Formuliere jeweils getrennt die Reaktionsgleichung für die Oxidation und Reduktion.
c) Gib den Elektronendonator und den Elektronenakzeptor an.

8 Magnesium reagiert mit Sauerstoff.

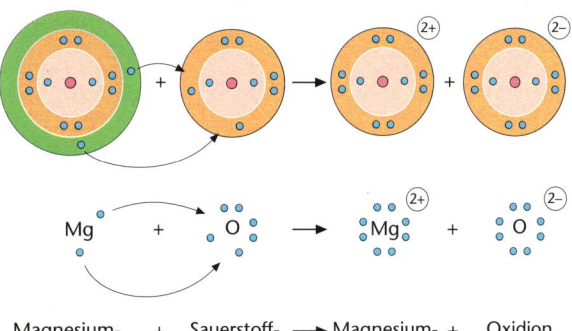

Magnesium- + Sauerstoff- ⟶ Magnesium- + Oxidion
atom   atom   ion

7 Redoxreaktion am Beispiel Magnesium und Sauerstoff

Strom aus der Zelle

Chemische Energie wird zu elektrischer Energie

Eine Kupferelektrode taucht in eine Kupfersulfatlösung (▷ B 2; V 1). In dieser Lösung steht ein Tonzylinder, in dem sich eine Zinkelektrode in einer Kaliumsulfatlösung befindet. Der Tonzylinder ist für Ionen durchlässig.

Das unedlere der beiden Metalle im Versuch ist Zink. Ungeladene Zinkatome geben Elektronen ab und werden zu Zinkionen. Die Zinkelektrode hat Elektronenüberschuss und bildet den Minuspol. Die Kupferionen in der Lösung nehmen Elektronen auf und werden zu ungeladenen Kupferatomen. Die Kupferelektrode hat Elektronenmangel und ist daher der Pluspol. Die Salzlösungen enthalten Ionen, die den elektrischen Strom leiten. Man nennt diese Lösungen **Elektrolytlösungen** (kurz: Elektrolyt).

Die beschriebene Anordnung wird **galvanische Zelle** genannt. Sie ist eine Gleichspannungsquelle, bei der eine Spannung von ca. 1 V gemessen wird. Elektronen fließen durch einen Draht vom Minuspol zum Pluspol (▷ B 3). Ein Mikromotor mit Propeller dreht sich, es fließt Strom.

Verschiedene Metallpaare

Kombiniert man in **Halbzellen** (▷ B 1; V 2) nacheinander verschiedene Metallpaare, erhält man unterschiedliche Spannungswerte. Man ordnet die Metalle nach ihrem Bestreben, Elektronen abzugeben, in einer Reihe von unedel zu edel an. Ein sehr unedles Metallatom besitzt ein sehr hohes Bestreben zur Elektronenabgabe. Zink z. B. gibt Elektronen leichter ab als Eisen oder Kupfer. Deshalb steht Zink in der Reihe der Metalle vor Eisen und Kupfer (▷ B 4). Je weiter die Metalle in der Reihe auseinander stehen, desto größer ist die zwischen ihnen gemessene Spannung.

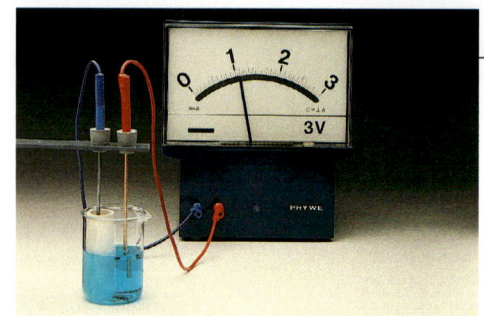

2 Spannung in einer galvanischen Zelle

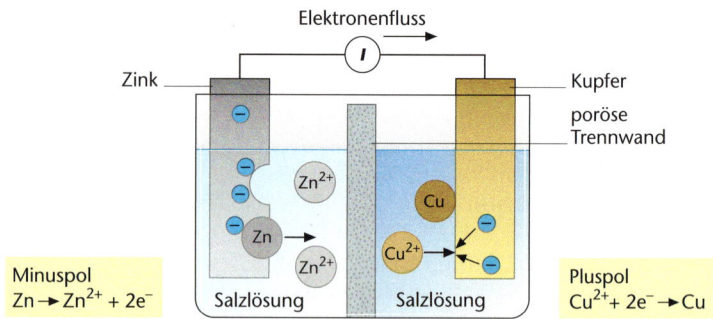

3 Vorgänge in einer galvanischen Zelle

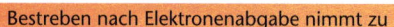

4 Von unedel zu edel

Versuche

1 Stelle eine Tonzelle mit Kaliumsulfatlösung in ein Becherglas mit Kupfersulfatlösung. Tauche eine Zinkelektrode in die Kaliumsulfatlösung und eine Kupferelektrode in die Kupfersulfatlösung. Verbinde die Elektroden zuerst mit einem Spannungsmessgerät und dann mit einem Mikromotor mit Propeller.

2 Man stellt zwei Halbzellen senkrecht in eine flache Wanne mit Kaliumnitratlösung. Die eine Halbzelle enthält Zinksulfatlösung mit Zinkblech, die andere Kupfersulfatlösung mit Kupferblech. Beide Metalle verbindet man mit einem Spannungsmessgerät. Den Versuch wiederholt man mit einem Silberblech in einer Silbersalzlösung.

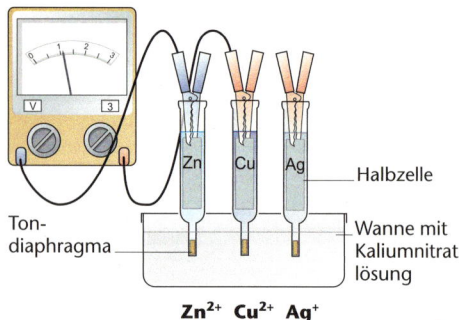

1 Verschiedene Metallpaare werden kombiniert.

Schnittpunkt

Technik: Mit der Brennstoffzelle unterwegs

1 Modellauto mit Brennstoffzelle

Bereits im Jahre 1839 wurde die erste funktionsfähige „Wasserstoff-Sauerstoff-Batterie" konstruiert. Es handelte sich um eine **Brennstoffzelle**, die aber bald in Vergessenheit geriet. Erst um 1950 machten Raumfahrt und Militärtechnik die Entwicklung kompakter und leistungsfähiger Energiequellen erforderlich.

Aufbau einer Brennstoffzelle

In Bild 2 ist eine **PEM**-Brennstoffzelle dargestellt (engl.: **p**roton **e**xchange **m**embran). Sie besteht aus drei Schichten. Die erste Schicht ist die Anode, die zweite die Elektrolytmembran und die dritte die Kathode. Zusammen bilden sie eine Zelle. Mehrere Zellen in Reihe bilden einen Stapel, einen sogenannten Stack (▷B2). Die einzelnen Zellen im Stack sind durch Bipolarplatten voneinander getrennt.

Funktionsprinzip einer Brennstoffzelle

In der Brennstoffzelle trifft Wasserstoff auf die Anode. Wasserstoffatome geben je ein Elektron ab. Es entstehen positiv geladene Wasserstoffionen (Protonen), die die Elektrolytmembran durchdringen:

$$2\,H_2 \longrightarrow 4\,H^+ + 4\,e^-$$

An der Kathode reagieren die Wasserstoffionen mit Luftsauerstoff zu Wasser:

$$O_2 + 4\,H^+ + 4e^- \longrightarrow 2\,H_2O$$

Anode und Kathode wirken als Katalysator. Für die Elektronen stellt der Elektrolyt einen Isolator dar. Deshalb wandern die Elektronen über einen elektrischen Leiter von der Anode zur Kathode. Es fließt ein nutzbarer Gleichstrom (▷B2).

Verwendung von Brennstoffzellen

PEM-Brennstoffzellen sind vielseitig in der Anwendung. Für den Unterricht gibt es Modellautos mit Brennstoffzellen-Technik (▷B1). Weitere Einsatzgebiete sind z. B. Mobiltelefone, elektrische Geräte im Campingbereich, Akku-Bohrschrauber für Heimwerker und Antriebe für Rasenmäher. Fahrzeuge mit Brennstoffzellentechnik sind bereits weit entwickelt. Sie stellen eine umweltbewusste Alternative zu benzin- und dieselmotorisierten Fahrzeugen dar.

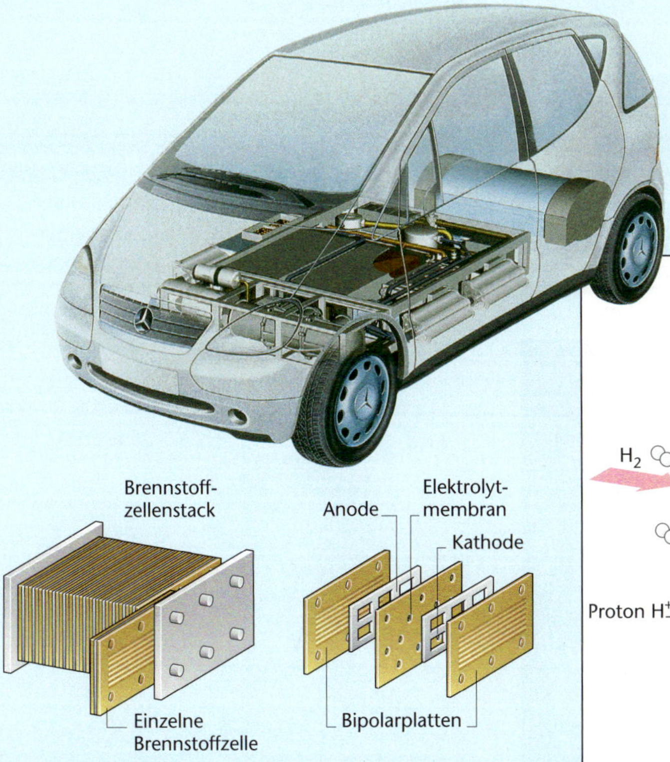

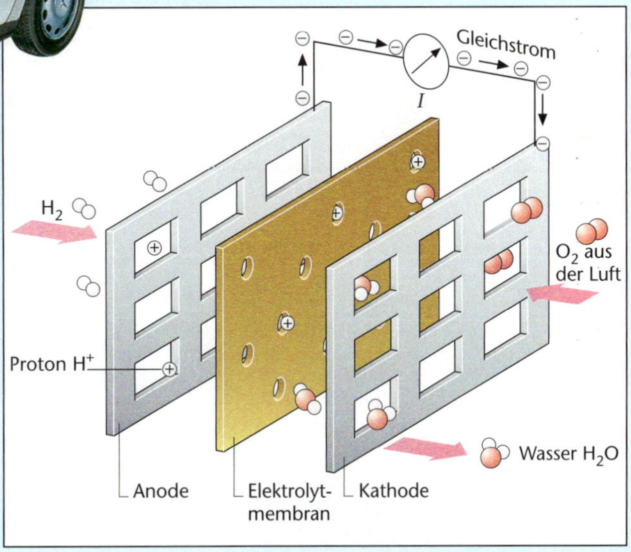

2 Bau und Funktion einer Brennstoffzelle

Impulse

Galvanisieren

Die Zerstörung von Metallen durch Korrosion führt jedes Jahr zu Verlusten in Milliardenhöhe. Man schätzt, dass weltweit ein Drittel der Stahlproduktion als Ersatz für korrodiertes Eisen verwendet werden muss.

Schicht auf Schicht erhöht den Schutz
Viele Gegenstände, wie z.B. Armaturen im Badezimmer, Schlüssel oder Autofelgen sind aus Stahl gefertigt.

Durchgerostet!
Rost ist eine alltägliche Erscheinung. Eisenteile verändern sich allmählich, das unedle Metall wird mit der Zeit durch Luft, Wasser, salz- und säurehaltige Flüssigkeiten zerstört. Diese Erscheinung nennt man Korrosion (lat.: corrodere, zernagen).

Die Stahloberfläche lässt sich mit Überzügen aus edleren Metallen schützen.

● Beschreibe die Vorgänge eines Verfahrens, bei dem Überzüge aus edleren Metallen hergestellt werden.

● Bei der Bildung der Metallüberzüge sagt man: „Die Anode wird geopfert." Nimm Stellung!

● Zähle Metalle auf, die leicht korrodieren.

● Plane einen Versuch, bei dem man einen Eisennagel mit einer Zinkschicht überziehen kann. Prüfe, wie sich dieser „geschützte" Nagel gegen Umwelteinflüsse verhält.

Feuerverzinken
Stahlbleche für Autos werden in eine 450 °C heiße Schmelze aus flüssigem Zink getaucht. Dieses Verfahren nennt man Feuerverzinken.

● Betrachte die unten stehende Grafik und beschreibe die Vorgänge, durch die die Stahloberfläche der feuerverzinkten Karosserie vor Korrosion geschützt wird.

● Erkläre und begründe die Herstelleraussage „10 Jahre Garantie".

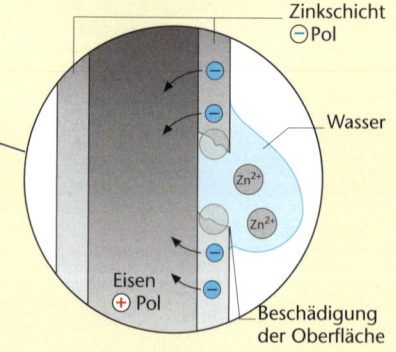

Werkstatt

Verkupfern und versilbern

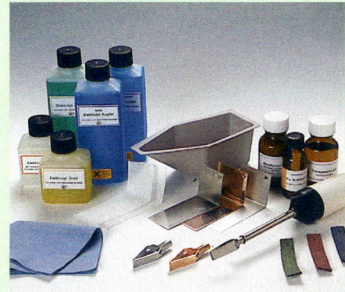

1 Materialien zum Galvanisieren

1 Verkupfern von Eisen

Material

Schutzbrille, Kunststoffwanne zum Galvanisieren, Netzgerät, 2 Experimentierkabel, 2 Krokodilklemmen (isoliert), Kupferbürste, Poliertuch, Lappen, Anode aus Kupfer, Gegenstand aus Eisen, Kupferelektrolyt, Kupferdraht (Ø 0,5 mm), Aceton, Schutzlack, destilliertes Wasser

Versuchsanleitung

a) Vorbereitung:
Bevor ein Gegenstand galvanisiert werden kann, reinige ihn sorgfältig. Bürste den Gegenstand mit der Bürste ab. Entfette ihn dann mit etwas Aceton und lasse ihn trocknen.
b) Hänge den Gegenstand an einem Kupferdraht in die Elektrolytlösung und verbinde ihn mit einer Krokodilklemme über ein Experimentierkabel mit dem Minuspol der Gleichspannungsquelle (▷ B 2).

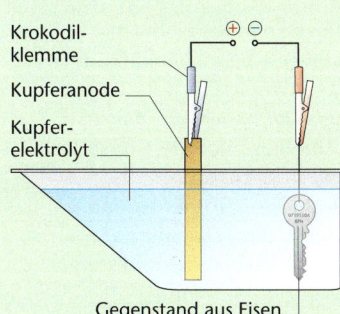

2 Verkupfern

Verbinde die Kupferanode mit dem Pluspol und lege eine Gleichspannung von etwa 4 V an. Bewege den zu verkupfernden Gegenstand zwischendurch etwas, damit das Galvanisieren allseitig gelingt.
c) Wenn die Oberfläche verkupfert ist, nimm den Gegenstand aus dem Elektrolyten. Spüle ihn gut mit destilliertem Wasser ab und lasse ihn trocknen. Poliere die Oberfläche vorsichtig, bis der gewünschte Glanz entsteht. Besprühe diese danach mit einem Schutzlack.
Arbeite sehr gewissenhaft und fülle den Elektrolyten nach dem Versuch wieder zurück in das Aufbewahrungsgefäß. Reinige alle Gefäße und Geräte sorgfältig!

2 Versilbern einer Scheibe

Material

Schutzbrille, Kunststoffwanne zum Galvanisieren, Kunststoffgitter, Netzgerät, 2 Experimentierkabel, 2 Krokodilklemmen (isoliert), Kupferbürste, Pinzette, Poliertuch, Stück Karton als Ablage, Lappen, Anode aus Edelstahl, Unterlegscheibe, Silberelektrolyt, Silberdraht, Aceton, destilliertes Wasser

Versuchsanleitung

a) Bereite den Gegenstand wie in Versuch 1a) vor.
b) Stelle die Edelstahlanode an die eine Seite der Wanne, in der sich der Silberelektrolyt befindet. Silberelektrolyt ist sehr teuer, verwende ihn deshalb sparsam. Befestige an der Unterlegscheibe einen Silberdraht und stelle sie an die der Anode gegenüberliegenden Seite der Wanne senkrecht auf. Verwende dabei eine Pinzette und achte darauf, dass die Finger nicht in das Bad tauchen. Lege die Pinzette auf das Kartonstück, damit es keine unnötige Verunreinigung der Tischfläche gibt!
Hänge das Kunststoffgitter zwischen Anode und Kathode in den Elektrolyten (▷ B 3). (Das Gitter verhindert eine Berührung der beiden Elektroden.)
c) Führe den Versuch wie Versuch 1b) und c) weiter.
Wende zwischendurch mit der Pinzette die Scheibe so um, dass auch die andere Fläche der Anode gegenübersteht. Unterbrich hierfür kurz die Stromzufuhr aus Sicherheitsgründen!
Poliere nach dem Galvanisieren die bräunliche Oberfläche der Scheibe so lange, bis sie silbrig glänzt.

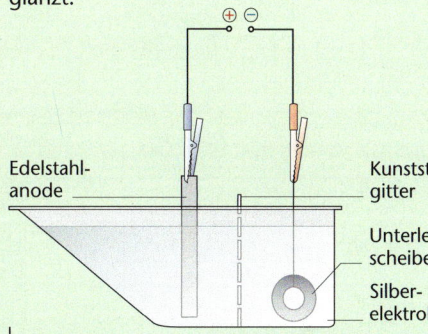

3 Versilbern

3 Verkupfern oder versilbern eines Ahornblattes

Aufgabe

a) Plant in der Gruppe selbstständig einen Versuch, um einen Naturgegenstand, z. B. ein Ahornblatt oder eine Eichel, zu versilbern oder zu verkupfern.
Beachtet, dass der Naturgegenstand zunächst durch Aufsprühen eines Leitlacks elektrisch leitend gemacht sein muss.
b) Besprecht eure Materialliste, den Versuchsaufbau und die Versuchsdurchführung mit eurer Lehrkraft.
c) Führt den Versuch selbstständig durch.
d) Reflektiert eure Versuchsergebnisse.

4 Verkupferte Naturprodukte

Die Taschenlampen-Batterie

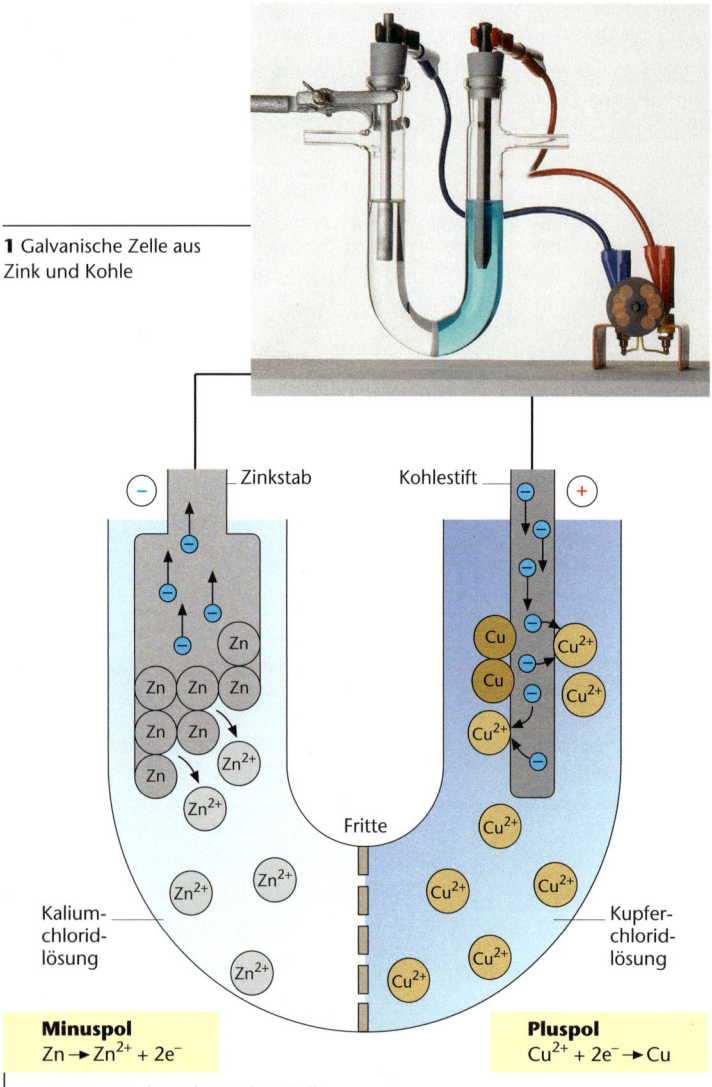

1 Galvanische Zelle aus Zink und Kohle

Minuspol
$Zn \rightarrow Zn^{2+} + 2e^-$

Pluspol
$Cu^{2+} + 2e^- \rightarrow Cu$

2 Vorgänge in der galvanischen Zelle

Das Zink-Kohle-Element

Eine typische galvanische Zelle stellt das **Zink-Kohle-Element** dar. Ein Zinkstab taucht in eine Kaliumchloridlösung, ein Kohlestift in eine Kupferchloridlösung. Beide Lösungen befinden sich in einem U-Rohr, das in der Mitte eine halbdurchlässige Trennwand (Fritte) besitzt. Verbindet man Zinkstab und Kohlestift mit einem Mikromotor mit Propeller, wird der Propeller angetrieben. Die galvanische Zelle liefert elektrische Energie (▷ B 1; ▷ V 1). Um festzustellen, wie sich Pluspol und Minuspol zuordnen lassen, müssen die Vorgänge an den Elektroden betrachtet werden.

Am Zinkstab werden von den Zinkatomen Elektronen abgegeben, Zinkionen entstehen. Diese gehen in Lösung, der Zinkstab wird kleiner. Der Zinkstab bildet den Minuspol, er hat Elektronenüberschuss. Am Kohlestift nehmen Kupferionen der Elektrolytlösung Elektronen auf, eine dünne Kupferschicht überzieht den Kohlestift. Der Kohlestift ist somit der Pluspol, da er Elektronenmangel aufweist (▷ B 2).

Die Zink-Kohle-Batterie

Eine **Zink-Kohle-Batterie** wird als Stromquelle in Spielzeugen und Taschenlampen genutzt. Zu den wichtigen Teilen dieser galvanischen Zelle gehört ein Kohlestift, der von einem Gemisch aus Ruß und Braunstein (Mangandioxid) umgeben ist. Er bildet den Pluspol. Der Zinkbecher ist der Minuspol und besitzt eine Bodenkontaktscheibe. Zwischen Zinkbecher und Kohleelektrode ist als Elektrolyt ein Gemisch aus Ammoniumchlorid und Zinkchlorid (▷ B 3). Bei der Umwandlung von chemischer Energie in elektrische Energie ist eine Gleichspannung von 1,5 V messbar. Die Batterie ist entladen, wenn der Zinkbecher vollständig reagiert hat.

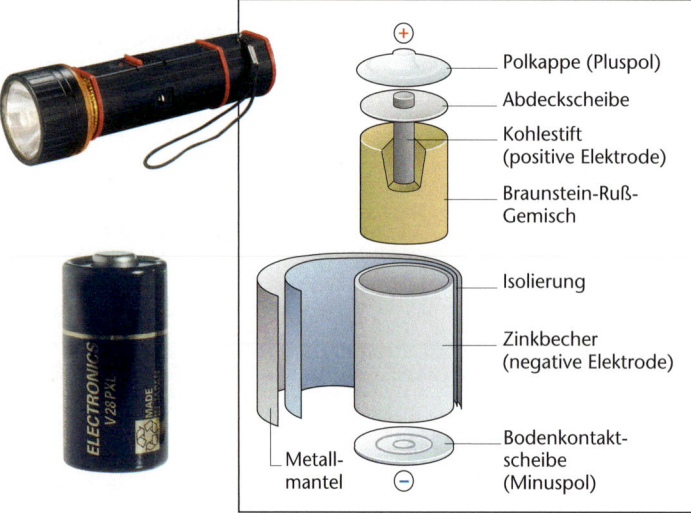

3 Aufbau einer Taschenlampenbatterie

> **Versuch**
>
> **1** In den einen Schenkel eines U-Rohres mit Fritte wird Kaliumchloridlösung, in den anderen Kupferchloridlösung gefüllt. Einen Zinkstab taucht man in die Kaliumchloridlösung, einen Kohlestift in die Kupferchloridlösung. Die beiden Enden der Elektroden werden mit einem Multimeter (Spannungsmessbereich bis 3 V) oder einem Mikromotor mit Propeller verbunden.

Lexikon

Batterietypen

Die häufigsten Batterietypen
Primärbatterien werden im Alltag kurz **Batterien** genannt. Sie können nur einmal entladen werden und sind nicht wieder aufladbar.

Zink-Kohle-Batterien sind preiswert, haben aber eine geringe Leistungsfähigkeit. Es gibt sie auch in auslaufsicherer Form (dry und superdry).
Form: Rundzellen
Spannung: 1,5 V
Minuspol: Zink
Pluspol: Kohlenstoff, Braunstein (Mangandioxid)
Elektrolyt: Ammoniumchlorid, Zinkchlorid

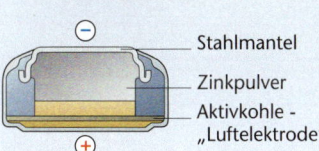

1 Zink-Luft-Batterie

Zink-Luft-Batterien (▷ B 1) sind bei niedriger Stromstärke lange haltbar.
Form: Knopfzellen
Spannung: 1,4 V
Minuspol: Zink
Pluspol: Kohlenstoff, Luft
Elektrolyt: Ammoniumchlorid

Lithium-Batterien sind sehr langlebig und nur gering umweltbelastend.
Form: Knopfzellen
Spannung: 3 V
Minuspol: Lithium
Pluspol: Braunstein
Elektrolyt: organischer Stoff

Alkali-Mangan-Batterien sind die gebräuchlichsten Gerätebatterien. Sie sind haltbar und auslaufsicher. Im Handel sind sie unter der Bezeichnung **Alkaline** erhältlich.
Besondere Alkali-Mangan-Batterien sind sogar ca. 25-mal wieder aufladbar.
Form: Rund- und Knopfzellen
Spannung: 1,5 V
Minuspol: Zink
Pluspol: Braunstein (Mangandioxid), Graphit
Elektrolyt: Kaliumhydroxid-Paste

Silberoxid-Batterien haben eine lange Lebensdauer und liefern eine konstante Spannung.
Form: Knopfzellen
Spannung: 1,55 V
Minuspol: Zink
Pluspol: Silberoxid
Elektrolyt: Kaliumhydroxid

Die häufigsten Akkutypen
Sekundärbatterien sind Akkumulatoren, kurz **Akkus** genannt. Sie können 500-mal bis 1000-mal wieder aufgeladen werden. Dazu benötigt man ein passendes Ladegerät.

Nickel-Cadmium-Akkus sind robust und preiswert. Sie enthalten jedoch bis zu 20 % giftiges Cadmium und müssen daher gesondert entsorgt werden.
Form: Rund- und Knopfzellen
Spannung: 1,2 V
Minuspol: Cadmium
Pluspol: Nickelhydroxid
Elektrolyt: Kaliumhydroxid-Lösung

Lithium-Ion-Akkus zeichnen sich durch eine hohe Leistung und deutlich längere Lebensdauer gegenüber anderen Akkus aus.
Form: Zylinder- oder Prismaform
Spannung: 3,6 V
Minuspol: Graphit
Pluspol: Lithiummetalloxide
Elektrolyt: Lithiumsalze gelöst in organischen Lösungsmitteln

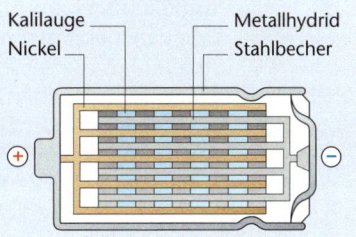

2 Nickel-Metallhydrid-Akku

Nickel-Metallhydrid-Akkus (▷ B 2) sind teurer, kommen ohne das giftige Cadmium aus.
Form: Rund- und Knopfzellen
Spannung: 1,2 V
Minuspol: Nickel
Pluspol: Metallhydrid
Elektrolyt: Kaliumhydroxid-Lösung

Eignung:			Batterien		Akkus	
sehr gut ++ gut + brauchbar O weniger gut – schlecht ––			Alkali-Mangan	Zink-Kohle	Nickel-Metallhydrid	Nickel-Cadmium
sehr hoher Stromverbrauch (Elektrowerkzeuge)			–	––	O	++
hoher Stromverbrauch (Blitzgeräte, Digitalkameras)			+	––	++	++
mittlerer Stromverbrauch (Walkman, Gameboy)			++	–	+	+
niedriger Stromverbrauch (Taschenradios)			++	O	O	O
minimaler Stromverbrauch (Küchenuhren)			++	+	––	––
Gebrauch	häufig		+	––	++	++
	selten		++	O	––	––
Preis-Leistungs-Verhältnis bei richtiger Anwendung			+	–	++	++
Umweltfreundlichkeit			+	–	++	––

Akkumulatoren

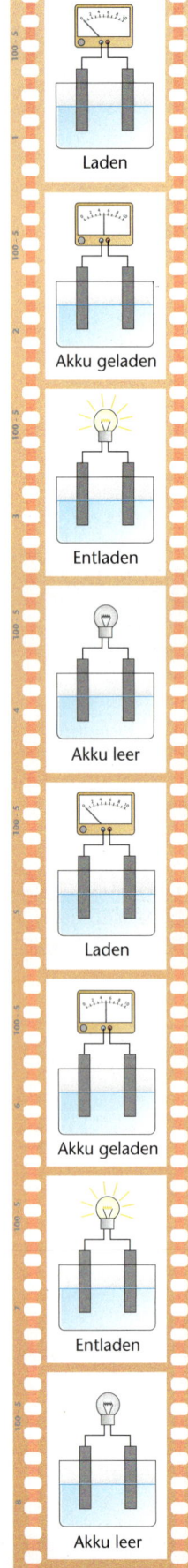

Laden – Entladen, Laden – Entladen ...
Verwendet man spezielle Elektroden und Elektrolyte, so lassen sich galvanische Zellen herstellen, die wiederaufladbar sind. Diese wiederaufladbaren Batterien werden **Akkumulatoren** (kurz: Akkus) genannt. Der bekannteste Akku ist der Bleiakku, die **Autobatterie**.

Funktion eines Bleiakkumulators
Die Elektroden eines Bleiakkus bestehen aus einer größeren Anzahl von Bleiplatten und Blei(IV)-oxid-Platten. Die Platten sind eng nebeneinander angeordnet und verfügen über eine große Oberfläche (▷ B 2). Die Platten tauchen in Schwefelsäure, die als Elektrolyt dient. Die pro Zelle erzeugte Spannung beträgt 2 V. In einer Autobatterie werden in der Regel sechs Einzelelemente in Reihe geschaltet, sodass eine Spannung von 12 V vorhanden ist.
Bei der Entladung wird chemische Energie umgewandelt in elektrische Energie, z. B. zum Betrieb eines Radios.
Es laufen folgende Reaktionen ab:
Minuspol: $Pb \longrightarrow Pb^{2+} + 2\,e^-$
Pluspol: $Pb^{4+} + 2\,e^- \longrightarrow Pb^{2+}$

Beim Laden des Akkus werden die Vorgänge umgekehrt. Es wird elektrische Energie zugeführt, z. B. durch die Lichtmaschine im Auto.
Minuspol: $Pb^{2+} + 2\,e^- \longrightarrow Pb$
Pluspol: $Pb^{2+} \longrightarrow Pb^{4+} + 2\,e^-$

Die chemischen Reaktionen beim Laden und Entladen können bis zu 1000-mal ablaufen. Da die Vorgänge umkehrbar sind (▷ V 1), können Akkus sehr viel länger verwendet werden als Batterien.

Weitere Akkus
Nickel-Metallhydrid-Akkus, Nickel-Cadmium-Akkus und Lithium-Ionen-Akkus werden in den Größen handelsüblicher Batterien angeboten. Zum Laden benötigt man ein Ladegerät (▷ B 1).

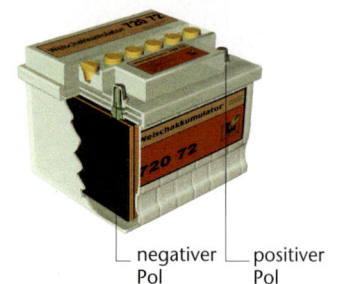

negativer Pol — positiver Pol

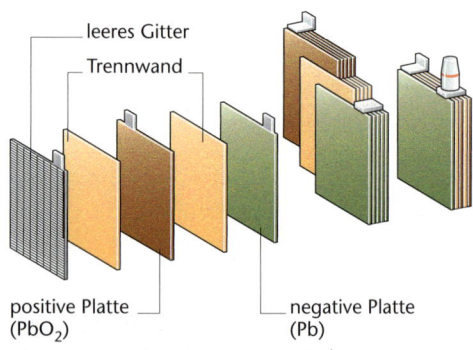

leeres Gitter
Trennwand
positive Platte (PbO_2)
negative Platte (Pb)

2 Aufbau des Bleiakkumulators

Versuch
1 In verdünnte Schwefelsäure taucht man zwei Bleiplatten. Die Platten werden mit einer Gleichspannungsquelle verbunden. Dieser Modellakku wird mit einer Gleichspannung von etwa 4 V geladen. Während des Ladevorgangs können Veränderungen an den Plattenoberflächen beobachtet werden.

Nach dem Ladevorgang wird ein Mikromotor mit Ventilator an die Bleiplatten angeschlossen. Die Veränderungen an den Plattenoberflächen zeigen den Entladevorgang.
Der Versuch wird mehrmals wiederholt.

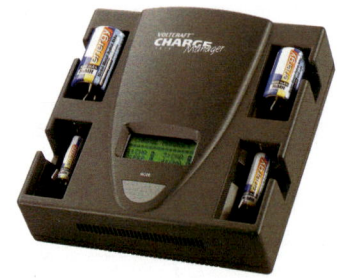

1 Ladegerät für Akkus

3 Akkus haben eine lange Nutzungsdauer.

Schnittpunkt

Umwelt: Recycling – aus alt mach neu

Die Batterie ist leer, der Akku verbraucht, wohin dann damit? Nahezu alle Batterien setzen beim Verrotten giftige oder für die Umwelt schädliche Stoffe frei. Altakkus und verbrauchte Batterien dürfen nicht in den Hausmüll gelangen, sie müssen gesammelt und wieder aufbereitet werden (▷ B 4). Nur so können wertvolle Rohstoffe zurückgewonnen und Gefahren für die Umwelt vermieden werden.

Recycling von Bleiakkus

In Millionen von Autos werden Bleiakkus als Starterbatterie verwendet (▷ B 1). Nach dem Start wird der Akku von der Lichtmaschine wieder aufgeladen. Aber mit der Zeit verändern sich die Platten, die Leistung wird geringer und schließlich wird der Akku unbrauchbar. Altakkus werden in säuredichten Edelstahlbehältern zu den Sammelstellen transportiert. In Recyclingbetrieben werden sie in ihre Bestandteile zerlegt, sortiert und zerkleinert. Aus den Platten gewinnt man Hartblei, das wieder für neue Bleiakkus verwendet wird. Das Kunststoffgehäuse wird zu Granulat verarbeitet, aus dem man z. B. Kunststoffteile für Autos fertigen kann. Insgesamt können 98 % eines Altakkus recycelt werden, der Rest ist Sondermüll (▷ B 2).

- Wenn Strom aus der Steckdose verfügbar ist, auf Batterien und Akkus verzichten.
- Akkus vor dem Aufladen ganz entladen.
- Möglichst umweltfreundliche Batterien und Akkutypen verwenden.
- Qualitativ gute Ladegeräte benutzen, die zum Akkutyp passen.
- Leere Batterien aus den Geräten entfernen, da sie leicht auslaufen.
- Akkus und Batterien nicht in den Hausmüll werfen, sondern bei Sammelstellen oder beim Händler abgeben.

3 Tipps zum Umgang und der Entsorgung

1 Starterbatterie im Auto

4 Altbatterien

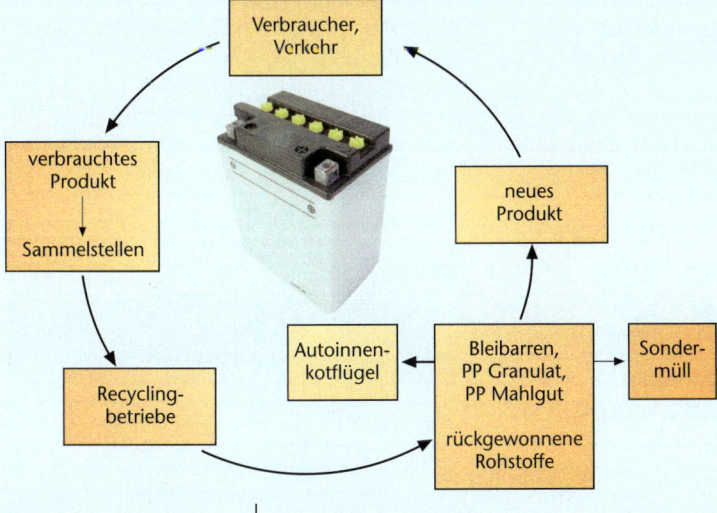

2 Recycling von Bleiakkus

Aufgaben

1 In einem Jahr werden in Deutschland etwa 14 Millionen Autobatterien in Verkehr gebracht, sie enthalten ca. 190 000 t Blei. Erkundige dich beim Autohändler über gesetzliche Bestimmungen zum Gebrauch und zur Entsorgung von Bleiakkus.

2 Batterien und Akkus, die Cadmium und Quecksilber enthalten, sind besonders umweltgefährlich. Informiere dich im Internet beim Umweltbundesamt über die Batterieverordnung. Nenne Umwelttipps, die man beim Kauf von Batterien und Akkus beachten soll.

Schlusspunkt

Elektrische Energie und chemische Prozesse

▶ Die Elektrolyse

Die Zerlegung einer Verbindung mithilfe des elektrischen Stroms nennt man Elektrolyse (▷ B 1).
Bei der Elektrolyse wandern Kationen (positiv geladene Ionen) zur Kathode (Minuspol) und nehmen dort Elektronen auf. Anionen (negativ geladene Ionen) wandern zur Anode (Pluspol) und geben dort Elektronen ab.

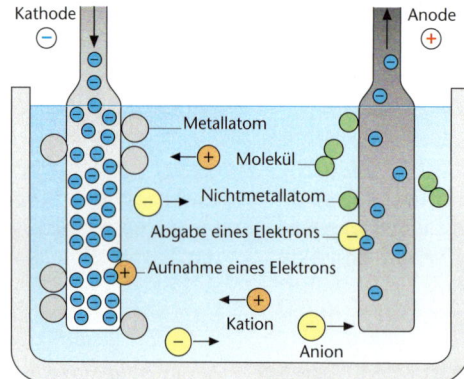

1 Elektrolyse auf einen Blick

▶ Oxidation, Reduktion, Redoxreaktion

Die Abgabe von Elektronen wird als Oxidation, die Aufnahme von Elektronen als Reduktion bezeichnet.
Der Elektronen abgebende Reaktionspartner ist der Elektronendonator (Reduktionsmittel). Der Elektronenakzeptor (Oxidationsmittel) ist der Elektronen aufnehmende Reaktionspartner.

Den Elektronenübergang von einem Reaktionspartner zum anderen nennt man Redoxreaktion.

Oxidation: $Fe \longrightarrow Fe^{2+} + 2\,e^-$
Reduktion: $Cu^{2+} + 2\,e^- \longrightarrow Cu$

Redox : $Fe + Cu^{2+} \longrightarrow Fe^{2+} + Cu$

Elektronendonator : Fe
Elektronenakzeptor: Cu^{2+}

▶ Fällungsreihe der Metalle

Atome unedler Metalle können die Ionen edlerer Metalle aus ihren Salzen ausfällen.

Na – Mg – Zn – Fe – Pb – Cu – Ag – Au

Je weiter die Metalle in der Fällungsreihe auseinander stehen, desto größer ist die zwischen ihnen gemessene Spannung in einer galvanischen Zelle.

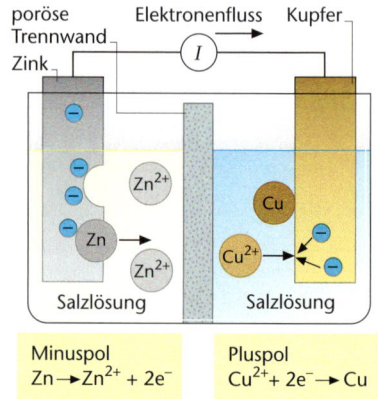

Minuspol
$Zn \rightarrow Zn^{2+} + 2\,e^-$

Pluspol
$Cu^{2+} + 2\,e^- \rightarrow Cu$

2 Die galvanische Zelle

▶ Die galvanische Zelle

Eine galvanische Zelle ist eine elektrische Gleichspannungsquelle (▷ B 2). Sie besteht aus Minuspol, Pluspol und Elektrolyt. Das unedlere Metall bildet den Minuspol. Aus Atomen des unedleren Metalls entstehen Metallionen. Dabei werden Elektronen frei. Ionen des edleren Metalls nehmen Elektronen auf und bilden Atome. Das edlere Metall bildet den Pluspol. Salzlösungen leiten den elektrischen Strom, man nennt sie Elektrolyte. In der galvanischen Zelle wird nutzbarer elektrischer Gleichstrom erzeugt.

▶ Batterien und Akkus

Batterien und Akkus sind galvanische Zellen, in denen durch chemische Vorgänge elektrische Energie erzeugt wird. Batterien (▷ B 3) sind nicht aufladbar, Akkus dagegen lassen sich mehrfach wieder aufladen.

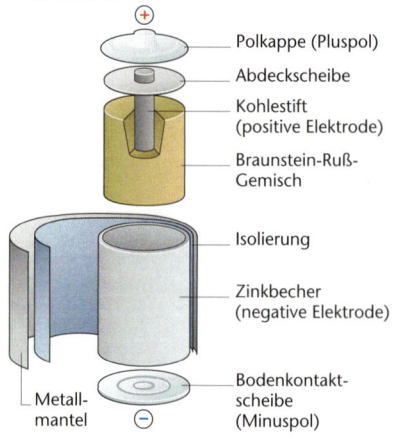

3 Aufbau der Taschenlampenbatterie

Elektrische Energie und chemische Prozesse

Aufgaben

1 Kupfer(II)-chlorid ist ein türkisblaues Salz, das sich gut in Wasser löst.
a) Kupfer(II)-chlorid enthält Chloridionen und zweifach positiv geladene Kupferionen. Gib die Formel des Salzes an.
b) Beschreibe die Vorgänge an der Kathode und an der Anode bei der Elektrolyse einer Kupfer(II)-chloridlösung.
c) An einem U-Rohr ist seitlich ein Luftballon (▷ B 4) angebracht. Erkläre.

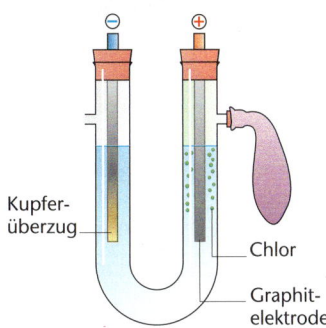

4 Zu Aufgabe 1

2 Bei der Elektrolyse von Bleichlorid (Formel $PbCl_2$) entsteht an einer Elektrode fein verteiltes Blei (▷ B 5).

a) Gib die Elektrode an, an der sich das Blei bildet.
b) Auch an der anderen Elektrode entsteht ein Stoff. Benenne ihn.
c) Beschreibe in kurzen Sätzen die Vorgänge an den beiden Elektroden.

5 Zu Aufgabe 2

3 a) Gib die Form und die Art der Batterie in Abbildung 6 an.
b) Erkläre den Unterschied zwischen Batterie und Akku.

6 Zu Aufgabe 3

4 Rotes Eisenoxid (Formel Fe_2O_3) reagiert mit Aluminium zu Eisen und Aluminiumoxid (Formel Al_2O_3):
$Fe_2O_3 + 2\,Al \longrightarrow 2\,Fe + Al_2O_3$
a) Schreibe das Reaktionsschema in der Ionenschreibweise und kennzeichne die Elektronenabgabe und Elektronenaufnahme durch Pfeile.
b) Stelle die Oxidation und die Reduktion in zwei getrennten Reaktionsschemata dar.
c) Gib für diese Reaktion Elektronendonator und Elektronenakzeptor an.
d) Ein Reaktionspartner verändert seine Anzahl an Außenelektronen nicht. Nenne ihn.

5 Taucht man ein blankes Kupferblech in eine Silbersalzlösung, bildet sich eine Schicht aus fein verteiltem Silber, ein Silberschwamm (▷ B 7). Erkläre die dabei ablaufenden Vorgänge. Verwende die Fachbegriffe Oxidation, Reduktion, Elektronendonator und Elektronenakzeptor.

7 Zu Aufgabe 5

6 Pipelines werden aus Stahlrohren gefertigt. Sie sind im Boden Salz- und Säurelösungen ausgesetzt, die das Metall zerstören können. Zum Schutz verbindet man die Stahlrohre leitend mit Magnesiumblöcken (▷ B 8). Die Magnesiumatome geben Elektronen ab, und es entstehen Magnesiumionen. Man bezeichnet die Magnesiumblöcke als Opferanode. Erkläre den Begriff. Überlege, welche Metalle noch als Opferanode eingesetzt werden können.

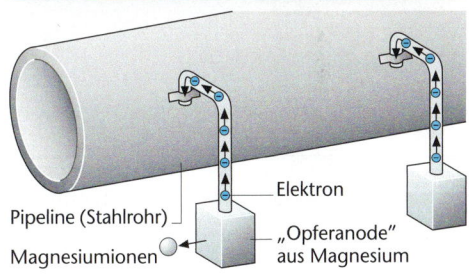

8 Zu Aufgabe 6

7 Radkappen werden in einer blauen Kupfersalzlösung verkupfert (▷ B 9), anschließend vernickelt und verchromt.
a) Bezeichne die Herstellung von Metallüberzügen mithilfe des elektrischen Stroms mit dem Fachbegriff.
b) Gib die Elektrode an, mit der die Radkappe verbunden wird.

9 Zu Aufgabe 7

Schnittpunkt

Geschichte: Der Weg zur Kohlenstoffchemie

Stoffe von lebenden Organismen

Schon lange kannte man den Unterschied zwischen Stoffen der belebten und der unbelebten Natur. Man konnte beispielsweise Holz oder Fett gegen Metalle oder Mineralien klar abgrenzen. Bereits 1807 bezeichnete JÖNS JAKOB BERZELIUS die Stoffe, die von lebenden Organismen stammten als „organische Stoffe" und alle anderen als „anorganische Stoffe". Man war damals der Ansicht, dass organische Stoffe nur durch die besondere „Lebenskraft (vis vitalis)" der Organismen entstehen würden. Eine Herstellung solcher Stoffe im Labor hielt man deshalb für nicht möglich.

Eine Entdeckung verändert die Welt der Chemie

Ganz neue Wege in der Chemie eröffnete die Entdeckung des Chemikers FRIEDRICH WÖHLER (1800–1882) im Jahr 1828 (▷ B 1; B 2). Er hatte zufällig im Labor den organischen Stoff Harnstoff hergestellt. Harnstoff entsteht im Körper von Mensch und Tier als Abbauprodukt von Eiweißen und ist im Urin enthalten. WÖHLERS Entdeckung ist in einem Brief an seinen Kollegen BERZELIUS festgehalten:

„… muß ich Ihnen erzählen, daß ich Harnstoff machen kann, ohne dazu Nieren oder überhaupt ein Thier, sey es Mensch oder Hund nöthig zu haben … Es bedürfte nun weiter Nichts als einer vergleichenden Untersuchung mit Pisse-Harnstoff, den ich in jeder Hinsicht selbst gemacht hatte, und dem Cyan-Harnstoff."

Nach dieser Entdeckung dauert es jedoch noch einige Jahre, bis die Synthese weiterer organischer Verbindungen begann.

1 FRIEDRICH WÖHLER

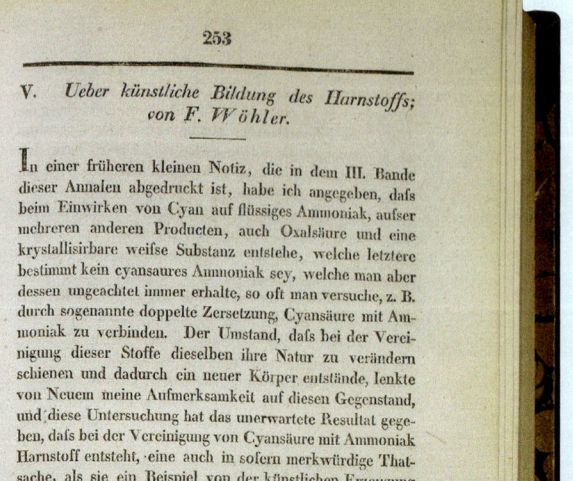

2 Veröffentlichung von WÖHLERS Entdeckung

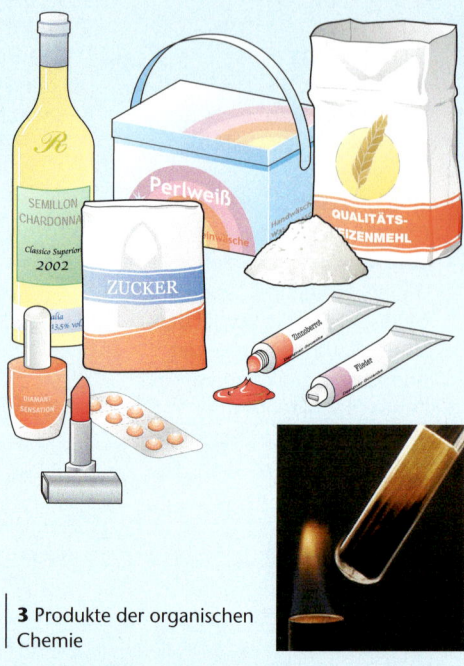

3 Produkte der organischen Chemie

Die Welt der Kohlenstoffverbindungen

Die Begriffe „anorganisch" und „organisch" haben eigentlich nur noch historische Bedeutung. Trotzdem gibt es diese Einteilung auch heute noch in der Chemie. Dabei kann man organische Stoffe von den anorganischen Stoffen durch einen einfachen Versuch leicht unterscheiden: Werden organische Stoffe stark erhitzt, so verkohlen sie nach einiger Zeit. Das bedeutet, alle organische Stoffe enthalten das Element Kohlenstoff – sie sind **Kohlenstoffverbindungen**.

Stoffe wie Erdöl, Erdgas und Kohle gehören dazu. Sie bilden die Grundlage für viele Produkte der chemischen Industrie (Petrochemie). Beispielsweise kann man daraus Treibstoffe, Kunststoffe oder Farbstoffe herstellen. Aber auch Alkohole, Nahrungsmittel, Waschmittel, Medikamente, Kosmetikprodukte und Kunstfasern gehören zu der Stoffgruppe der organischen Chemie.

Die organische Chemie umfasst derzeit mehr als 10 Millionen Stoffe – und täglich werden neue Verbindungen entwickelt.

1828 | WÖHLER stellt die organische Substanz Harnstoff erstmals künstlich her.

1845 | Erste künstliche Synthese der Essigsäure

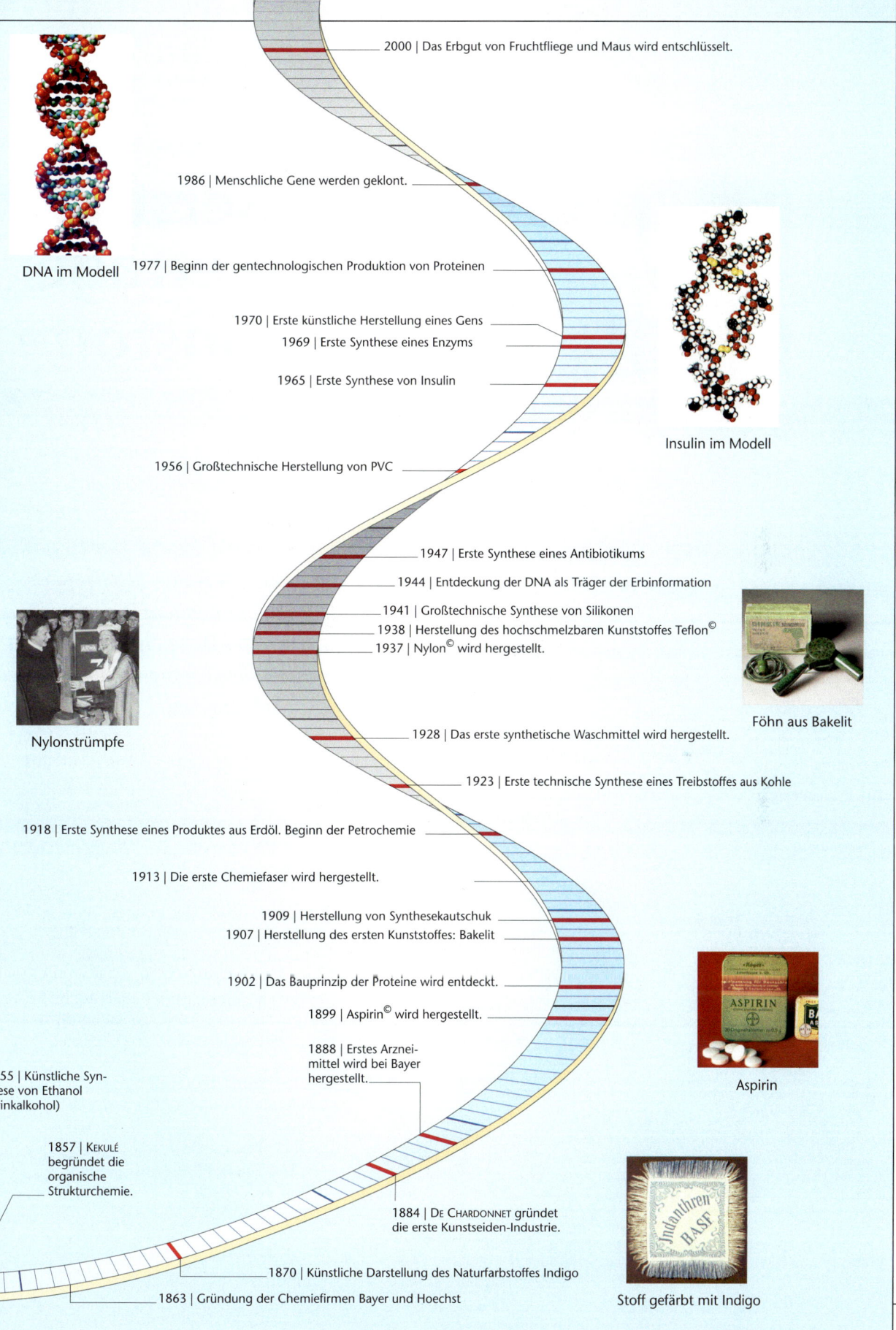

Startpunkt

Kohlenwasserstoffe – Energieträger und Rohstoffe

Unser Leben ist verbunden mit einem hohen Energiebedarf. Zum Heizen werden große Mengen an Kohle, Heizöl oder Erdgas genutzt. Der Auto-, Schiffs- und Flugverkehr benötigt Treibstoffe wie Benzin oder Diesel. Im Haushalt werden viele Geräte mit elektrischer Energie betrieben.

Kohle und Erdgas stehen uns als Brennstoffe direkt zur Verfügung. Heizöl, Benzin und Diesel müssen dagegen erst aus Erdöl gewonnen werden.
Informiere dich über den Weg vom Erdöl zum Treibstoff.

Die zum Heizen oder Kochen benötigte Energie wird überwiegend durch Verbrennung von Kohle, Erdgas oder Heizöl gewonnen. Mit der Verbrennung großer Mengen an Brennstoffen sind auch Umweltprobleme verbunden. Fallen dir dazu einige Beispiele ein?

Erdöl ist zum Verbrennen eigentlich zu schade, denn aus Erdöl lassen sich unter anderem auch Kunststoffe herstellen. Diese besitzen viele vorteilhafte Eigenschaften. Zähle einige auf.

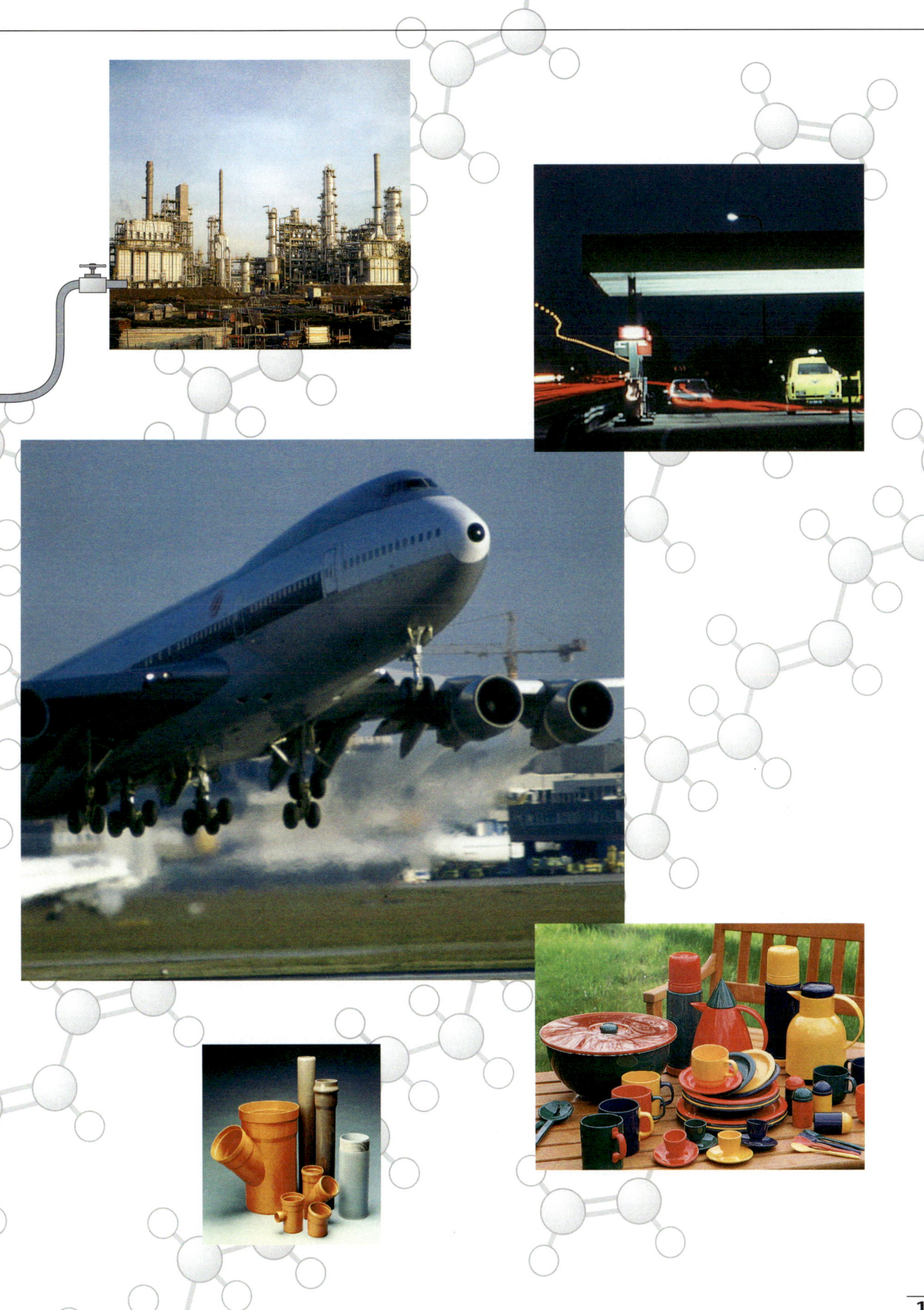

Kohle, Erdöl, Erdgas

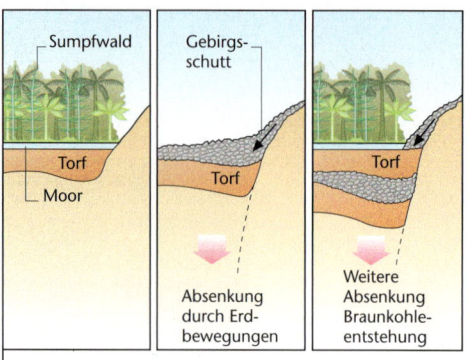

1 Entstehungsgeschichte von Kohle

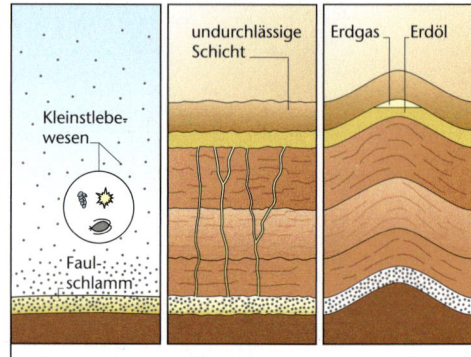

3 Entstehungsgeschichte von Erdgas und Erdöl

2 Pflanzenabdruck in Kohleschicht

Kohle – in Jahrmillionen entstanden

Die Herkunft der Kohle verraten manchmal Kohlestücke, in denen sich Abdrücke von Pflanzen finden (▷B 2). Vor ca. 300 Millionen Jahren bedeckten große Farn- und Sumpfwälder das Land. Aus den abgestorbenen Pflanzen bildete sich zunächst Torf. Der Torf wandelte sich – von Wasser, Schlamm und Gebirgsschutt bedeckt – in einem lange andauernden Prozess in Kohle um (▷B 1). Diesen Vorgang nennt man **Inkohlung**. Je weiter der Inkohlungsprozess vorangeschritten ist, desto höher ist der Kohlenstoffanteil und damit der Heizwert der Kohle. Wichtige Kohlearten sind Braunkohle, Steinkohle und Anthrazit.

Steinkohle – Energieträger und Rohstoff

Erhitzt man Steinkohle unter Luftabschluss, dann entweichen bei etwa 1000 °C flüchtige Bestandteile. Dieser Vorgang wird **Verkokung** genannt. Bei der Verkokung entstehen feste, flüssige und gasfömige Stoffe. Der feste Rückstand ist **Koks**. Koks besteht fast aus reinem Kohlenstoff und wird für Heizzwecke oder als Reduktionsmittel zur Gewinnung von Eisen genutzt.

Erdöl und Erdgas – fossile Brennstoffe

Wie die Kohle sind auch Erdöl und Erdgas im Verlauf von vielen Jahrmillionen entstanden. Grundstoff des Erdöls ist abgestorbenes Plankton (kleinste Meereslebewesen), das auf dem Meeresgrund infolge von Sauerstoffmangel nicht verwesen konnte. So bildete sich Faulschlamm, der durch Erdbewegungen in immer tiefere Schichten gelangte. Unter hohem Druck und Wärme wurde der Faulschlamm durch Bakterien in Erdöl und Erdgas umgewandelt (▷B 3). Da sich Erdöl, Erdgas und Kohle aus abgestorbenen Pflanzen und Kleinstlebewesen gebildet haben, werden sie oft als **fossile Brennstoffe** bezeichnet.

Förderung und Transport von Erdöl und Erdgas

Bei einer Ölquelle wird in der Regel zuerst das über dem Erdöl angesammelte Erdgas durch Pipelines zu einer zentralen Sammelstelle geleitet. Dort wird es gereinigt, wobei der giftige und nach faulen Eiern riechende Schwefelwasserstoff (H_2S) entfernt wird. Das Erdöl muss meist an die Oberfläche gepumpt werden. Dann wird es über Pipelines bis zu den Verladehäfen transportiert. Von dort übernehmen große Erdöltanker den weiteren Transport bis zu den Entladehäfen. Schließlich gelangt das Erdöl über Pipelines zu den Raffinerien, in denen eine Weiterverarbeitung erfolgt (▷B 4). Das Erdgas wird überwiegend über ein Netz von Pipelines bis zum Verbraucher geleitet. Verflüssigt lässt sich Erdgas jedoch auch bei niedrigen Temperaturen mit Kühlschiffen transportieren.

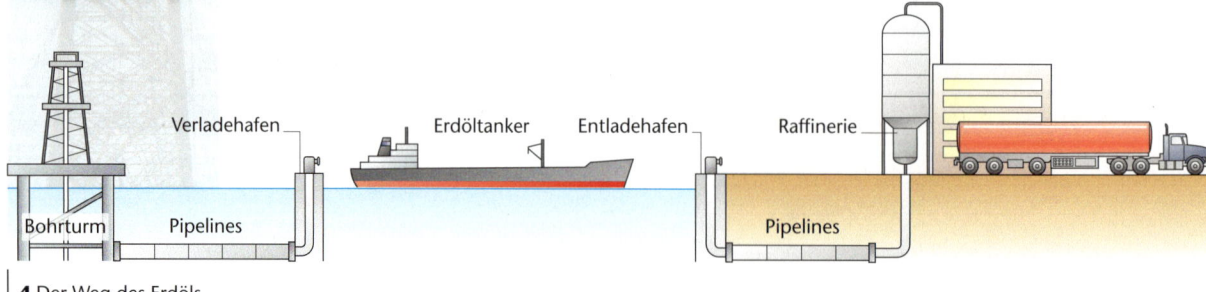

4 Der Weg des Erdöls

Werkstatt

Wir untersuchen Erdölbestandteile

1 Brennbarkeit

Material
Schutzbrille, 3 Tropfpipetten, 3 Porzellanschalen, feuerfeste Unterlage, Holzspan, kleine Metallplatte, Streichhölzer, Erdölfraktionen: Wundbenzin, Petroleum, Dieselöl (Heizöl)

Versuchsanleitung
Gib mit einer Tropfpipette einige Tropfen von einer der Flüssigkeiten jeweils in eine Porzellanschale und nähere vorsichtig einen brennenden Holzspan. Wenn die Flüssigkeit nicht sofort zu brennen beginnt, streiche mehrere Male mit der Flamme des Holzspanes über die Probe. Lösche das Feuer durch Abdecken mit einer Metallplatte. Wiederhole den Versuch mit den anderen Flüssigkeiten und beurteile die Entflammbarkeit der Stoffe.

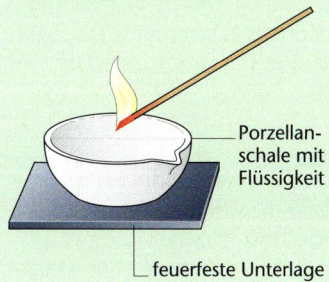

1 Brennbarkeit

2 Löslichkeit

Material
Schutzbrille, 3 Reagenzgläser, 3 Gummistopfen, 3 Messzylinder, Reagenzglasgestell, Wundbenzin, Petroleum, Wasser

Versuchsanleitung
a) Gib in ein Reagenzglas 1 ml Benzin und 1 ml Wasser. Verschließe das Reagenzglas mit einem Gummistopfen und schüttle kräftig mehrere Male. Stelle das Reagenzglas dann in einem Reagenzglasgestell ab und beobachte.

b) Wiederhole den Versuch mit 1 ml Wasser und 1 ml Petroleum.

c) Fülle jetzt ins dritte Reagenzglas 1 ml Benzin und 1 ml Petroleum und prüfe erneut die Löslichkeit durch Schütteln.

Aufgabe
Mache eine Aussage über das Löslichkeitsverhalten der beiden Erdölbestandteile Benzin und Petroleum.

3 Viskosität

Material
Schutzbrille, 3 Reagenzgläser (Ø 16 mm), Reagenzglasgestell, Pinzette, 3 Büroklammern (aus Metall), Uhr mit Sekundenanzeige oder Stoppuhr, Wundbenzin, Petroleum, Schmieröl

Versuchsanleitung
Fülle je ein Reagenzglas etwa zur Hälfte mit Benzin, Petroleum und Schmieröl. Die Füllhöhen müssen genau gleich sein. Halte mit einer Pinzette eine Büroklammer über die Reagenzglasöffnung. Lasse die Büroklammer dann fallen und miss die Zeit, bis diese den Reagenzglasbodens erreicht hat (▷ B 2).

Aufgabe
Ordne und notiere die Flüssigkeiten nach ihrer Viskosität.

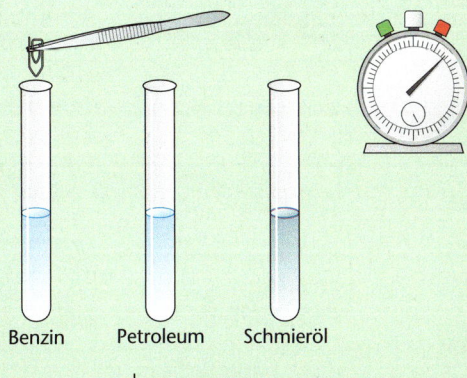

Benzin Petroleum Schmieröl

2 Viskosität

4 Verbrennungsprodukte

Material
Schutzbrille, Standzylinder, Glasplatte, Tropfpipette, Verbrennungslöffel, Watesmopapier, Streichhölzer, Kalkwasser, Wundbenzin

Versuchsanleitung
a) Gib in einen Verbrennungslöffel mit einer Tropfpipette einige Tropfen Benzin. Entzünde das Benzin über dem Standzylinder. Senke den Verbrennungslöffel mit brennendem Benzin langsam ab (▷ B 3). Lasse das Benzin einige Sekunden brennen und ziehe den Verbrennungslöffel wieder aus dem Standzylinder. Prüfe den Beschlag an der Glaswand mit Watesmopapier.

b) Führe wie in Teil a) brennendes Benzin in den Standzylinder. Lasse das Benzin so lange brennen, bis die Flamme von selbst erlischt. Gib jetzt einige Milliliter Kalkwasser in den Standzylinder, verschließe mit einer Glasplatte und schüttle mehrere Male kräftig.

3 Verbrennungsprodukte

Aufgabe
Benenne die Verbrennungsprodukte des Benzins, die im Versuch 4 nachgewiesen wurden.

Entsorgung
Reste von Benzin, Petroleum, Öl werden in ein geeignetes Sammelgefäß gegeben. Benzin-Wasser-Gemische und Petroleum-Wasser-Gemische können mit einem Scheidetrichter getrennt werden.

Fraktionierte Destillation des Erdöls

Erdöl – schwarzes Gold
Aus Erdöl werden wichtige Stoffe wie Auto- und Flugzeugbenzin, Dieselöl und Heizöl gewonnen. Es wird daher manchmal auch als „schwarzes Gold" bezeichnet. Das Erdöl aus den Lagerstätten kann nicht direkt verwendet werden, deshalb wird es in einer Raffinerie aufgearbeitet.

Destillation des Erdöls
Wird Erdöl in einer Destillationsapparatur mit mehreren Kolonnenböden (▷ B 2; V 1) auf ca. 200 °C erhitzt, steigen Dämpfe auf. Ein Teil der Dämpfe kondensiert auf dem ersten Kolonnenboden und bildet dort eine Flüssigkeitsschicht. Ein weiterer Teil der Dämpfe steigt in der Destillationskolonne weiter nach oben und kondensiert erst auf dem zweiten oder dritten Kolonnenboden. Die Temperatur nimmt dabei in der Kolonne von unten nach oben ab. Die Gewinnung unterschiedlicher Destillate ist ein Hinweis dafür, dass Erdöl kein Reinstoff, sondern ein Stoffgemisch ist.

Da die Siedetemperaturen der Bestandteile sehr nahe beieinanderliegen, erhält man jeweils auf den Kolonnenböden keine Reinstoffe, sondern Gemische von Stoffen mit ähnlichen Siedetemperaturen. Solche Stoffgemische werden **Fraktionen** genannt.

Da die Destillation von Erdöl zu unterschiedlichen Erdölfraktionen führt, wird sie **fraktionierte Destillation** genannt.

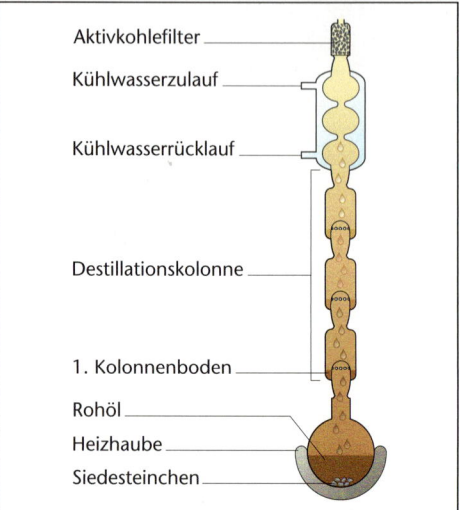

2 Destillation von Erdöl im Versuch

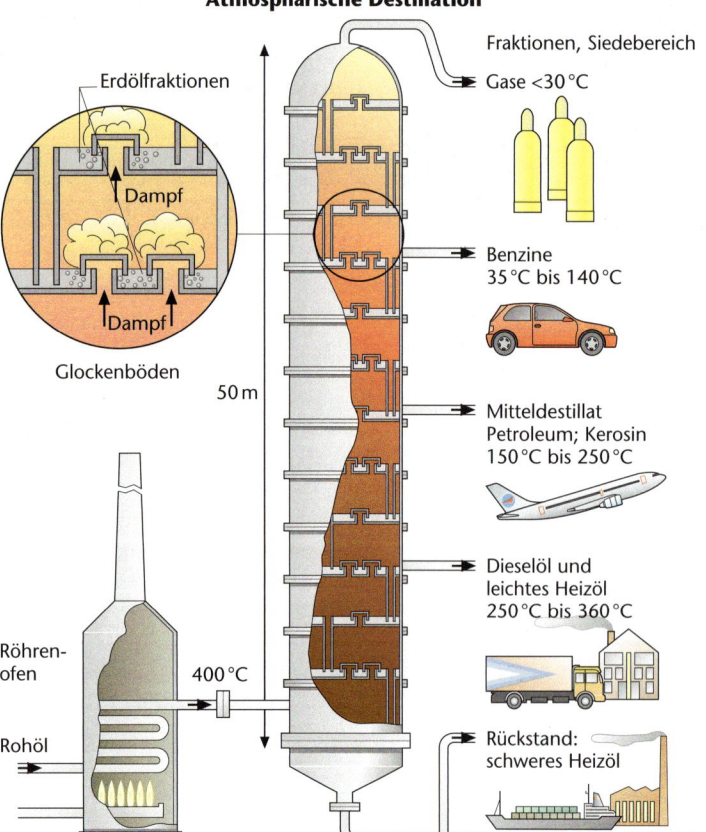

1 Fraktionierte Destillation

> Fraktionen sind Gemische von Stoffen mit ähnlichen Siedetemperaturen. Man gewinnt sie durch fraktionierte Destillation von Erdöl.

Die Raffinerie – eine riesige Destillationsanlage für Erdöl
Die fraktionierte Destillation findet in einer **Raffinerie** statt (▷ B 4). Das Erdöl wird in einem Röhrenofen auf etwa 400 °C erhitzt, wobei es zum größten Teil verdampft. Der Öldampf wird in einen Destillationsturm geleitet. Ähnlich siedende Stoffe kondensieren und sammeln sich auf Zwischenböden, den **Glockenböden**. Von den Glockenböden werden die Erdölfraktionen dann in Lagertanks gepumpt (▷ B 1).

Versuch

1 Man erhitzt in einer Apparatur nach Bild 2 eine Probe künstlichen Erdöls. Nachdem sich auf den unterschiedlichen Kolonnenböden genügend Destillate gesammelt haben, werden diese anschließend auf Farbe, Geruch und Brennbarkeit untersucht (Abzug!).

Fraktionierte Destillation des Erdöls

Bestandteile der Erdöls – Erdölfraktionen

Gasförmige Bestandteile des Erdöls werden als **Raffineriegas** aufgefangen. Dieses wird entweder zu Heizwecken bereits in der Raffinerie verbrannt oder in Stahlflaschen gepresst. Die Gase werden dabei flüssig und kommen als Flüssiggas in den Handel (▷ B 5). Ein Teil des Gases wird abgefackelt. Die Fackel ist eine notwendige Sicherheitseinrichtung, damit sich kein Überdruck aufbauen und die Anlage beschädigen kann.

Auf den höheren Glockenböden des Destillationsturmes sammeln sich die **Benzine**. Sie haben einen Siedebereich von 35 °C bis 140 °C. Etwa 20 % bis 30 % des Erdöls besteht aus Benzinen (▷ B 6). Im mittleren Bereich des Destillationsturms verflüssigen sich die **Mitteldestillate** bei Temperaturen von 150 °C bis 250 °C. Zu den Mitteldestillaten gehören **Petroleum** und **Kerosin** (Flugzeugbenzin).

Mit einem Siedebereich von 250 °C bis 360 °C werden im unteren Bereich des Turmes **Dieselöl** und **leichtes Heizöl** gewonnen.

4 Destillationstürme in einer Raffinerie

Der bei 400 °C verbleibende Rückstand wird als **schweres Heizöl** bezeichnet. Er wird zur Verbrennung in Öl-Kraftwerken verwendet oder zur Weiterverarbeitung in die Vakuumdestillation geleitet.

Vakuumdestillation – Destillation mit Unterdruck

Die bei 400 °C noch zähflüssigen Bestandteile können nicht weiter erhitzt werden, da sie sich bei höheren Temperaturen zersetzen. Diese Bestandteile werden daher in einen weiteren Destillationsturm geleitet, in dem sie bei vermindertem Druck destilliert werden. Bei vermindertem Druck verdampfen die Bestandteile bei einer niedrigeren Siedetemperatur. So wird der Rückstand der atmosphärischen Destillation weiter aufgetrennt (▷ B 3).

Produkte der Vakuumdestillation

Bei vermindertem Druck werden in der Vakuumdestillation aus dem Rückstand **Schmieröle** (▷ B 7) gewonnen. Diese Fraktionen enthalten auch bei Zimmertemperatur feste Bestandteile, die **Paraffine**. Diese werden abgetrennt und z. B. zu Salben oder Kerzen verarbeitet. Der Rückstand der Vakuumdestillation, das **Bitumen**, wird für Isolieranstriche, Straßenbeläge (▷ B 8) und zur Herstellung von Dachpappe verwendet.

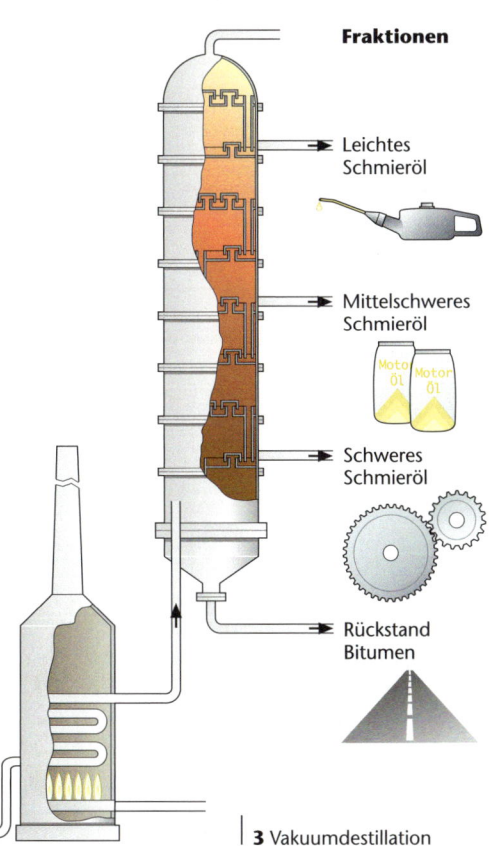

3 Vakuumdestillation

5 Campinggaskocher

6 Benzinkanister

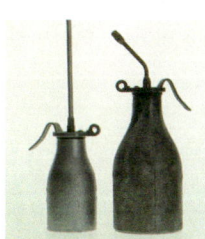

7 Schmierölbehälter

8 Asphalt im Straßenbau

Aufgabe

1 Können Schmieröle und Bitumen nur durch Vakuumdestillation gewonnen werden? Begründe.

Schnittpunkt

Umwelt: Biogas – Treibstoff aus Mist

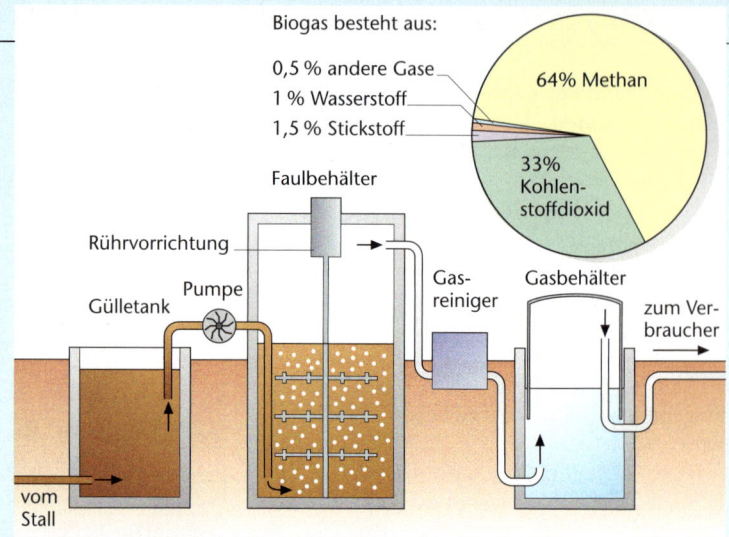

1 Aufbau einer Biogasanlage

Biogas – eine alternative Energiequelle

Die Vorkommen der fossilen Brennstoffe Kohle, Erdöl und Erdgas sind begrenzt. Biogas dagegen wird aus Biomasse (organische Abfälle wie z. B. Pflanzenreste, Gülle) gewonnen und steht daher fast unbegrenzt zur Verfügung. Ein weiterer Vorteil des Biogases ist, dass es im Gegensatz zu fossilen Brennstoffen in der Regel weniger Schwefelverbindungen enthält und daher beim Verbrennen kaum umweltschädigendes Schwefeldioxid bildet. Neben der Sonnen- und Windenergie sowie der Energiegewinnung aus Wasserkraftwerken bildet das Biogas eine wichtige alternative Energiequelle.

Die Biogasanlage – Strom, Wärme und Treibstoff aus Mist

Wenn organische Stoffe unter Luftabschluss faulen, z. B. im Inneren von Misthaufen, in Mülldeponien oder im Inneren eines Faulturms einer Kläranlage, bildet sich ein Gasgemisch, das als **Biogas** bezeichnet wird. Dieses Gas ist aufgrund des hohen Methananteils (▷ B 1) brennbar und kann daher zur Energiegewinnung genutzt werden.

In einer Biogasanlage (▷ B 1) werden organische Stoffe unter Luftabschluss in einem beheizten Faulbehälter mithilfe von **Methanbakterien** zersetzt. Dieser Vorgang wird auch als **Fermentation** bezeichnet. Eine einzige Kuh erzeugt pro Tag etwa 10 bis 20 kg Biomasse. Daraus lassen sich bis zu 3 m^3 Biogas gewinnen. Insgesamt liefert eine Kuh dadurch pro Jahr so viel Energie wie aus der Verbrennung von 300 Liter Heizöl gewonnen wird.

Aus einer Tonne organischen Abfalls können pro Tag 100 bis 160 m^3 Biogas erzeugt werden. Biogas lässt sich als Heizgas oder zur Gewinnung von Strom in Generatoren einsetzen. Biogas lässt sich unter Druck leicht verflüssigen und kann als Treibstoff für PKWs und LKWs genutzt werden.

Abfälle einer Biogasanlage wirtschaftlich genutzt

Ein zusätzlicher Vorteil von Biogasanlagen ist, dass nach dem Ausfaulen ein hochwertiger Dünger zurück bleibt. Dieser ist nahezu geruchsfrei und kann als Naturdünger in der Landwirtschaft genutzt werden.

Werkstatt

Gewinnung von Biogas

Material
Schutzbrille, Becherglas (400 ml), Trichter, Reagenzglas, Reagenzglashalter, Schere, Teichschlamm oder Pflanzenreste, Teich- oder Regenwasser, Holzspan, Streichhölzer

Versuchsanleitung
Gib auf den Boden eines Becherglases Teichschlamm oder klein geschnittene Pflanzenreste. Auf dieses Material wird ein Trichter mit der Öffnung nach unten gestellt. Fülle das Becherglas jetzt zu etwa drei Viertel mit Teich- bzw. Regenwasser. Spanne ein mit Wasser gefülltes Reagenzglas mithilfe eines Reagenzglashalters, wie in der Skizze angegeben, ein. Lass die Apparatur mehrere Tage an einem möglichst warmen Ort (z. B. Heizungsnähe) stehen.

Prüfe das entstandene Gas im Reagenzglas auf Brennbarkeit.

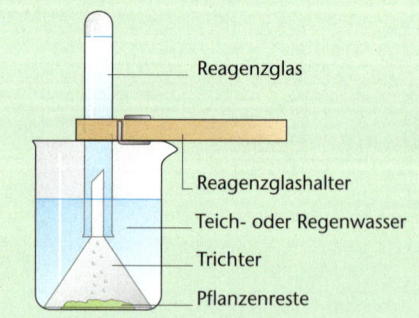

Methan – der Hauptbestandteil des Erdgases

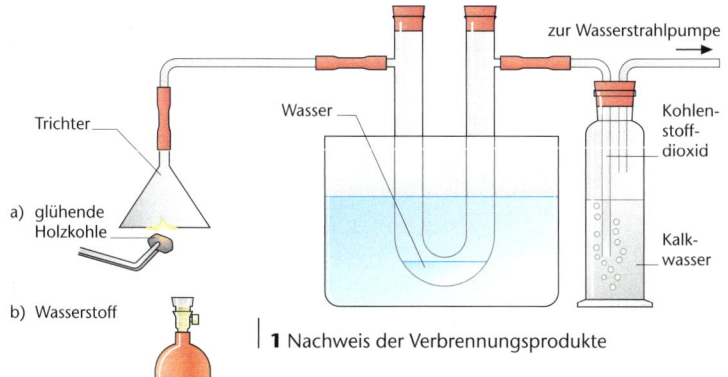

1 Nachweis der Verbrennungsprodukte

Die Verbrennung verrät die Zusammensetzung

Verbrennt man in einer Apparatur Kohlenstoff (▷ B 1; V 1), so trübt sich das Kalkwasser in der Waschflasche aufgrund des entstandenen Kohlenstoffdioxids milchig. Verbrennt man in derselben Apparatur dagegen reinen Wasserstoff, so erhält man im U-Rohr eine Flüssigkeit, die sich mit Watesmopapier als Wasser nachweisen lässt (▷ V 2).
Leitet man die Verbrennungsgase von Erdgas durch die Apparatur (▷ V 2), erhält man beide Reaktionsprodukte: Kohlenstoffdioxid und Wasser. Diese Beobachtung kann dadurch erklärt werden, dass im Erdgas Verbindungen enthalten sind, an deren Aufbau Kohlenstoff- und Wasserstoffatome beteiligt sind.

Außer den Elementen Kohlenstoff und Wasserstoff lassen sich im Erdgas keine weiteren Elemente mehr nachweisen. Erdgas gehört deshalb zu den **Kohlenwasserstoffen**. Erdgas besteht überwiegend aus **Methan**.

▶ Verbindungen, deren Moleküle nur aus Kohlenstoff- und Wasserstoffatomen aufgebaut sind, werden Kohlenwasserstoffe genannt.

2 Erdgas zum Kochen

Methan – Vorkommen und Verwendung

Methan findet man nicht nur im Erdgas. Es entsteht auch in Sümpfen und am Grunde verschmutzter Gewässer, wenn Pflanzen und Tierreste unter Luftabschluss faulen (Faulgas). Methangas hat einen hohen Heizwert. Es wird deshalb hauptsächlich zum Heizen und Kochen eingesetzt (▷ B 2).

Eigenschaften des Methans

Reines Methan ist ein farb- und geruchloses Gas. Es ist leicht entzündlich und verbrennt mit bläulicher Flamme. Im Inneren eines mit Erdgas gefüllten Standzylinders erlischt eine Kerzenflamme (▷ V 3). Methan ist brennbar, unterhält jedoch die Verbrennung nicht. Mit Sauerstoff bildet Methan explosive Gemische. Durch unbemerktes Ausströmen von Erdgas kommt es immer wieder zu schweren Unfällen. Für Explosionen in Bergwerken sind Methan-Luft-Gemische verantwortlich („schlagende Wetter"; ▷ B 3).

Methan – ein Treibhausgas

In der Atmosphäre kommt Methan nur in Spuren vor. Allgemein werden solche Gase als Spurengase bezeichnet. Trotzdem trägt Methan erheblich zum Treibhauseffekt bei. Verglichen mit dem Treibhausgas Kohlenstoffdioxid besitzt Methangas ein 21-fach höheres Treibhauspotenzial. Durch den Einfluss der Menschen erhöht sich der Methananteil jährlich um 1 bis 2 %. Gründe hierfür sind der Nass-Reisanbau („künstliche Sumpfflächen") und die zunehmende Rinderhaltung (ein ausgewachsenes Tier kann bis zu 400 l Methan pro Tag freisetzen).

3 Bergwerkseinsturz nach Explosion eines Methan-Luft-Gemisches

Versuche

1 Man verbrennt in der Apparatur nach Bild 1 ein Stück Holzkohle, leitet die Verbrennungsgase durch ein gekühltes U-Rohr und dann durch eine Waschflasche mit Kalkwasser.

2 Man wiederholt den Versuch 1 mit reinem Wasserstoff und danach mit der Flamme des Gasbrenners. Einige Tropfen der kondensierten Flüssigkeit werden auf Watesmopapier gegeben.

3 Man führt in einen nach unten geöffneten, mit Erdgas gefüllten Standzylinder rasch eine Kerze ein und zieht sie wieder heraus. (Schutzbrille! Schutzscheibe!)

Kohlenwasserstoffe bilden eine Reihe

Name	Summenformel	Kugel-Stab-Modell	Strukturformel
Methan	CH_4		H | H–C–H | H
Ethan	C_2H_6		H H | | H–C–C–H | | H H
Propan	C_3H_8		H H H | | | H–C–C–C–H | | | H H H
Butan	C_4H_{10}		H H H H | | | | H–C–C–C–C–H | | | | H H H H

1 Die ersten vier Glieder aus der homologen Reihe der Alkane

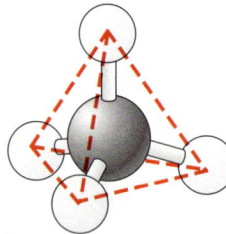

2 Kugel-Stab-Modell des Methanmoleküls: Das Kohlenstoffatom bildet die Mitte eines Tetraeders.

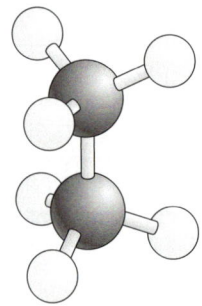

3 Kugel-Stab-Modell des Ethanmoleküls

Erdöl und Erdgas enthalten Kohlenwasserstoffe

Verbrennt man Erdgas oder Erdölfraktionen wie Benzin, Dieselöl oder Petroleum, erhält man die Verbrennungsprodukte Kohlenstoffdioxid und Wasser. Da diese Stoffe Oxidationsprodukte des Kohlenstoffs und des Wasserstoffs sind, müssen die Verbindungen im Erdgas und im Erdöl Kohlenwasserstoffe sein. Ein Kohlenstoffatom ist vierwertig und kann daher 4 Wasserstoffatome binden. Der Kohlenwasserstoff mit dem einfachsten Molekülaufbau ist **Methan** mit der Formel CH_4.

Der Aufbau des Methanmoleküls

Ein Methanmolekül ist aus einem C-Atom und vier H-Atomen aufgebaut. Die Formel CH_4 gibt die Anzahl der Atome im Molekül an, sie wird deshalb auch **Summenformel** genannt. Im Methanmolekül bildet jeweils ein Außenelektron des Kohlenstoffatoms mit dem Elektron jeweils eines Wasserstoffatoms ein bindendes Elektronenpaar. Das Kugel-Stab-Modell (▷B2) zeigt die räumliche Anordnung der Atome im Molekül (Tetraederform).

Vom Molekülmodell zur Strukturformel

Ein Molekülmodell abzuzeichnen wäre sehr aufwändig. Eine Vereinfachung ergibt sich jedoch, wenn man das Molekülmodell in einer Schattenprojektion betrachtet (▷B4, Mitte).

Ersetzt man in einem Schattenbild des Methans die schwarzen Kreisflächen durch die entsprechenden Elementsymbole, dann erhält man eine Darstellung des Moleküls, die als **Strukturformel** bezeichnet wird (▷B4, rechts).

Homologe Reihe der Alkane

Neben dem Methan, dessen Molekül nur ein Kohlenstoffatom enthält, findet man im Erdgas auch Moleküle mit 2, 3 oder 4 C-Atomen. Die Reihe dieser ähnlich aufgebauten Kohlenwasserstoffe nennt man die Reihe der **Alkane**.
Die ersten Glieder der Alkane heißen Methan, Ethan, Propan und Butan (▷B1). Alle Glieder dieser Reihe besitzen die Endsilbe -an. Ab 5 Kohlenstoffatomen leiten sich die Namen von den griechischen Zahlwörtern ab: Pentan, Hexan, Heptan, Octan, Nonan, Decan, usw.

Beim Vergleich der Molekülmodelle (▷B1) fällt auf, dass die Moleküle aufeinander folgender Glieder sehr ähnlich aufgebaut sind und sich nur um jeweils eine CH_2-**Gruppe** unterscheiden. Eine solche Reihe wird allgemein als **homologe Reihe** bezeichnet (griech.: homo, gleichartig). Die allgemeine Summenformel der Alkane lautet C_nH_{2n+2}.

▶ Eine Reihe von Verbindungen, deren Moleküle sich jeweils um eine CH_2-Gruppe unterscheiden, wird homologe Reihe genannt.

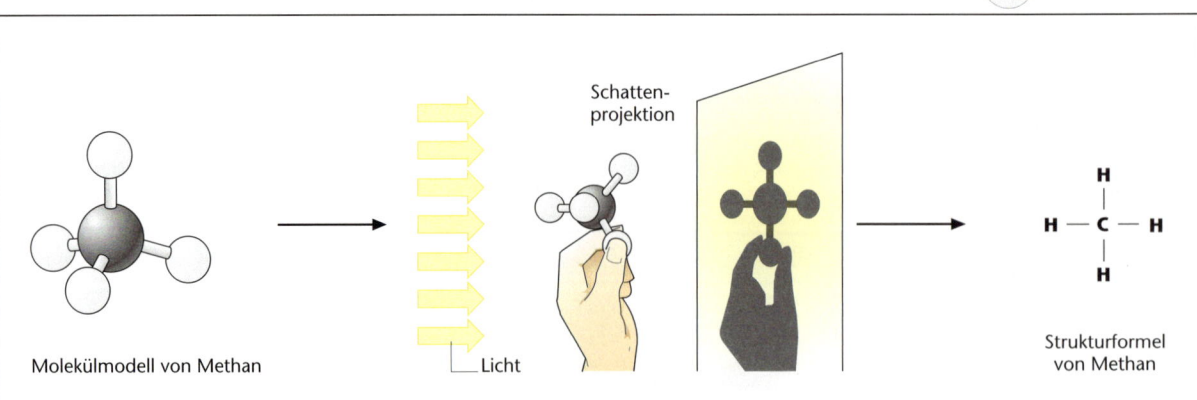

4 Vom Molekülmodell zur Strukturformel

Eigenschaften und Vorkommen der Alkane

In der homologen Reihe der Alkane sind die ersten vier Glieder gasförmig. **Methan** ist zu etwa 90% im Erdgas vorhanden, **Ethan** zu etwa 5%. **Propan** und **Butan** sind Gase, die sich unter Druck leicht verflüssigen lassen und als Campinggas (Propan) oder Feuerzeuggas (Butan) Verwendung finden.

Die mittleren Alkane von **Pentan** bis **Nonan** sind dünnflüssig. Diese Alkane kommen hauptsächlich in Treibstoffen (Benzin, Dieselöl, Kerosin) vor. Alkane, deren Moleküle längere Kohlenstoffketten aufweisen, sind ölig bis zähflüssig (▷ V 1).

Diese Eigenschaft kann mit zunehmenden Anziehungskräften zwischen den Molekülen erklärt werden. Die zwischenmolekularen Anziehungskräfte werden auch **Van-der-Waals-Kräfte** genannt. Ab Heptadecan sind diese Kräfte so stark, dass die Alkane fest sind. Gemische von festen Alkanen werden als Paraffine bezeichnet. **Paraffine** findet man z. B. in Kerzen oder Salben. Je länger die Molekülketten sind, desto stärker rußen und leuchten die Flammen der Alkane (▷ V 2). Langkettige Alkane sind daher zum Verbrennen weniger geeignet.

Name	Formel	Schmelz-temp. (°C)	Siede-temp. (°C)	Dichte (g/cm^3)	Viskosität
Methan	CH_4	−182	−161	* 0,47	
Ethan	C_2H_6	−183	−88	* 0,57	
Propan	C_3H_8	−186	−42	* 0,59	
Butan	C_4H_{10}	−135	−1	* 0,60	
Pentan	C_5H_{12}	−129	36	0,63	
Hexan	C_6H_{14}	−94	68	0,66	nimmt zu
Heptan	C_7H_{16}	−90	98	0,68	
Octan	C_8H_{18}	−56	126	0,70	
Nonan	C_9H_{20}	−53	150	0,72	
Decan	$C_{10}H_{22}$	−30	174	0,73	
⋮	⋮				
Hexadecan	$C_{16}H_{34}$	18	287	0,77	
Heptadecan	$C_{17}H_{36}$	22	302	0,78	

* im flüssigen Zustand (nahe der Siedetemperatur)

5 Eigenschaften der Alkane im Vergleich

Substitution

Alkane sind reaktionsträge. Löst man Brom in Hexan, so entfärbt sich die rotbraune Lösung im Sonnenlicht oder beim Erwärmen (▷ V 3). Bei dieser Reaktion wird im Hexanmolekül ein Wasserstoffatom durch ein Bromatom ersetzt (substituiert; ▷ B 7). Dabei entstehen Bromhexan und Bromwasserstoff, der feuchtes Indikatorpapier rot färbt.

> Eine Reaktion, bei der Atome (oder Atomgruppen) durch andere Atome (oder Atomgruppen) ersetzt werden, nennt man Substitution.

Bei der Reaktion mit Brom wird die Bindung im Brommolekül gespalten und es entstehen als Zwischenprodukte Bromatome mit ungepaarten Elektronen (▷ B 6). Diese Teilchen werden **Radikale** genannt. Kohlenwasserstoffmoleküle, die Halogenatome wie Brom-, Fluor- oder Chloratome enthalten, werden allgemein als **Halogenkohlenwasserstoffe** bezeichnet.

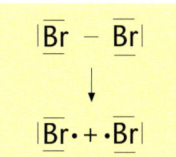

6 Als Zwischenprodukt entstehen Bromradikale.

Versuche

1 ▷ Man misst die Auslaufzeit von je 50 ml Wundbenzin, Petroleum, Fahrradöl und Motorenöl aus einer Bürette.

2 ▷ In einer Porzellanschale wird je eine kleine Portion Wundbenzin, Petroleum und Paraffinöl entzündet (Petroleum und Paraffinöl vorher anwärmen). Man vergleicht die unterschiedlichen Flammen. (Abzug!)

3 ▷ Man gibt in ein Reagenzglas (oder in einen kleinen Erlenmeyerkolben) zu Hexan etwas Brom (Abzug! Schutzbrille!). Anschließend erwärmt man die Lösung oder belichtet sie auf dem Tageslichtprojektor und hält dabei ein feuchtes Indikatorpapier an die Gefäßöffnung.

7 Substitution am Hexanmolekül

Schnittpunkt

Umwelt: CFKW und Ozonloch

1 Satellitenaufnahme vom Ozonloch über der Antarktis (je dunkler blau, desto weniger Ozon)

Halogenkohlenwasserstoffe – vielseitig verwendbar

Manche organischen Moleküle enthalten neben Kohlenstoff- und Wasserstoffatomen noch Halogenatome wie Brom-, Fluor- oder Chloratome. Solche Verbindungen nennt man allgemein **Halogenkohlenwasserstoffe**.

Besonders häufig trifft man Halogenkohlenwasserstoffe an, deren Moleküle Chlor- oder Fluoratome enthalten. Diese Stoffe werden **Chlor-Fluor-Kohlenwasserstoffe** – in Kurzform **CFKW** – genannt. Häufig spricht man auch von Fluor-Chlor-Kohlenwasserstoffen (FCKW).

Gasförmige CFKW lassen sich leicht verflüssigen. Da sie nicht brennbar sind, wurden sie zum Aufschäumen von Kunststoffen, in Feuerlöschern und als Kältemittel in Kühlschränken in großen Mengen verwendet. Bei der Entsorgung von Kühlschränken werden die CFKW heute sorgfältig entfernt. Außerdem sind sie gute Lösungsmittel, besonders für Fette. Deshalb werden CFKW zur Entfettung von Metallteilen und zur chemischen Reinigung von Kleidungsstücken eingesetzt.

CFKW – der Hauptfeind des Ozons

Die Sonne gibt unter anderem für Lebewesen gefährliche UV-Strahlen ab. Diese Strahlen können zu Augenerkrankungen und zu Hautkrebs führen. Ein Teil dieser UV-Strahlen wird durch eine schützende Ozonschicht um die Erde herum abgeschwächt. Ozon ist eine besondere Form des Sauerstoffs mit der Formel O_3. Die Ozonschicht umgibt die Erde in 15 bis 50 km Höhe. Satellitenaufnahmen zeigen, dass der Ozongehalt der Ozonschicht über der Antarktis abnimmt (▷ B 1).

Als Hauptursache für den Ozonabbau werden heute die CFKW angesehen. Bei starker Sonneneinstrahlung können aus den CFKW-Molekülen aggressive Chloratome abgespalten werden. Jedes Chloratom kann in einer Kettenreaktion bis zu 100 000 Ozonmoleküle zerstören. Die schützende Ozonschicht bekommt dadurch ein „Loch" (▷ B 2).

Heute werden in Deutschland CFKW in vielen Bereichen (z. B. als Treibgas in Spraydosen) nicht mehr eingesetzt. Dennoch dauert es noch viele Jahre, bis die früher eingesetzten CFKW in der Atmosphäre abgebaut sein werden.

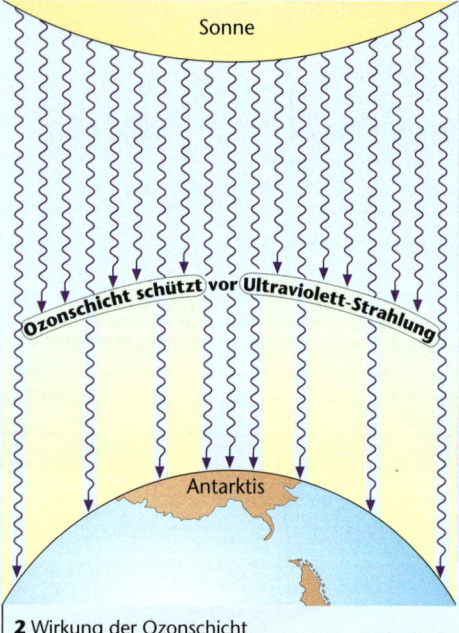

2 Wirkung der Ozonschicht

Werkstatt

Wir untersuchen Feuerzeuggas

1 Auffangen des Feuerzeuggases

Material
Schutzbrille, Feuerzeug, großes Becherglas (weite Form), Reagenzglas, Stopfen, Wasser

Versuchsanleitung
Fülle das Becherglas etwa zu drei Viertel mit Wasser. Fülle ein Reagenzglas mit Wasser, verschließe es mit dem Daumen und halte es umgekehrt in das Becherglas. Jetzt kann das Reagenzglas wieder geöffnet werden, ohne dass Wasser ausläuft.

Tauche das Feuerzeug so in das Becherglas ein, dass sich das Ausströmventil unmittelbar unter der Reagenzglasöffnung befindet (▷ B 1). Betätige das Feuerzeug und lasse die Gasblasen in dem Reagenzglas aufsteigen. Wenn das Reagenzglas mit Gas gefüllt ist, verschließe es mit einem Stopfen und nimm es aus dem Wasser heraus.

Nach dem Versuch muss das Feuerzeug mehrere Male betätigt werden, damit es wieder funktioniert.

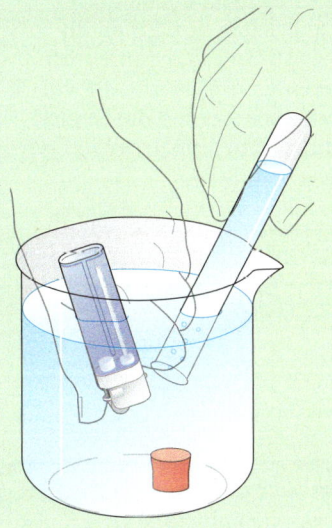
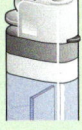

| 1 Auffangen des Feuerzeuggases

2 Brennbarkeit

Material
Schutzbrille, mit Gas gefülltes Reagenzglas aus Versuch 1, Holzspan, Reagenzglashalter, Feuerzeug

Versuchsanleitung
Entzünde den Holzspan mit dem Feuerzeug. Halte das Reagenzglas aus Versuch 1 bei der Versuchsdurchführung mit einem Reagenzglashalter fest (▷ B 2). Entferne dann den Stopfen des Reagenzglases und halte den brennenden Holzspan unmittelbar an die Reagenzglasöffnung.

| 2 Brennbarkeit

3 Reibzünder

Material
Schutzbrille, Feuerzeug, Gasanzünder mit Reibstein (Reibzünder)

Versuchsanleitung
Lasse Gas aus dem Feuerzeug ausströmen. Betätige in einem Abstand von etwa 5 cm einen Gasanzünder mit Reibstein (▷ B 3).

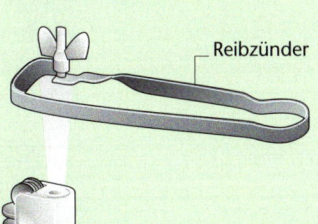

| 3 Zündung durch Reibung

4 Untersuchung der Verbrennungsgase

Material
Schutzbrille, Feuerzeug, Stativ, Doppelmuffe, Universalklemme, Standzylinder, Deckglas, Kalkwasser, Watesmopapier

Versuchsanleitung
Spanne den Standzylinder mit der Öffnung nach unten ins Stativ ein. Halte das brennende Feuerzeug etwa 20 Sekunden unmittelbar unter den Standzylinder, sodass die Verbrennungsgase in den Zylinder einströmen können (▷ B 4). Prüfe sofort den entstehenden Beschlag an der Glaswand mit Watesmopapier. Lasse erneut Verbrennungsgas in den Standzylinder einströmen. Fasse den Standzylinder am Fuß, drehe ihn um und gib jetzt einige Milliliter Kalkwasser hinein. Verschließe den Zylinder mit dem Deckglas und schüttle ihn einige Male kräftig.

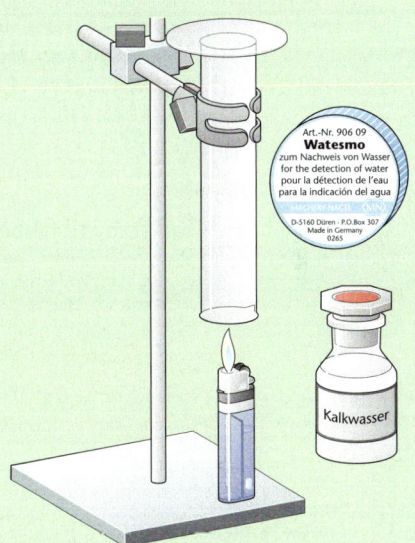

| 4 Untersuchung der Verbrennungsgase

Aufgaben

1. Fertige eine Skizze eines Feuerzeuges an, in der die wichtigsten Teile deutlich werden.

2. Deute die Zusammensetzung des Feuerzeuggases aufgrund der Versuchsergebnisse.

Kohlenwasserstoffe und ihre Namen

Modell	Summenformel	Strukturformel	Name
	C_4H_{10}	H H H H H–C–C–C–C–H H H H H	Butan
	C_4H_{10}	H H H H–C–C–C–H H H–C–H H H	Isobutan

1 Isomere des Butans

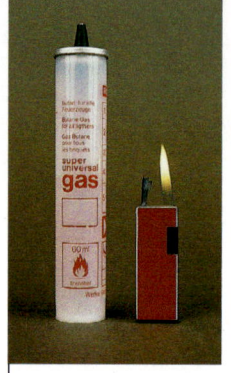

2 Butan als Feuerzeuggas **3** Butangas-Kartusche

Eine Summenformel – zwei Strukturformeln
Butangas, das in flüssiger Form in Feuerzeugen oder Gaskartuschen vorkommt, hat die Summenformel C_4H_{10}. Beim Bau des Molekülmodells kann man feststellen, dass es zwei unterschiedliche Anordnungen der Atome gibt. Es gibt ein kettenförmiges und ein verzweigtes Molekül (▷ B 1). Der Summenformel C_4H_{10} entsprechen also zwei mögliche Strukturformeln. Da die Eigenschaften eines Stoffes auch von der Anordnung der Atome abhängen, gibt es zwei unterschiedliche Stoffe mit der Summenformel C_4H_{10}, nämlich Butan und Isobutan. Man bezeichnet sie als **Isomere**.

▶ Moleküle mit gleicher Summenformel, jedoch unterschiedlichen Strukturformeln, heißen Isomere.

Isomerie bei Alkanen
Bei allen auf das Butan folgenden Alkanen lassen sich ebenfalls Isomere nachweisen. Ihre Zahl nimmt mit steigender Kettenlänge rasch zu (▷ B 5). Bei einem Alkan mit 25 Kohlenstoffatomen sind schon 36 Millionen Isomeriemöglichkeiten gegeben.

Namensgebung bei Isomeren
Um die Vielzahl an Isomeren einheitlich zu benennen, hat man ein genaues Benennungssystem entwickelt.
Verzweigte Alkanmoleküle bestehen aus einer Hauptkette und einer oder mehreren kürzeren Seitenketten (Verzweigungen). Die Hauptkette wird mit dem dazugehörigen Alkannamen benannt.
Seitenketten haben jeweils ein Wasserstoffatom weniger. Man bezeichnet solche Molekülreste mit der Endsilbe –yl und nennt sie Alkylreste oder Alkylgruppen. Von Methan wird so z. B. die Methylgruppe –CH_3 abgeleitet, von Ethan die Ethylgruppe –C_2H_5 usw. Die Namen der Seitenketten werden der Hauptkette vorangestellt. Zusätzlich werden die Namen dieser Alkylgruppen in alphabetischer Reihenfolge angegeben (▷ B 4).

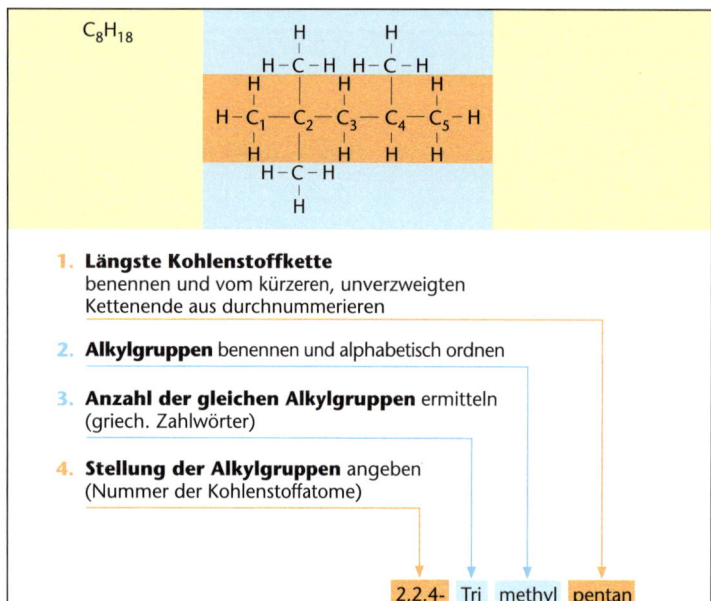

4 Benennung von Isomeren. Die Länge der Hauptkette bestimmt den Grundnamen der Verbindung.

Anzahl der Kohlenstoffatome	1	2	3	4	5	6	7	8	9	10
Anzahl der Isomeren	–	–	–	2	3	5	9	18	35	75

5 Kettenlänge und Isomerie

Aufgaben

1 Zeichne die Strukturformeln der Isomere des Pentans.

2 Gib den systematischen Namen des Isobutans an.

Rund um die Tankstelle

1 Benzintreibstoffe

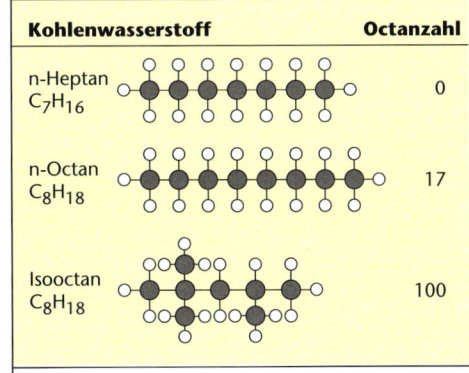

2 Octanzahl und Verzweigung

Für jeden Motor den richtigen Treibstoff

Ein Blick auf die Zapfsäulen einer Tankstelle zeigt die verschiedenen Treibstoffsorten (▷B 1). Da Diesel- und Benzinmotoren unterschiedlich arbeiten, benötigen sie auch unterschiedliche Treibstoffe. Für manche Benzinmotoren ist Superbenzin ausreichend, andere dagegen benötigen Super Plus.

Verbrennung – normal oder klopfend

Arbeitet ein Benzinmotor richtig, wird das im Zylinder befindliche Benzin-Luft-Gemisch genau dann gezündet, wenn der Kolben die höchste Stellung im Zylinder erreicht hat (▷B 3). Die Zündung erfolgt dabei mithilfe der Zündkerze (▷V 1). Bei der Aufwärtsbewegung des Kolbens wird das Benzin-Luft-Gemisch stark verdichtet. Dabei kann es sich so stark erwärmen, dass es sich bereits entzündet, bevor der Kolben die höchste Stellung erreicht hat und ein Funke aus der Zündkerze kommt (▷B 4). Dadurch wird auf den Kolben zu früh ein starker Explosionsdruck ausgelöst, der die Aufwärtsbewegung hemmt. Diese Fehlzündungen sind als **Klopfen** des Motors hörbar. Das Klopfen verringert die Leistung und kann den Motor beschädigen. Um dieses zu verhindern, muss das Benzin klopffest gemacht werden.

Klopffestigkeit – die Octanzahl entscheidet

Im Benzin sind über 150 verschiedene Kohlenwasserstoffe zu finden. Dabei findet man Alkane mit verzweigten und unverzweigten Molekülen (▷B 2). Alkane mit verzweigten Molekülen besitzen eine hohe, Alkane mit unverzweigten Molekülen dagegen eine niedrige **Klopffestigkeit**. Die Klopffestigkeit wird mit der Octanzahl OZ angegeben.

Als Bezugsgröße für die Klopffestigkeit dient das in Bild 2 abgebildete verzweigte Octan (Isooctan), das besonders klopffest ist und die OZ 100 erhält. Heptan mit kettenförmigen, unverzweigten Molekülen erhält dagegen die OZ 0. Ein Benzin hat demnach z. B. die OZ 80, wenn es so klopffest ist wie ein Gemisch aus 80 % des Isooctans und 20 % des Heptans.

▶ Die Octanzahl gibt die Klopffestigkeit eines Benzins an. Kohlenwasserstoffe mit verzweigten Molekülen sind klopffester als Kohlenwasserstoffe mit unverzweigten Molekülen.

An Tankstellen wird die Octanzahl angegeben. Superbenzin hat in Deutschland die OZ 95 und Super Plus die OZ 98.

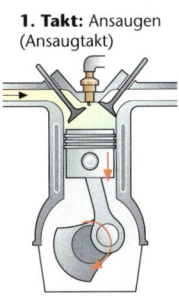

1. Takt: Ansaugen (Ansaugtakt)

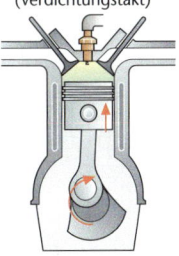

2. Takt: Verdichten (Verdichtungstakt)

Zündung

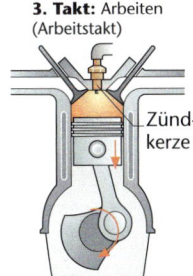

3. Takt: Arbeiten (Arbeitstakt)

Zündkerze

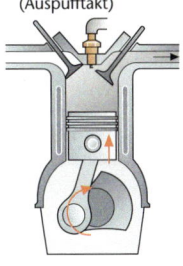

4. Takt: Auspuffen (Auspufftakt)

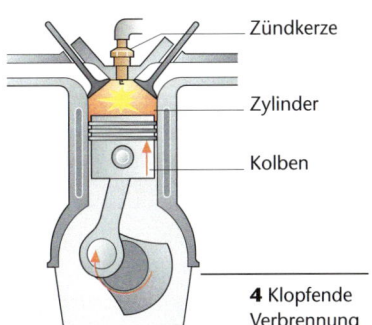

Zündkerze
Zylinder
Kolben

3 Nicht klopfende Verbrennung

4 Klopfende Verbrennung

Versuch

1 ▶ Man tropft mit einer Pipette 4 bis 5 Tropfen Wundbenzin in ein Zündrohr, verschließt mit einem Kunststoffdeckel, schüttelt gut durch und zündet dann mithilfe des Piezo-Zünders.
Man wiederholt den Versuch nach gründlichem Belüften des Rohres mit einer geringeren und einer höheren Tropfenzahl (Schutzbrille! Schutzscheibe!).

Schnittpunkt

Technik: Abgasreinigung

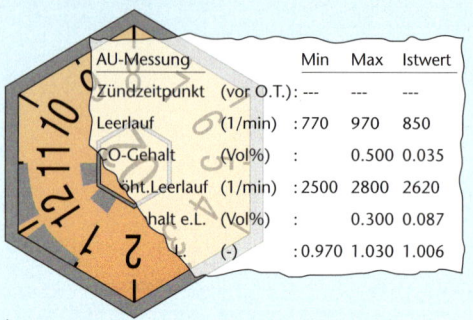

1 AU-Plakette und Prüfprotokoll

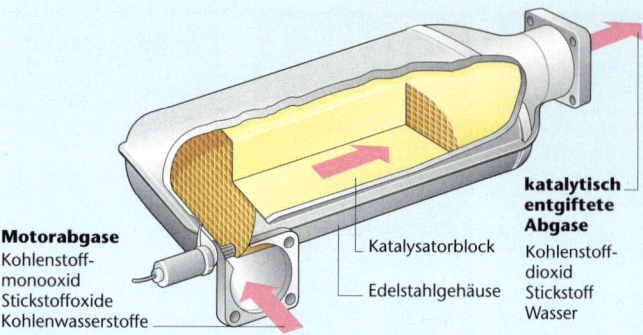

2 Der Drei-Wege-Katalysator

PKW-Abgase auf dem Prüfstand

Auf dem vorderen Kennzeichen der Autos befindet sich eine sechseckige Plakette (▷ B 1), die auf den nächsten Termin der Abgasuntersuchung hinweist. Dabei wird in der Mitte der Plakette das Jahr der nächsten Überprüfung angegeben, die Zahl in der oberen Ecke gibt den Monat an. Abgasuntersuchungen müssen regelmäßig durchgeführt werden, um sicherzustellen, dass ein Motor nicht zuviel Schadstoff produziert. Nach der Abgasuntersuchung erhält man ein Protokoll mit den Messergebnissen.

Schadstoffe bei der Benzin- und Dieselverbrennung

Zu den wichtigsten Schadstoffen des Motorabgases gehören Kohlenstoffmonooxid, Stickstoffoxide (z. B. Stickstoffmonooxid und Stickstoffdioxid) und bei der Dieselverbrennung Rußpartikel.
Ein geringer Teil des Benzins verbrennt überhaupt nicht und wird zu neuen Kohlenwasserstoffen umgewandelt. Da die Schadstoffe umwelt- und gesundheitsschädlich sind, muss ihr Anteil im Abgas möglichst gering gehalten werden.

Abgasreinigung mit dem Drei-Wege-Kat

Der Abgaskatalysator besteht aus einem Keramikkörper, durch den zahlreiche dünne Kanäle verlaufen (▷ B 2). Die Wandungen der Kanäle sind mit den Katalysatormetallen Platin, Rhodium und Palladium beschichtet. Je nach Motorgröße werden etwa 2 g bis 3 g dieser Metalle verwendet. An den Katalysatoroberflächen werden die Schadstoffe durch Reduktions- und Oxidationsvorgänge umgewandelt. Kohlenstoffmonooxid wird zu Kohlenstoffdioxid, unverbrannte Kohlenwasserstoffe werden zu Kohlenstoffdioxid und Wasser oxidiert. Stickstoffoxide dagegen werden zu unschädlichem Stickstoff reduziert. Weil die Umwandlung der Schadstoffe auf drei unterschiedlichen Wegen verläuft, wird der Abgaskatalysator auch **Drei-Wege-Kat** genannt.

Der Rußpartikelfilter

Rußpartikel aus Dieselfahrzeugen tragen zur Feinstaubbelastung in der Atemluft bei. Da Feinstaub aus sehr kleinen Partikeln besteht, kann er beim Atmen in die Lunge gelangen und ist deshalb gesundheitsgefährdend.
Rußpartikelfilter in Dieselfahrzeugen arbeiten nach unterschiedlichen Verfahren. In dem abgebildeten Beispiel (▷ B 3) werden die Rußpartikel in Filtertaschen zunächst festgehalten. Ist eine bestimmte Menge erreicht, wird die Temperatur im Rußpartikelfilter gesteigert, sodass die Rußpartikel zu Kohlenstoffdioxid verbrennen können. Dieser Vorgang wird als Regeneration des Filters bezeichnet. Auf diese Weise können bis zu 100 % der Rußpartikel aus dem Abgas entfernt werden.

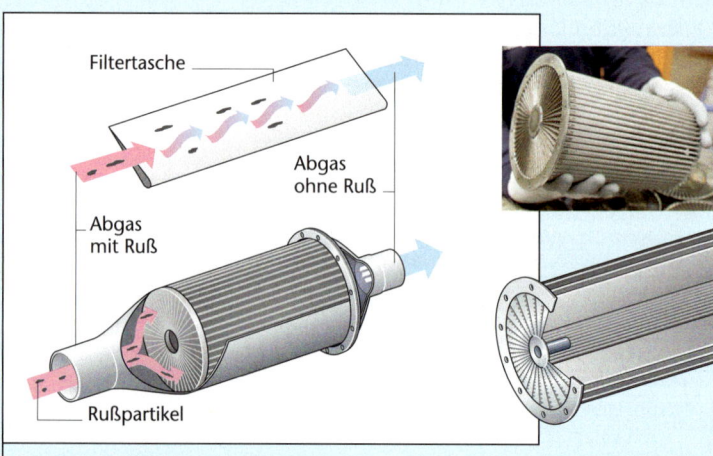

3 Rußpartikelfilter für Dieselfahrzeuge

Alkene – reaktionsfähige Produkte

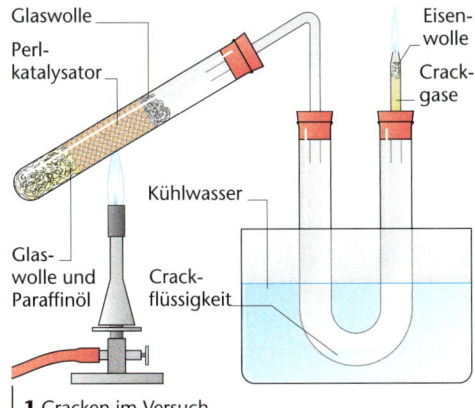

1 Cracken im Versuch

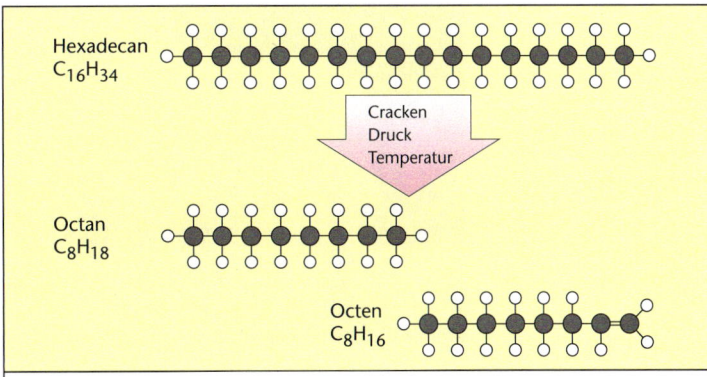

2 Cracken: Aufbrechen langer Moleküle

Gewinnung von Benzin durch Cracken
Paraffinöl ist nicht leicht brennbar und riecht nicht nach Benzin. Wird Paraffinöl erhitzt und über heiße Katalysatorperlen geleitet (▷ B 1; V 1), bilden sich eine nach Benzin riechende Flüssigkeit und ein brennbares Gas. Bei diesem Versuch sind langkettige Kohlenwasserstoffmoleküle des Paraffinöls in kleinere Moleküle aufgespalten worden. Die kleineren Moleküle sind Bestandteile des Benzins.

Das Aufbrechen langer Moleküle wird **Cracken** genannt (engl.: to crack, aufbrechen). Durch Crackverfahren wird in einer Raffinerie die Benzinausbeute aus Erdöl erhöht.

▶ Durch Cracken können langkettige Kohlenwasserstoffmoleküle in kurzkettige Moleküle aufgespalten werden.

Alkene – reaktionsfähige Crackprodukte
Gibt man zu der im Versuch 1 gewonnenen Crackflüssigkeit etwas angesäuerte Kaliumpermanganatlösung, dann entfärbt sich die zuvor intensiv violett gefärbte Lösung sehr rasch. Dieses ist ein Nachweis (Bayer´sche Probe) dafür, dass sich beim Cracken Kohlenwasserstoffmoleküle mit **Doppelbindungen** gebildet haben. Man nennt diese Moleküle **Alkene**.

Die homologe Reihe der Alkene
Wie die Alkane bilden auch die Alkene eine **homologe Reihe**. Das einfachste Alken ist Ethen mit der Formel C_2H_4, dann folgen Propen C_3H_6, Buten C_4H_8 und Penten C_5H_{10}.

Die allgemeine Summenformel der Alkene lautet C_nH_{2n}. In den Strukturformeln wird die Doppelbindung mit einem Doppelstrich gekennzeichnet (▷ B 3).

▶ Alkene sind Kohlenwasserstoffe, deren Moleküle Doppelbindungen aufweisen. Sie haben die allgemeine Formel C_nH_{2n}

Addition
Kohlenwasserstoffe, deren Moleküle **C=C-Doppelbindungen** aufweisen, sind reaktionsfähiger als Moleküle ohne Doppelbindungen. Wenn man z. B. Ethen mit Bromdampf mischt, so tritt rasch Entfärbung ein.
Dieses kann dadurch erklärt werden, dass die Doppelbindungen leicht aufbrechen und Bromatome gebunden werden können (▷ B 3). Eine solche Reaktion wird als **Addition** bezeichnet.

▶ Die Bindung von Atomen oder Atomgruppen an einer Doppelbindung heißt Addition.

Versuch

1 Man erhitzt in einer Apparatur nach Bild 1 zunächst die Katalysatorperlen und bringt dann ca. 5 ml Paraffinöl zum Sieden. Nach Durchführung der Knallgasprobe werden die Gase an der Glasrohrspitze entzündet.
Ein Teil der Crackflüssigkeit im U-Rohr wird auf Geruch und Entflammbarkeit geprüft (Abzug!), der andere wird mit etwas angesäuerter Kaliumpermanganatlösung versetzt.

$$\begin{array}{c} H \\ | \\ C=C \\ | \\ H \end{array} \begin{array}{c} H \\ | \\ \\ | \\ H \end{array} + Br_2 \longrightarrow H-\overset{Br}{\underset{H}{C}}-\overset{H}{\underset{Br}{C}}-H$$

3 Addition von Brom an Ethen

Die Vielfalt der Kohlenwasserstoffe

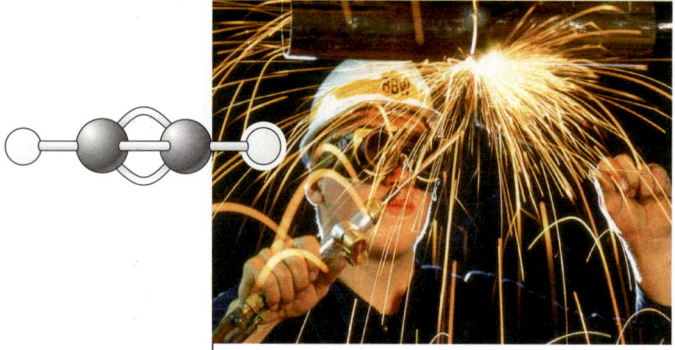

1 Acetylen – ein Schweißgas

Acetylen – ein Schweißgas

Beim Schweißen und Schneiden (▷B 1) erhält man eine helle, sehr heiße Flamme von etwa 3 000 °C. Diese hohe Temperatur wird nur erreicht, weil dem Schweißgas Acetylen Sauerstoff beigemischt ist. Acetylen ist ein Kohlenwasserstoff mit dem chemischen Namen **Ethin** und der Formel C_2H_2.

Das Ethinmolekül weist zwischen den C-Atomen eine **Dreifachbindung** auf. Es ist das erste und wichtigste Glied der homologen Reihe der **Alkine** mit der allgemeinen Summenformel C_nH_{2n-2}.

▶ Alkine sind Kohlenwasserstoffe, deren Moleküle Dreifachbindungen aufweisen.

Ringförmige Kohlenwasserstoffmoleküle – Bestandteile im Benzin

Ein Bestandteil des Benzins ist ein Stoff mit der Summenformel C_6H_{12}. Dieser Stoff müsste der Summenformel nach eigentlich ein Alken sein. Überraschenderweise entfärbt dieser Stoff aber eine Kaliumpermanganatlösung nicht.
Es liegt die besondere Struktur einer Ringverbindung vor.
Cyclohexan (▷B 3) gehört zu den Kohlenwasserstoffen, deren Verbindungen ringförmig aufgebaut sind. Ihrem Namen wird die Silbe **Cyclo** (griech.: kyklos, Kreis) vorangestellt.

Benzol – hohe Klopffestigkeit

Das **Benzol** mit der Formel C_6H_6 wurde 1825 von MICHAEL FARADAY im Steinkohlenteer entdeckt.
Benzol ist eine farblose, aromatisch riechende Flüssigkeit, die giftig und krebserzeugend ist. Wegen seiner hohen Klopffestigkeit wird Benzol den Benzinen zugegeben (▷B 2). Beim Tanken sollte wegen des Benzolgehaltes das Einatmen der Benzindämpfe vermieden werden. Aus diesem Grund sollten Zapfpistolen mit einem Rückführungssystem (Saugrüssel; ▷B 4) ausgestattet sein.

Ottokraftstoff enthält: Benzin, Benzolgehalt (0,1–1%)

Hochentzündlich

Giftig

Umweltgefährlich

Hinweise auf besondere Gefahren: Kann Krebs erzeugen. Reizt die Haut. Auch gesundheitsschädlich: Gefahr ernster Gesundheitsschäden bei längerer Exposition durch Einatmen, Berührung mit der Haut und durch Verschlucken. Kann beim Verschlucken Lungenschäden verursachen. Giftig für Wasserorganismen, kann in Gewässern längerfristig schädliche Wirkung haben.

Sicherheitsratschläge: Exposition vermeiden. Darf nicht in die Hände von Kindern gelangen. Dampf nicht einatmen. Berührung mit der Haut vermeiden. Nicht in die Kanalisation gelangen lassen. Bei Verschlucken kein Erbrechen herbeiführen. Sofort ärztlichen Rat einholen. Von Zündquellen fernhalten – Nicht rauchen. Bei Unfall oder Unwohlsein sofort Arzt hinzuziehen. Freisetzung in die Umwelt vermeiden.

2 Benzol im Ottokraftstoff

4 Zapfpistole mit Rückführungssystem

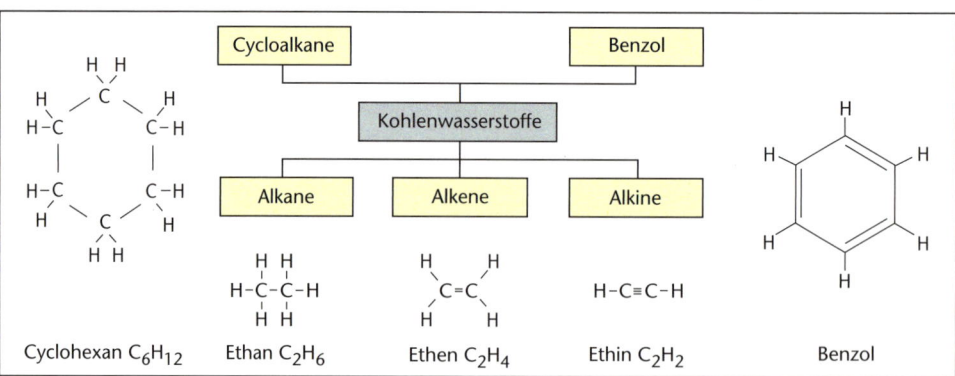

3 Vielfalt der Kohlenwasserstoffe

Strategie

Gruppenpuzzle

Einzelwissen gemeinsam nutzen

Wenn man sich die Inhalte eines neuen Themas in kurzer Zeit aneignen möchte, so bedeutet das viel Arbeit für den Einzelnen. In einer Gruppe geht es viel schneller, wenn das komplexe Thema in drei bis vier gleichwertige **Unterthemen** aufgeteilt werden kann. Die Themen werden jeweils von einzelnen Experten bearbeitet und anschließend in der Gruppe erklärt.
Im Folgenden wird eine Möglichkeit der Durchführung des Gruppenpuzzles in 90 Minuten (inkl. Zeit für Gruppenwechsel) am Beispiel des Themas „**Die Vielfalt der Kohlenwasserstoffe**" erklärt.

Das komplexe Thema wird in drei Unterthemen aufgeteilt:
Thema A: Die Alkene
Thema B: Die Alkine
Thema C: Die Cycloalkane

A. Bildung der Stammgruppen
Die Klasse wird in Dreiergruppen eingeteilt. Das sind die **Stammgruppen**. Die Mitglieder einer Stammgruppe teilen die Themen A, B, C selbst untereinander auf. Jeder liest zunächst alleine seinen Text im Buch durch. Die wichtigsten Inhalte werden im Heft zusammengefasst. Die Aufgaben zum Text sind schriftlich zu bearbeiten.

B. Austausch in der Expertengruppe
Die Schüler, die sich in den verschiedenen Gruppen über dasselbe Thema zum Experten gemacht haben, bilden nun eine neue Dreier- oder Vierergruppe, je nach Zahl der Schüler der Klasse. Das sind die **Expertengruppen**.
Die erarbeiteten Texte und Aufgaben werden in der Expertengruppe verglichen und diskutiert. Jeder hilft jedem.
Anschließend bereitet sich jeder Experte alleine auf die Vermittlung seines Themas in seiner alten Stammgruppe vor.

C. Vermittlung in der Stammgruppe
Nach der Vorbereitung geht jeder Schüler in seine Stammgruppe zurück. Hier erklärt der Schüler mit dem Thema A den Inhalt seines Textes in maximal zehn Minuten seinen Gruppenmitgliedern. Danach erklären die Schüler mit den Themen B und C jeweils ihre Inhalte. Die vorgegebenen Zeiten sind einzuhalten.

D. Sicherung der gelernten Inhalte
Die wichtigsten Begriffe zu allen drei Themen werden vom Lehrer benannt. Zur Sicherung des Wissens werden diese Begriffe von jedem Schüler sortiert und in eine Struktur gelegt (Kartenmethode).

E. Weiterführung des Gruppenpuzzles
Das Thema, das mit dem Gruppenpuzzle erarbeitet wurde, kann vertieft werden durch:
- Kurzpräsentationen der Gruppen,
- Schriftliche Zusammenfassungen durch jeden Schüler oder jede Expertengruppe,
- Erstellen eines Lernplakates durch einzelne Schüler oder die Stammgruppen,
- Bearbeitung komplexer Aufgaben, die das Wissen aller drei Themen erfordern.

1 Ablauf eines Gruppenpuzzles

1. Bildung von Stammgruppen: Themenauswahl und Lesezeit (5 + 10 min)

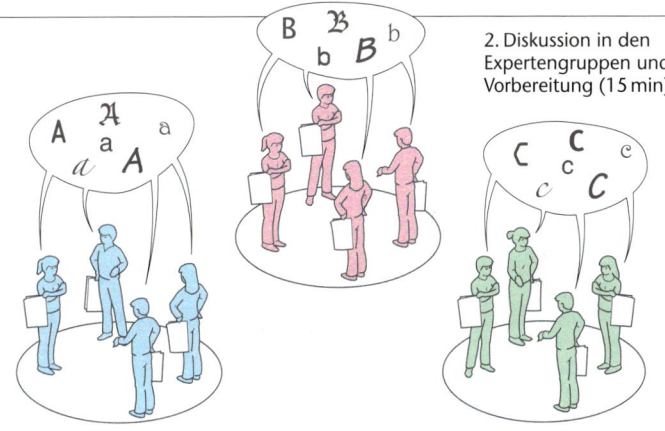

2. Diskussion in den Expertengruppen und Vorbereitung (15 min)

3. Zurück in den Stammgruppen: Wissensvermittlung (3 x 10 min)

4. Einzelarbeit: Sortieraufgabe und Strukturlegen (10 min), Hausaufgabe

Schnittpunkt
Umwelt: Energiegewinnung auf dem Prüfstand

E-Lok

Medizinische Technik

Telefon

Computermonitor

1 Elektrische Energie macht mobil

Das heutige Leben ist energiegeladen
Ohne Energie wäre unser heutiges Leben undenkbar. Handys, CD- und DVD-Player, Fernsehgeräte und Computer benötigen zum Betrieb ständig Energie. Ohne Zufuhr von Energie würde sich kein Auto, kein Bus, keine Bahn, kein Flugzeug fortbewegen (▷ B 1).

Energie – woher?
Unser Energiebedarf wird hauptsächlich durch Verbrennungsreaktionen gedeckt. In der Natur vorkommende Brennstoffe wie **Kohle** und **Erdgas** oder aus natürlichen Rohstoffen hergestellte Stoffe (Heizöl und Benzin aus **Erdöl**) sind Energieträger und werden zur Bereitstellung von nutzbarer Energie verbrannt. Dabei gewinnt man Wärmeenergie, elektrische und mechanische Energie, die sogenannte Nutzenergie.

Verarbeitung von Energieträgern
In Erdölraffinerien wird das Rohöl unter anderem zu Benzin, Kerosin, Dieselöl und Heizöl verarbeitet. Die Kraftstoffe Benzin, Dieselöl und Kerosin treiben Autos, Lastwagen und Flugzeuge an.
Bei der Verbrennung entstehen aus energiereichen Stoffen energiearme Reaktionsprodukte. Von der dabei frei werdenden Energie kann nur ein geringer Teil genutzt werden. So kann z. B. ein Auto nur 16 % der Energie, die im Benzin steckt, in Bewegungsenergie umwandeln.

2 Wasserkraftwerke

3 Biomasse

Energie aus der Steckdose?
Bevor wir elektrische Energie beispielsweise zum Betreiben eines Fernsehgerätes einsetzen, hat diese bereits einen langen Weg zurückgelegt. Ein Großteil der elektrischen Energie stammt aus Kraftwerken, in denen mithilfe von Verbrennungswärme Wasserdampf erzeugt wird. Dieser treibt über Turbinen Generatoren an, die elektrischen Strom erzeugen.

Energiegewinnung aus Sicht der Umwelt
Ein großer Teil der Energie, die uns heute zur Verfügung steht, wird durch Verbrennung fossiler Brennstoffe gewonnen. Dabei entstehen jedoch auch viele gasförmige Verbrennungsprodukte, die zur Luftverschmutzung und zum Treibhauseffekt beitragen. Außerdem reicht der Vorrat fossiler Brennstoffe nur noch eine begrenzte Zeit. Aus diesen Gründen wird heute intensiv versucht, andere Energiequellen zu erschließen. Zu diesen alternativen Energiequellen gehören **Wasser**- und **Windkraft** (▷ B 2; B 6) sowie **Solarenergie** (▷ B 4) und die **Verwertung von Biomasse** (▷ B 3).

Energie sparen
Der größte Teil der Energie im Haushalt wird zum Heizen genutzt. Ein Wärmefoto, aufgenommen mit einer wärmeempfindlichen Spezialkamera, verdeutlicht den Wärmeverlust eines Hauses (▷ B 5). Rote und gelbe Bereiche im Foto zeigen, wo am meisten Wärme verloren geht. Wärmeschutzverglaste Fenster oder eine verbesserte Wärmedämmung der Außenwände können viel Heizenergie sparen. Auch durch energiebewusstes Verhalten lässt sich der Energiebedarf verringern. Wird z. B. die Raumtemperatur nur um ein Grad gesenkt, sind die Heizkosten um ca. 6 % niedriger. Eine besondere Art der Energieverschwendung ist der Standby-Betrieb von elektronischen Geräten. Die Energie sparende Lösung ist, das Gerät einfach abzuschalten, wenn es nicht benötigt wird.

6 Windkraft

4 Solarenergie wird auf einem Hausdach genutzt

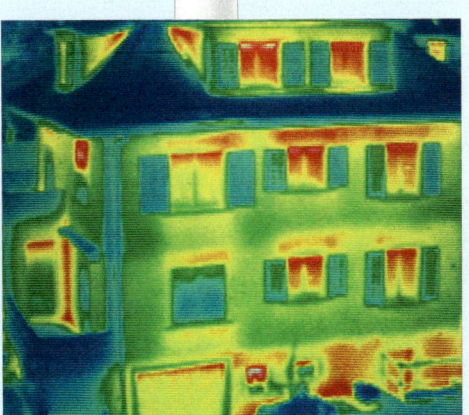
5 Wärmeverluste werden sichtbar

Kunststoffe – Erdölprodukte mit vielfältigen Eigenschaften

Kunststoff, aus Erdöl gewonnen

Aus Erdöl lassen sich nicht nur Treib- und Schmierstoffe gewinnen. Durch unterschiedliche Synthesereaktionen können auch zahlreiche Kunststoffe für den unterschiedlichsten Einsatz gewonnen werden. So lassen sich aus einer gleich großen Menge an Erdöl entweder 100 Liter Benzin gewinnen oder eine Vielzahl unterschiedlicher Produkte aus Kunststoffen herstellen (▷ B 1). Erdöl ist also ein wertvoller Rohstoff, der zum Verbrennen eigentlich viel zu schade ist.

Vorteilhafte Eigenschaften von Kunststoffen

Kunststoffteile werden als Ersatzstoffe für Metallteile in Autos eingebaut (▷ B 4; B 5). Dabei wird die Eigenschaft der geringen Dichte der Kunststoffteile ausgenutzt (▷ V 4; B 2). Weil Kunststoffteile leichter als viele Metallteile sind, senken sie das Gewicht und damit den Benzinverbrauch eines Autos.

Viele Kunststoffe sind zudem wasser-, luft- und lichtbeständig. Sie können in nahezu jede Form gegossen, gespritzt oder gepresst werden.

Selbst komplizierte Formen lassen sich schnell und preiswert herstellen. So werden ganze Armaturenbretter, Gehäuse für Computer, Fernseher und vieles mehr produziert. Andere Kunststoffteile werden nachträglich erhitzt und dann entsprechend geformt. Diese Eigenschaft wird als Verformbarkeit bezeichnet.

Kunststoffe sind in der Regel elektrische Nichtleiter (▷ V 1). Sie werden deshalb auch verwendet, um Stromkabel zu isolieren.

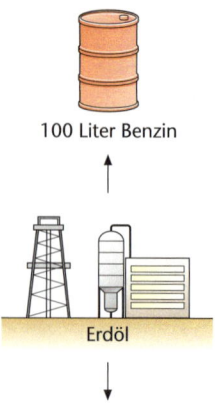

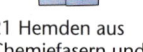
21 Hemden aus Chemiefasern und

1 Autoreifen und

4 Bierkisten und

6 Mülltonnen aus Kunststoff und

200 Strumpfhosen

1 Erdöl – Energieträger oder Rohstoff?

4 Oldtimer

5 Modernes Auto

Höher, schneller, weiter

Sportbekleidungen und Sportgeräte wären heute ohne Kunststoffe undenkbar (▷ B 3). Bei Schwimmwettkämpfen schwimmen die Wettkämpfer in Ganzkörperanzügen aus Kunstfasern, deren Oberfläche der Haut eines Hais nachempfunden ist. Sie schwimmen damit schneller, da die Strömungswiderstände im Wasser verkleinert werden. Surfbretter, Snowboards und Bootsrümpfe sind aus Kunststoffen hergestellt. Ihre glatte Oberfläche macht sie besonders gleitfähig.

2 Schwimmverhalten verschiedener Kunststoffproben

3 Schwimmerin im Ganzkörperanzug

Kunststoffe – Erdölprodukte mit vielfältigen Eigenschaften

6 Hausmülltonnen sind nicht hitzebeständig.

7 Teflonpfannen sind nicht kratzfest.

8 Antistatikfasern wirken der elektrostatischen Aufladung entgegen.

Nachteilige Eigenschaften von Kunststoffen

Manche Eigenschaften der Kunststoffe sind weniger vorteilhaft. So ist der einstmalige Traum der Autoindustrie vom „Ganzplastik-Auto" inzwischen ausgeträumt. Verschiedene Eigenschaften von Kunststoffen sprechen dagegen.

„Keine heiße Asche einfüllen!"

In manchen Fällen ist die gute Verformbarkeit der Kunststoffe von Nachteil. So dürfen z. B. in Hausmülltonnen keine heißen oder glühenden Abfälle eingefüllt werden. Durch die Hitzeeinwirkung könnte die Hausmülltonne sonst beschädigt werden (▷ B 6).

Manchmal entzündet sich der Kunststoff sogar und verbrennt. Je nachdem, um welchen Kunststoff es sich handelt, entstehen beim Verbrennen Gase. Erhitzt man beispielsweise PVC, so zersetzt es sich unter Bildung von Chlorwasserstoff. Zusammen mit der Luftfeuchtigkeit bildet sich Salzsäure. Das Universalindikatorpapier (▷ B 9) zeigt dies durch Rotfärbung an.

Kratzempfindlich und anfällig gegen Lösungsmittel

Kunststoffoberflächen zerkratzen sehr leicht (▷ V 2). Mit Teflon® beschichtete Pfannen dürfen deshalb nur mit Holz- oder Spezialpfannenwendern benutzt werden (▷ B 7).

Manche Kunststoffe werden von organischen Lösungsmitteln angegriffen. Haushaltsgegenstände aus Kunststoff können z. B. unter Einwirkung von Nagellackentferner „angelöst" und unansehnlich werden.

Bei Licht- und Wärmeeinwirkung können einige Kunststoffe außerdem sehr spröde werden und zerbrechen. Preiswerte Kunststoffartikel, deren Reparatur sich nicht lohnt, landen deshalb auf dem Müll.

Elektrostatisch aufladbar

Beim Reiben laden sich Kunststoffe häufig elektrostatisch auf (▷ V 3). Einige preiswerte Kunststoffteppiche zeigen diese Eigenschaft: Bei der Entladung spürt man einen elektrischen Schlag. Außerdem ziehen diese Böden den Staub geradezu an. Abhilfe schaffen Antistatikfasern (▷ B 8).

Versuche

1. Untersuche Kunststoffproben auf ihre elektrische Leitfähigkeit.

2. Versuche, verschiedene Kunststoffe zuerst mit dem Fingernagel, dann mit einem Messer anzuritzen.

3. Reibe eine Overheadfolie mit einem Fell oder Wolltuch und halte sie dann über Papierschnipsel.

4. Bestimme die Dichte verschiedener Kunststoffproben.

9 Chlorwasserstoffnachweis beim Verbrennen von PVC

Aufgabe

1. Verdeutliche an 10 unterschiedlichen Gegenständen aus Kunststoff die Eigenschaften, die der jeweilige Kunststoff in seiner Verwendung haben muss.

139

Kunststoffe durch Polymerisation

1 Polymerisation im Modell

2 Polystyrolfaden

3 Styropor® ist aufgeschäumtes Polystyrol

5 Mikrofaser unter dem Mikroskop

Der Aufbau der Kunststoffe
Erst im 20. Jahrhundert konnten der Aufbau und die Struktur der Kunststoffe aufgeklärt werden. Man fand heraus, dass die Moleküle der Kunststoffe sehr lange Kohlenstoffketten sind. Man bezeichnet sie als **Makromoleküle** (griech.: makros, lang, groß). Sie können Molekülmassen über 100 000 u aufweisen.

Vom Monomer zum Polymer
Bei der Bildung von Kunststoffen werden aus vielen einzelnen kleinen Molekülen eines Stoffes, den sogenannten **Monomeren**, lange Kettenmoleküle gebildet. Diese bezeichnet man als **Polymere**.
Die Polymerketten können aber auch noch untereinander verbunden sein. Dies führt zu den besonderen Eigenschaften der entsprechenden Kunststoffe.

▶ Kunststoffe bestehen aus Makromolekülen. Makromoleküle sind Polymere. Sie setzen sich aus vielen Monomeren zusammen.

Ein Polymer aus Ethen
Ethen ist ein Kohlenwasserstoff mit der Formel C_2H_4. Die beiden Kohlenstoffatome sind über eine Doppelbindung miteinander verbunden. Durch Zugabe eines Katalysators brechen die Doppelbindungen der Ethenmoleküle auf. Sie verknüpfen sich dann zu einer langen Kette. Es entsteht Polyethen (Handelsname: Polyethylen, Kurzzeichen PE; ▷B 6).

Nach diesem Prinzip verknüpfen sich viele Monomere. Man nennt diese Reaktion **Polymerisation**. So lässt sich z. B. aus Styrol auch Polystyrol gewinnen (▷B 2; V 1).

▶ Bei der Polymerisation reagieren viele gleiche Moleküle mit Doppelbindung zu langen Kettenmolekülen (Polymeren) mit Einfachbindungen.

Versuch
1 Man gibt in ein Becherglas 20 ml Styrol und 2 ml Cumolhydroperoxid als Katalysator und erwärmt ca. 5 Minuten im Sandbad oder in einem Thermoblock (Abzug!). Sobald das Gemisch zähflüssig wird, nimmt man es aus dem Sandbad. Aus dem fest werdenden Reaktionsprodukt zieht man mithilfe eines Glasstabes Fäden.

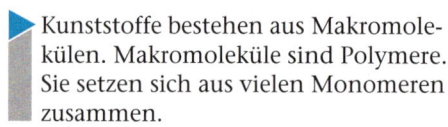

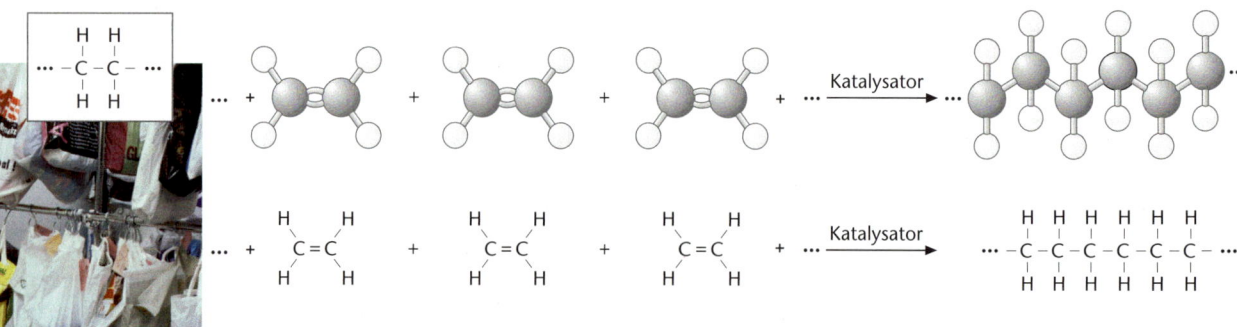

4 Verpackungsmaterial aus Polyethen (PE)

6 Polymerisation: Aus Ethen entsteht Polyethen

Kunststoffe – Struktur und Eigenschaften

Einteilung der Kunststoffe
Aufgrund ihres Verhaltens gegenüber Wärme und Druck kann man die Kunststoffe in drei Gruppen einteilen.

Bei der Gruppe der **Thermoplaste** (griech.: thermos, warm, heiß; plastos, verformbar) sind die Makromoleküle hauptsächlich nebeneinander angeordnet (▷ B 1). Wird der Kunststoff schwach erwärmt, können die langen Ketten aneinander „vorbeigleiten". Dabei wird der Kunststoff plastisch verformbar, etwa so wie Knetmasse oder Wachs. Beim Abkühlen erhärten die Kunststoffe wieder und behalten die neue Form bei. Dieser Vorgang des Erwärmens und Erkaltens kann beliebig oft wiederholt werden. Beim stärkeren Erhitzen zersetzen sich Thermoplaste aber oder verbrennen (▷ B 1).

▶ Thermoplaste lassen sich beim Erwärmen leicht verformen. Sie bestehen aus nebeneinander liegenden Kohlenstoffketten.

Die **Elastomere** (griech.: elastos, dehnbar; meros, Teil) enthalten Kettenmoleküle und sind elastisch wie Gummi. Die langen Kettenmoleküle bilden Netzwerke, die nach Druck oder Zug wieder in die ursprüngliche Form zurückkehren (▷ B 2). Durch die netzartige Verknüpfung sind die Elastomere nicht schmelzbar, sondern zersetzen sich oberhalb einer bestimmten Temperatur.

▶ Elastomere lassen sich beim Erwärmen nur schwach verformen. Sie bestehen aus vernetzten, elastischen Kettenmolekülen.

Die **Duroplaste** (lat.: durus, hart) sind Kunststoffe, die einen stark räumlich vernetzen Aufbau besitzen (▷ B 3). Sie lassen sich auch beim Erwärmen nicht verformen, da die Bindungen nicht verschoben werden können. Deshalb sind Duroplaste nicht schmelzbar. Erst bei hohen Temperaturen zersetzt sich der Kunststoff.

▶ Duroplaste lassen sich beim Erwärmen nicht verformen. Sie bestehen aus stark vernetzen Kettenmolekülen.

Verarbeitung von Kunststoffen
Viele Massenartikel werden aus thermoplastischen Kunststoffen hergestellt, da diese beim Erwärmen verformbar werden.

Verwendungsbeispiele
- Trinkbecher
- Folienverpackungen
- Kunststoffflaschen
- Plastikgeschirr
- Eimer
- Wasserleitungsrohre

1 Angeschmolzener Plastikbecher

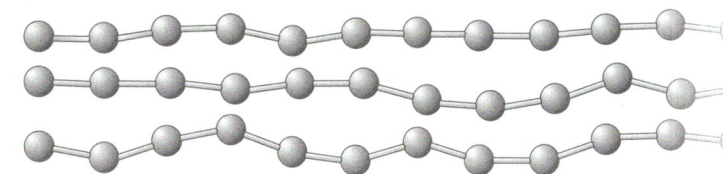

Verwendungsbeispiele
- Matratzen
- Schaumgummi aller Art
- Dichtungen
- Turnmatten
- Sicherung von Skipisten

2 Der Schwamm behält nach Druck seine Form.

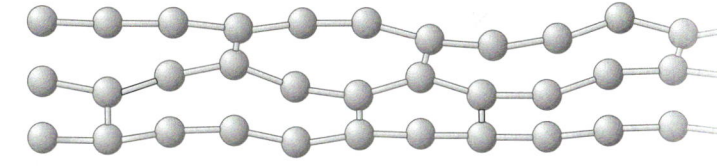

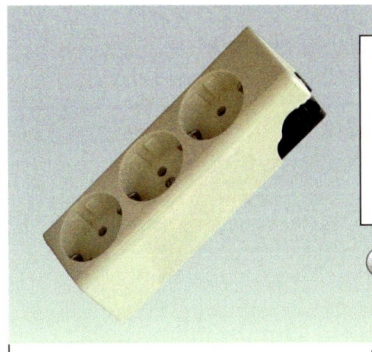

Verwendungsbeispiele
- Elektrische Schalter
- Gehäuse für elektrische Geräte
- Steckdosen
- Küchenmaschinen
- hitzebeständige Lager

3 Duroplaste sind nicht verformbar, sondern zerbrechen bei hohem Druck.

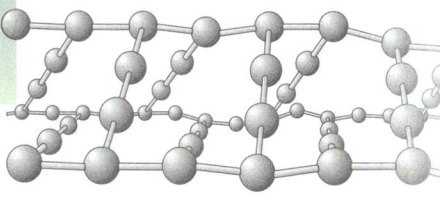

Verarbeitung von Kunststoffen

1 Hohlkörperblasen

Verarbeitung von Thermoplasten
Die meisten Massenartikel im Haushalt werden aus thermoplastischen Kunststoffen hergestellt, da diese beim Erwärmen plastisch werden und leicht in unterschiedlicher Form zu verarbeiten sind. Folien aus Polyethen (PE), Jogurtbecher aus Polystyrol (PS), Eimer und Schüsseln aus Polypropen (PP) gehören ebenso zu den Thermoplasten wie Kuppelfenster aus Plexiglas. Der Verarbeitung geht die Aufbereitung voraus. In diesem Verfahrensschritt werden die pulverförmigen Thermoplaste mit Zusatzstoffen (Farbstoffe, Weichmacher, Stabilisatoren u.a.) homogen vermischt, aufgeschmolzen und zu Granulat (▷B2) oder Pulver zerkleinert.

Extrudieren
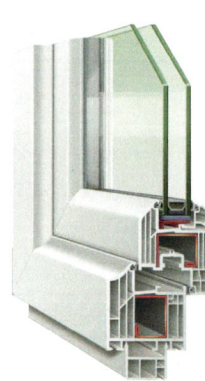
Dieses Verfahren dient zur Herstellung von Endlosmaterialien wie Rohren, Fensterprofilen, Platten oder Folien. Ein Extruder (lat.: extrudere, heraustreiben) funktioniert im Prinzip wie ein Fleischwolf, allerdings ist die Zylinderwand beheizt (▷B5). Der Kunststoff wird als Pulver oder Granulat in den Extruder gegeben. In diesem wird der Kunststoff durch eine sich drehende Schnecke gefördert, verdichtet und dabei aufgeschmolzen. Die plastische Masse wird durch ein Werkzeug in die gewünschte Form gedrückt.

Spritzgießen
Formteile von hoher Qualität und Maßgenauigkeit können durch Spritzgießen hergestellt werden. Eingefärbtes Granulat wird in einem Extruder mit beweglicher Schnecke gefördert, durch Erwärmen plastisch gemacht und dann durch Vorwärtsbewegen der Schnecke in die gekühlte Form gespritzt. Nach kurzer Zeit öffnet sich die Form und das fertige Teil fällt heraus. Das Spritzgießen eignet sich zur Herstellung von Massenartikeln, aber auch von komplizierten Formteilen wie z.B. Schraubverschlüssen, Schüsseln, Spielfiguren oder Staubsaugergehäusen.

Hohlkörperblasen
Zur Herstellung von Flaschen, Kanistern und Fässern drückt ein Extruder einen fast plastischen Schlauch in ein zweiteiliges Hohlwerkzeug mit der gewünschten Form. Durch das Schließen des Werkzeugs wird der Schlauch luftdicht abgequetscht und durch Einblasen von Luft an die Wände der Form gedrückt. Nach kurzer Abkühlzeit wird die Form geöffnet und der Hohlkörper ausgeworfen (▷B1; B5).

Folienblasen
Die Kunststoffschmelze wird bei diesem Verfahren durch eine Ringdüse zu einem dünnwandigen Schlauch geformt. Dieser kann dann mithilfe der durch das Werkzeug strömenden Druckluft aufgeblasen werden. Diese „Blasfolien" verarbeitet man zu Beuteln oder schneidet sie zu Folien auf.

2 Kunststoffgranulat

Pressen
Beim Pressen wird der plastifizierte Kunststoff in ein offenes Werkzeug gespritzt, das sich daraufhin schließt. Unter hohem Druck wird dann das Werkzeug geformt. Mit diesem Verfahren stellt man häufig Teile her, die noch mit Matten oder Vliesen verstärkt werden.

Kalandrieren
Zur Herstellung von Folien ist das Kalandrieren (franz.: calandrer, rollen) besonders geeignet. Wie bei einer Teigrolle wird der plastische Kunststoff zwischen mehreren Walzen zu einem endlosen Folienband breitgewalzt (▷B4). Diese Folie kann anschließend durch Prägen oder Bedru-

Verarbeitung von Kunststoffen

3 Schaumbildung im Experiment

4 Kalandrieren

cken weiterbehandelt werden. Aus diesen Folien können u. a. Taschen, Hüllen oder Fußbodenbeläge hergestellt werden.

Duroplaste
Da Duroplaste weder wärmeverformbar noch schweißbar sind, lassen sie sich nur noch wie z. B. Holz durch Bohren, Sägen, Hobeln usw. bearbeiten. Duroplastische Formteile werden deshalb schon bei der Bildung des Kunststoffes hergestellt.

Den Ausgangsstoffen werden nach Bedarf noch Füll- oder Farbstoffe zugesetzt. Bei der Herstellung können auch Metallgewebe oder Fasern mit den Duroplasten verbunden werden. Bootskörper oder Schwimmbecken können z. B. aus glasfaserverstärkten Duroplasten bestehen.

Schaumstoffe
Durch Aufschäumen mit einem Gas können aus plastifizierten Kunststoffen Schaumstoffe hergestellt werden. Das Gas kann eingeblasen werden oder bei der Reaktion selbst entstehen (▷ B 3). Weichschäume finden vor allem als Polstermaterial Verwendung. Hartschäume werden z. B. im Baubereich zur Schall- und Wärmedämmung eingesetzt.

Aufgabe

1 Gib die Verfahren an, mit denen a) Kunststoffeimer, b) Haushaltsfolien, c) Kunststoffflaschen, d) PP-Rohre (Polypropenrohre), e) Tischdecken aus Kunststoff hergestellt werden.

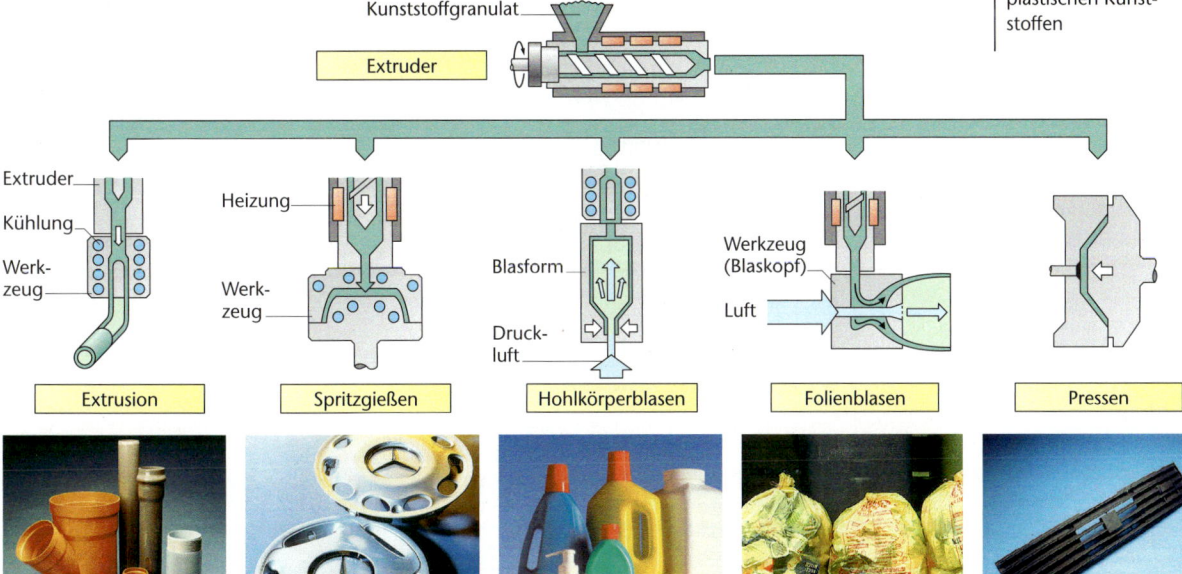

5 Verarbeitungsverfahren von thermoplastischen Kunststoffen

Lexikon

Kunststoffe in allen Lebensbereichen

Autoteile
Von den Sitzbezügen über die Schaumstofffüllung der Polster, das Armaturenbrett, die Lichtblenden und Radkappen bis hin zum Lack besteht vieles am Auto aus Kunststoff.

Camping
Moderne Zeltplanen bestehen nicht mehr aus Naturfasern, sondern aus Mikrofasern. Diese sind windabweisend, wasserabweisend und atmungsaktiv. Luftmatratzen werden heute ebenfalls aus Kunstfasern hergestellt.
Auch Campinggeschirr besteht aus Kunststoff, damit es bruchsicher und leicht ist.

Kleidung
Kleidungsstücke aus Kunstfasern bieten große Vorteile: Sie können bügelfrei, schnelltrocknend, wasserabweisend und atmungsaktiv sein. Außerdem sind die Stoffe farbecht, selbst bei häufigem Waschen.

Wurstdarm
Der Name „Wurstdarm" kommt von der ursprünglichen Herkunft der „Wurstpelle". Sie war – und ist es zum Teil auch heute noch – aus Tierdarm hergestellt. Viele Wurstdärme sind heute jedoch aus einem Kunststoff („Kunstdarm") gefertigt. Die Kunststoffwurstpelle ist aus mehreren Kunststoffschichten aufgebaut. Die eine Schicht lässt keine Luft an die Wurst kommen. Die andere dagegen sorgt dafür, dass kein Wasser nach außen verdampfen kann. Die Wurst bleibt damit länger frisch.

Bevor die Wurst gegessen wird, muss der Kunstdarm allerdings entfernt werden.
Grill- und Kochwürste dagegen haben überwiegend einen Naturdarm. Dieser kann mitgegessen werden.

Mit Seil und Rucksack
Bergsteiger tragen heutzutage wasserdichte Rucksäcke aus Kunstfasern. Auch das auf eine besondere Weise geknüpfte Kletterseil besteht aus Kunstfasern. Dadurch ist es besonders reißfest und strapazierfähig.

Musik und Film
Ohne spezielle Kunststoffe gäbe es die heutige Musik- und Filmindustrie sowie die Datenverarbeitung nicht. Filmrollen, Videobänder, CDs und DVDs speichern die notwendigen Daten. Schallplatten aus PVC haben heute nur noch geringe Bedeutung.

Sportgeräte
Kunststoffe haben in den letzten Jahren die ursprünglich aus Holz gebauten Sportgeräte ersetzt. Ein Beispiel ist der moderne Tennisschläger: Der Kunststoff wird mit Carbonfasern verstärkt.

Verpackungen
Produkte wie Jogurt oder Quark wurden früher ausschließlich in Gläsern verkauft. Käse oder Wurst wurden an der Theke in Papier gewickelt. Heute werden die meisten Verpackungsmaterialien aus Kunststoffen hergestellt.
Plastikfolien und -tüten können luftdicht verschweißt werden. Beim Transport spielt das Gewicht eine wichtige Rolle: Plastikbecher ersetzen deshalb oftmals die schwereren Behälter aus Glas. Allerdings entsteht durch die vielen Kunststoffverpackungen ein gewaltiger Müllberg.

Wohin mit dem Kunststoffmüll?

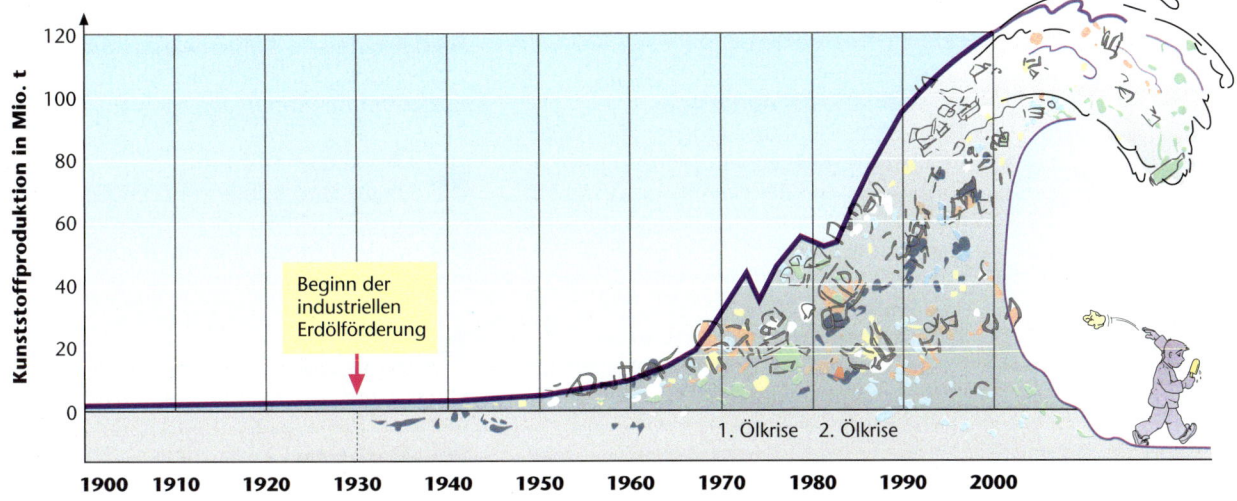

1 Der Kunststoff-Müllberg steigt ständig an.

In Deutschland fallen große Mengen an Kunststoffabfällen an (▷ B 1). Obwohl es heute Möglichkeiten gibt, Kunststoffe wieder zu verwerten, sollte als oberstes Prinzip das Vermeiden und Vermindern von Kunststoffabfall gelten.

Die werkstoffliche Verwertung
Unter einer **werkstofflichen Verwertung** versteht man eine mechanische Aufbereitung von gebrauchten Kunststoffen. Die Kunststoffartikel werden dabei zerkleinert, gereinigt und nach Sorten getrennt. Werkstoff-Recycling ist sinnvoll, wenn Altkunststoffe sauber und sortenrein erfasst werden können.
Bei der werkstofflichen Verwertung werden die sortenreinen Abfälle häufig zu Granulat verarbeitet und dann zu unterschiedlichen Kunststoffartikeln umgeschmolzen. Typische Endprodukte der werkstofflichen Verwertung sind z. B. Kunststoffrohre, Lärmschutzwände, Müllsäcke, Tragetaschen und Abdeckfolien.

Die rohstoffliche Verwertung
Durch die **rohstoffliche Verwertung** können auch Kunststoffgemische wieder dem Rohstoffkreislauf zugeführt werden.

Beim Erhitzen unter Luftabschluss auf 700 °C verbrennen die meisten Kunststoffe nicht, sondern werden thermisch zerlegt. Diesen Vorgang nennt man **Pyrolyse**. Die Polymermoleküle werden dabei in kleinere Bruchstücke aufgespalten. Dabei entsteht ein Öl, das durch Destillation aufgetrennt und als Rohstoff in der Kunststoffproduktion wieder verwertet werden kann.

Eine weitere Möglichkeit der Wiederverwertung ist die **Hydrolyse** des Kunststoffabfalls. Dabei reagieren die erhitzten Kunststoffe unter Druck mit Wasser und zerfallen zu Crackprodukten, wie sie auch bei der Erdölraffination entstehen. Aus diesen Rohstoffen können dann wieder Kunststoffe hergestellt werden.

Die thermische Verwertung
Die Verbrennung der Abfälle in einer Verbrennungsanlage nennt man **thermische Verwertung**. Durch den Einbau teurer Filteranlagen wird verhindert, dass die Luft durch dabei entstehende Abgase verschmutzt wird.
Die entstehende Verbrennungswärme wird zur Energiegewinnung genutzt. Allerdings geht der vorher eingesetzte Rohstoff für immer verloren.

▶ Beim Kunststoffrecycling unterscheidet man zwischen werkstofflicher, rohstofflicher und thermischer Verwertung.

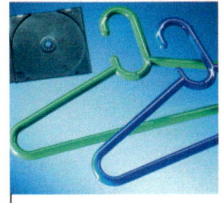

2 Produkte aus recyceltem Kunststoff

Kunststoffe „verschwinden"
Von bestimmten Bakterien wird der Speicherstoff Polyhydroxybuttersäure (PHB) produziert. Dieser Stoff ist ein Polymer, aus dem sich ein Kunststoff (Biopol) herstellen lässt. Bereits nach sechs Wochen beginnt sich dieser Kunststoff durch Bakterien im Boden zu zersetzen. Übrig bleiben Kohlenstoffdioxid und Wasser.
Auch die essbare Verpackung wird immer häufiger eingesetzt, z. B. auf Volksfesten. Sie besteht aus einem abbaubaren Kunststoff auf Stärkebasis und kann nach Gebrauch gegessen werden.

Schlusspunkt

Kohlenwasserstoffe – Energieträger und Rohstoffe

Gase < 30 °C

Benzine
35 °C bis 140 °C

Mitteldestillat
Petroleum; Kerosin
150 °C bis 250 °C

Dieselöl und
leichtes Heizöl
250 °C bis 360 °C

Rückstand:
schweres Heizöl

1 Erdölfraktionen

▶ Kohle, Erdöl und Erdgas
Kohle, Erdöl und Erdgas sind fossile Brennstoffe. Kohle ist in Jahrmillionen aus abgestorbenen Pflanzen entstanden, Erdöl und Erdgas haben sich aus abgestorbenem Plankton gebildet.

▶ Fraktionen
Fraktionen sind Gemische von Stoffen mit ähnlichen Siedetemperaturen. Man gewinnt sie durch fraktionierte Destillation von Erdöl.

▶ Kohlenwasserstoffe
Verbindungen, deren Moleküle nur aus Kohlenstoff- und Wasserstoffatomen aufgebaut sind, werden Kohlenwasserstoffe genannt.

▶ Homologe Reihe
Eine Reihe von Verbindungen, deren Moleküle sich jeweils um eine CH_2-Gruppe unterscheiden, wird homologe Reihe genannt.
Alkane weisen im Molekül Einfachbindungen, **Alkene** Doppelbindungen und **Alkine** Dreifachbindungen auf. Alkane haben die allgemeine Formel C_nH_{2n+2}, Alkene die allgemeine Formel C_nH_{2n}, Alkine die allgemeine Formel C_nH_{2n-2}.

▶ Substitution
Eine Reaktion, bei der Atome (oder Atomgruppen) durch andere Atome (oder Atomgruppen) ersetzt werden, nennt man Substitution.

▶ Isomere
Moleküle mit gleicher Summenformel, jedoch unterschiedlichen Strukturformeln, heißen Isomere.

▶ Octanzahl
Die Octanzahl gibt die Klopffestigkeit eines Benzins an. Kohlenwasserstoffe mit verzweigten Molekülen sind klopffester als solche mit unverzweigten Molekülen.

▶ Alkene und Addition
Alkene sind Kohlenwasserstoffe, deren Moleküle Doppelbindungen aufweisen. Die Bindung von Atomen an die Doppelbindung heißt Addition.

▶ Alkine
Alkine sind Kohlenwasserstoffe, deren Moleküle Dreifachbindungen aufweisen.

▶ Kunststoffe
Kunststoffe sind synthetisch hergestellte Werkstoffe. Sie entstehen aus der Reaktion kleiner Moleküle (Monomere) zu langen Kohlenstoffketten (Polymer). Man bezeichnet sie auch als Makromoleküle. Nach ihren Eigenschaften können Kunststoffe in Thermoplaste, Elastomere und Duroplaste eingeteilt werden.

▶ Polymerisation
Bei der Polymerisation reagieren viele gleiche Moleküle mit Doppelbindung zu langen Kettenmolekülen mit Einfachbindungen.

▶ Kunststoffrecycling
Beim Kunststoffrecycling (▷ B 2) unterscheidet man zwischen werkstofflicher, rohstofflicher und thermischer Verwertung. Beispiele für die rohstoffliche Verwertung sind Pyrolyse und Hydrolyse.

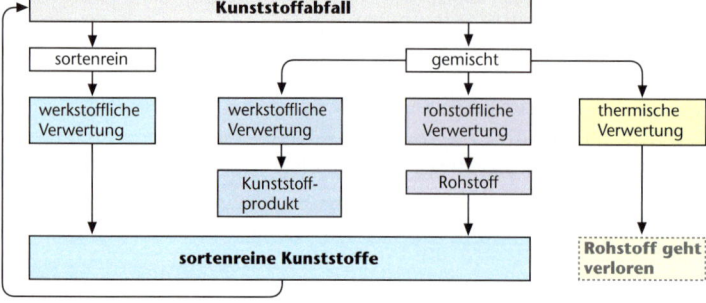

2 Kunststoffrecycling

Thermoplaste	
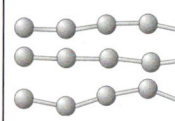	Thermoplaste (griech.: thermos: warm, heiß; plastos: verformbar) lassen sich beim Erwärmen plastisch verformen. Sie bestehen aus langen, nebeneinanderliegenden Kohlenstoffketten.
Elastomere	
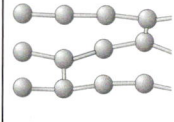	Elastomere (griech.: elastos: dehnbar; meros: Teil) lassen sich beim Erwärmen nur schwach verformen. Sie enthalten vernetzte Kettenmoleküle und sind elastisch wie Gummi.
Duroplaste	
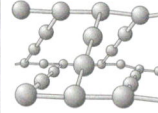	Duroplaste (lat.: durus: hart) sind Kunststoffe, die einen stark räumlich vernetzen Aufbau besitzen. Sie lassen sich auch beim Erwärmen nicht verformen.

3 Einteilung der Kunststoffe

Aufgaben

1 Vergleiche die Entstehung von Kohle und Erdöl und beschreibe die Unterschiede.

2 Die fraktionierte Destillation unterscheidet sich von einer normalen Destillation. Erkläre.

3 Erkläre den Begriff „homologe Reihe" anhand eines Beispiels.

4 Dieselmotoren arbeiten nach einem anderen Prinzip als Benzinmotoren (▷ B 4).
a) Erkundige dich nach der Arbeitsweise eines Dieselmotors.
b) Nenne den Schadstoff, der im Abgas eines Dieselfahrzeuges besonders zu finden ist.

4 Zu Aufgabe 4

5 a) Moderne Autos mit hoch verdichtenden Motoren müssen mit Benzinen mit einer hohen Octanzahl betankt werden. Begründe.
b) Ein Benzin hat die Octanzahl 92. Äußere dich zu der Bedeutung dieser Aussage.

6 Nenne die Namen der Alkane mit 3 (7; 9) Kohlenstoffatomen im Molekül.

7 Gib die Summenformeln folgender Kohlenwasserstoffe an:
a) Pentan,
b) Heptan,
c) Butin.

8 a) Beschreibe den Vorgang des „Crackens" eines Kohlenwasserstoffs.
b) Gib drei Möglichkeiten an, ein Alkanmolekül aus 14 C-Atomen zu cracken.

5 Zu Aufgabe 9

9 a) Eine Fahrradkettenschaltung sollte regelmäßig geölt werden. Nenne die Vorteile.
b) In Bild 5 ist ein Schmieröl abgebildet. Liste die Kohlenwasserstoffe auf, aus denen das Schmieröl zusammengesetzt sein könnte.

10 In Bild 7 ist die Abgasanlage eines Autos mit drei Schalldämpfern sowie dem Abgaskatalysator eingezeichnet.
a) Beschreibe und begründe die Lage des Abgaskatalysators.
b) Liste die Hauptschadstoffe auf, die an der Zusammensetzung der Autoabgase beteiligt sind.
c) Stelle Reaktionsschemata zur Bildung der Reaktionsprodukte auf, die bei der Abgasreinigung aus diesen Schadstoffen gebildet werden.
d) Erkläre die Funktionsweise eines Rußpartikelfilters.

11 Viele Sportgeräte bestehen heute aus Kunststoffen (▷ B 6). Stelle in einer Tabelle die Eigenschaften der Kunststoffe zusammen, die für Sportgeräte von Bedeutung sind.

6 Zu Aufgabe 11

12 a) Erkläre den Unterschied zwischen einem Elastomer und einem Thermoplast.
b) Nenne jeweils drei Beispiele.

13 a) Erkläre das Prinzip der Polymerisation am Beispiel des Polyethens.
b) Erstelle eine Liste verschiedener Kunststoffe und ihrer Kurzschreibweise.

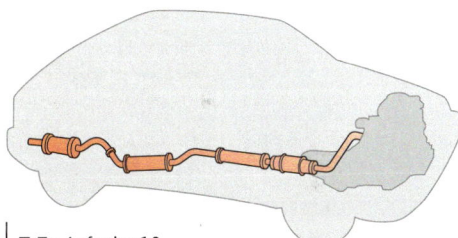

7 Zu Aufgabe 10

14 Der Vorrat an Erdöl ist begrenzt. Gleichwohl ist es als Rohstoff sehr begehrt.

a) Benzin, Diesel und Heizöl sind Rohölprodukte. Beschreibe die Gewinnung dieser Produkte aus Erdöl.
b) Erdöl wird auch als „schwarzes Gold" bezeichnet. Erkläre.
c) Im Erdöl ist ein hoher Anteil an Schmierölen vorhanden, während der Anteil an Benzinen für den tatsächlichen Bedarf zu gering ist. Nenne eine Möglichkeit, dieses Problem zu lösen.
d) Über die Dauer der Verfügbarkeit der Erdölvorräte gibt es unterschiedliche Studien.
– Informiere dich über die Aussagen dieser Studien.
– Nenne Faktoren, von denen die Verfügbarkeitsdauer der Erdölvorräte abhängen kann.
e) Der Preis, der am Weltmarkt für ein Barrel Rohöl verlangt wird, ist starken Schwankungen unterworfen.
Liste Faktoren auf, von denen der Preis für Rohöl abhängt.
f) Stelle in einer Liste Maßnahmen zusammen, die dazu beitragen, die Erdölvorkommen zu schonen.

Startpunkt

Alkohole und organische Säuren

Wein und Essig aus vergorenen Säften wurden in vorgeschichtlicher Zeit von vielen Naturvölkern genutzt. Der im Wein enthaltene Alkohol und die Säure im Essig sind wichtige organische Kohlenstoffverbindungen.

Welche der Abbildungen bringst du in Zusammenhang mit Trinkalkohol? Beschreibe deine Überlegungen.

Außer Trinkalkohol gibt es noch eine Reihe weiterer Alkohole. Kennst du Einsatzmöglichkeiten im Alltag?

Lässt man naturbelassenen Wein an der Luft stehen, wird er mit der Zeit sauer. Es bildet sich Weinessig. Beschreibe die Bedeutung von Essig im Alltag.

Außer Essigsäure gibt es noch andere organische Säuren. Welche sind dir bekannt?

Impulse

Bier- und Weinherstellung

Jahrtausendalte Bierrezepturen
Aus Abbildungen weiß man, dass die Ägypter vor 4 000 Jahren Bier mit langen Strohhalmen aus hohen Krügen tranken.

● Suche nach Informationen über das Bierbrauen im alten Ägypten.

● Wie kamen die Menschen in früherer Zeit auf die Idee, Bier herzustellen?

● Mit welchen Zutaten haben die Menschen über Jahrhunderte hinweg die Rezepturen verändert?

Herzog WILHELM IV VON BAYERN

Jetzt ist Schluss mit der Panscherei!
Am 23. April 1516 erließ der Herzog WILHELM IV VON BAYERN auf dem Landstädtetag von Ingolstadt das Deutsche Reinheitsgebot. Dies ist die älteste bis heute gültige lebensmittelrechtliche Vorschrift der Welt.

● Den Text der Urkunde findest du auch im Internet. Lies ihn, versuche ihn in die heutige Sprache zu übertragen und entwickle eine Urkunde nach deinen eigenen Vorstellungen.

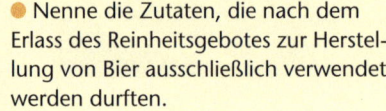

● Nenne die Zutaten, die nach dem Erlass des Reinheitsgebotes zur Herstellung von Bier ausschließlich verwendet werden durften.

● Das im Mittelalter in deutschen Klöstern gebraute Bier ist mit unserem heutigen nicht mehr vergleichbar. Welche Stoffe wurden vor Erlass des Reinheitsgebotes beigemischt?

● Vergleiche die Zusammensetzung der Biere innerhalb der europäischen Länder.

● Recherchiere die Unterschiede bei den verschiedenen Biersorten!

Die „Bierberufe" Mälzer und Brauer
Bierbrauen ist eine hohe Kunst. Dazu benötigen die Brauer Kenntnisse auf vielen Gebieten.

● Es gibt Brauberufsschulen, Meisterschulen, und man kann an Universitäten Brauwirtschaft studieren.
Auf welchen Gebieten muss sich ein Braumeister auskennen?

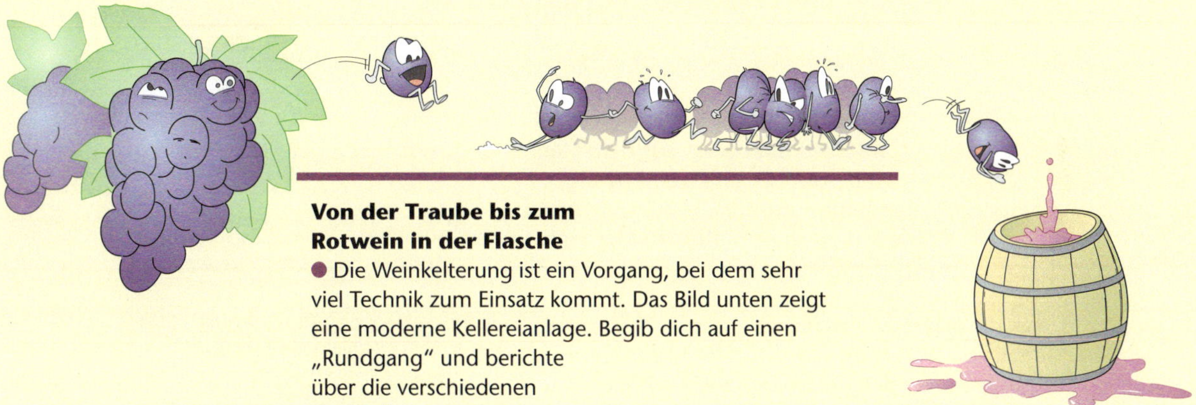

Von der Traube bis zum Rotwein in der Flasche
● Die Weinkelterung ist ein Vorgang, bei dem sehr viel Technik zum Einsatz kommt. Das Bild unten zeigt eine moderne Kellereianlage. Begib dich auf einen „Rundgang" und berichte über die verschiedenen Verarbeitungsstationen.

Verwaltung, Probierstube, Labor, Computerraum

Anlieferung, Förder-, Entbeer- und Quetschanlage

Weingarten

Holzfasslager zur Alterung von Rot- und Starkweinen

Tanks zur Reifung aus Stahl, Holz, Beton oder Fiberglas

Abfüllanlage

Gärtanks aus Edelstahl   Filteranlage   Lagertanks

151

Schnittpunkt

Gesundheit: Promille

Alkohol – eine Droge wird unterschätzt

Bier, Wein und Schnaps sind leicht zugänglich. Je hochprozentiger das Getränk ist, umso größer ist der Alkoholanteil (▷ B 2). Schon geringe Alkoholmengen im Blut verändern das Verhalten eines Menschen. Alkohol macht scheinbar sorglos, belebt und enthemmt. Mit steigendem Alkoholgehalt im Blut lässt die Aufmerksamkeit und Reaktionsfähigkeit nach, Sehstörungen treten auf (▷ B 3; B 4) und man gerät aus dem Gleichgewicht. Besonders gefährlich ist die Wirkung von Alkohol auf das Gehirn. Im Vollrausch können Millionen von Gehirnzellen zerstört werden.

Alkohol am Steuer

Alkohol im Blut führt zu riskantem Fahrverhalten, das zu Verkehrsunfällen mit oft tödlichen Folgen führen kann. Bei Kontrollen im Straßenverkehr wird der Alkoholgehalt in der ausgeatmeten Luft mit einem elektronischen Messgerät ermittelt (▷ B 3). Nur wenig Alkohol wird ausgeatmet. Der größte Teil bleibt im Blut und wird in der Leber abgebaut.
Der Blutalkoholgehalt wird in einer Blutprobe bestimmt und in **Promille** (‰) angegeben.

Ein Promille (lat.: pro mille, je Tausend) bedeutet, dass in 1000 g Blut 1 g reiner Alkohol enthalten ist. Pro Stunde vermindert sich der Promillegehalt im Blut durch die Abbautätigkeit der Leber um etwa 0,10 ‰ bis 0,15 ‰.

Der Alkoholgehalt im Blut ist abhängig von Geschlecht, Alter, Körpermasse und vielen anderen Faktoren.
Für die grobe Berechnung des Alkoholgehaltes multipliziert man die Körpermasse von Frauen mit dem Faktor 0,55, die von Männern mit 0,68.
Nach dem Konsum von 1 Liter Bier lassen sich für eine 56 kg schwere Frau folgende Promillewerte berechnen:

$$\frac{\text{Alkoholmenge (g)}}{\text{Körpermasse (kg)} \cdot 0{,}55} = \frac{39{,}5\,\text{g}}{56\,\text{kg} \cdot 0{,}55}$$
$$= 1{,}28\,\text{g/kg}$$
$$= 1{,}28\,‰$$

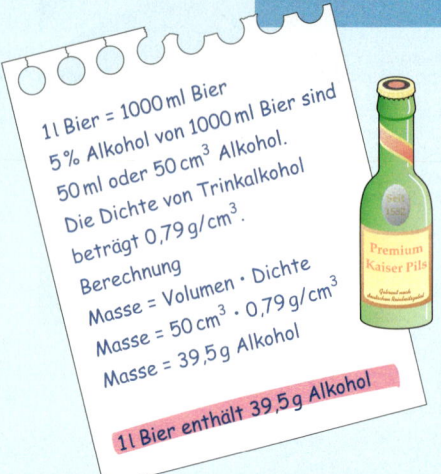

1 l Bier = 1000 ml Bier
5 % Alkohol von 1000 ml Bier sind 50 ml oder 50 cm³ Alkohol.
Die Dichte von Trinkalkohol beträgt 0,79 g/cm³.
Berechnung
Masse = Volumen · Dichte
Masse = 50 cm³ · 0,79 g/cm³
Masse = 39,5 g Alkohol

1 l Bier enthält 39,5 g Alkohol

1 Wie viel Gramm Alkohol sind in 1 Liter Bier?

2 Durchschnittlicher Alkoholgehalt einiger Spirituosen

Wein
79 g/Liter

Sekt
95 g/Liter

Likör
237 g/Liter

Weinbrand
300 g/Liter

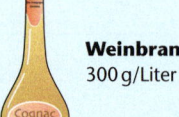

4 Tunnelblick

0,2 ‰	– zunehmende Risikobereitschaft – nachlassende Aufmerksamkeit und Konzentration
0,5 ‰	– verringerte Reaktionsfähigkeit – falsche Einschätzung von Entfernungen und Geschwindigkeiten – eingeengtes Sehfeld (Tunnelblick), erhöhte Blendgefahr
0,8 ‰	– fehlende Reaktionsfähigkeit – Sehstörungen (Doppeltsehen), Beeinträchtigung der Nachtsicht – zunehmende Enthemmung – Fahrtüchtigkeit stark eingeschränkt
1,1 ‰	– Gleichgewichtsstörungen – vollkommene Enthemmung, maßlose Selbstüberschätzung – absolute Fahruntüchtigkeit

3 Wenn Alkohol mitfährt

Werkstatt

Vergorenes

1 Hefe – mikroskopisch klein
Material
Erlenmeyerkolben (250 ml), Mikroskop, Deckglas, Objektträger, Pipette, Hefe, Wasser

Versuchsanleitung
Stelle eine Hefesuspension her (▷ B 1). Gib einen Tropfen davon auf einen Objektträger. Lege ein Deckglas darüber und betrachte die Hefezellen unter dem Mikroskop.

1 Hefesuspension

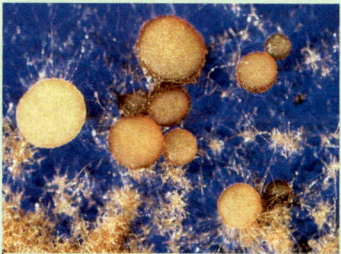

2 Hefezellen unter dem Rasterelektronenmikroskop

2 Traubensaft gärt
Material
Schutzbrille, Standzylinder, Erlenmeyerkolben (250 ml), 2 Glasröhrchen (ungleichschenklig, rechtwinklig), Gummischlauchstück, Stopfen (einfach durchbohrt), Reibschale mit Pistill, Kalkwasser, Weintrauben

Versuchsanleitung
Drücke in einer Reibschale ungewaschene Weintrauben mit einem Pistill aus. Fülle den Saft von diesen Beeren in einen Erlenmeyerkolben. Verschließe diesen mit einem Gasableitungsrohr, dessen offenes Ende in Kalkwasser eintaucht (▷ B 3). Lasse die Lösung für weitere Versuche stehen.

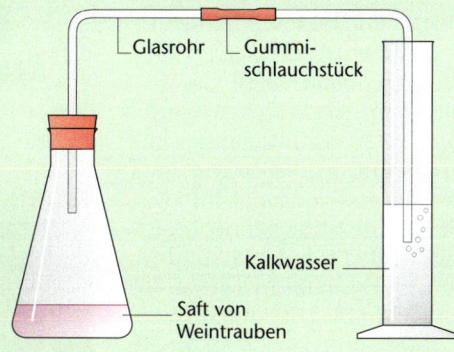

3 Welches Gas entsteht?

3 Mit und ohne Hefe
Material
Schutzbrille, Becherglas (400 ml), 2 Erlenmeyerkolben (250 ml), 2 Stopfen (einfach durchbohrt), 2 Gärröhrchen, Glasstab, Waage, Spatellöffel, Kalkwasser, Wasser, Back-, Bier- oder Weinhefe, Traubenzucker

Versuchsanleitung
Stelle eine Traubenzuckerlösung her. Löse dazu 30 g Traubenzucker in 300 ml Wasser. Verteile die Lösung auf zwei Erlenmeyerkolben und füge zu einer Lösung noch 1 g Hefe hinzu (gut aufrühren). Setze auf beide Erlenmeyerkolben jeweils ein Gärröhrchen mit Kalkwasser (▷ B 4). Vergiss nicht, die beiden Erlenmeyerkolben zu beschriften.

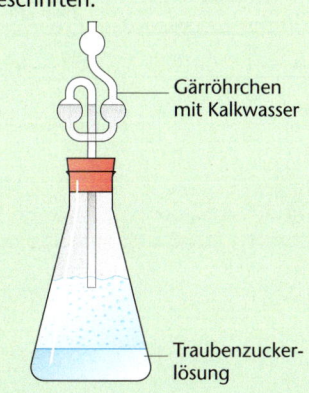

4 Gasbildung – woher?

4 Die Brennprobe
Material
Schutzbrille, Gasbrenner, Stativ, Doppelmuffe, Universalklemme, Dreifuß mit Keramik-Drahtnetz, Rundkolben (250 ml), Glasrohr (ca. 80 cm lang), Stopfen (einfach durchbohrt), Holzspan, Siedesteinchen, Lösungen aus den Versuchen 2 und 3

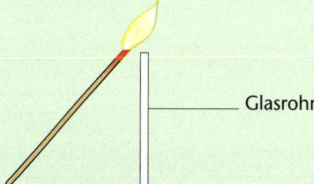

Versuchsanleitung
Führe nach einer Woche mit den Gärflüssigkeiten aus den Versuchen 2 und 3 entsprechend Bild 5 den Alkoholnachweis durch Abfackeln durch. Setze den Flüssigkeiten einige Siedesteinchen zu. Erhitze die Flüssigkeiten langsam bis zum Sieden und versuche die Dämpfe mit einem brennenden Holzspan am Ende des Steigrohres zu entflammen.

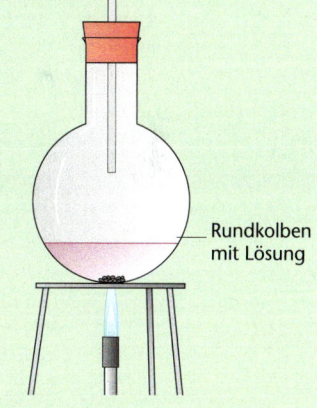

5 Brennt es oder brennt es nicht?

Aufgaben

1. Finde eine Erklärung dafür, dass nur in einer Lösung aus Versuch 3 keine Gärung stattgefunden hat.

2. Welche Funktion hat das Gärröhrchen auf der Flasche mit dem Gäransatz (▷ B 4)?

Ethanol

Ethanol im Alltag

In Apotheken, in Kliniklabors und in Haushalten (▷ B 3) wird **Ethanol** verwendet. Manche Medikamente sind alkoholische Lösungen. Die Wirkstoffe von Pflanzen werden dabei in Ethanol gelöst. Kosmetikprodukte, wie z. B. Haarwasser, enthalten Ethanol, weil es auf der Haut schnell verdunstet und dadurch kühlend wirkt. Die gelösten Duftstoffe bleiben auf der Haut zurück. Brennspiritus ist fast reiner Alkohol, er enthält in Deutschland 94 Vol.- % Ethanol. Da er rußfrei und ohne Rückstände verbrennt, wird er beim Fondue verwendet. Als gutes Lösungsmittel wird Brennspiritus im Alltag benutzt. Am bekanntesten ist Ethanol in alkoholischen Getränken. Deshalb wird Ethanol häufig nur Trinkalkohol (kurz: Alkohol) genannt.

3 Alltagsprodukte mit Alkoholgehalt

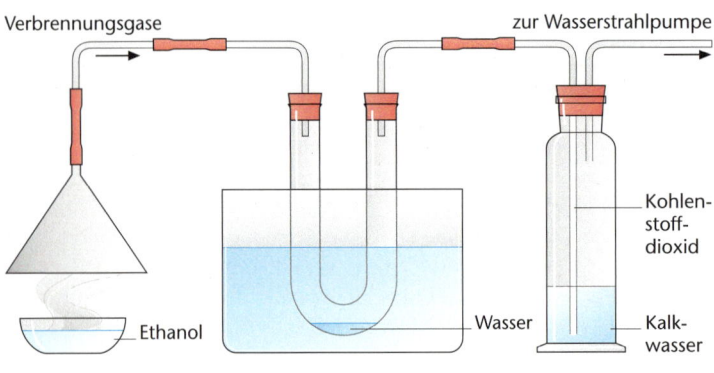

1 Nachweis von Verbrennungsprodukten

Ethanol – chemisch betrachtet

Lässt man Ethanol verbrennen und saugt die Verbrennungsgase mithilfe einer Wasserstrahlpumpe durch ein gekühltes U-Rohr, befindet sich nach kurzer Zeit in diesem eine farblose Flüssigkeit. Durch die Blaufärbung von Watesmopapier wird Wasser nachgewiesen. Auf ihrem weiteren Weg trüben die Verbrennungsgase farbloses Kalkwasser (▷ B 1; V 1). Kohlenstoffdioxid und Wasser können demnach als Verbrennungsprodukte von Ethanol nachgewiesen werden. Leitet man in einem weiteren Versuch Ethanoldampf über erhitztes Magnesiumpulver, wird dieses oxidiert und Magnesiumoxid entsteht (▷ B 4; V 2).

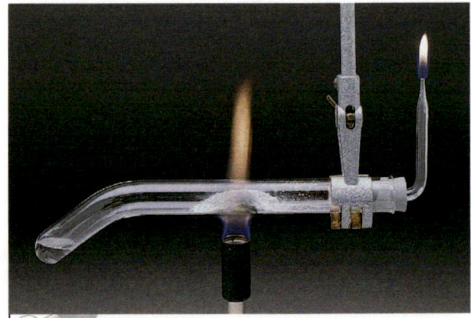

4 Ethanoldampf oxidiert Magnesium.

Die Versuche zeigen, dass Kohlenstoff-, Wasserstoff- und Sauerstoffatome am Aufbau von Ethanolmolekülen beteiligt sind.

An der **Molekülformel C_2H_5OH** kann man erkennen, dass Ethanolmoleküle eine OH-Gruppe enthalten. Diese OH-Gruppe wird **Hydroxylgruppe** genannt. Die Strukturformel zeigt, dass die Hydroxylgruppe an ein C-Atom gebunden ist (▷ B 2). Der Name Ethanol leitet sich von Ethan und der Endung **-ol** für Alkohol ab.

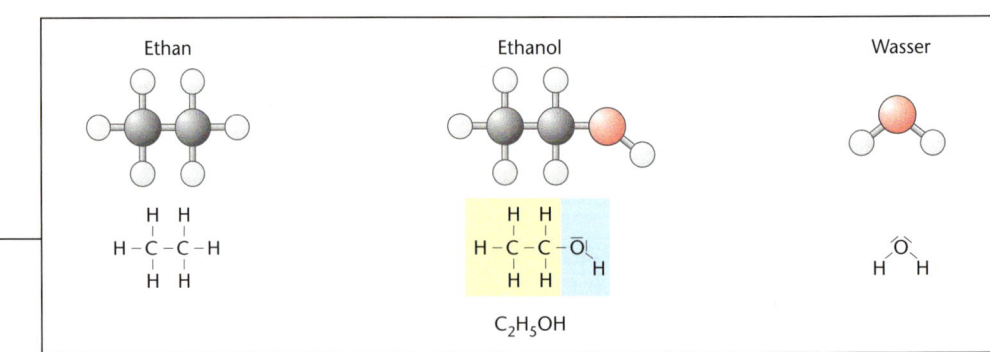

2 Ethanol zwischen Alkan und Wasser

Ethanol

Löslichkeitsverhalten von Ethanol

Beim Mischen von Ethanol mit Wasser bzw. Benzin stellt man fest, dass Ethanol in beiden löslich ist (▷ V 3). Da Wasser und Benzin nicht ineinander löslich sind, zeigt das Versuchsergebnis ein erstaunliches Verhalten von Ethanol.

Verantwortlich für die Wasserlöslichkeit von Ethanol ist die Hydroxylgruppe (OH-Gruppe). Sie ist ähnlich wie ein Wassermolekül gebaut und ist wasserfreundlich, **hydrophil**. Der Alkylrest des Ethanolmoleküls, die Ethylgruppe, ist wasserabstoßend (**hydrophob**), da ihr Aufbau dem eines Alkanmoleküls entspricht. Ethanol löst daher auch Stoffe wie Benzin (▷ B 2; B 5). Die Hydroxylgruppe bestimmt die Eigenschaften und Reaktionen von Ethanol. Man bezeichnet diese Gruppe als **funktionelle Gruppe**.

▶ Funktionelle Gruppen bestimmen die Eigenschaften von Stoffen.

Ablenkbarkeit von Ethanol

Lässt man einen Ethanolstrahl an einer negativ geladenen bzw. positiv geladenen Folie vorbeifließen, wird der Strahl angezogen (▷ B 6; V 4). Ethanolmoleküle sind wie Wassermoleküle polar. Das Sauerstoffatom der OH-Gruppe besitzt eine negative Teilladung, das Wasserstoffatom eine positive Teilladung.

▶ Ethanolmoleküle sind Dipolmoleküle. Die OH-Gruppe ist polar.

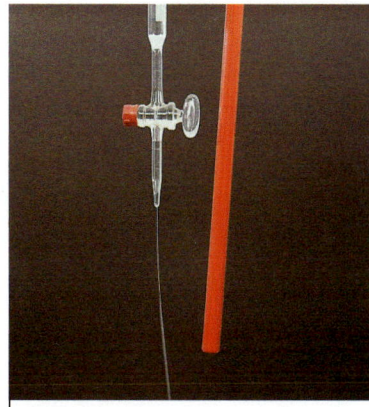

6 Ablenkung eines Ethanolstrahls

Wasserstoffbrücken und Siedetemperatur

Ethanol hat eine Siedetemperatur von 78 °C. Diese liegt über 100 °C höher als die Siedetemperatur von Propan, einem Alkan mit ähnlicher Molekülmasse und Molekülgröße. Wie kann man diesen Unterschied erklären? Die positive Teilladung des Wasserstoffatoms eines Ethanolmoleküls und die negative Teilladung des Sauerstoffatoms eines anderen Ethanolmoleküls ziehen sich an (▷ B 7).
Es bilden sich, ähnlich wie zwischen Wasserdipolen, auch zwischen Ethanolmolekülen **Wasserstoffbrücken** aus. Diese bewirken die höhere Siedetemperatur von Ethanol im Vergleich zu Propan.

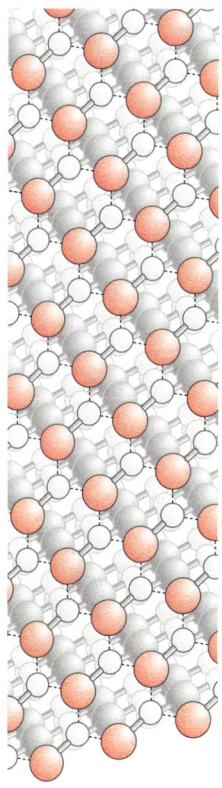

Versuche

1 Verbrenne wenige Milliliter Ethanol in einer Porzellanschale unter einem Metalltrichter. Sauge die Verbrennungsgase durch ein gekühltes U-Rohr und eine Waschflasche mit Kalkwasser (▷ B 1). Prüfe das Kondensat aus dem U-Rohr mit Watesmopapier.

2 Ethanol wird in einer Apparatur wie in Bild 4 erhitzt. Die entweichenden Dämpfe werden entzündet. Dann erhitzt man die Magnesiumspäne, bis eine Reaktion an der Oberfläche erkennbar wird. (Schutzbrille!)

3 Prüfe die Löslichkeit von Ethanol in Wasser und in Wundbenzin.

4 Nähere eine geladene Folie je einem Strahl Ethanol, Wasser bzw. Wundbenzin (Auffangwanne verwenden). Vergleiche und erkläre.

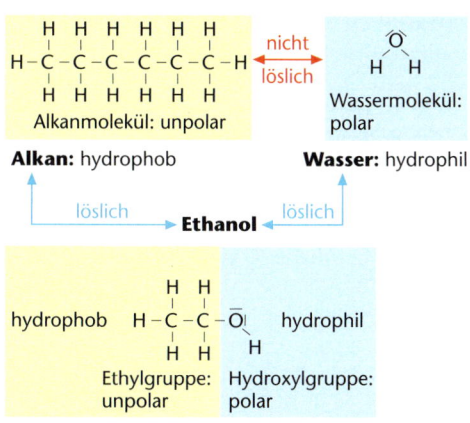

5 Löslichkeitsverhalten

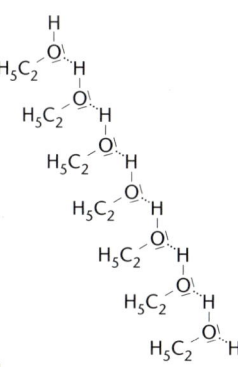

7 Wasserstoffbrücken zwischen Ethanolmolekülen

Die Reihe der Alkanole

Methanol (Holzgeist)

Methanol (▷ B 1) wird beim Erhitzen von Holz unter Luftabschluss gewonnen. Man nennt es daher auch Holzgeist. Es ist eine farblose, leicht bewegliche, brennbare Flüssigkeit, die im Aussehen kaum von Ethanol zu unterscheiden ist. Für den Menschen ist Methanol bereits in geringsten Mengen ein gefährliches Gift. Flüssigkeit und Dämpfe verursachen eine Schädigung des Zentralnervensystems, insbesondere der Sehnerven mit nachfolgender Erblindung. Die tödliche Dosis wird auf 30 bis 100 ml geschätzt, es wurden jedoch schon Todesfälle mit nur 5 ml bekannt.

Das Methanolmolekül ist das am einfachsten gebaute Alkoholmolekül. Es besitzt eine polare Hydroxylgruppe und eine unpolare Methylgruppe. Methanol ist in jedem Verhältnis in Wasser, aber auch in vielen Benzinen löslich.

Ethanol (Weingeist)

Bei der alkoholischen Gärung von zuckerhaltigen Flüssigkeiten wie Traubensaft entsteht **Ethanol** (▷ B 2). Bereits seit Jahrtausenden werden so alkoholische Getränke hergestellt. Deshalb wird Ethanol noch heute als Weingeist bezeichnet. Ethanol ist der zweite Vertreter in einer Reihe von Alkoholen. Die Moleküle besitzen eine Ethylgruppe und eine Hydroxylgruppe.

Weitere Alkohole

In alkoholischen Getränken sind als Begleitalkohole **Propanol** (▷ B 3), **Butanol** (▷ B 4) und **Pentanol** enthalten. Sie entstehen bei der alkoholischen Gärung als gesundheitsschädliche Nebenprodukte.

Hexadecanol (Cetylalkohol)

Bei **Hexadecanol** handelt es sich um einen festen, schuppenartigen Alkohol, der in Wasser unlöslich und in Benzin nach Erwärmen löslich ist. Er wird z. B. zur Herstellung von Tensiden, Salben und Schmiermitteln verwendet. Das Molekül besitzt eine lange Alkylgruppe, welche die Löslichkeit des Alkohols in Benzin beeinflusst.

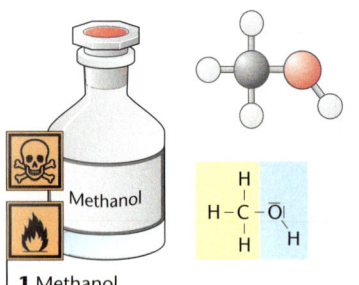

1 Methanol

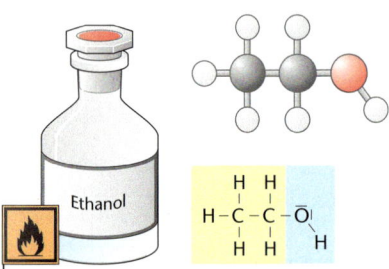

2 Ethanol

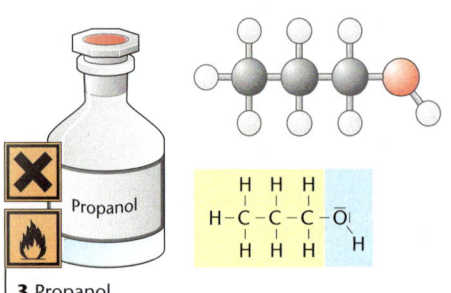

3 Propanol

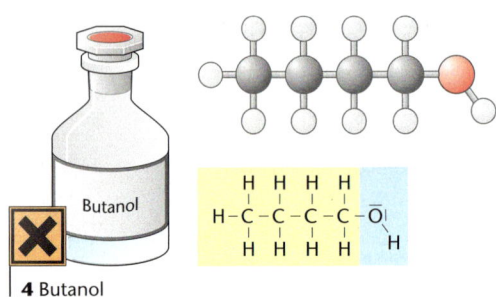

4 Butanol

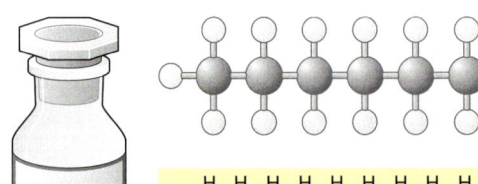

5 Hexadecanol

Die Reihe der Alkanole

Die homologe Reihe der Alkanole

Wie die Alkane und die Alkene bilden auch die Alkohole eine homologe Reihe, deren Moleküle sich durch eine CH_2-Gruppe unterscheiden. Um die Formel eines Alkoholmoleküls dieser Reihe zu bilden, wird im entsprechenden Alkanmolekül ein Wasserstoffatom durch eine Hydroxylgruppe ersetzt. Diese Reihe wird als Reihe der **Alkanole** bezeichnet.

▶ Alkanole bilden eine homologe Reihe. Die allgemeine Formel der Alkanole lautet $C_nH_{2n+1}OH$.

Eigenschaften ändern sich innerhalb der homologen Reihe

Vergleicht man wie bei den Alkanen die Viskosität der Alkanole (▷ V 2), stellt man fest, dass diese mit zunehmender Länge der Alkylgruppe höher wird. Alkanole mit kurzen Ketten in den Molekülen sind dünnflüssig, ähnlich wie Wasser, solche mit langen Ketten zähflüssig bis fest. Das Löslichkeitsverhalten der Alkanole gegenüber Wasser ist durch die polare Hydroxylgruppe bedingt (▷ V 1). Es bilden sich Wasserstoffbrücken zwischen den Molekülen aus. Der Einfluss dieser Hydroxylgruppe wird mit zunehmender Kettenlänge geringer, d. h., die hydrophobe Alkylgruppe wird stärker wirksam. Alkanole, deren Moleküle lange Ketten bilden, sind daher wasserunlöslich, lösen sich aber in jedem Verhältnis in Benzin.

Ein Vergleich der Schmelz- und Siedetemperaturen der Alkanole mit denen der Alkane macht deutlich, dass die Werte bei den Alkanolen deutlich höher liegen. Der Grund dafür ist die Ausbildung von Wasserstoffbrücken zwischen den Hydroxylgruppen.

Die Eigenschaften der Alkanole ändern sich mit zunehmender Kettenlänge ihrer Moleküle. Es besteht daher ein direkter Zusammenhang zwischen der Struktur der Moleküle und den Eigenschaften der Stoffe (▷ B 6).

Wie man die Verwechslungsgefahr bei Methanol und Ethanol bannt

Um das hochgiftige Methanol von Ethanol zu unterscheiden, führt man die **Boraxprobe** durch. Man fügt den beiden Alkoholen Borsäure zu und entzündet sie dann. Bei Methanol entsteht sofort eine leuchtend grüne Flamme. Ethanol brennt dagegen mit einer gelben Flamme (▷ B 7).

Name (Trivialname)	Molekülformel	Schmelztemp. (°C)	Siedetemp. (°C)	Löslichkeit in Wasser	Löslichkeit in Benzin	Viskosität
Methanol (Methylalkohol)	CH_3OH	−98	65	unbegrenzt löslich	unbegrenzt löslich	nimmt zu
Ethanol (Ethylalkohol)	C_2H_5OH	−117	78			
Propanol (Propylalkohol)	C_3H_7OH	−126	97			
Butanol (Butylalkohol)	C_4H_9OH	−89	117	nimmt ab		
Pentanol (Pentylalkohol)	$C_5H_{11}OH$	−79	138			
Hexanol (Hexylalkohol)	$C_6H_{13}OH$	−47	157			
Dodecanol (Laurylalkohol)	$C_{12}H_{25}OH$	26	256			
Hexadecanol (Cetylalkohol)	$C_{16}H_{33}OH$	50	344			

6 Die homologe Reihe der Alkanole

7 Die Boraxprobe

Versuche

1 ▶ Gib zu kleinen Portionen verschiedener Alkohole tropfenweise Wasser bzw. Wundbenzin. Erwärme feste Alkohole im Wasserbad.

2 ▶ Plane einen Versuch zur Untersuchung der Viskosität unterschiedlicher Alkohole.

Aufgabe

1 Erkläre
a) die Zunahme der Siedetemperatur innerhalb der homologen Reihe der Alkanole.
b) die abnehmende Löslichkeit der Alkanole in Wasser innerhalb der homologen Reihe.

Schnittpunkt

Technik: Alkohole im Tank

1 Methanol als Treibstoff

4 Zuckerrohr

5 Zuckerrüben

Methanol als Treibstoff

Methanol brennt, hat aber einen viel geringeren Brennwert als Benzin. Fährt ein Fahrzeug mit Methanol, ist der Kraftstoffverbrauch höher als bei Benzin. Um genauso weit fahren zu können, müssen Methanoltanks im Auto größer sein als Benzintanks. Der Alkohol verbrennt wie Benzin zu Wasserdampf und Kohlenstoffdioxid. Der Anteil von Schadstoffen im Abgas ist jedoch bei Methanol geringer, weil die Verbrennungstemperatur im Motor niedriger ist. Mit Alkohol im Tank fährt man umweltfreundlicher, die Abgase enthalten weniger Stickstoffoxide und Kohlenstoffmonooxid als die von Benzin.

Heute werden Gemische aus Methanol und Benzin (z. B. 15 % Methanol, M 15) und reines Methanol (M 100) als Treibstoffe erprobt (▷ B 1). Reiner Alkohol erfordert jedoch Veränderungen am Motor. Methanol verdunstet nicht so leicht wie Benzin. Die Zündung eines Alkohol-Luft-Gemisches kann vor allem beim Kaltstart Probleme bereiten. Da Alkohole hydrophil sind, kann aufgenommenes Wasser im Treibstoff zu Korrosion im Tank und in Treibstoffleitungen führen.

Methanol wird heute meist aus Erdgas hergestellt, es kann aber auch aus Kohle, Holz oder Müll gewonnen werden. Da Methanol zur Zeit noch viel teurer ist als Benzin, wird der Alkohol nur bei manchen Motorrennsportarten (▷ B 2) als Treibstoffzusatz genutzt.

Ethanol als Treibstoff

Methanol wird meist aus fossilen Rohstoffen hergestellt, deren Vorräte auf der Erde begrenzt sind. Ethanol dagegen wird aus nachwachsenden Rohstoffen gewonnen. Man spricht deshalb auch von **Bioethanol**. Es entsteht bei der alkoholischen Gärung von zucker- und stärkehaltigen Produkten, z. B. aus Zuckerrohr (▷ B 4), Zuckerrüben (▷ B 5), Weizen, Mais, u. a. In Brasilien wird seit 1975 auf großen Feldern Zuckerrohr oder Mais angebaut und daraus Ethanol gewonnen. Viele Autofahrer tanken dort Bioethanol (▷ B 3). Das Land muss daher weniger Benzin und Rohöl auf dem Weltmarkt einkaufen. Die Felder, auf denen z. B. Zuckerrohr wächst, können aber nicht mehr für den Anbau anderer Nahrungsmittel genutzt werden. Dies führte dazu, dass Brasilien für die wachsende Bevölkerung heute Grundnahrungsmittel importieren muss. Wollte man in Deutschland Benzin durch Bioethanol ersetzen, müsste man die doppelte Fläche Deutschlands z. B. mit Weizen bepflanzen, um genügend Alkohol für alle Fahrzeuge zu erhalten.

2 Methanol wird im Motorrennsport als Benzinzusatz genutzt.

3 Ethanol im Tank

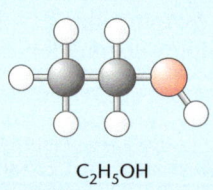

C_2H_5OH

158

Strategie

Debattieren, Pro und Contra

Debattieren und Diskutieren will gelernt sein. Nicht bei jedem Thema kann man sofort mitreden, wenn man darüber noch nicht viel weiß. Ohne Informationen kann man nur schwer entscheiden, ob es günstiger ist, z. B. Benzin zu tanken oder Bioethanol als Treibstoff zu nutzen. Aber wie wird man Experte für ein Thema?
Die einzelnen Arbeitsschritte werden am Beispiel „Bioethanol contra Benzin" näher betrachtet.

A. Sammle Daten und Fakten
Zunächst müssen viele Informationen aus Büchern, Zeitschriften oder aus dem Internet gesammelt werden, z. B.
- Wie werden die Treibstoffe Benzin und Bioethanol gewonnen?
- Welche Rohstoffe werden benötigt?
- Wie hoch ist der Energiebedarf?
- Welche Umweltbelastungen treten auf?
- Gibt es Abfälle oder Abwässer? Müssen Abfälle entsorgt werden?
- Gibt es Emissionen von Schadstoffen? Muss das Abgas gereinigt werden?
- …

B. Bewerte die Argumente
Vor einer öffentlichen Debatte müssen die gesammelten Daten und Fakten bewertet werden, d. h., die Vor- und Nachteile der beiden Treibstoffe müssen bekannt sein.
- Was spricht für Bioethanol, was spricht dagegen?
- Was spricht für Benzin als Treibstoff, was spricht dagegen?

C. Bilde Expertengruppen
Nicht jede Teilnehmerin, nicht jeder Teilnehmer an einer Debatte muss alles wissen. Die Vielzahl der einzelnen Informationen kann je nach Interesse auf mehrere Personen verteilt werden. Zunächst bildet man zwei Gruppen, eine „Benzingruppe" und eine „Bioethanolgruppe". In jeder Gruppe gibt es Experten, die verschiedene Argumente zum Thema vortragen und erklären können. Beispiel „Bioethanolgruppe":
- Experte für Rohstoffe
- Experte für Umweltfragen
- Experte für Energiebedarf
- Experte für Flächenbedarf der benötigten Pflanzen
- Experte für Abfallprodukte
- Experte für …

D. Debattiere im Plenum
Beim Debattieren und Diskutieren erkennt man, welche Vorteile und welche Nachteile die Treibstoffe haben. Das Ergebnis der Debatte kann eine **Ökobilanz** sein. Eine andere Gruppe kann zur selben Zeit zu einer anderen Bewertung kommen.

Die **Ökobilanz** berücksichtigt alle Schritte bei Herstellung, Transport, Gebrauch und Entsorgung eines Produkts.

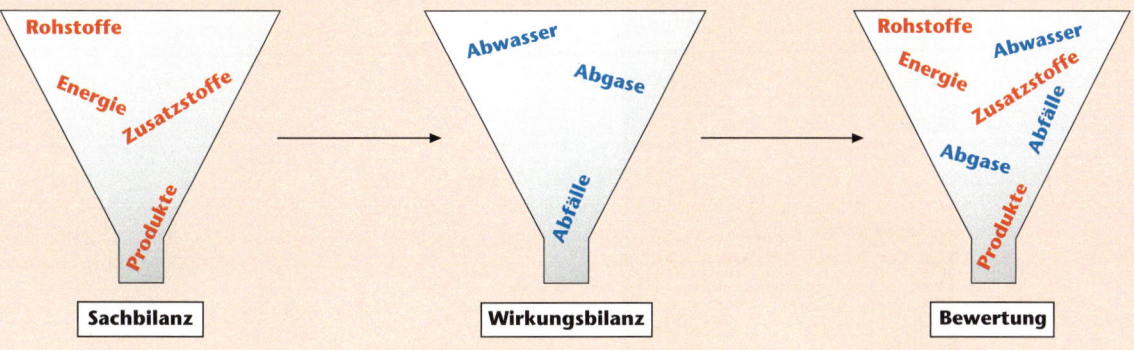

In der **Sachbilanz** werden Rohstoffe, Zusatzstoffe, Produkte und Energiebedarf betrachtet.

In der **Wirkungsbilanz** werden die Ergebnisse der Sachbilanz im Hinblick auf Umweltbelastungen (Abfall, Abwasser, Abgas) beurteilt.

Sach- und Wirkungsbilanz führen zu einer **Bewertung**, welcher Treibstoff geeignet ist für die Zukunft.

Süße Alkohole

Sorbit, ein süßer Alkohol
Sorbit ist ein weißer, süß schmeckender, fester Stoff. In der Natur kommt er in den Früchten der Eberesche und im Weißdorn vor. In kleineren Mengen findet sich Sorbit auch in Äpfeln, Aprikosen, Birnen, Kirschen und anderen Früchten. Der süße Geschmack ist auf eine Anhäufung von sechs OH-Gruppen im Molekül zurückzuführen (▷ B 1). Wegen dieser Hydroxylgruppen ist Sorbit wasserlöslich und hygroskopisch und gehört zu den Alkoholen. In Diabetikersüßwaren wird Sorbit als Zuckeraustauschstoff verwendet.

Glykol
Der einfachste Alkohol mit zwei OH-Gruppen im Molekül ist **Ethandiol** (▷ B 2). Es ist eine farblose, hygroskopische, gesundheitsschädliche, süß schmeckende Flüssigkeit, die auch Glykol (griech.: glykys, süß) genannt wird. Die benachbarten Moleküle bilden untereinander Wasserstoffbrücken. Diese führen zu einer deutlich höheren Siedetemperatur und Viskosität im Vergleich zu Ethanol (▷ V 3). Die wässrige Lösung hat eine tiefe Erstarrungstemperatur.
Deshalb benutzt man Ethandiol hauptsächlich als Gefrierschutzmittel (▷ B 2) in Scheibenwischanlagen der PKW's und bei der Enteisung von Flugzeugen (▷ B 3).

Glycerin
Glycerinmoleküle besitzen jeweils drei OH-Gruppen. Deshalb wird dieser Alkohol als **Propantriol** bezeichnet. Im Vergleich zu Glykol ist Glycerin noch viskoser (▷ V 3), besitzt eine weit höhere Siedetemperatur (290 °C) und ist in Wasser unbegrenzt löslich (▷ V 1).

3 Enteisung eines Flugzeuges

Glycerin ist ungiftig und schmeckt süß. Als Zusatz in Cremes, Zahnpasten und Stempelfarben (▷ B 4) wird es wegen seiner hygroskopischen Wirkung (▷ V 2) verwendet. Es sorgt für genügend Feuchtigkeit.

Versuche

1. Prüfe die Löslichkeit von Glycerin in Wasser und in Wundbenzin. Vergleiche mit dem Löslichkeitsverhalten von Propanol.

2. Fülle ein großes Uhrglas mit Glycerin, stelle es auf eine Waage und notiere sofort und nach 35 Minuten die Masse.

3. Lasse aus 1-ml-Pipetten jeweils gleiche Mengen Glykol, Glycerin und Propanol fließen. Vergleiche die Auslaufzeiten mit einer Stoppuhr.

4. Erwärme eine kleine Portion Glycerin in einer Porzellanschale und entzünde die Dämpfe. Beobachte Entflammbarkeit und Flamme.

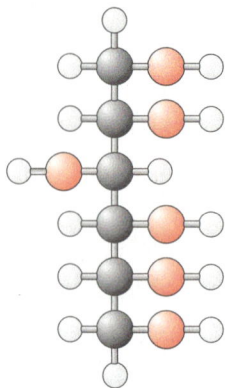

1 Sorbit

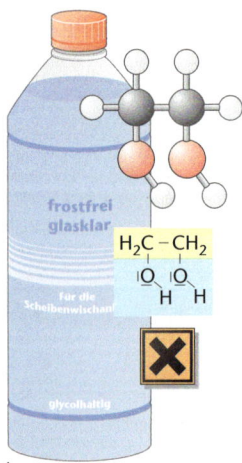

2 Glykol

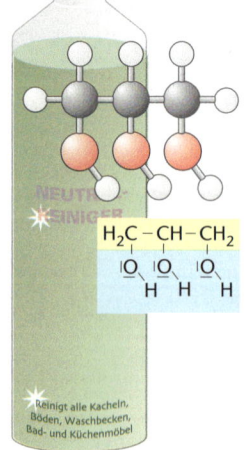

4 Glycerin

Die Reihe der Alkanale

1 Aus Ethanol wird Ethanal.

Alkanalmoleküle enthalten die Aldehydgruppe –CHO als funktionelle Gruppe.

Das Alkanal mit nur einem Kohlenstoffatom heißt **Methanal** oder Formaldehyd (▷ B 2). Das stechend riechende Gas ist giftig. Formaldehyddämpfe in Innenräumen von Gebäuden können durch Farbänderungen in Prüfröhrchen nachgewiesen werden (▷ B 3). Methanal kommt in Wasser gelöst unter dem Namen Formalin in den Handel.
Es wird zur Herstellung von Harzen, Gerbstoffen und Kunststoffen verwendet. Der erste synthetische Kunststoff wurde mithilfe von Methanal hergestellt. Man nannte ihn Bakelit (▷ B 4) nach seinem Erfinder LEO HENDRIK BAEKELAND.

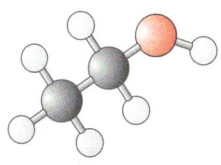
Ethanol

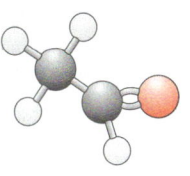
Ethanal

Ethanol verändert das „o" im Namen
Ein Kupferdrahtnetz wird beim Erhitzen zu schwarzem Kupferoxid oxidiert. Taucht man das heiße, oxidierte Kupfer in Ethanol, beobachtet man Veränderungen (▷ B 1, links; V 1). Schwarzes Kupferoxid wird zu rötlichem Kupfer reduziert. Wird ein Stoff reduziert, muss der andere oxidiert werden. Ethanol wurde zu Ethanal oxidiert. Ein Nachweis für Ethanal ist die Rotfärbung von Fuchsinschwefliger Säure (Schiff´sche Probe; ▷ B 1, rechts; V 2).

Ethanal wird auch als Acetaldehyd bezeichnet. Die stechend riechende Flüssigkeit verdunstet leicht und ist hochentzündlich. Ethanal dient zur Herstellung von Farbstoffen, Synthesekautschuk und Medikamenten.

Alkanale bilden eine Reihe
Ethanal gehört zu einer Reihe von Stoffen, deren Moleküle die funktionelle Gruppe –CHO enthalten. Ihre Namen leiten sich von den Namen der Alkane ab, die Endsilbe **–al** wird angefügt. Vertreter dieser Reihe bilden die homologe Reihe der **Alkanale** (▷ B 5). Die Alkanale werden auch **Aldehyde** genannt.

Versuche

1. Man gibt in ein kleines Becherglas ca. 10 ml Ethanol und taucht ein erhitztes Kupferdrahtnetz in die Flüssigkeit. Man wiederholt das Eintauchen mehrmals und gibt einige Tropfen Fuchsinschweflige Säure zu (Abzug!).

2. Man tropft Fuchsinschweflige Säure zu etwas Ethanal im Reagenzglas (Abzug!).

Aufgaben

1. Formuliere das Reaktionsschema und die Reaktionsgleichung (mit Strukturformeln) für die Reaktion von Ethanol mit schwarzem Kupferoxid. Um welche Reaktionsart handelt es sich dabei?

2. Informiere dich, wodurch Methanaldämpfe in die Luft von Innenräumen gelangen können.

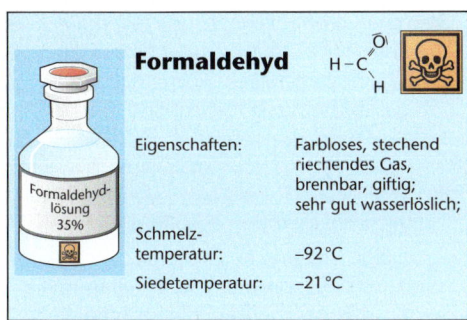

2 Formaldehyd

3 Prüfung auf Formaldehyd

4 Teile aus Bakelit

Methanal	H–CHO
Ethanal	CH_3–CHO
Propanal	C_2H_5–CHO
Butanal	C_3H_7–CHO
Pentanal	C_4H_9–CHO
Hexanal	C_5H_{11}–CHO
Heptanal	C_6H_{13}–CHO

5 Die Reihe der Alkanale

Ethansäure

Essig, Essigessenz, Essigsäure
Im Haushalt gehört Essig zu den am häufigsten verwendeten Würzen. Seltener findet man Essigessenz (25%), aus der durch Verdünnen mit Wasser Essig (5% bis 6%) hergestellt werden kann. Essig und Essigessenz (▷B2) unterscheiden sich durch ihre Konzentration von Essigsäure. Essigsäure findet man in reiner Form meist nur in Labors und Chemiesammlungen.

2 Essig, Essigessenz, Essigsäure

Säureeigenschaften
Reine Essigsäure erstarrt bei 16°C zu eisartigen Kristallen. Das „Auseisen" bei der Herstellung führte zur Bezeichnung Eisessig (▷B1, oben). Beim Umgang mit reiner Essigsäure ist Vorsicht geboten, da sie stark ätzend wirkt. Ihre stechend riechenden Dämpfe sind brennbar (▷V3). Die typischen Eigenschaften einer Säure können auch bei Essigsäure nachgewiesen werden (▷B1). Prüft man verdünnte Essigsäure mit Universalindikator (▷V1), tritt eine Rotfärbung auf. Verdünnte Essigsäure leitet den elektrischen Strom (▷V2) und reagiert mit unedlen Metallen wie z. B. Magnesium unter Wasserstoffbildung (▷V4; V5).

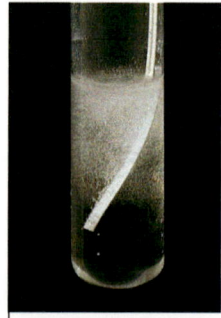 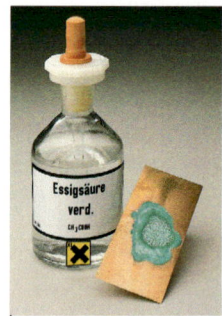

3 Magnesium in Essigsäure   **4** Grünspan

Essigsäure hat die Formel **CH_3COOH** und wird auch **Ethansäure** genannt. Bei der Verdünnung von konzentrierter Essigsäure mit Wasser bilden sich Wasserstoffionen (H^+-Ionen) und Säurerest-Ionen (CH_3COO^--Ionen), die als Acetat- oder Ethanoationen bezeichnet werden. Die H^+-Ionen werden durch den Indikator nachgewiesen und verursachen die saure Reaktion. Die vorliegenden Ionen bestimmen die elektrische Leitfähigkeit. Reine Essigsäure leitet den elektrischen Strom nicht, sie besteht aus Molekülen.

Salzbildung mit unedlen Metallen
Bei der Reaktion von verdünnter Essigsäure mit Magnesium entsteht neben Wasserstoff ein Salz, Magnesiumacetat (Magnesiumethanoat) (▷B3).
Das bekannteste Salz der Essigsäure ist Grünspan (▷B4), dieses Salz enthält hauptsächlich Kupferacetat. Grünspan bildet sich z. B., wenn essigsaure Speisen in Kupfergefäßen an der Luft stehen bleiben. Die Giftigkeit des Salzes wird durch die Kupferionen hervorgerufen.
Aluminiumacetat, ein weiteres Salz der Essigsäure, wurde als essigsaure Tonerde für entzündungshemmende Umschläge verwendet (▷B5).

Versuche

1 Prüfe die saure Reaktion von verdünnter Essigsäure mit Universalindikator.

2 Untersuche die elektrische Leitfähigkeit von verdünnter Essigsäure.

3 In eine schwarze Porzellanschale gibt man wenige Milliliter 100%ige Essigsäure. Man nähert der Flüssigkeitsoberfläche einen brennenden Holzspan. (Schutzbrille! Abzug!)

4 In der Projektion beobachtet man nebeneinander die Reaktion von Magnesiumspänen in Eisessig und in verdünnter Essigsäure.

5 In ein großes Reagenzglas füllt man verdünnte Essigsäure und fügt einen Magnesiumstreifen hinzu. Man fängt das entstehende Gas auf und führt die Knallgasprobe durch.

6 Eine kleine Probe Eisessig lässt man in einer flachen Petrischale mit Deckel einige Minuten im Gefrierfach stehen. Anschließend kann man die eisartigen Kristalle der Essigsäure beim Schmelzen beobachten.

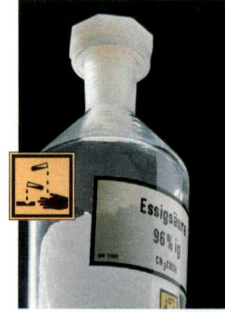
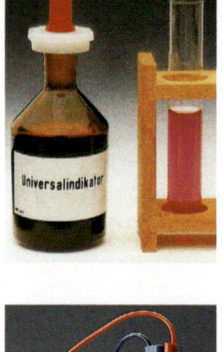
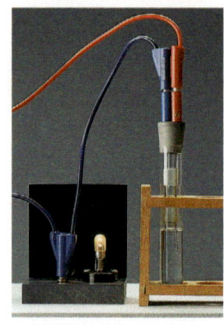

1 Essigsäure und ihre Eigenschaften

Aus Ethanol entsteht Ethansäure

Ethanol lässt sich stufenweise oxidieren (▷ B 6). Das sich bildende Molekül enthält wie Ethanol und Ethan zwei Kohlenstoffatome. Daher wird Essigsäure auch als **Ethansäure** bezeichnet. Sie enthält als funktionelle Gruppe eine **Carboxylgruppe** (–COOH). Verbindungen mit Carboxylgruppen werden allgemein als **Carbonsäuren** bezeichnet.

▶ Die funktionelle Gruppe der Carbonsäuren ist die Carboxylgruppe –COOH.

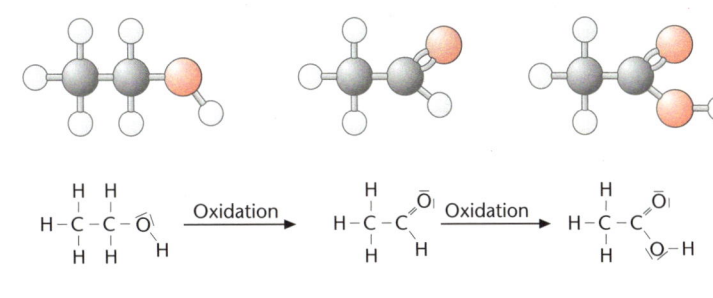

| 6 Aus Ethanol entsteht Essigsäure.

Verwendung von Essigsäure

Haushaltsessig (5 % bis 6 % Essigsäure) wird zum Würzen von Speisen, aber auch zum Konservieren von Nahrungsmittel wie zum Beispiel Essiggurken verwendet. In 2 %iger bis 3 %iger Essigsäure sind krankheitserregende Bakterien nicht mehr lebensfähig.

Kalkablagerungen auf Badfliesen, in Per latorsieben im Wasserhahn und in den Verbindungsröhrchen von Kaffeemaschinen können durch Reaktion mit Essigsäure beseitigt werden. Der größte Teil der technisch gewonnenen Essigsäure ist Ausgangsstoff zur Herstellung von Lösungsmitteln, Kunstseide (Acetatseide), Kunststoffen (Fugendichter) und Medikamenten, z. B. Aspirin® (▷ B 5).

Reinigungsmittel

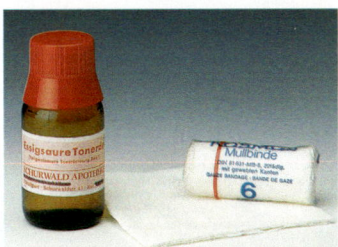
Arzneimittel

Gewürz

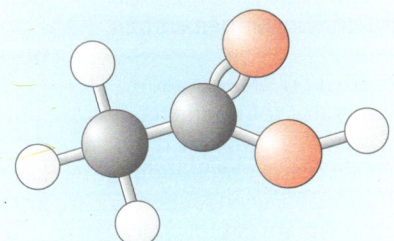

Medikament

Dichtungsmittel

Kunstseidenproduktion

| 5 Verwendung von Essigsäure

Alkansäuren

 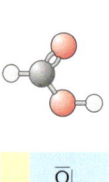

1 Methansäure in den Giftdrüsen von Ameisen

 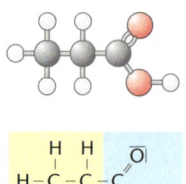

3 Propansäure in Wein

2 Ethansäure als Konservierungsmittel

 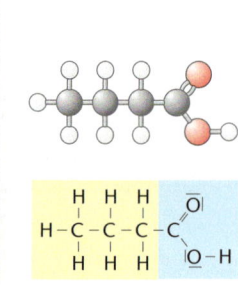

4 Butansäure in ranziger Butter

Methansäure

Ameisen produzieren in ihren Giftdrüsen eine stark ätzend wirkende Flüssigkeit, die Ameisensäure (▷ B 1). Der systematische Name dieser Säure ist **Methansäure**. Auch die Nesselkapseln mancher Hohltiere (Quallen), die Brennhaare der Brennnesseln und die Nadeln von Tannen enthalten diese Säure.
Die wässrige Lösung von Ameisensäure färbt Universalindikator rot und leitet den elektrischen Strom (▷ V 1). Mit unedlen Metallen reagiert sie heftig unter Bildung von Wasserstoff (▷ V 2). Die entstehenden Salze heißen Formiate (lat.: formica, Ameise) oder Methanoate.

Propansäure

In geringen Mengen ist **Propansäure** (Propionsäure) im Steinkohlenteer, im Latschenkiefernöl und im Wein (▷ B 3) enthalten. Es ist eine farblose, stechend riechende Flüssigkeit, die in Wasser in jedem Verhältnis löslich ist. Der Kontakt mit der Flüssigkeit führt zu starken Verätzungen der Augen und der Haut.

Butansäure

Butansäure (Buttersäure) ist eine ölige, unangenehm ranzig riechende Flüssigkeit. Sie wird beim Ranzigwerden von Butter frei (▷ B 4). Ihr typischer Geruch ist auch im Schweiß von Menschen und Säugetieren enthalten, wenn dieser sich auf der Haut zersetzt. Er wird von blutsaugenden Insekten und Hunden in geringster Konzentration wahrgenommen.

Die homologe Reihe der Alkansäuren

Methansäure, Ethansäure, Propansäure und Butansäure bilden die ersten Glieder der homologen Reihe der **Alkansäuren**. Die funktionelle Gruppe ist die **Carboxylgruppe** (–COOH).

▶ Alkansäuren bilden eine homologe Reihe. Die allgemeine Formel der Alkansäuren lautet $C_nH_{2n+1}COOH$.

Eigenschaften der Alkansäuren im Vergleich

Untersucht man bei den ersten Vertretern der homologen Reihe der Alkansäuren die Wasserlöslichkeit, stellt man fest, dass sich Methansäure vollständig in Wasser löst (▷ V 3). Mit steigender Kettenlänge nimmt der Einfluss der polaren Carboxylgruppe ab, d. h., die Löslichkeit der Alkansäuren in Benzin nimmt zu (▷ B 5). Alkansäuren mit langen Kohlenstoffketten im Molekül

lösen sich beim Erwärmen gut in Benzin. Da viele höhere Alkansäuren am Aufbau der Fette beteiligt sind, werden sie **Fettsäuren** genannt. Wichtige Fettsäuren sind Palmitinsäure und Stearinsäure.
Mit zunehmender Kettenlänge steigen auch Molekülmassen und Siedetemperaturen der Alkansäuren an (▷ B 5).

Gesättigte und ungesättigte Fettsäuren
Ölsäure ist eine ölige Flüssigkeit, das Molekül enthält wie **Octadecansäure** (Stearinsäure, ▷ B 6) 18 Kohlenstoffatome. Beide Säuren unterscheiden sich nicht nur in ihren Schmelz- und Siedetemperaturen, sondern auch in ihrer Reaktionsfähigkeit. Angesäuerte Kaliumpermanganatlösung wird bei Zugabe von Ölsäure rasch entfärbt (▷ V 4), von Stearinsäure jedoch nicht. Ölsäure ist eine **ungesättigte Fettsäure** mit einer Doppelbindung zwischen benachbarten C-Atomen und heißt auch **Octadecensäure** (▷ B 7).

Name (Trivialname)	Molekülformel	Schmelztemp. (°C)	Siedetemp. (°C)	Einfluss der Carboxylgruppe	Einfluss der Alkylgruppe
Methansäure (Ameisensäure)	HCOOH	8	100	nimmt zu ↑	nimmt zu ↓
Ethansäure (Essigsäure)	CH_3COOH	16	118		
Propansäure (Propionsäure)	C_2H_5COOH	–21	141		
Butansäure (Buttersäure)	C_3H_7COOH	–7	164		
Dodecansäure (Laurinsäure)	$C_{11}H_{23}COOH$	44	225*		
Hexadecansäure (Palmitinsäure)	$C_{15}H_{31}COOH$	63	269*		
Octadecansäure (Stearinsäure)	$C_{17}H_{35}COOH$	69	287*		

* bei 133 hPa

5 Die homologe Reihe der Alkansäuren

Versuche

1 Prüfe die elektrische Leitfähigkeit und den pH-Wert von verdünnter Ameisensäure. (Schutzbrille!)

2 Lasse ein Stück Magnesiumband mit verdünnter Ameisensäure reagieren. (Schutzbrille)

3 Prüfe das Löslichkeitsverhalten einiger Vertreter der homologen Reihe der Alkansäuren in Wasser und Wundbenzin.

4 Schüttle Ölsäure mit angesäuerter Kaliumpermanganatlösung kräftig. Beobachte und erkläre.

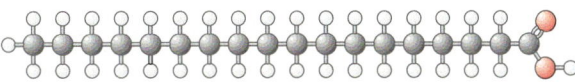
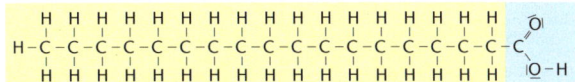

6 Octadecansäure (Stearinsäure), eine gesättigte Fettsäure

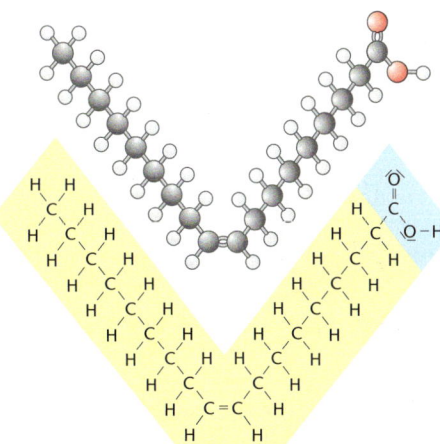

7 Octadecensäure (Ölsäure), eine ungesättigte Fettsäure

Strategie

Dominospiel – Chemie spielerisch lernen

Chemiedomino spielen mit Namen und Formeln

Mit Chemiedomino lernt man spielerisch leicht: Welcher Name gehört zu welcher Formel? Welches Bild gehört zu welchem Stoff? Wie heißt die funktionelle Gruppe der Alkanole? Wie lautet der Alltagsname von Ethansäure?

Die Dominokärtchen werden zu Übungskärtchen. Bei der Suche nach dem passenden Kärtchen kann man chemisches Wissen abfragen, einüben und wiederholen. Die chemischen Zusammenhänge werden deutlich durch vielfältiges Kombinieren.

Domino lässt sich allein, zu zweit oder in der Gruppe spielen. Übt man alleine, z.B. während der Stillarbeit, kann man die richtigen Lösungen mit dem Chemiebuch kontrollieren.

A. Anfertigen von Domino-Kärtchen

- Zeichne so viele Rechtecke wie möglich auf ein Blatt Papier mit den Maßen von Dominosteinen (oder Spielkärtchen). Die Vorlage lässt sich zum Kopieren verwenden. Geschickt ist es, wenn für jedes Spiel eine eigene Farbe gewählt wird.
- Wähle 8 Alkanole und 8 Alkansäuren aus. Schreibe jeweils den Handelsnamen, den systematischen Namen, die Molekülformel und die Strukturformel auf eine Hälfte eines Domino-Kärtchens.
- Nach dem Überziehen der Kärtchen mit Folie (laminieren) kann das Spiel beginnen. Es dürfen nur passende Spielkärtchen angelegt werden, z.B. Ethansäure/Essigsäure oder Ethansäure/CH₃COOH.

DOMINO
DAS SPIEL FÜR DIE GANZE FAMILIE

SPIELANLEITUNG
Jede Spielerin, jeder Spieler erhält 4 Steine, der Rest kommt auf einen Stapel in der Tischmitte. Es dürfen nur Steine mit gleicher Augenzahl angelegt werden. Wer nicht anlegen kann, muss einen Stein vom Stapel nehmen.

Spielmaterial
28 Dominosteine

B. Noch mehr Möglichkeiten

Die Anzahl der Dominokärtchen lässt sich beliebig vermehren. Aus der Vielzahl der organischen Verbindungen mit funktionellen Gruppen kann man noch weitere auswählen und damit neue Dominokärtchen herstellen. Man kann auch Bilder aufkleben, die zu den ausgewählten Stoffen passen oder man bringt die funktionellen Gruppen mit ins Spiel.
Beispiele für weitere Kärtchen sind:
- Passende Bilder und Fotos
- Funktionelle Gruppen
- Alkanale
- Abbildungen von Molekülmodellen
- Süße Alkohole
- Namen der Stoffgruppen
- ...

1 Dominospiel

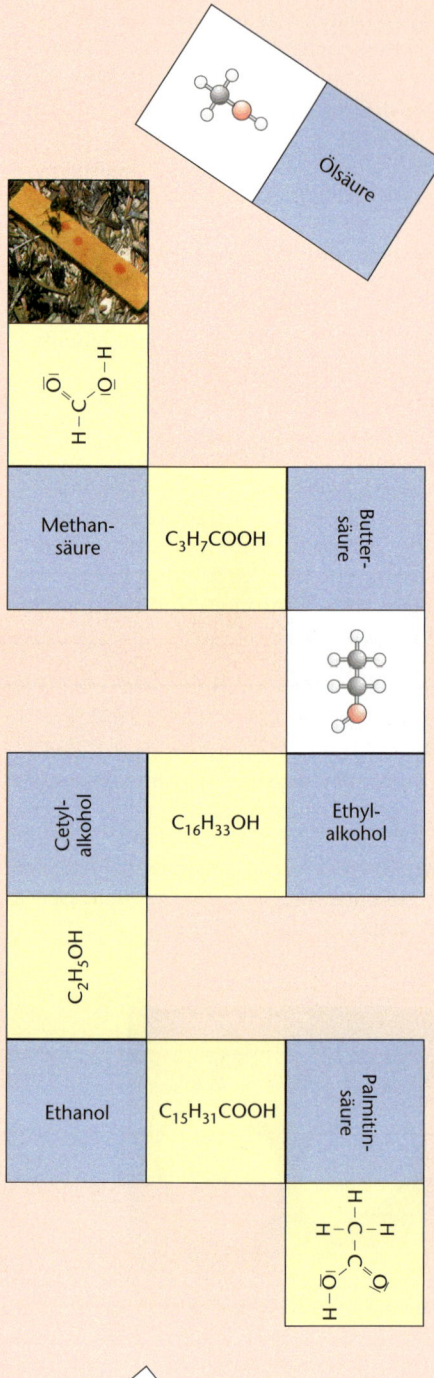

Schnittpunkt

Technik: Biotechnische Arbeiter – klein, aber fleißig

1 Bioreaktor

Lebens- und Genussmittel
– Jogurt aus Milch
– Essigsäure aus Alkohol
– Alkohol aus zuckerhaltigen Säften

Energiegewinnung
– Biogas aus Biomasse (Klärschlamm, Fäkalien, Müll)

Medizin
– Vitamine, Hormone
– Abwehrstoffe gegen Krankheitserreger

Haushalt
– Enzyme für Waschmittel und Fleckenreiniger

Bergbau
– Gewinnung von Metallen aus Abraumhalden (Erzlaugung)

Umweltschutz
– Abwasserreinigung (Kläranlagen)
– Abbau von Ölverschmutzungen im Boden

2 Biotechnologische Bereiche

Bei biotechnischen Verfahren setzt man heute Enzyme, Mikroorganismen (Bakterien, Pilze, Hefen, Algen) sowie tierische und pflanzliche Zellen ein, um industriell die unterschiedlichsten Produkte herzustellen. Die entsprechenden Stoffumwandlungen laufen in sogenannten Bioreaktoren (▷ B 1) ab. Das sind große Behälter, in denen für die „biotechnischen Arbeiter" günstige Lebensbedingungen herrschen.

Kleine Helfer in Lebensmitteln

Lässt man frische Milch einige Tage stehen, wird sie dick und sauer. Es entsteht Sauermilch. Die Veränderungen sind auf die Tätigkeit von Milchsäurebakterien zurückzuführen. Auch bei der Herstellung von Käse, Jogurt und Sauerkraut sind diese Bakterien beteiligt (▷ B 3).

Citronensäure – nicht aus Zitronen

Citronensäure wurde früher aus Zitronen gewonnen. Seit 1893 weiß man, dass Schimmelpilze Zucker abbauen und dabei Citronensäure bilden. Heute werden pro Jahr ca. 400 000 Tonnen Citronensäure mithilfe des Pilzes Aspergillus niger hergestellt (▷ B 4). Der Pilz wächst in der Nährlösung aus Melasse (Abfallprodukt der Zuckerindustrie) und wandelt Zucker in Citronensäure um.

Kleine Helfer im Dienst des Menschen

Viele Waschmittel enthalten spezielle Eiweiße (Enzyme), die bei Temperaturen von 30°C bis 60°C hartnäckige Flecken von Blut, Eigelb, Kakao oder Gras entfernen. Die Enzyme werden biotechnologisch mithilfe von Bakterien hergestellt.

Bakterien und Einzeller zersetzen organische Schmutzteilchen während der biologischen Reinigung in der Kläranlage. Den überschüssigen Belebtschlamm lässt man in Faultürmen gären und verkauft ihn als Pflanzendünger.

Im Bergbau werden Bakterien eingesetzt, um Spuren von Metallerzen aus dem Gestein zu lösen. Vor allem Kupfererz und Uranerz werden zum Teil bakteriell abgebaut.

Mit gentechnisch veränderten Bakterien kann seit 1982 das Eiweiß Insulin für Diabetiker (zuckerkranke Menschen) hergestellt werden. Früher wurde das lebenswichtige Hormon Insulin aus den Bauchspeicheldrüsen von Schlachttieren gewonnen. Problematisch dabei waren störende Begleitsubstanzen und allergische Reaktionen des Empfängers.

3 Milchsäurebakterien in Sauerkraut

4 Aspergillus niger zur Herstellung von Citronensäure

Ester

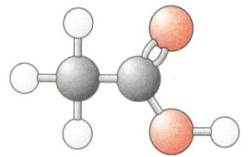
Ethansäure

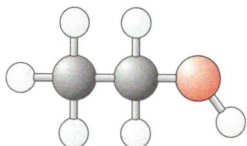
Ethanol

Gerüche wandeln sich, ein neuer Duft entsteht

Ethansäure und Ethanol sind an ihrem typischen Geruch erkennbar. Erhitzt man ein Gemisch aus Ethansäure und Ethanol, so entsteht eine Flüssigkeit, die stark nach Essig riecht. Eine chemische Reaktion ist nicht nachweisbar. Wiederholt man den Versuch unter Zugabe von konzentrierter Schwefelsäure, so bilden sich zwei getrennte Flüssigkeiten (▷ B 1; V 1). Es entsteht als Reaktionsprodukt **Ethansäureethylester**. Schwefelsäure dient hier als Katalysator. Der Geruch ist von Klebstoffen bekannt. Der Ester ist nicht elektrisch leitfähig (▷ V 3). Er ist demnach nicht aus Ionen aufgebaut, sondern aus Molekülen.

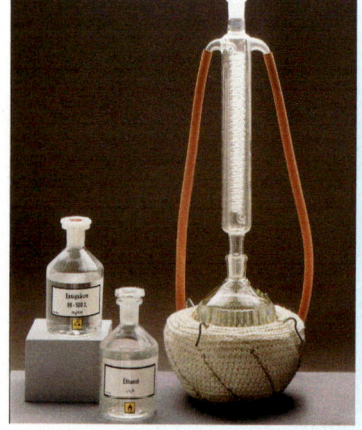
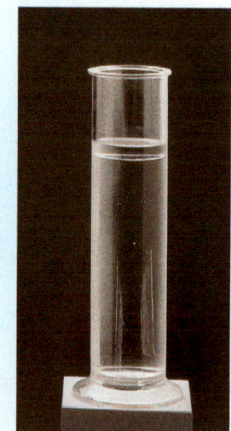

Bei der Reaktion zwischen Ethansäure und Ethanol reagieren die jeweiligen funktionellen Gruppen der Moleküle miteinander. Es entsteht neben einem Estermolekül noch ein Wassermolekül (▷ B 3).

▶ Ester entstehen bei der Reaktion von Alkansäuren mit Alkanolen.
Eine Reaktion, bei der sich Moleküle unter Abspaltung von Wassermolekülen verbinden, heißt Kondensation.

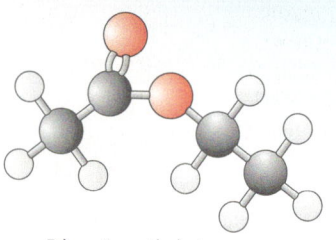
Ethansäureethylester

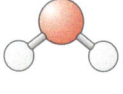
Wasser

1 Herstellung von Ethansäureethylester

Eigenschaften von Ethansäureethylester

Durch die Kondensationsreaktion sind die funktionellen Gruppen der Ausgangsstoffe nicht mehr vorhanden. Estermoleküle können untereinander keine Wasserstoffbrücken ausbilden. Ethansäureethylester hat daher eine niedrige Siedetemperatur, ist leicht flüchtig und löst sich gut in Benzin. In Wasser ist der Ester wenig löslich (▷ V 2). Für unpolare Stoffe ist er ein sehr gutes Lösungsmittel (▷ B 2).

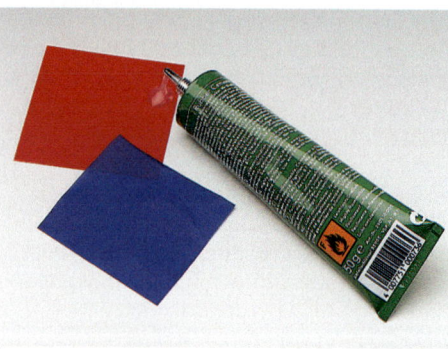

2 Ethansäureethylester als Lösungsmittel in Klebstoffen

Aroma- und Duftstoffe

Ester, die aus Alkansäuren und Alkanolen mit jeweils kurzkettigen Molekülen gewonnen werden, sind leichtflüchtig und haben häufig einen angenehm fruchtartigen oder blumigen Geruch. Es sind vielfach Aroma- und Duftstoffe, die in der Natur vorkommen.

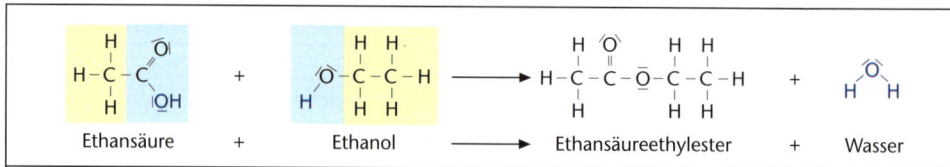

3 Esterbildung

4 Aromastoffe zum Backen

Butansäuremethylester kommt in Äpfeln, Butansäureethylester in Ananas, Ethansäurepentylester in Bananen und Butansäurepropylester in Erdbeeren als Aromastoff vor.

Natürliche, naturidentische und synthetische Aromastoffe

Natürliche Aromastoffe werden aus den entsprechenden Pflanzenteilen gewonnen. Es handelt sich dabei meist um Stoffgemische.
Naturidentische Aromastoffe werden zwar synthetisch hergestellt, kommen jedoch auch in der Natur vor. Ein bekanntes Beispiel ist Vanillin.
Künstliche Aromastoffe haben keine Entsprechung in der Natur und werden im Labor entwickelt. Sie sind als Zusätze nur für bestimmte Lebensmittel, wie z. B. Pudding (▷ B 6), erlaubt und müssen einzeln auf der Verpackung angegeben werden.

Wachse

Ester aus Alkansäuren und Alkanolen mit jeweils langkettigen Molekülen sind Wachse, die in der Natur als Schutzschicht auf Blättern, Nadeln, Blüten, Früchten vorkommen und in der Technik eine große Rolle spielen. Der Hauptbestandteil des Bienenwachses (▷ B 5) ist ein Ester der Palmitinsäure mit einem langkettigen Alkohol.

Ester lassen sich zerlegen – Die Hydrolyse

Durch die Reaktion mit Wasser können Ester wieder in Alkohol und Säure gespalten werden.

Die Esterspaltung ist ein Beispiel für eine **Hydrolyse** und zugleich die Umkehrung der Esterbildung. Mit Natronlauge verläuft die Esterspaltung schnell und vollständig.

$$\text{Säure} + \text{Alkohol} \xrightarrow{\text{Esterbildung}} \text{Ester} + \text{Wasser}$$

$$\text{Wasser} + \text{Ester} \xrightarrow{\text{Esterspaltung}} \text{Säure} + \text{Alkohol}$$

▶ Esterbildung (Kondensationsreaktion) und Esterspaltung (Hydrolyse) sind ein Beispiel für umkehrbare Reaktionen.

Im Gleichgewicht

Esterbildung und Esterspaltung sind umkehrbare Reaktionen, man spricht auch von Hin- und Rückreaktion. Sie werden durch einen Doppelpfeil zusammengefasst:

$$\text{Säure} + \text{Alkohol} \rightleftharpoons \text{Ester} + \text{Wasser}$$

Gleichgültig, von welcher Seite der Reaktionsgleichung man ausgeht, man erhält immer ein Gemisch aller an der Reaktion beteiligten Stoffe. Die Geschwindigkeit der Hinreaktion ist gleich der Geschwindigkeit der Rückreaktion. Dieser Zustand heißt **chemisches Gleichgewicht**. Unter dem Einfluss von Katalysatoren können die Hin- und die Rückreaktion beschleunigt werden.

Versuche

1. Man erhitzt ein Gemisch aus 20 ml reiner Essigsäure, 20 ml Ethanol und 2 ml konz. Schwefelsäure (Vorsicht! Spritzgefahr!) ca. 10 Minuten am Rückflusskühler. Anschließend wird das Gemisch in einen Standzylinder mit Wasser gegossen. Man prüft den Geruch vor und nach der Reaktion.

2. Prüfe das Löslichkeitsverhalten von Ethansäureethylester in Wasser.

3. Untersuche die elektrische Leitfähigkeit von Ethansäureethylester.

4. Man gibt zu Ethansäureethylester konz. Natronlauge und erwärmt vorsichtig (Spritzgefahr!). Die Flüssigkeit wird auf ihre Eigenschaften im Vergleich zu den Ausgangsstoffen untersucht.

5 Kerze aus Bienenwachs

6 Süßspeisen

Werkstatt

Ester selbst gemacht

1 Herstellen eines Aromastoffs

Material
Schutzbrille, Schutzhandschuhe, Erlenmeyerkolben (100 ml, weite Form), 2 Messzylinder, Kunststoffwanne, Glasstab, Thermometer, Stopfen, Butanol, Ethansäure, konzentrierte Schwefelsäure (wird von der Lehrkraft ausgegeben)

Versuchsanleitung
Stelle den Erlenmeyerkolben in die Kunststoffwanne. Gib in den Erlenmeyerkolben 10 ml Ethansäure und füge 10 ml Butanol dazu. Vermische vorsichtig durch Umrühren und lasse das Gemisch stehen (▷ B 1).

Miss die Temperatur der Flüssigkeit und prüfe den Geruch durch Zufächeln. Anschließend tropft die Lehrerin oder der Lehrer noch 2 ml konzentrierte Schwefelsäure zum Gemisch, verschließt mit dem Stopfen und schwenkt leicht. Miss erneut die Temperatur und prüfe den Geruch durch Zufächeln.

2 Neues Aroma mit anderen Eigenschaften

Material
Schutzbrille, Gasbrenner, 8 Reagenzgläser, Porzellanschale, Reagenzglasgestell, Holzspan, dest. Wasser, Ethansäure, Butanol, Ethansäurebutylester, Gemisch aus Versuch 1, Wundbenzin

Versuchsanleitung
a) Untersuche die Löslichkeit von Ethansäurebutylester in Wasser und in Benzin. Wiederhole den Versuch mit Ethansäure, mit Butanol und dem Gemisch aus Versuch 1.
b) Gib einige Tropfen Ethansäurebutylester in eine Porzellanschale und nähere der Flüssigkeit einen brennenden Holzspan (▷ B 2).

1 Ethansäure und Butanol

2 Brennbarkeit von Ethansäurebutylester

Aufgaben
1. Formuliere für die Esterbildung aus Ethansäure und Butanol die Reaktionsgleichung.

2. Trage die Ergebnisse aus Versuch 2 in eine Tabelle ein. Informiere dich im Buch oder im Internet über die Brennbarkeit der Stoffe.

Stoffe	Ethansäure	Butanol	Ester
Löslichkeit in Wasser			
Löslichkeit in Benzin			
Brennbarkeit			

3 Eigenschaftsvergleich

Schnittpunkt

Technik: Dynamit

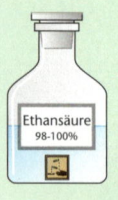

1 Alfred Nobel

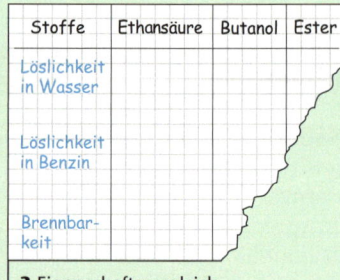

H
|
H–C–O–NO$_2$
|
H–C–O–NO$_2$
|
H–C–O–NO$_2$
|
H

2 Glycerintrinitrat

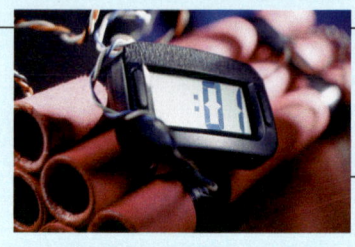

3 Dynamitstangen

Hochexplosiv und doch sicher
Der Hauptbestandteil von Dynamit ist Nitroglycerin. Die hochexplosive Substanz wurde 1846 von Ascanio Sobrero entdeckt. In der Fachsprache wird **Nitroglycerin** als Glycerintrinitrat oder Trisalpetersäureglycerinester bezeichnet (▷ B 2). Die ölige, leicht gelbe Flüssigkeit explodiert schon bei leichter Erschütterung, Schlag oder Stoß. Als Sprengstoff ist Nitroglycerin viel zu gefährlich.

Im Jahr 1867 entdeckte der schwedische Ingenieur Alfred Nobel (▷ B 1) ein Verfahren, mit dem Transport und Lagerung von Nitroglycerin möglich wurden. Er erhielt als festen Sprengstoff Dynamit (▷ B 3), als er Nitroglycerin in Kieselgur aufsaugen konnte. Kieselgur ist ein sehr feiner Schwamm, der aus den Gehäusen abgestorbener Kieselalgen besteht. Heute wird Dynamit meist durch andere Sprengstoffe ersetzt, z. B. ANC-Sprengstoffe. AN ist abgeleitet von Ammoniumnitrat und C steht für Kohlenstoffverbindungen. Außerdem wird Nitroglycerin in der Medizin zur Behandlung von Gefäßerkrankungen verwendet. Bei akuten Anfällen hilft dieses Medikament in Kapselform oder als Spray.

Polyester

1 Polykondensation

2 Fasern aus Baumwolle, Seide und Polyester unter dem Mikroskop

Neben der Polymerisation gibt es auch noch eine andere Möglichkeit der Bildung von Polymeren. Eine solche Reaktion haben wir bei der Esterbildung mit der Kondensationsreaktion kennen gelernt.

Polykondensation – ein Polyester wird gebildet

Bei der Reaktion von Dicarbonsäuren mit Alkandiolen entstehen unter Wasserabspaltung kettenförmige Polymere, die **Polyester** (▷ B 3). Für die Entstehung eines Polyesters müssen beide Reaktionspartner, die Alkohole und die Carbonsäuren, je zwei funktionelle Gruppen tragen. Die Kondensationsreaktion erfolgt dann an beiden Enden des Moleküls. Da Wassermoleküle abgespalten werden, wird diese Art der Kettenbildung **Polykondensation** genannt. Polyester sind wie die Ester hydrophob. Aus Polyester werden vor allem Kleidungsstücke hergestellt.

▶ Bei der Polykondensation verknüpfen sich Monomere unter Abspaltung kleiner Moleküle (z. B. Wassermoleküle). Alle Monomere tragen zwei funktionelle Gruppen.

Polyesterfasern gehören zu den synthetischen Fasern, die am weitesten verbreitet sind. Sie werden beispielsweise für Gardinen oder bügelfreie Wäsche verwendet. Die Fasern sind hydrophob und trocknen deshalb sehr schnell (▷ V 1).
Sie sind besonders knitterfest und formbeständig. Bekannte Handelsnamen für Textilien aus Polyester sind z. B. Diolen®, Trevira® oder Dracon®.
Der bekannteste thermoplastische Polyester ist PET (Polyethylenterephthalat). Aus ihm werden aber nicht nur Flaschen (▷ B 4) hergestellt, sondern auch Folien und Textilfasern.

4 PET-Flaschen (**P**olyester aus **E**thandiol und **T**erephthalsäure)

Versuch

1 Bestimme jeweils die Masse eines ca. 5 cm × 5 cm großen Stück Wollstoffs und eines Polyesterstoffs. Lege anschließend die Stoffproben in ein Becherglas mit 100 ml Wasser. Bestimme nach dem Abtropfen jeweils die Masse beider Stoffproben und vergleiche.

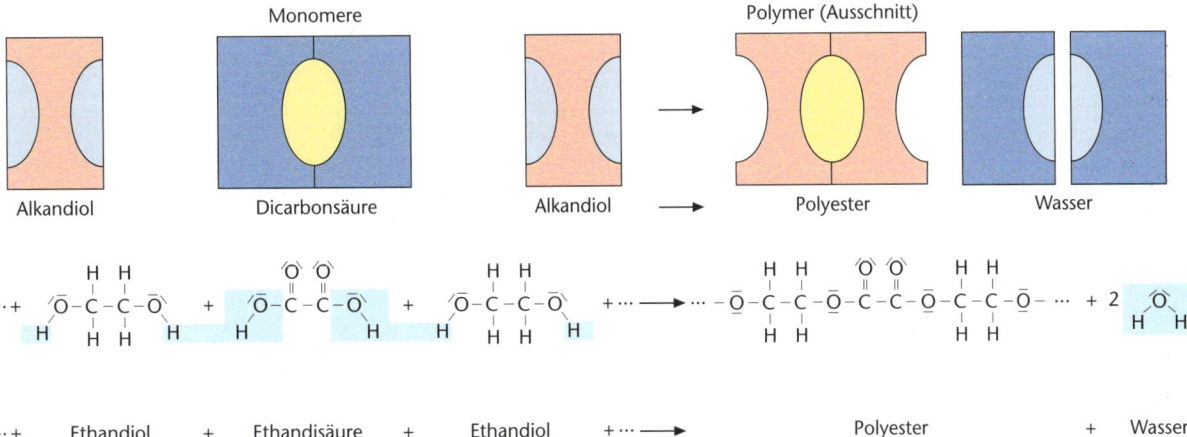

3 Bildung eines Polyesters durch Polykondensation

Schlusspunkt

Alkohole und organische Säuren

Stoffgruppe	**Alkanole** (Alkohole)	**Alkanale** (Aldehyde)	**Alkansäuren** (Carbonsäuren)
Namensgebung	Alkanname + Endsilbe „-ol"	Alkanname + Endsilbe „-al"	Alkanname + Endsilbe „-säure"
Funktionelle Gruppe	−O−H	−C(=O)−H	−C(=O)−O−H
Beispiel (mit zwei Kohlenstoffatomen)	Ethanol (Ethylalkohol)	Ethanal (Acetaldehyd)	Ethansäure (Essigsäure)
Löslichkeitsverhalten □ hydrophob (wasserabstoßend) □ hydrophil (wasserfreundlich)	unpolar (hydrophob) / polar (hydrophil)	unpolar (hydrophob) / polar (hydrophil)	unpolar (hydrophob) / polar (hydrophil)

1 Alkanole, Alkanale, Alkansäuren im Überblick

▶ Süße Alkohole
Beispiele für Alkohole mit mehreren Hydroxylgruppen sind Ethandiol (Glykol) und Propantriol (Glycerin) (▷ B 2).

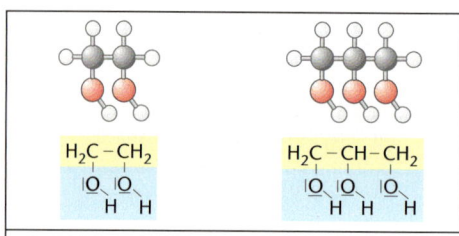

2 Ethandiol und Propantriol

▶ Gesättigte und ungesättigte Fettsäuren
In den Molekülen von gesättigten Fettsäuren sind die Kohlenstoffatome über Einfachbindungen verknüpft (▷ B 5). Die Moleküle von ungesättigten Fettsäuren enthalten eine oder mehrere Doppelbindungen zwischen den Kohlenstoffatomen.

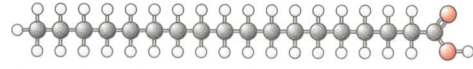

Stearinsäure, eine gesättigte Fettsäure
$C_{17}H_{35}COOH$

5 Octadecansäure (Stearinsäure)

Esterbildung
Methansäure + Methanol ⟶ Methansäuremethylester + Wasser

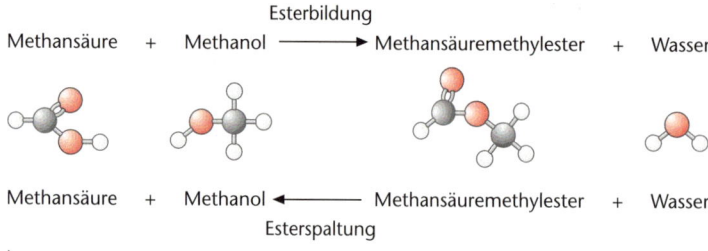

Methansäure + Methanol ⟵ Methansäuremethylester + Wasser
Esterspaltung

3 Esterbildung und Esterspaltung

▶ Ester
Ester entstehen bei der Reaktion von Alkansäuren mit Alkanolen. Die Esterbildung ist eine Kondensation. Bei einer Kondensation verbinden sich Moleküle unter Abspaltung von Wassermolekülen. Die Spaltung einer Verbindung bei der Reaktion mit Wasser nennt man Hydrolyse (▷ B 3). Die Esterspaltung ist eine Hydrolyse.

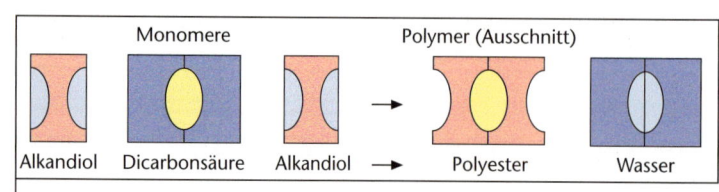

4 Polykondensation im Modell

▶ Polykondensation
Bei der Polykondensation verknüpfen sich Monomere unter Abspaltung kleiner Moleküle. Alle Monomere tragen zwei funktionelle Gruppen (▷ B 4).
Beispiele: Polyester, Perlon®, Nylon®

Aufgaben

6 Zu Aufgabe 1

1 Der Hauptbestandteil von Brennspiritus ist Ethanol.
a) Nenne jeweils einige wichtige Beispiele für die Verwendung von Brennspiritus im Alltag.
b) Beim Fondue wird heute meist eine Paste als Brennstoff verwendet und nicht Brennspiritus (▷ B 6). Erkläre.

7 Zu Aufgabe 2

2 Ein Alkoholometer ist ein Messgerät für den Alkoholgehalt von Flüssigkeiten (▷ B 7). Es besteht aus einer geschlossenen Glasröhre, die unten beschwert ist, damit das Alkoholometer senkrecht in die Flüssigkeit eintaucht. An einer geeichten Skala kann man den Alkoholgehalt der Lösung in Volumen-% direkt ablesen. Überlege, welcher Zusammenhang zwischen Eintauchtiefe und Alkoholgehalt besteht.

3 Alkoholthermometer sind mit angefärbtem Ethanol gefüllt (▷ B 8). Für welchen Temperaturbereich können solche Thermometer verwendet werden? Begründe die Werte.

8 Zu Aufgabe 3

9 Zu Aufgabe 4

4 Ameisensäure ist Bestandteil mancher Entkalkungsmittel (▷ B 9). Gib den systematischen Namen dieser Säure an. Beschreibe die Warnhinweise und Sicherheitsratschläge, die auf Behältern von Entkalkern aufgedruckt sind.

5 In der Abbildung 10 sind verschiedene Stoffe der pH-Wertskala zugeordnet. Werte die Tabelle aus und vergleiche.

Beispiel	pH-Wert und Farbe von Universalindikator
3,65%ige Salzsäure	0
	1
Zitronensaft	2
Speiseessig	3
Wein	4
	5
Milch	6
reines Wasser	7

10 Zu Aufgabe 5

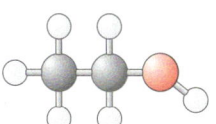 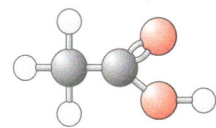

11 Zu Aufgabe 6

6 a) Zu welchen Stoffgruppen gehören die Moleküle der abgebildeten Modelle (▷ B 11)?
b) Beschreibe Unterschiede und Gemeinsamkeiten im Aufbau der beiden Moleküle und in den Eigenschaften der Stoffe.

7 Octadecansäure (Stearinsäure) und Octadecensäure (Ölsäure) sind beides Fettsäuren (▷ B 12). Beschreibe die Unterschiede im Aufbau der Moleküle, im Vorkommen und in den Eigenschaften der Stoffe.

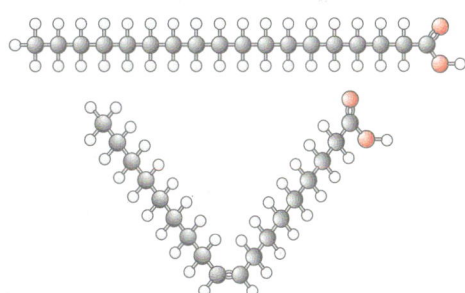

12 Zu Aufgabe 7

8 Viele Fruchtester sind Duft- und Aromastoffe.
a) Nenne die Ausgangsstoffe, die jeweils für die Bildung der Fruchtester in Bild 13 benötigt wurden.
b) Formuliere für eines der Beispiele das Reaktionsschema und die Reaktionsgleichung.
c) Erkläre den Reaktionstyp.

Propansäure-ethylester (Rumaroma)	$C_2H_5-\overset{O}{\underset{\|}{C}}-\underline{O}-C_2H_5$
Butansäure-methylester (Apfelaroma)	$C_3H_7-\overset{O}{\underset{\|}{C}}-\underline{O}-CH_3$
Butansäure-ethylester (Ananasaroma)	$C_3H_7-\overset{O}{\underset{\|}{C}}-\underline{O}-C_2H_5$
Ethansäure-pentylester (Bananenaroma)	$CH_3-\overset{O}{\underset{\|}{C}}-\underline{O}-C_5H_{11}$

13 Zu Aufgabe 8

Startpunkt

Ernährung und Pflege

Nährstoffe, Seifen und Waschmittel sind organische Stoffe, die aus großen Molekülen aufgebaut sind. Die Eigenschaften der Stoffe werden vom Aufbau der zugehörigen Moleküle bestimmt.

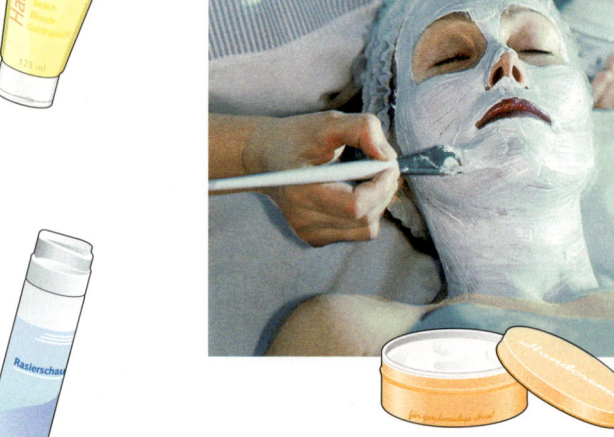

Vielfach wird bemängelt: Wir essen nicht nur zu viel, sondern auch zu einseitig. Diskutiere Regeln für eine gesunde Ernährung.

Eine ausgewogene Ernährung sollte Anteile verschiedener Nährstoffe enthalten. Welche Nährstoffe sind dir bekannt? Beschreibe den Zusammenhang von Nährstoffen und Nahrungsmitteln.

Waschen und Körperpflege fördern Wohlbefinden und Hygiene. Sind Kosmetika überflüssig?

Ermittle, wie häufig und mit welchen Programmen die Waschmaschine bei euch zu Hause in einem Monat eingesetzt wird.
Berechne auch den „Verbrauch" an Wasser und elektrischer Energie.

Schnittpunkt

Biologie: Nahrungsmittel – eine wichtige Energiequelle

Federball 1500 kJ/h
Gehen 650 kJ/h
Laufen 2200 kJ/h
Schlafen 250 kJ/h
Sitzen 400 kJ/h
Schwimmen 2300 kJ/h

1 Energiebedarf pro Stunde für verschiedene Tätigkeiten

Woher nimmt dein Körper seine Energie?

Damit dein Körper genügend Energie zur Verfügung hat, musst du dich ausgewogen ernähren. Die Nahrungsmittel, die du isst, werden im Körper verarbeitet und liefern dann – je nach Art und Menge – unterschiedlich viel Energie. Mithilfe dieser Energie funktionieren deine Organe und Sinne und du kannst körperliche und geistige Arbeit leisten. Deinen täglichen Energiebedarf kannst du mithilfe einer Energiebedarfsberechnung im Internet erfahren. Er beträgt bei Jugendlichen im Schnitt ungefähr 10 000 kJ pro Tag.

Was bedeutet „kJ"?

Um die Körpertemperatur auf 37 °C zu halten, braucht dein Körper Energie. Auch für andere Dinge und Tätigkeiten braucht dein Körper Energie. In Bild 1 ist der Energiebedarf für einige Aktivitäten angegeben. Die Werte beziehen sich immer auf 1 Stunde.
Die Energie wird in der Einheit **Joule** (J) gemessen. Meist wirst du aber die Angabe kJ für Kilojoule finden. 1 Kilojoule sind 1000 Joule.

Energie im Essen

Wie viel Energie ein Nahrungsmittel enthält (▷ B 2), ist häufig auf den Verpackungen angegeben. In Kochbüchern findest du Energiewerttabellen (auch als Brennwerttabellen bezeichnet). Sie beziehen sich oft auf die Menge 100 g. So kann man die Lebensmittel leicht untereinander vergleichen. Wenn du in verschiedenen Tabellen nachschlägst, musst du aber darauf achten, ob tatsächlich die gleiche Menge verwendet wird.

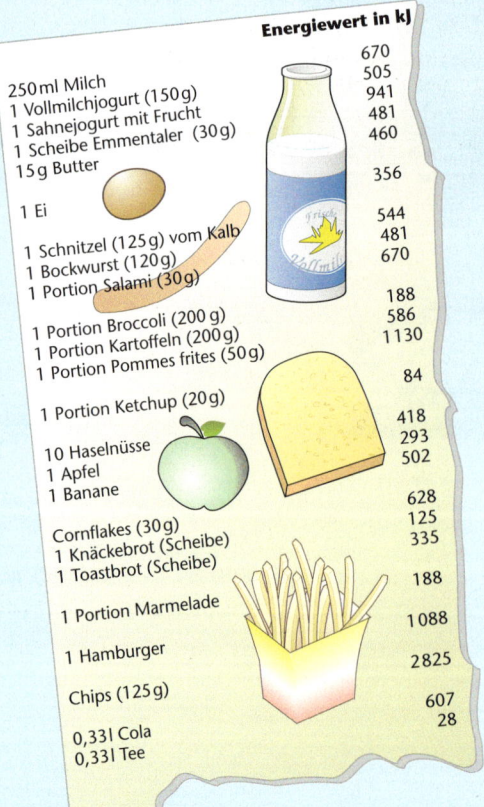

2 Energiegehalt von Nahrungsmitteln

Nahrungsmittel	Energiewert in kJ
250 ml Milch	670
1 Vollmilchjogurt (150 g)	505
1 Sahnejogurt mit Frucht	941
1 Scheibe Emmentaler (30 g)	481
15 g Butter	460
1 Ei	356
1 Schnitzel (125 g) vom Kalb	544
1 Bockwurst (120 g)	481
1 Portion Salami (30 g)	670
1 Portion Broccoli (200 g)	188
1 Portion Kartoffeln (200 g)	586
1 Portion Pommes frites (50 g)	1130
1 Portion Ketchup (20 g)	84
10 Haselnüsse	418
1 Apfel	293
1 Banane	502
Cornflakes (30 g)	628
1 Knäckebrot (Scheibe)	125
1 Toastbrot (Scheibe)	335
1 Portion Marmelade	188
1 Hamburger	1088
Chips (125 g)	2825
0,33 l Cola	607
0,33 l Tee	28

Nährstoffe und Wirkstoffe

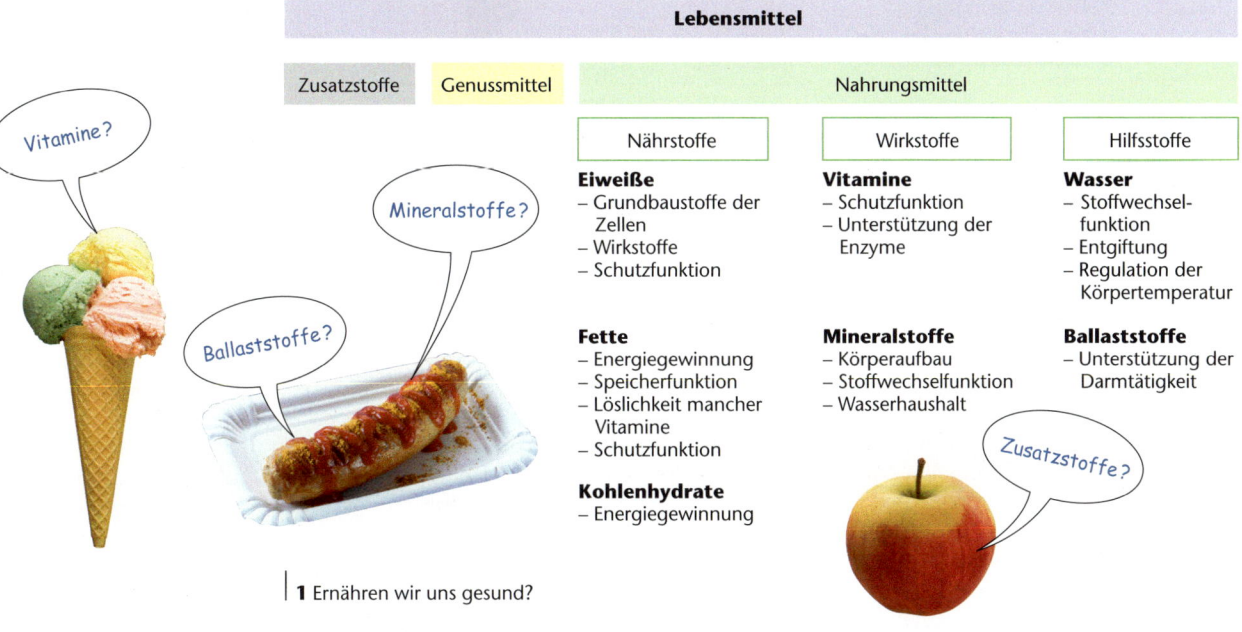

1 Ernähren wir uns gesund?

Nährstoffzufuhr: ausgewogen = gesund

Fette, Eiweiße und Kohlenhydrate sind **Nährstoffe**. Sie bilden die Grundpfeiler unserer Ernährung (▷ B 1). Wir brauchen von allem etwas, möglichst auf den ganzen Tag verteilt. Die Deutsche Gesellschaft für Ernährung empfiehlt einen Rhythmus von 5 Mahlzeiten am Tag (▷ B 2). Die drei Nährstoffe sollen in den Mahlzeiten in ausgewogener Menge enthalten sein. Im Durchschnitt sollte ein Erwachsener mehr Kohlenhydrate als Fette und Eiweiße mit der Nahrung zu sich nehmen.

Die Nährstoffe erfüllen bestimmte Funktionen in unserem Körper. Sie dienen dazu, den Stoffwechsel- und Energiehaushalt aufrechtzuerhalten (▷ B 1).

Was der Körper sonst noch braucht

So wichtig die Zufuhr von Eiweißen, Fetten und Kohlenhydraten auch ist, würde man sich auf diese beschränken, so könnten sich schwer wiegende Mängel einstellen.

Zu einer gesunden Ernährung gehören auch Vitamine, Mineralstoffe, Ballaststoffe und natürlich Wasser (▷ B 1). Vitamine und Mineralstoffe fasst man unter der Bezeichnung **Wirkstoffe** zusammen. Mineralstoffe sind Salze, die am Körperaufbau beteiligt und unentbehrlich für den Stoffwechsel sind. Einige von ihnen braucht der Körper nur in sehr geringen Mengen. Man bezeichnet sie deshalb als Spurenelemente.

Vitamine (lat.: vita, Leben) kann der Körper im Allgemeinen nicht selbst aufbauen. Sie müssen daher mit der Nahrung aufgenommen werden.

▶ Fette, Eiweiße und Kohlenhydrate sind Nährstoffe. Vitamine und Mineralstoffe sind Wirkstoffe.

2 Fit durch ausgewogene Ernährung – 5 Mahlzeiten über den Tag verteilt

1. Frühstück
2. Frühstück
Mittagessen
Nachmittagsmahlzeit
Abendessen

Aufgaben

1 Informiere dich über die Bedeutung von Wasser und Ballaststoffen für die Ernährung.

2 Beobachte und notiere die Nahrung, die du an einem Tag zu dir nimmst. Vergleiche den Nährstoffgehalt mit einer Nährstofftabelle.

Lexikon

Zusatzstoffe in Lebensmitteln

Nahrungsmittel sollen nicht nur sättigen, sie sollen auch gut schmecken und zudem noch appetitanregend aussehen. In der Lebensmittelindustrie benutzt man **E-Nummern** zur Kennzeichnung der vielfältigen Zusatzstoffe (▷ B 1). Einzelne Zusatzstoffe können im Lebensmittel auch mehrere Funktionen erfüllen.

Verwendung	E-Nummer
Farbstoffe	100 – 199
Konservierungsstoffe	200 – 299
Antioxidantien	300 – 321
Säuerungsmittel	322 – 399
Gelier-, Verdickungs- und Feuchthaltemittel	400 – 429
verschiedene Zusatzstoffe	500 – 949
Süßstoffe	950 – 1518

1 Grobe Einteilung der Zusatzstoffe nach ihrem Verwendungszweck

Farbstoffe geben den Nahrungsmitteln eine bestimmte Farbe. Margarine ist normalerweise weißlich. Durch Zusatz von β-Carotin (E 160) wird Margarine gelblich eingefärbt. Der naturidentische Farbstoff Riboflavin (E 101) hat eine gelb-orange Farbe und kommt oft in Cremespeisen vor. Der synthetische Farbstoff Zuckerkulör (E 150d) verleiht der Cola ihre typische Farbe (▷ B 2).

Koffeinhaltiges Erfrischungsgetränk mit Pflanzenextrakten

Zutaten:
Wasser, Zucker,
Kohlensäure
Farbstoff E 150d
Säuerungsmittel
Phosphorsäure
Aroma, Koffein

2 Cola enthält den Farbstoff d-Couleur

Schweinewürstchen

Zutaten: Schweinefleisch Nitritpökelsalz, (Speisesalz, Konservierungsstoff: Natriumnitrit), Zuckerstoffe, Gewürze, Würze, Stabilisator: Natriumcitrat Antioxidationsmittel: Natriumascorbat.

3 Konservierungsstoff in Wurst

Konservierungsstoffe und **Antioxidationsmittel** (Antioxidantien) dienen dazu, Lebensmittel haltbar zu machen und gegen Verderben zu schützen. Zu diesen Zusatzstoffen gehören meist organische Säuren oder Salze von Säuren. E 202 ist die Kennzeichnung für den Konservierungstoff Kaliumsorbat, einem Salz der Sorbinsäure. Dieser wird z. B. in Margarine oder Marmelade verwendet. Natriumnitrit (E 250) findet sich oft in Wurst (▷ B 3), Fisch oder Käse.

Preiselbeermarmelade

Zutaten: Wildpreiselbeeren, Zucker, Wasser, Geliermittel: Pektin. Säuerungsmittel: Citronensäure. Hergestellt aus 45 g Früchten je 100 g, Gesamtzuckergehalt: 47 g je 100 g. Mindestens haltbar bis Ende: Siehe Deckel. Nach dem Öffnen kühl aufbewahren.

4 Säurungsmittel in Marmelade

Säuerungsmittel und **Geschmacksverstärker** verleihen Speisen bestimmte Geschmacksrichtungen. Gleichzeitig haben sie auch oft konservierende Wirkung. Meist benutzt man dazu organische Säuren oder deren Salze. Beispiele sind Natriumglutamat (E 621) in süß-sauren Soßen oder Citronensäure (E 330) in Obst- und Gemüsekonserven (▷ B 4).

Tomaten Ketchup

Aus sonnengereiften, fruchtig-saftigen Tomaten.

Zutaten: Tomatenmark (70%), Branntweinessig, Glukosesirup, Zucker, modifizierte Stärke, Salz, Verdickungsmittel Xanthan, Aroma, Gewürzextrakte.
Ohne Konservierungsstoffe

5 Verdickungsmittel in Ketchup

Verdickungs- und **Geliermittel** dienen zum Andicken von Lebensmitteln. Pektin (E 440) ist ein Geliermittel und findet sich vielfach in Marmelade (▷ B 4). Xanthan (E 415) ist in vielen Fertigsalaten oder Ketchup (▷ B 5) enthalten.

Süssli

zur kalorienverminderten Ernährung und zur besonderen Ernährung bei *Diabetes mellitus* im Rahmen eines Diätplanes geeignet.
Zutaten: Künstlicher Süßstoff Cyclamat, Säureregulatoren, Natriumcarbonat und Weinsäure, künstlicher Süßstoff Saccharin, Lactose.
1 Süssli enthält: 40 mg Cyclamat, 4 mg Saccharin.
1 Süssli = 1 Stück Zucker (ca. 4,4 g)

6 Süßstoff enthält Clyclamat

Süßstoffe wie Cyclamat (E 952) und Saccharin (E 954) ersetzen den normalen Haushaltszucker (▷ B 6). Diese Süßungsmittel sind für Diabetiker geeignet. Sie stehen jedoch in Verdacht krebsauslösend zu sein.

Emulgatoren sind meist Ester, die eine dauerhafte Durchmischung von nicht mischbaren Flüssigkeiten ermöglichen. Polyglycerinester (E 475) ist ein Stoff, der bei der Schokaladenherstellung eingesetzt wird, um die Fettphase mit der Wasserphase zu verbinden.

Schnittpunkt

Biologie: Fotosynthese und Zellatmung

Was passiert bei der Fotosynthese?

Die Vorgänge der **Fotosynthese** kann man sich stark vereinfacht wie in einer Zuckerfabrik vorstellen:

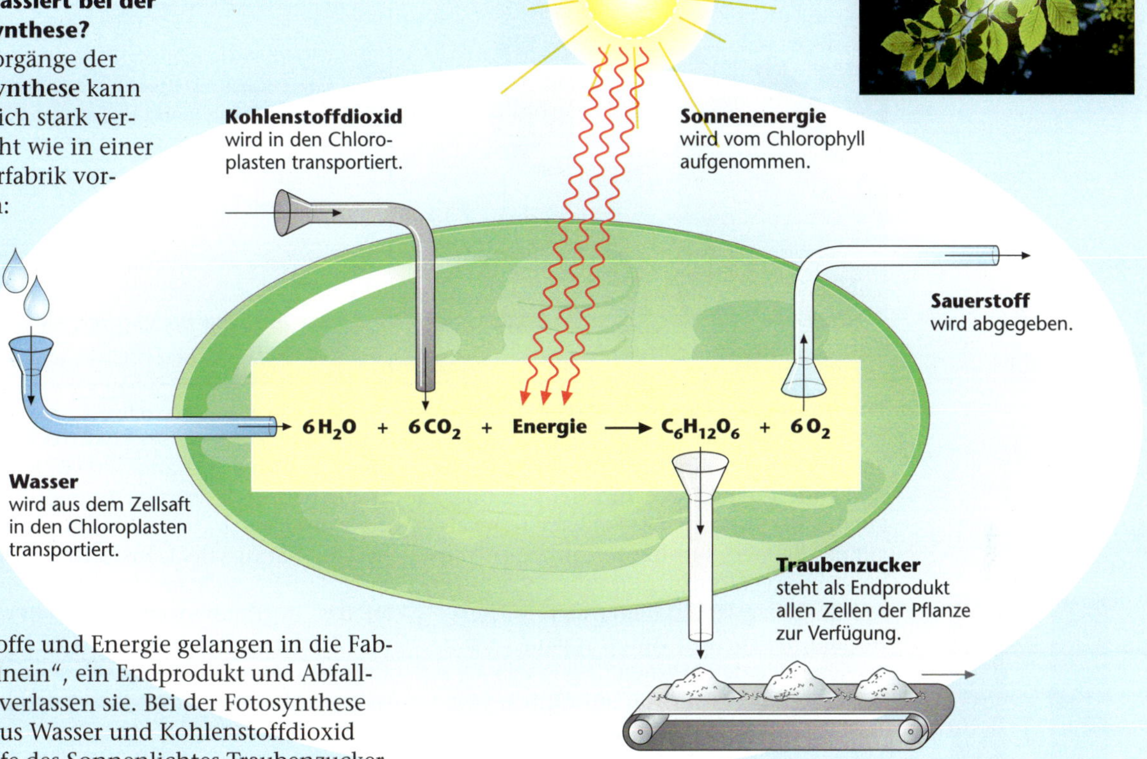

Rohstoffe und Energie gelangen in die Fabrik „hinein", ein Endprodukt und Abfallstoffe verlassen sie. Bei der Fotosynthese wird aus Wasser und Kohlenstoffdioxid mithilfe des Sonnenlichtes Traubenzucker hergestellt. Dabei entsteht auch Sauerstoff.

Kohlenstoffdioxid wird in den Chloroplasten transportiert.

Sonnenenergie wird vom Chlorophyll aufgenommen.

Sauerstoff wird abgegeben.

$$6\,H_2O + 6\,CO_2 + Energie \rightarrow C_6H_{12}O_6 + 6\,O_2$$

Wasser wird aus dem Zellsaft in den Chloroplasten transportiert.

Traubenzucker steht als Endprodukt allen Zellen der Pflanze zur Verfügung.

1 Fotosynthese

Traubenzucker – ein vielseitiger Nährstoff

Der Traubenzucker wird in den Zellen der Pflanze zur Herstellung anderer Stoffe verwendet, oder in Stärke umgewandelt und in den Früchten gespeichert. Die Stärke liefert in Kartoffeln, Zwiebeln und Früchten, wie zum Beispiel Eicheln, die notwendige Energie zum Keimen. Vor der Keimung wird die Stärke jedoch erst wieder in Traubenzucker umgewandelt.

Auch Pflanzen atmen

Pflanzen verwenden die Energie des Sonnenlichts für die Fotosynthese. In ihren Zellen benötigen die Pflanzen jedoch wie alle anderen Lebewesen Energie auch für andere Vorgänge.

Diese Energie gewinnen sie, wie viele andere Lebewesen auch, aus Traubenzucker, der in den Pflanzenzellen mit Sauerstoff zu Kohlenstoffdioxid und Wasser abgebaut wird. Diesen Vorgang nennt man **Zellatmung**.

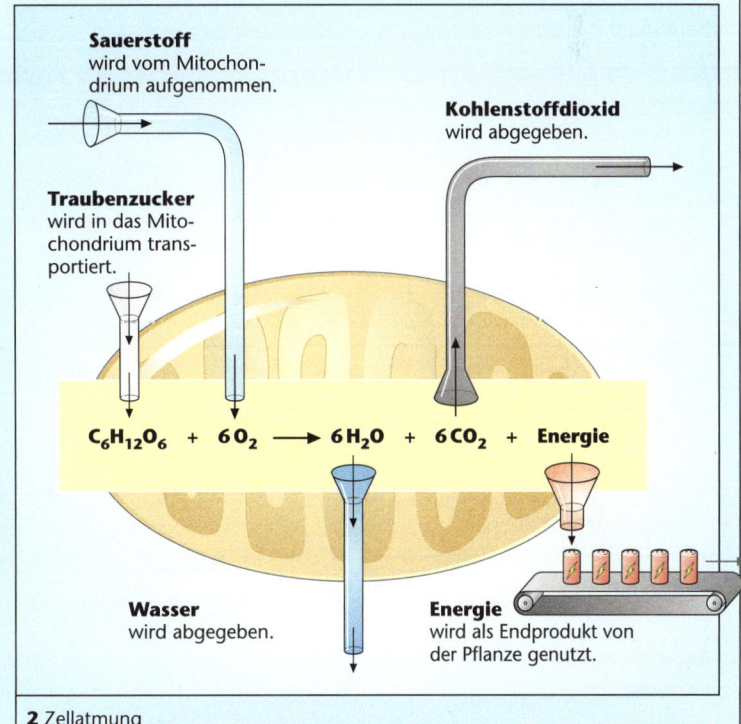

Sauerstoff wird vom Mitochondrium aufgenommen.

Kohlenstoffdioxid wird abgegeben.

Traubenzucker wird in das Mitochondrium transportiert.

$$C_6H_{12}O_6 + 6\,O_2 \rightarrow 6\,H_2O + 6\,CO_2 + Energie$$

Wasser wird abgegeben.

Energie wird als Endprodukt von der Pflanze genutzt.

2 Zellatmung

179

Glucose und Maltose

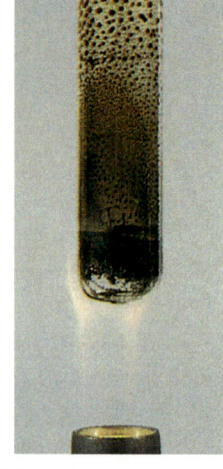

1 Traubenzucker wird erhitzt.

Versuche

1 Wenig Glucose wird im Reagenzglas erhitzt. Die Reagenzglaswand wird mit Watesmopapier geprüft (Abzug!).

2 Gib im Reagenzglas zu einer Lösung von Ethanal in Wasser Fehling'sche Lösung I und II und erwärme vorsichtig im Wasserbad (Siedesteinchen! Abzug! Schutzbrille!). Wiederhole den Versuch mit einer Glucoselösung.

3 Erwärme wie in Versuch 2 eine Maltoselösung mit Fehling'scher Lösung I und II. Beobachte und vergleiche mit Versuch 2 (Schutzbrille!).

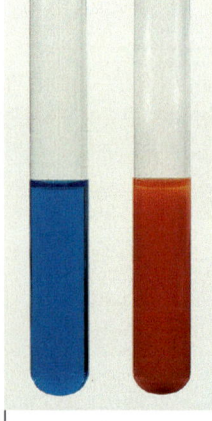

2 Fehling'sche Lösung

Traubenzucker – ein Kohlenhydrat

Erhitzt man etwas Traubenzucker im Reagenzglas, so wird dieser langsam flüssig und ändert seine Farbe von Hellgelb über Orange bis Schwarz. Die Schwärzung weist auf das Element Kohlenstoff hin, der Traubenzucker verkohlt.
Am Reagenzglasrand bilden sich Wassertropfen, welche mit Watesmopapier nachgewiesen werden können (▷ B 1; V 1). Dies beweist, dass Wasserstoff am Aufbau von Traubenzucker beteiligt ist.

Traubenzucker und Traubenzuckerlösungen schmecken süß. Ähnlich wie beim Propantriol sind im Traubenzuckermolekül mehrere Hydroxylgruppen (OH-Gruppen) vorhanden (▷ B 3). Traubenzucker gehört zu der Stoffklasse der **Kohlenhydrate**. Der Name „Kohlenhydrat" hat nur noch historische Bedeutung. Er leitet sich aus der Erkenntnis ab, dass im Traubenzuckermolekül neben den Kohlenstoffatomen noch Wasserstoffatome und Sauerstoffatome im Verhältnis 2:1, wie beim Wassermolekül, vorliegen.

Traubenzucker – ein Aldehyd?

Versetzt man Ethanal mit Fehling'scher Lösung, entsteht erst eine tiefblaue Lösung (▷ V 2). Nach kurzem Erwärmen dieser Lösung bildet sich ein ziegelroter Niederschlag (▷ B 2). Dies weist auf die funktionelle Gruppe der Aldehyde hin. Gibt man zu einer Traubenzuckerlösung Fehling'sche Lösung, so zeigt sich der gleiche Niederschlag. Traubenzuckermoleküle enthalten demnach eine Aldehydgruppe –CHO im Molekül.

Eine genauere Untersuchung zeigt, dass das Traubenzuckermolekül 6 Kohlenstoffatome (davon 1 in einer Aldehydgruppe) und 5 Hydroxylgruppen enthält. Traubenzucker hat den systematischen Namen **Glucose** und die Formel $C_6H_{12}O_6$. Man bezeichnet Glucose auch als Einfachzucker oder **Monosaccharid** (lat.: saccharum, Zucker). Neben Glucose gibt es eine Vielzahl weiterer Kohlenhydrate. Man erkennt sie an der Endung **-ose**.

▶ Glucose ist ein Monosaccharid (Einfachzucker) und besitzt die Summenformel $C_6H_{12}O_6$.

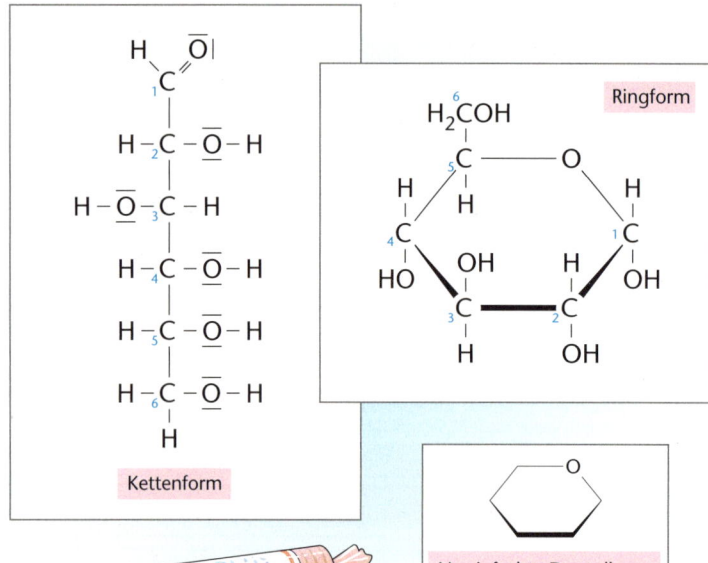

3 Glucosemolekül in Ketten- und Ringform

Glucose – mal Kette, mal Ring

Glucosemoleküle können sowohl in Ketten- als auch in Ringform vorkommen. Glucose liegt nur zu einem geringen Teil (ca. 0,1 %) in der Kettenform vor. Vorherrschend ist die Ringform (▷ B 3).

Es können sich jedoch ringförmige Moleküle in kettenförmige umwandeln und umgekehrt. Die positive Reaktion mit Fehling´scher Lösung ist auf die Kettenform des Moleküls zurückzuführen, da hier die Aldehydgruppe ungebunden vorliegt.

Maltose – ein Zweifachzucker

Maltose (Malzzucker) kommt in der keimenden Gerste vor. Sie wird durch Biokatalysatoren aus Stärke gebildet. Maltose spielt bei der Bierherstellung eine große Rolle (▷ B 5). Im Vergleich zur Glucose hat Maltose aber eine geringere Süßkraft. Deshalb wird sie vorwiegend als Geschmacksträger bei Backwaren, Malzkaffee oder Süßwaren eingesetzt (▷ B 6).

Maltose ist aus der Sicht der Chemie ein Zweifachzucker oder **Disaccharid**. Ein Disaccharidmolekül entsteht, wenn sich zwei Monosaccharidmoleküle miteinander verbinden. Das Maltosemolekül setzt sich aus zwei Glucosemolekülen zusammen (▷ B 7). Die Kopplung findet immer an den gleichen Stellen statt. Versetzt man Maltose mit Fehling´scher Lösung, ist eine positive Reaktion festzustellen (▷ V 3). Das Molekül kann sich so umlagern, dass am zweiten Glucosemolekül die Aldehydgruppe wirksam wird.

▶ Maltose ist ein Disaccharid (Zweifachzucker). Es besteht aus zwei Molekülen Glucose.

4 Gerstenfeld

5 Siedepfannen in einer Brauerei

6 Produkte aus Malz

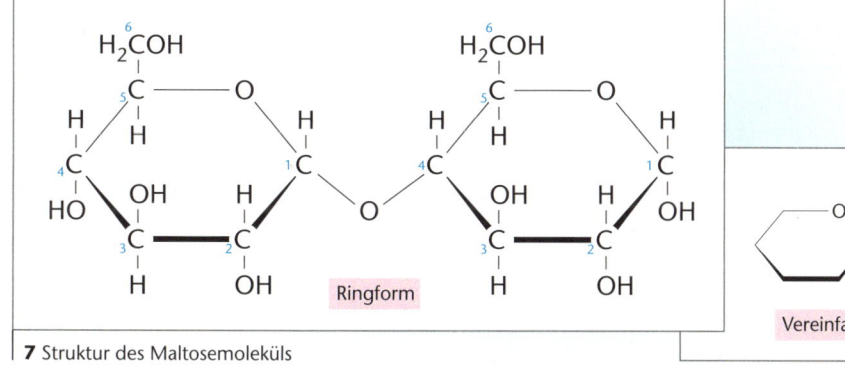

7 Struktur des Maltosemoleküls

Werkstatt

Stärke und Zucker

1 Stärkenachweis in Nahrungsmitteln
Material
Schutzbrille, Gasbrenner, Messzylinder (10 ml), Reagenzgläser, Tropfpipette, Reibschale mit Pistill, Reagenzglashalter, Reagenzglasgestell, Spatellöffel, verschiedene stärkehaltige Lebensmittel (z. B. rohe Kartoffel, Getreidekörner, Mehl, Haferflocken), Lugols-Lösung, dest. Wasser

Versuchsanleitung
Zerkleinere jeweils getrennt die zu untersuchenden Lebensmittel in der Reibschale. Gib eine kleine Portion jeder Probe in ein Reagenzglas und fülle etwa 5 ml Wasser hinzu. Erhitze die Lösung vorsichtig über der Brennerflamme zum Sieden (▷ B 1) und kühle die Lösung anschließend unter Wasser ab. Prüfe jede Probe mit der gleichen Tropfenzahl Lugols-Lösung.

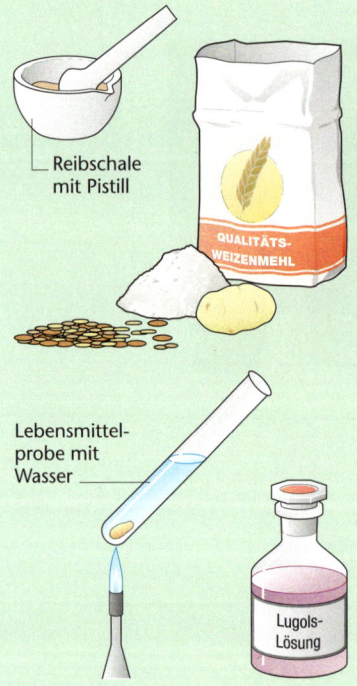

Reibschale mit Pistill

Lebensmittelprobe mit Wasser

1 Stärkenachweis in Lebensmittel

2 Stärke wird abgebaut
Material
Schutzbrille, Schutzhandschuhe, Gasbrenner, Dreifuß, Keramik-Drahtnetz, Becherglas (250 ml), Reagenzgläser, Tropfpipette, Reagenzglasgestell, Siedesteine, Salzsäure (10 %ig), Fehling'sche Lösung I und II, Stärkekleister

Versuchsanleitung
Fülle ca. 1 cm Stärkekleister in ein Reagenzglas und gib 8 bis 10 Tropfen Salzsäure zu. Erhitze das Reagenzglas einige Minuten im kochenden Wasserbad. Gib dann in das leicht abgekühlte Reagenzglas 3 bis 4 ml Fehling'sche Lösung I und II (Vorsicht! Lösung ist stark alkalisch!) und erhitze wieder im kochenden Wasserbad. Siedesteine benutzen!

3 Verdauung durch Enzyme
Material
Schutzbrille, 2 Reagenzgläser, Tropfpipette, Reagenzglasgestell, Spatellöffel, Stärkelösung, Lugols-Lösung (Iod-Kaliumiodid-Lösung), Mundspeichel, Amylase

Versuchsanleitung
Gib in ein Reagenzglas etwa 2 cm hoch Stärkelösung. Füge einige Tropfen Lugols-Lösung und etwas Mundspeichel zu. Schüttle das Reagenzglas und lass es dann 10 Minuten stehen. Wiederhole den Versuch mit Amylase.

Aufgaben
1. Beschreibe die Beobachtungen und deute sie.
2. Enzyme wirken als Biokatalysatoren. Beschreibe die Wirkung von Amylase (▷ B 2).
3. Suche nach Informationen über Enzyme und berichte.

4 Zucker in Lebensmitteln
Material
Schutzbrille, Schutzhandschuhe, Gasbrenner, Dreifuß, Keramik-Drahtnetz, Becherglas (250 ml), Reagenzgläser, Reagenzglasgestell, Spatellöffel, Messer, Glucoseteststäbchen, zuckerhaltige Lebensmittel (wie Apfel, Birne, Rosinen, Honig), Fehling'sche Lösung I und II.

Fehling'sche Lösung mit Lebensmittelprobe

Wasserbad mit heißem Wasser

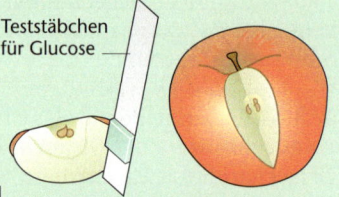

Teststäbchen für Glucose

3 Untersuchung verschiedener Lebensmittel

Versuchsanleitung
a) Gib in einige Reagenzgläser ca. 1 ml Fehling'sche Lösung I und II (Vorsicht! Lösung ist stark alkalisch!). Füge jeweils eine kleine Menge der Lebensmittelprobe hinzu. Stelle dann die Reagenzgläser in ein Wasserbad mit heißem Wasser (▷ B 3, oben).
b) Prüfe Proben der Nahrungsmittel mit dem Glucoseteststäbchen.

Aufgabe
Lege eine Tabelle an und notiere die Versuchsergebnisse. Werte die Ergebnisse aus.

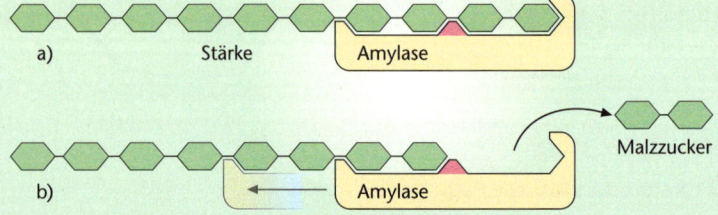

2 Zu jedem Nährstoff gehört ein bestimmtes Enzym.

a) Stärke — Amylase

b) Amylase — Malzzucker

Stärke und Cellulose

Ähnliche Bilder – ähnliche Stoffe?
Zerkleinert man eine rohe Kartoffel und stellt daraus eine wässrige Lösung her, so erkennt man unter dem Mikroskop ein charakteristisches Bild. Ähnliche Bilder lassen sich unter dem Mikroskop erkennen, wenn man wässrige Lösungen von Bohnen, Haferkörnern oder Weizenkörnern betrachtet (▷ B 1).

Anscheinend enthalten Kartoffeln, Bohnen und Getreide einen gemeinsamen Bestandteil. Dabei handelt es sich um **Stärke**. Stärke kommt vor allem in Brot, Teigwaren, Kartoffeln und Hülsenfrüchten vor und gehört zu der Stoffgruppe der **Kohlenhydrate**.

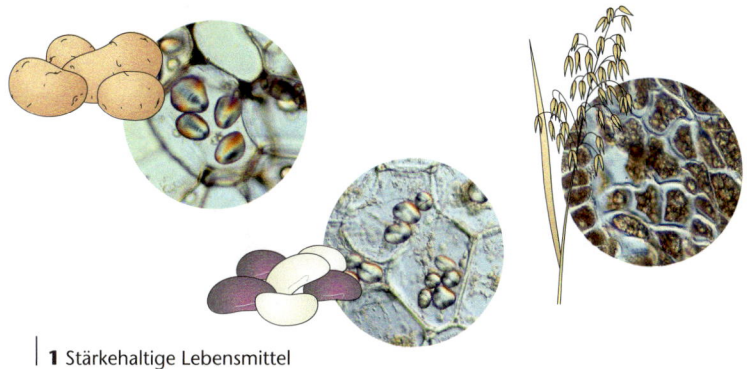

1 Stärkehaltige Lebensmittel

Stärke – ein besonderes Kohlenhydrat
Stärke ist kein einheitlicher Stoff, sondern setzt sich zusammen aus 80% Amylopektin und 20% Amylose. Amylose ist aus Tausenden von Glucosemolekülen aufgebaut. Sie sind auf charakteristische Weise miteinander verbunden und bilden unverzweigte Ketten. Stärke gehört deshalb zu den **Polysacchariden** (▷ B 2).

Die Kettenmoleküle wickeln sich spiralförmig auf. Man nennt diese Form Helix. Der Hohlraum der Wicklungen ist so groß, dass sich dort Iodidionen einlagern können (▷ B 3). Versetzt man eine Aufschlämmung aus Kartoffeln mit einer Iod-Kaliumiodidlösung (Lugols-Lösung), dann werden Iodidionen in die Amylose-Helix eingelagert, dadurch erscheint die Lösung blau (▷ B 3). Die Prüfung mit Lugols-Lösung ist ein Nachweis für Stärke.

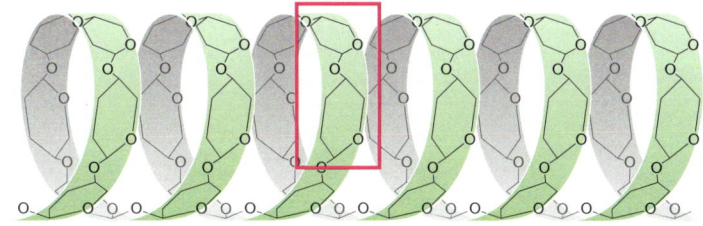

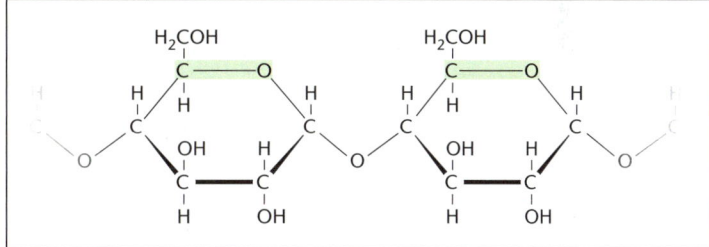

2 Die Struktur von Amylose

▶ Stärke ist ein Polysaccharid, bei dem viele Glucosemoleküle miteinander verbunden sind.

Cellulose gibt den Pflanzen Halt
Cellulose bildet als Gerüststoff den Hauptbestandteil der pflanzlichen Zellwände. Baumwolle besteht aus fast reiner Cellulose. Das Holz der Bäume enthält etwa 50% dieser Substanz. Cellulose gehört wie Stärke zu den Polysacchariden und ist aus Glucosemolekülen aufgebaut (▷ B 4). Die Cellulosemoleküle bilden lange unverzweigte Ketten, die bis zu 10000 Glucoseeinheiten enthalten können.

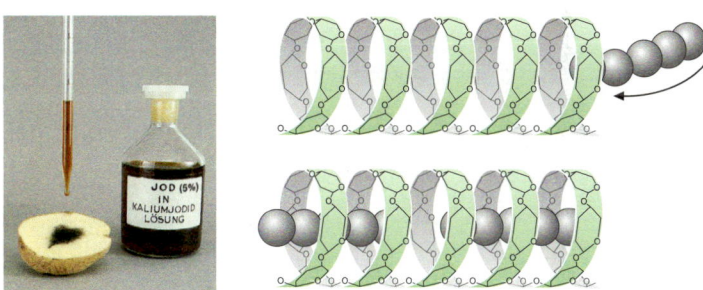

3 Stärke kann mit Lugols-Lösung nachgewiesen werden.

▶ Cellulose ist ein Polysaccharid, bei dem viele Glucosemoleküle zu langen Ketten verbunden sind.

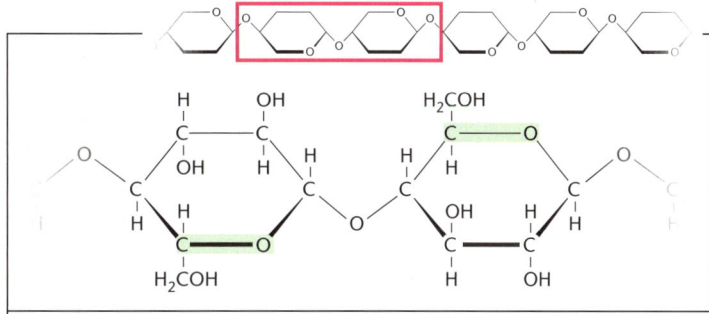

4 Aufbau der Cellulose

183

Eiweiße – eine Elementaranalyse

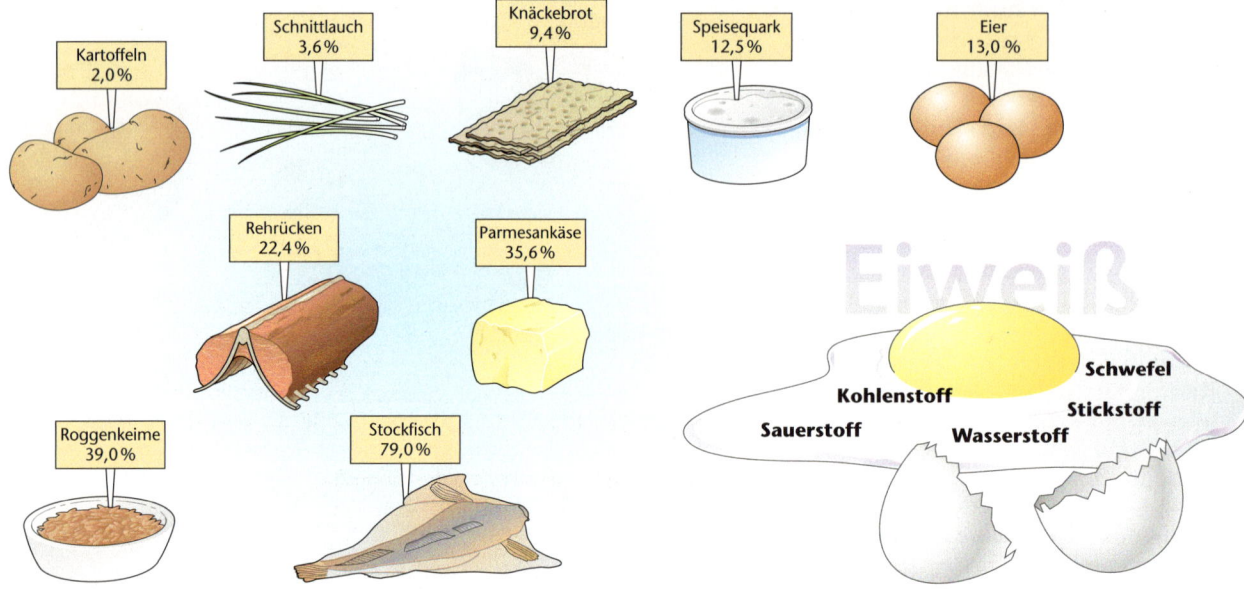

1 Eiweißgehalt ausgewählter Nahrungsmittel

3 Die verschiedenen Eiweißbestandteile

Bedeutung und Vorkommen

In vielen Nahrungsmitteln sind Eiweiße enthalten. Diese können sowohl pflanzlicher als auch tierischer Herkunft sein. In Fleisch, Fisch und Eiern ist relativ viel Eiweiß enthalten (▷ B 1).

Eiweiße sind für den menschlichen Körper von großer Bedeutung. Sie sind am Aufbau der Haut, der Haare und vor allem der Muskeln beteiligt. Die Zellen aller Lebewesen enthalten Eiweiße.

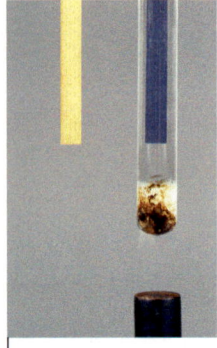

2 Die Elemente C und N werden nachgewiesen.

Versuche

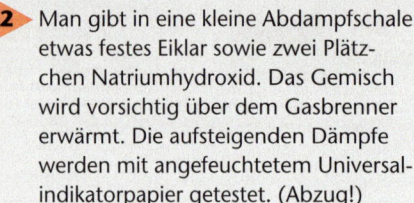

1. Man erwärmt etwas Eiklar über der nicht leuchtenden Gasbrennerflamme (Abzug!).

2. Man gibt in eine kleine Abdampfschale etwas festes Eiklar sowie zwei Plätzchen Natriumhydroxid. Das Gemisch wird vorsichtig über dem Gasbrenner erwärmt. Die aufsteigenden Dämpfe werden mit angefeuchtetem Universalindikatorpapier getestet. (Abzug!)

3. Man erwärmt in einem Reagenzglas mit Gasableitungsrohr etwas festes Eiklar mit Kupfer(II)oxid. Die Reaktionsprodukte werden zuerst durch ein gekühltes U-Rohr und anschließend durch eine Waschflasche mit Kalkwasser geleitet (Abzug!). Die entstehende Flüssigkeit im U-Rohr wird mit Watesmopapier getestet.

Woraus besteht Eiweiß?

Nach dem klaren, hellen Bestandteil des frischen Hühnereis, dem Eiweiß, ist die Stoffgruppe der Eiweiße benannt. Erwärmt man etwas Eiweiß (Eiklar), so bildet sich ein schwarz-brauner Rückstand. Dieser deutet auf die Anwesenheit von Kohlenstoff hin (▷ B 2; V 1).

Ein Gemisch aus getrocknetem Hühnereiweiß und Kupferoxid entwickelt beim Erwärmen Kohlenstoffdioxid. Gleichzeitig bilden sich bei diesem Versuch Wassertropfen, die sich mit Watesmopapier nachweisen lassen (▷ V 3).

Erwärmt man etwas eingetrocknetes Hühnereiweiß mit Natriumhydroxid-Plätzchen, steigen unangenehm riechende Dämpfe auf. Feuchtes Universalindikatorpapier wird durch die Dämpfe grün-blau gefärbt (▷ B 2; V 2). Es bildet sich Ammoniak NH_3. Dies deutet darauf hin, dass das Element Stickstoff im Hühnereiweiß gebunden ist.

Diese Experimente zeigen, dass die Elemente Kohlenstoff, Wasserstoff, Sauerstoff und Stickstoff am Aufbau von Eiweiß beteiligt sind. Weitere Untersuchungen weisen zusätzlich noch das Element Schwefel nach.

▶ Eiweiße sind organische Verbindungen, die hauptsächlich aus den Elementen Kohlenstoff, Sauerstoff, Wasserstoff und Stickstoff aufgebaut sind.

Eiweiße bestehen aus Aminosäuren

Wie man Eiweiße nachweist

Gibt man zu einer Eiklarlösung eine alkalische Kupfersulfatlösung (▷ V 2), färbt sich die Lösung charakteristisch von Blau nach Violett. Dies ist ein Nachweis von Eiweißen und heißt **Biuret-Reaktion** (▷ B 1).

Beim Erwärmen einer Hühnereiweißlösung mit konzentrierter Salpetersäure setzen sich gelbe Flocken ab (▷ V 1). Der Name dieser Reaktion lautet **Xanthoprotein-Reaktion** (griech.: xanthos, gelb und protos, zuerst, ursprünglich). Auch mit dieser Reaktion kann man Eiweiße nachweisen (▷ B 2).

▶ Eiweiße bilden bei der Xanthoprotein-Reaktion typisch gelbe Flocken und färben sich bei der Biuret-Reaktion typisch violett.

Eiweiße werden verdaut

Die Eiweißverdauung beginnt bereits im Magen. Die Magensäure lässt die Eiweiße gerinnen und das Enzym Pepsin spaltet die Eiweiße in kleinere Bruchstücke. Diese werden im Darm durch das Enzym Trypsin in **Aminosäuren** zerlegt.

Versuche

1. Man gibt zu einer Eiklarlösung bzw. Glycinlösung konzentrierte Salpetersäure und erwärmt vorsichtig (Schutzbrille! Abzug!).

2. Stelle mit verdünnter Natronlauge eine alkalische Kupfersulfatlösung her und gib sie auf eine Eiklarlösung. Falls keine Farbänderung eintritt, erwärme leicht. Wiederhole den Versuch mit Glycin.

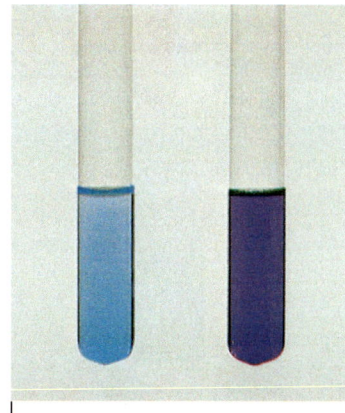

1 Biuret-Reaktion

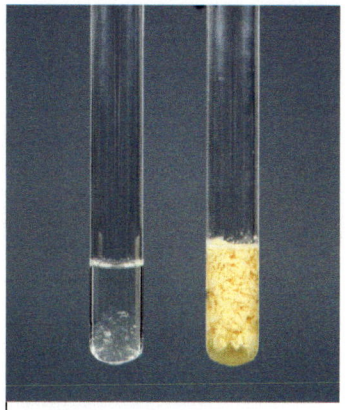

2 Xanthoprotein-Reaktion

Aminosäuren, Bausteine der Eiweiße

Aminosäuren leiten sich in ihrer Struktur von der Ethansäure ab. Ist am zweiten Kohlenstoffatom ein Wasserstoffatom durch eine **Aminogruppe** $-NH_2$ ersetzt, erhält man die einfachste Aminosäure, **Glycin** (▷ B 3). Ersetzt man am zweiten Kohlenstoffatom ein weiteres Wasserstoffatom durch einen Kohlenwasserstoffrest oder eine andere Gruppe (–R), so entstehen weitere Aminosäuren. Die Strukturformel von Alanin erhält man beispielsweise, wenn für –R die Methylgruppe $-CH_3$ eingesetzt wird (▷ B 4).

Alle Aminosäuren weisen als kennzeichnende funktionelle Gruppen die **Aminogruppe** $-NH_2$ und die **Carboxylgruppe** $-COOH$ auf.

Eiweiße bestehen aus Aminosäuren. Aminosäuren bilden somit das Grundgerüst der Eiweiße.

▶ Aminosäuremoleküle enthalten die Aminogruppe $-NH_2$ und die Carboxylgruppe $-COOH$.

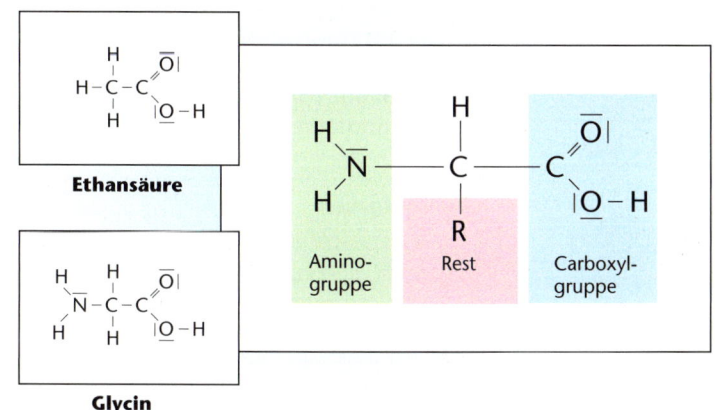

3 Abteilung des allgemeinen Bauprinzips von Aminosäuren

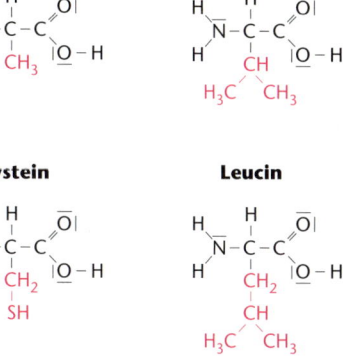

4 Die Strukturformeln einiger Aminosäuren

Von den Aminosäuren zum Protein

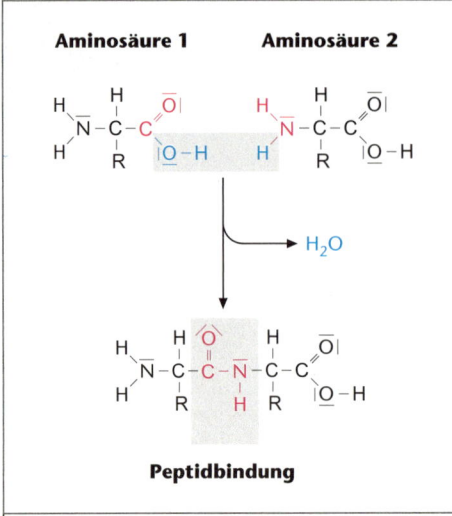

1 Die Bildung eines Dipeptids

Aminosäuren können sich miteinander verbinden

Zwei Aminosäuremoleküle können sich miteinander verbinden. Hierbei wird ein Wassermolekül abgespalten. Es handelt sich um eine Kondensationsreaktion, bei der neben Wasser ein **Dipeptidmolekül** entsteht. Die Verknüpfung der beiden Aminosäuren erfolgt über die **Peptidbindung** (▷ B 1).

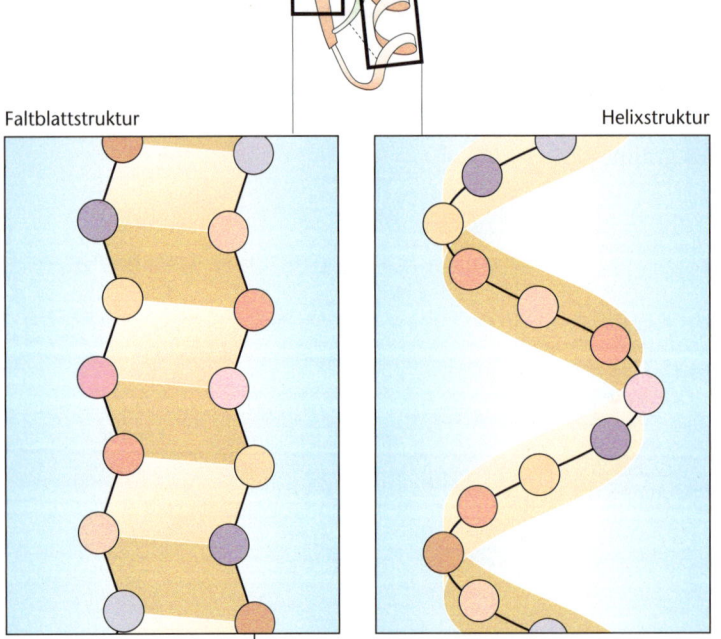

2 Die räumliche Struktur eines Proteins

3 Die Aminosäuresequenz

Vom Dipeptid zum Polypeptid – eine Kette wächst

Dipeptide können sich in einer erneuten Kondensationsreaktion mit weiteren Aminosäuren verbinden. Es entstehen auf diese Weise lange Ketten, die **Polypeptide**. Die Abfolge (Reihenfolge) der einzelnen Aminosäuren nennt man **Aminosäuresequenz** (▷ B 3). Meist benutzt man Kennbuchstaben für die verschiedenen Säuren. Dadurch wird die Sequenz übersichtlicher.

Die Kette bildet räumliche Strukturen

Polypeptidketten bilden keine geradlinigen Stränge aus, sondern lange Molekülketten, die sich falten oder knäueln können. Solche räumliche Strukturen werden als Sekundär- und Tertiärstruktur bezeichnet. Jedes Eiweiß bildet eine für seine Sequenz typische räumliche Struktur aus (▷ B 2).

Polypeptide sind häufig Eiweißmoleküle mit sehr großen Molekülmassen. Diese Moleküle nennt man auch **Proteine**.

▶ Aminosäuren verbinden sich miteinander durch Kondensationsreaktionen. Dabei entstehen Di- oder Polypeptide.

Die Anordnung der Aminosäuren ist wie ein Fingerabdruck

Beim Aufbau der für alle Lebewesen wichtigen Proteine spielen „nur" 20 verschiedene Aminosäuren eine Rolle.

Aufgaben

1. Verknüpfe ein Molekül Valin und ein Molekül Leucin zu einem Dipeptid. Benutze dazu Strukturformeln.

2. Wie viele verschiedene Aminosäuresequenzen können entstehen, wenn sich zwei Moleküle Glycin und zwei Moleküle Valin miteinander verbinden?

Die dennoch riesige Anzahl verschiedener Proteine ist zurückzuführen auf die unterschiedlichen Kombinationsmöglichkeiten zwischen den 20 Aminosäuren. Jedes Eiweißmolekül enthält dabei eine ganz bestimmte Reihenfolge von Aminosäuren (Sequenzen). In einem Protein mit 100 Aminosäuremolekülen lassen sich, wenn 20 verschiedene Aminosäuren vorkommen, 20^{100} Kombinationen bilden. So besteht beispielsweise Hämoglobin aus 146 Aminosäuremolekülen, die in charakteristischer Weise verknüpft sind.

Eiweißstrukturen werden zerstört

Hält man eine Eiweißlösung über den Gasbrenner, so wird diese trüb. Es flockt ein weißer Niederschlag aus (▷V 1; ▷B 4). Dieser Vorgang wird als Gerinnung oder **Denaturierung** bezeichnet.

Eiweiße lassen sich nicht nur durch Wärme denaturieren. Bei Zugabe von Säuren (▷B 5; V 1) oder Schwermetalllösungen zu einer Eiklarlösung zeigt sich die gleiche Reaktion wie beim Erwärmen. Die Eiweißstruktur wird unwiderruflich zerstört.

▶ Durch Wärme, Säuren oder Schwermetalle wird die Eiweißstruktur zerstört. Dieser Vorgang wird als Denaturierung bezeichnet.

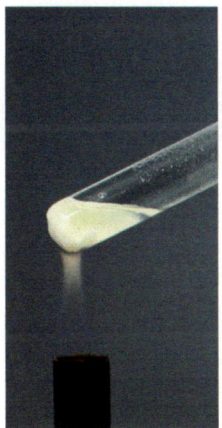

4 Eiweiß denaturiert durch Wärme.

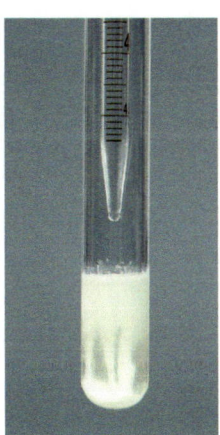

5 Eiweiß denaturiert durch Säure.

Versuch

1 Gib in zwei Reagenzgläser jeweils Eiklarlösung. Gib in das erste Reagenzglas eine verdünnte Säure. Erwärme das zweite Reagenzglas vorsichtig über der Gasbrennerflamme.

Werkstatt

Eiweiße werden verdaut

Material
Schutzbrille, 4 Reagenzgläser, Reagenzglashalter, Reagenzglasgestell, Watte, 2 Tropfpipetten, Spatellöffel, Wärmeschrank, gekochtes Hühnereiweiß, destilliertes Wasser, verdünnte Salzsäure, Pepsinlösung

Versuchsanleitung
Gib jeweils eine Spatelspitze gekochtes Hühnereiweiß in vier Reagenzgläser.

a) Gib in das erste Reagenzglas so viel destilliertes Wasser, dass das Eiweiß ca. 1 cm hoch bedeckt ist. Verschließe das Reagenzglas mit einem Wattebausch.

b) Gib in das zweite Reagenzglas mithilfe der Tropfpipette so viel verdünnte Salzsäure, dass das Eiweiß ca. 1 cm hoch bedeckt ist. Verschließe das Reagenzglas mit einem Wattebausch.

c) Gib in das dritte Reagenzglas mithilfe der Tropfpipette so viel Pepsinlösung, dass das Eiweiß ca. 1 cm hoch bedeckt ist. Verschließe das Reagenzglas mit einem Wattebausch.

d) Gib in das vierte Reagenzglas mithilfe der Tropfpipetten so viel Pepsinlösung und verdünnte Salzsäure, dass das Eiweiß ca. 1 cm hoch bedeckt ist. Verschließe das Reagenzglas mit einem Wattebausch.

Stelle alle Reagenzgläser anschließend in einen Wärmeschrank und lasse sie dort bei einer Temperatur von 50 °C stehen. Hole die Gefäße nach einer Woche heraus und beobachte.
Deute deine Beobachtungen.

Aufgabe
Stelle einen Bezug zwischen diesem Versuch und der Verdauung von Eiweißen her!

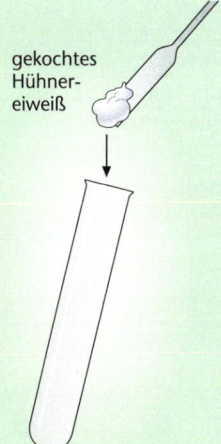

gekochtes Hühnereiweiß

a) destilliertes Wasser
b) verd. Salzsäure
c) Pepsin
d) verd. Salzsäure + Pepsin

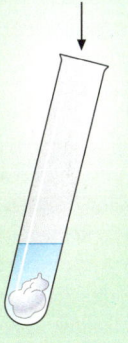

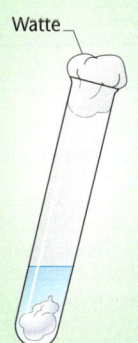

Watte

Werkstatt
Fette Versuche

1 Fette hinterlassen Flecken – Die Fettfleckprobe

Material
Schutzbrille, Pipette, Reibschale mit Pistill, Spatellöffel, Filterpapier, Kugelschreiber, Erdnüsse mit Schale, Wasser

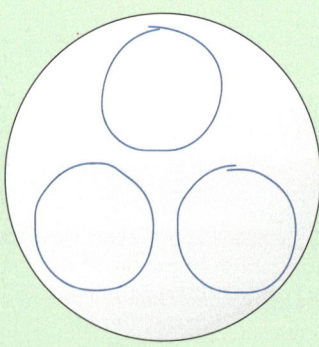

1 Die Fettfleckprobe

Versuchsanleitung
Markiere mit einem Kugelschreiber drei Kreise auf einem Filterpapier. Tropfe anschließend aus einer Pipette einen Tropfen Wasser in einen Kreis. Reibe danach mithilfe des Spatels Erdnussschalen in den zweiten Kreis. Zerreibe schließlich in der Reibschale Erdnusskerne und drücke die Masse mit dem Spatel gleichmäßig dünn innerhalb der dritten Markierung auf (▷ B 1).
Vergleiche im Gegenlicht.

2 Löslichkeit von festen und flüssigen Fetten

Material
Schutzbrille, 6 Reagenzgläser mit passenden Gummistopfen, Tropfpipette, Reagenzglasgestell, Folienstift, Spatel, Wasser, Wundbenzin, Spiritus, Olivenöl, festes Fett (z. B. Biskin)

Versuchsanleitung
a) Lege sechs gleich große Reagenzgläser mit passenden Stopfen zurecht.
Gib in ein Reagenzglas Wasser, in das zweite Wundbenzin und in das dritte Spiritus (▷ B 2).

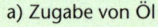

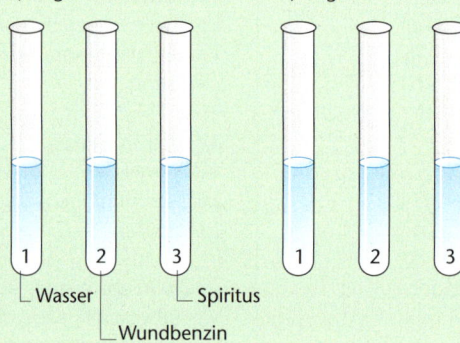

2 Löslichkeit von Fetten

Lasse nun aus der Tropfpipette gleich viele Tropfen Öl hinzulaufen. Verschließe die Reagenzgläser mit dem Stopfen und schüttle sie einige Male. Stelle sie anschließend in das Reagenzglasgestell. Notiere die Beobachtungen.

b) Verfahre nun mit den restlichen drei Reagenzgläsern so wie in Versuch a). Nimm aber jetzt statt des Öls das feste Fett. Achte darauf, gleich viel Fett für jedes Reagenzglas zu nehmen.
Notiere die Ergebnisse und vergleiche mit Versuch a).

3 Margarineherstellung

Material
Schutzbrille, Gasbrenner, Dreifuß, Keramik-Drahtnetz, Erlenmeyerkolben (250 ml) mit passendem Gummistopfen, Becherglas (400 ml, weite, passende Form), 2 Bechergläser (250 ml und 150 ml, hohe Form), Messzylinder, Glasstab, Thermometer, Magermilch, Eigelb, festes Fett, Wasser

Versuchsanleitung
Gib in den Erlenmeyerkolben etwa 5 cm hoch festes Fett. Erwärme in dem 400-ml-Becherglas 150 ml Wasser auf ca. 50 °C. Stelle anschließend den Erlenmeyerkolben

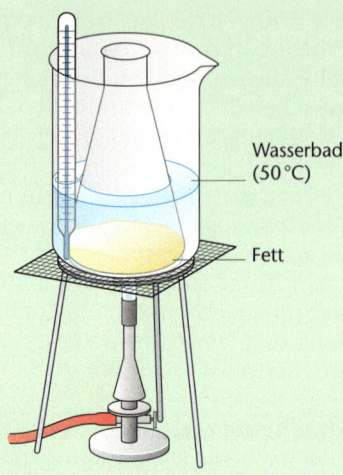

3 Erwärmen des Fettes

in das Wasserbad und schmelze das Fett (▷ B 3). Gib danach ca. 1 cm hoch ein Gemisch aus Magermilch und einem Eigelb dazu. Verschließe nun den Erlenmeyerkolben mit einem Stopfen und schüttle so lange, bis eine homogene Mischung entstanden ist. Gib den Kolbeninhalt in ein 250 ml-Becherglas und kühle ihn unter fließendem kalten Wasser ab. Rühre dabei das Gemisch mit einem Glasstab um (▷ B 4). Der Versuch ist beendet, wenn eine streichfähige Masse entstanden ist. Achte darauf, dass beim Abkühlen kein Wasser in das Becherglas gelangt.

Aufgabe
Was bewirkt die Eigelbzugabe bei der Margarineherstellung?

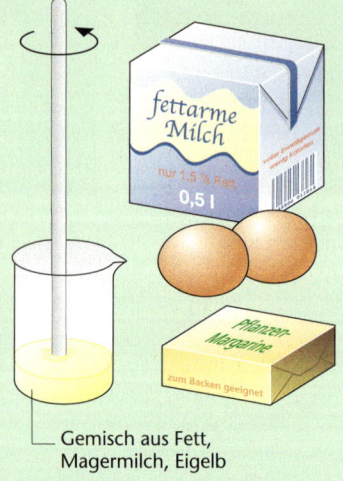

4 Margarineherstellung

Bedeutung und Eigenschaften von Fetten

1 Fettaugen schwimmen auf der Suppe

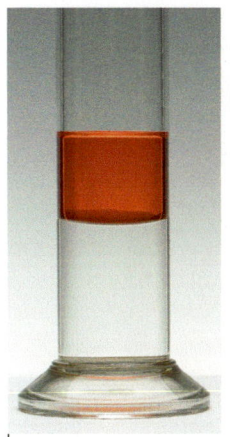

2 Öl und Wasser

3 Öl und Benzin

Fette – wichtig, aber in Maßen
Fette gehören neben den Kohlenhydraten und Eiweißen zu den Nährstoffen. Fette sind als tierische Fette (z. B. Milchfett, Rindertalg, Schmalz) oder pflanzliche Fette (z. B. Samenfette) in unserer Nahrung enthalten. Fette sind neben Kohlenhydraten die wichtigsten Energielieferanten. Zudem dienen sie als Polster- und Wärmeschutz.

Es ist etwas Alltägliches
Fettaugen schwimmen auf der Suppe. Man kann die Suppe immer wieder umrühren, die Fettaugen erscheinen an der Oberfläche und bilden unterschiedlich große Kreise (▷ B 1). Eine zubereitete Salatsoße aus Essig und Öl entmischt sich nach einiger Zeit. Hinter diesen alltäglichen Erscheinungen stecken bestimmte Eigenschaften von Fetten.

Fette und Wasser
Gibt man zu Wasser Öl, so sammelt sich das Öl nach kurzer Zeit an der Wasseroberfläche (▷ V 2; B 2).
Schüttelt man das Gemisch, so zerteilt sich die Ölschicht in viele kleine Tropfen. Diese verteilen sich gleichmäßig im Wasser. Es bildet sich vorübergehend eine Öl-Wasser-Emulsion. Nach einiger Zeit erfolgt eine Entmischung, Öl sammelt sich über dem Wasser an.
Ähnlich verhält es sich mit einem Essig-Öl-Gemisch z. B. bei Salatsoßen. In relativ kurzer Zeit ist der ursprüngliche Zustand wieder erreicht: Öl schwimmt auf dem Wasser bzw. auf Essig.
Da Wassermoleküle polar sind, müssen die im Fett bzw. Öl enthaltenen Moleküle unpolar und hydrophob sein.

Gleiches löst sich in Gleichem
Gibt man dagegen Öl zu Benzin, so löst es sich darin dauerhaft (▷ V 2; B 3). Fette sind wie Benzine unpolare Stoffe. Sie sind daher ineinander löslich.

▶ Fette sind unpolar. Sie lösen sich gut in unpolaren und schlecht in polaren Lösungsmitteln.

Fette kann man leicht nachweisen
Fette hinterlassen auf Kleidung, Papier, oder dem Tischtuch unschöne Flecken. Diese Erscheinung macht man sich als einfachen Nachweis für Fette zu Nutze. Gibt man etwas Fett auf ein Stück Filterpapier, bleibt auch nach dem Trocknen ein Fleck zurück (▷ B 4). Diese Nachweismethode wird **Fettfleckprobe** genannt.

4 Fette hinterlassen Fettflecken

Versuche

1 Gib in ein Reagenzglas Wasser und tropfe dann aus einer Pipette Öl hinzu. Tropfe anschließend Wasser auf Öl. Vergleiche.

2 Gib in einen Standzylinder Öl und Wasser, schüttle kräftig und lass dann stehen. Was stellst du fest? Wiederhole den Versuch mit Öl und Benzin.

Die Vielfalt der Fette

1 Öl brennt.

Öl brennt
Öllampen waren bereits den Römern bekannt. Hält man einen brennenden Docht einer solchen Lampe an eine kalte Porzellanschale, so wird die Schale schwarz (▷V1; B1). Es hat sich Ruß gebildet. Die Moleküle des Öls enthalten demnach viele Kohlenstoffatome.

Butter wird ranzig
Lässt man Butter längere Zeit ungekühlt offen liegen, so wird sie ranzig. Sie beginnt, unangenehm nach Buttersäure (Butansäure) zu riechen. Beim Test mit Universalindikatorpapier färbt sich dieses rot. Dies deutet darauf hin, dass am Aufbau von Butter die Fettsäure Butansäure beteiligt ist. Beim Ranzigwerden wird diese Säure frei. Das kann man dann auch riechen.

Auch bei anderen Fetten sind organische Säuren am Aufbau beteiligt. Diese liegen in den „Fettmolekülen" mit Glycerin verestert vor. Da das Glycerinmolekül drei OH-Gruppen besitzt, findet eine **Veresterung** an drei Stellen statt. Verestert man Glycerin mit drei Molekülen Butansäure, entsteht ein Molekül mit dem Namen Tributansäureglycerinester (▷B3).

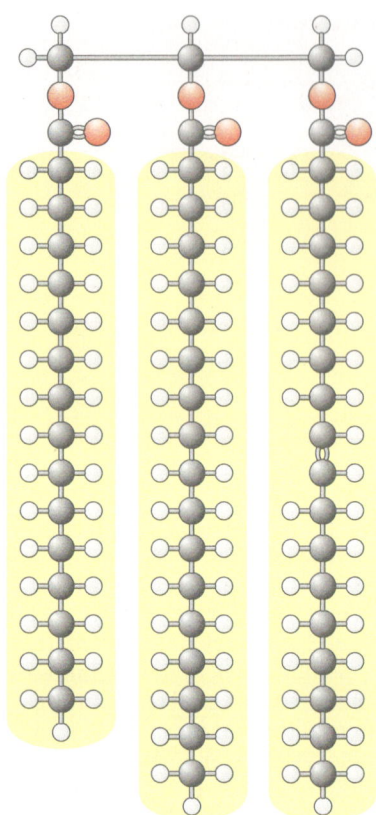

2 Palmitinsäure-Stearinsäure-Ölsäureglycerinestermolekül

Die Vielfalt der Fette
Meist sind mit dem Glycerinmolekül drei verschiedene Fettsäuremoleküle verestert. Die Fettsäuren sind oft langkettig, wie das Stearinsäuremolekül oder Palmitinsäuremolekül.
Werden Ölsäure, Stearinsäure und Palmitinsäure mit Glycerin verestert, können, je nach Anordnung der Fettsäuremoleküle, verschiedene Glycerinestermoleküle entstehen. Eine mögliche Anordnung zeigt Bild 2.

Fette bestehen zudem nie aus nur einem Glycerinester, vielmehr sind sie ein Gemisch aus verschiedenen Estern.
Deshalb gibt es eine Vielzahl unterschiedlicher Fette (▷B4).

▶ Fettmoleküle sind Ester aus Glycerin und Fettsäuren. Fette sind Gemische aus verschiedenen Estern.

Aufgrund des Aufbaus von Fetten lässt sich die schlechte Wasserlöslichkeit gut erklären. Die Fettsäureglycerinester-Moleküle sind wegen ihres langen unpolaren Kohlenwasserstoffrestes hydrophob.

$$\underset{\text{Glycerin}}{\begin{array}{c}H\\|\\H-C-\bar O-H\\|\\H-C-\bar O-H\\|\\H-C-\bar O-H\\|\\H\end{array}} + \underset{\text{Butansäure}}{\begin{array}{c}\overset{O}{\|}\\H-\bar O-C-C_3H_7\\\overset{O}{\|}\\H-\bar O-C-C_3H_7\\\overset{O}{\|}\\H-\bar O-C-C_3H_7\end{array}} \longrightarrow \underset{\text{Tributansäure-}\atop\text{glycerinester}}{\begin{array}{c}H\quad\overset{O}{\|}\\|\\H-C-\bar O-C-C_3H_7\\|\quad\overset{O}{\|}\\H-C-\bar O-C-C_3H_7\\|\quad\overset{O}{\|}\\H-C-\bar O-C-C_3H_7\\|\\H\end{array}} + \underset{\text{Wasser}}{3\,H_2O}$$

3 Entstehung von Tributansäureglycerinester

Die Vielfalt der Fette

		tierische Fette			pflanzliche Fette			
gesättigte Fettsäuren		**Butter**	**Schweineschmalz**	**Rindertalg**	**Kokosfett**	**Olivenöl**	**Sonnenblumenöl**	**Leinöl**
Buttersäure	C_3H_7COOH	3%			9%			
Palmitinsäure	$C_{15}H_{31}COOH$	27%	27%	30%	3%	15%	5%	7%
Stearinsäure	$C_{17}H_{35}COOH$	10%	2%	20%	32%	2%	2%	3%
ungesättigte Fettsäuren								
Ölsäure	$C_{17}H_{33}COOH$	30%	45%	39%	6%	71%	27%	18%
Linolsäure	$C_{17}H_{31}COOH$	4%	8%	3%	2%	8%	65%	14%
Linolensäure	$C_{17}H_{29}COOH$	1%						58%

4 Welche Fettsäuren sind enthalten?

Ungesättigte Fettsäuren

Einfach ungesättigte Fettsäuren besitzen im Molekül eine Doppelbindung zwischen zwei Kohlenstoffatomen. **Mehrfach ungesättigte Fettsäuren** enthalten mehrere Doppelbindungen (▷ V 2).
Die mehrfach ungesättigten Fettsäuren haben große Bedeutung für unseren Stoffwechsel. Da der Körper sie nicht selbst herstellen kann, müssen sie mit der Nahrung zugeführt werden. Man bezeichnet sie daher als **essenzielle** (lebensnotwendige) Fettsäuren (▷ B 5).

▶ Essenzielle Fettsäuren sind organische Säuren, die vom menschlichen Körper nicht selbst produziert werden können. Sie müssen mit der Nahrung aufgenommen werden.

Feste, halbfeste und flüssige Fette

Vergleicht man den Anteil der verschiedenen Fettsäuren in den einzelnen Fetten, fällt auf, dass Öle einen höheren Anteil an ungesättigten Fettsäuren enthalten (▷ B 4). Je größer der Anteil an ungesättigten Fettsäuren in einem Fett ist, desto flüssiger ist es.

$$CH_3-(CH_2)_7-CH=CH-(CH_2)_7-C\overset{O}{\underset{O-H}{}} \quad \text{Ölsäure}$$

$$CH_3-(CH_2)_4-CH=CH-CH_2-CH=CH-(CH_2)_7-C\overset{O}{\underset{O-H}{}} \quad \text{Linolsäure}$$

$$CH_3-CH_2-CH=CH-CH_2-CH=CH-CH_2-CH=CH-(CH_2)_7-C\overset{O}{\underset{O-H}{}} \quad \text{Linolensäure}$$

5 Einfach und mehrfach ungesättigte Fettsäuremoleküle

Versuche

1 Gib in ein Reagenzglas etwas Lampenöl. Verschließe das Gefäß mit einem durchbohrten Stopfen. Führe durch die Öffnung ein kurzes Glasrohr und ziehe einen Docht hindurch, der in das Öl taucht. Zünde den Docht an und halte eine kalte Porzellanschale über die Flamme.

2 Gib zu angesäuerter Kaliumpermanganatlösung in je einem Reagenzglas einige Tropfen a) Stearinsäure, b) Linolsäure und c) Ölsäure. Vergleiche.

Aufgaben

1 Zeichne die Strukturformeln folgender Estermoleküle:
a) Tripalmitinsäureglycerinester
b) Ölsäure-Linolsäure-Palmitinsäureglycerinester.

2 Besitzen Fette eine Schmelztemperatur? Begründe.

3 Wie viele Estermoleküle können entstehen, wenn man Ölsäure und Stearinsäure mit Glycerin verestert?

Was ist Seife?

1 Kernseife

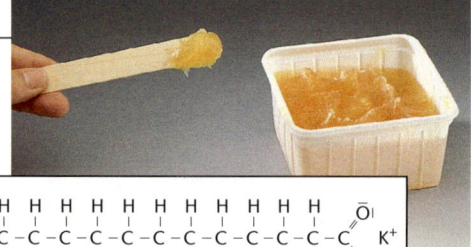

2 Schmierseife

Seife aus Fett

Erhitzt man Pflanzenfett (Fettsäureglycerinester) mit Natronlauge oder Kalilauge, so entstehen Seife und Glycerin (▷ V 1).

Fett + Lauge ⟶ Seife + Glycerin

Bei der Seifenherstellung wird der wasserunlösliche Ester durch die Hydroxidionen der Lauge gespalten. Es entstehen zwei wasserlösliche Produkte: der Alkohol Glycerin, dessen Moleküle drei Hydroxylgruppen aufweisen, und ein Alkalisalz der Fettsäure, die **Seife**.

▶ Seifen sind Alkalisalze langkettiger Fettsäuren.

Wird die Reaktion mit Natronlauge durchgeführt, so entstehen Natriumsalze der Fettsäuren.

Schnittpunkt

Geschichte: Seifenherstellung

1 Alte Zeugnisse vom Waschen

Waschen mit Seife – so alt wie die Menschheit
Das älteste „Waschmittel" ist in jedem Fall das Wasser. Um seine Waschwirkung zu verstärken, wurde es mit Zusätzen versehen. Das älteste Rezept zum Kochen von Seife ist ca. 4500 Jahre alt. Es befindet sich auf einer Steintafel der Sumerer (▷ B 1, unten), in die es mit Keilschrift eingemeißelt ist. Bei diesem Rezept kamen auf einen Liter Öl 5,5 Liter Pottasche. Die Mischung wurde erhitzt und es entstand eine so genannte Schmierseife. Damit ist Seife eines der ältesten Chemieprodukte.

Der Waschvorgang selbst ist auf historischen Wandmalereien der Ägypter überliefert. Die Wäsche wurde in Wasser und Seife eingelegt und von Sklaven bearbeitet (▷ B 1, oben). Bis nach 1900 wurde von Hand gewaschen. Das erste Waschpulver kam 1907 auf den Markt.

Seifensieden ist eine Handwerkskunst
Früher war Seifensieden eine hohe Handwerkskunst (▷ B 2). Die Seifensieder hüteten das Geheimnis um das Seifenrezept. Es wurde ausschließlich innerhalb der Familie an die nächste Generation weitergegeben. Allerdings war Seife sehr teuer und die Rohstoffe waren knapp. Die arme Bevölkerung konnte sich Seife nicht leisten. Deshalb waren die hygienischen Zustände sehr schlecht und Seuchen konnten sich ausbreiten.
Heute werden die Rohstoffe industriell hergestellt und die Seife kann von jedem gekauft werden.

2 Seifensieden um 1840

Was ist Seife?

Das feste Produkt wird als **Kernseife** bezeichnet (▷ B 1).

Fett + Natronlauge ⟶
Glycerin + Seifenanion + Natriumion

Nimmt man Kalilauge für die Reaktion, so entstehen Kalisalze der Fettsäuren. Die Produkte sind weich und zähflüssig, man nennt sie deshalb **Schmierseifen** (▷ B 2).

Fett + Kalilauge ⟶
Glycerin + Seifenanion + Kaliumion

Diese Reaktion eines Fettes mit einer Lauge nennt man **Verseifung**.

Industriell hergestellte Seife

In großen Kesseln wird in Fette und Öle 180°C heißer Wasserdampf eingeblasen. Das passiert unter hohem Druck und in Gegenwart eines Katalysators. Dabei werden die Fette und Öle in Glycerin und Fettsäuren gespalten.
Diesen Vorgang nennt man **Hydrolyse**. Die Fettsäuren werden dann entweder direkt weiterverarbeitet oder aufbereitet. Für die Seifenherstellung werden die Fettsäuren in einer zweiten Stufe mit Natronlauge oder Natriumcarbonat (Soda) neutralisiert. Es bildet sich Seife (▷ V 1; B 3).

▶ Kernseifen sind Natriumsalze der Fettsäuren. Schmierseifen sind Kaliumsalze der Fettsäuren.

Das riecht gut!

Feinseifen oder Toilettenseifen werden zur Körperreinigung verwendet. Zur Herstellung dieser Seifen wird meist ein Ansatz aus 80% Rindertalg (tierisches Fett) und 20% Kokosöl benötigt. Dieser Ansatz wird nach der Reaktion mit Natronlauge zur Seife umgesetzt. Zusätzlich werden den Seifen Farbstoffe und Parfümöle zugesetzt. In ansprechende Formen gepresst und schön verpackt werden sie dann verkauft.

Versuch

1 Erwärme in einem Becherglas (400 ml, weite Form) 10 g Ölsäure mit 5 ml destilliertem Wasser vorsichtig auf 70°C (Schutzhandschuhe! Schutzbrille! Spritzgefahr!).
Gib langsam 20 ml 20%ige Natronlauge zu. Erwärme weiter für ca. 20 Minuten. Ersetze dabei vorsichtig immer wieder verdampftes Wasser. Gieße dann 50 ml gesättigte Kochsalzlösung zu, rühre dabei ständig um und lasse das Gemisch erkalten. Schöpfe die Seife ab und lasse sie auf einem saugfähigen Papier trocknen.
Fülle ein Reagenzglas zu einem Drittel mit destilliertem Wasser. Gib etwas von der getrockneten Seife hinzu, verschließe das Reagenzglas mit einem Stopfen und schüttle kräftig („Schaumprobe").

Fette in Sonnenblumen

Seifensieden

Seifenpellets

Verpacken

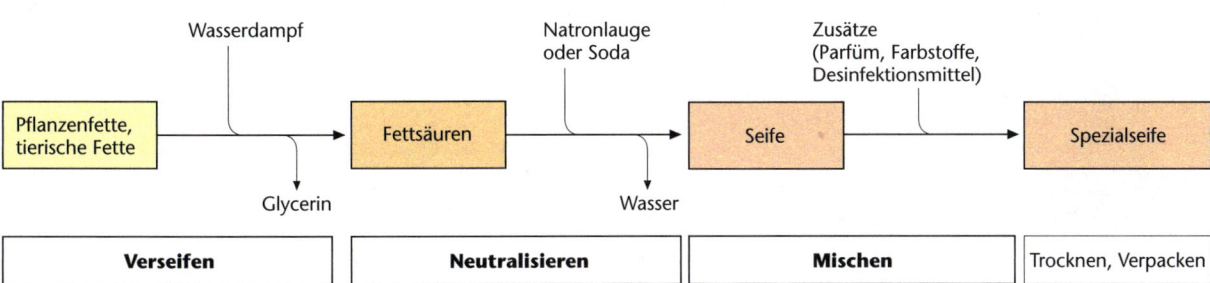

3 Stationen der industriellen Seifenherstellung

Seife, ein Tensid

1 Der Wasserläufer wird von der Wasseroberfläche getragen.

2 Wassertropfen auf einer Faser

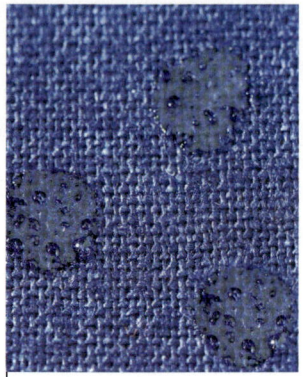
3 Nach Seifenzugabe wird die Faser benetzt.

Eine besondere Eigenschaft des Wassers

Ein Wasserläufer kann, wie sein Name schon sagt, auf Wasser laufen (▷ B 1). Er geht auf dem Wasser wie auf einer unsichtbaren Haut.

Setzt man eine Büroklammer auf die Wasseroberfläche, schwimmt sie auf dieser. Das Gewicht der Klammer lässt sie sogar sichtbar in die Wasseroberfläche einsinken. Das Phänomen wird als **Oberflächenspannung** des Wassers bezeichnet. Es lässt sich mithilfe der Struktur der Wassermoleküle erklären.

Wasserstoffbrücken verursachen die Grenzflächenspannung

Zwischen den Wassermolekülen bestehen Anziehungskräfte, die Wasserstoffbrücken (▷ B 4). Auch an der Grenzfläche von Wasser und Luft oder Wasser und hydrophoben Stoffen (z. B. Öl) wirkt sich die Oberflächenspannung aus. Man spricht daher allgemein von **Grenzflächenspannung**. Diese Grenzflächenspannung kann man gut anhand der Form eines Wassertropfens auf einer Faser erkennen (▷ B 2).

Grenzflächenspannung und Seife

Eine Büroklammer schwimmt auf Wasser. Gibt man Seife vorsichtig auf die Wasseroberfläche, so sinkt die Büroklammer plötzlich zu Boden (▷ V 1; B 6). Seife ist ein Stoff, der die Grenzflächenspannung verringert. Solche Stoffe nennt man **Tenside**.

▶ Tenside sind Stoffe, welche die Grenzflächenspannung herabsetzen.

Das Verringern der Grenzflächenspannung wird sichtbar gemacht

Wird eine Enghalsflasche mit angefärbtem Öl gefüllt (▷ V 3) und unter Wasser getaucht, so bleibt das Öl im Kolben unter Wasser, obwohl es eine geringere Dichte hat als Wasser. Der Grund dafür ist die Grenzflächenspannung des Wassers. Gibt man Seifenlösung zum Wasser, so steigt das Öl sofort an die Oberfläche (▷ B 5). Dieser Vorgang kann auf das Waschen von ölverschmutzter Kleidung übertragen werden. Wasser kann hydrophobes Gewebe nicht benetzen (▷ B 2). Wird ein Tensid dem Wasser zugegeben, so wird die Grenzflächenspannung des Wassers herabgesetzt. Die Faser wird vom Wasser benetzt (▷ B 3). Der Waschprozess kann beginnen.

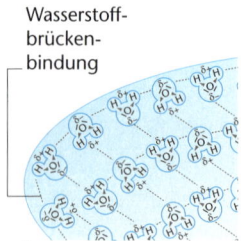
4 Wassermoleküle ordnen sich.

5 In Seifenlösung kann das Öl ausfließen.

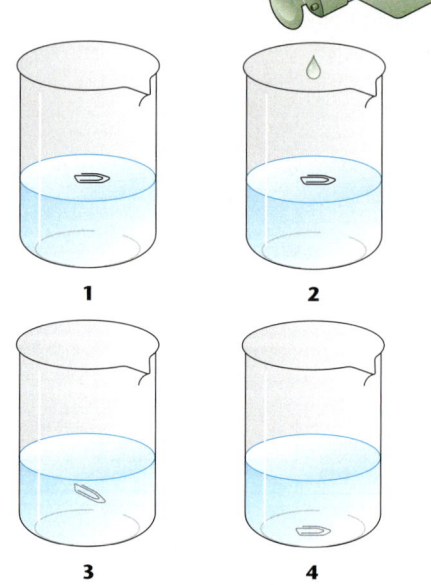
6 Bei Zugabe von Seife sinkt die Büroklammer im Wasser.

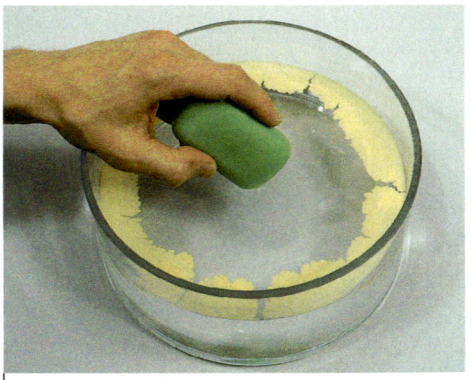

7 Die Grenzflächenaktivität von Seife sichtbar gemacht

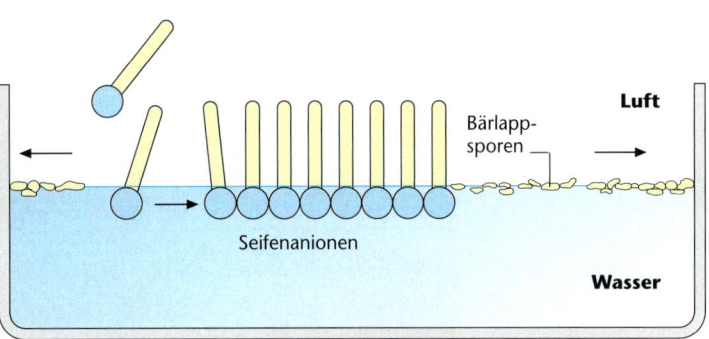

8 Modellhafte Darstellung der Grenzflächenaktivität von Seifenanionen

Ein Versuch gibt Rätsel auf

Wird ein Stück Seife in eine Wasseroberfläche getaucht, die mit Bärlappsporen bestreut ist, werden die Bärlappsporen an den Rand der Schale gedrängt. Die Mitte der Wasseroberfläche ist sporenfrei (▷B 7). Um dies zu erklären, soll der Bau des Seifenanions genauer betrachtet werden.

Wirkungsweise und Bau eines Seifenanions

Seifenanionen bestehen aus einer langen Kohlenwasserstoffkette und einer negativ geladenen COO^--Gruppe. Somit hat das Seifenanion ein hydrophiles (wasserliebendes) und ein hydrophobes (wasserfeindliches) Ende (▷B 9). Deshalb ordnen sich Seifenanionen an einer Grenzfläche von Luft und Wasser so an, dass das wasserfreundliche Ende in das Wasser und das wasserfeindliche Ende in die Luft eintaucht. An der Grenzfläche Wasser/Öl verhält sich das Seifenanion entsprechend. Im Modell wird zur Vereinfachung ein gelb-blaues „Streichholz" gezeichnet. Gelb für wasserfeindlich und blau für wasserfreundlich (▷B 9).

Das Rätsel löst sich

Beim Eintauchen der Seife in die Wasseroberfläche gelangen Seifenanionen auf die Wasseroberfläche.
Diese ordnen sich sogleich so an, dass der hydrophobe Teil des Seifenanions aus dem Wasser herausragt. Der hydrophile Kopf „steckt" in der Wasseroberfläche. Die Seifenanionen besetzen die Wasseroberfläche und drängen die Bärlappsporen an den Rand (▷B 8).

▶ Ein Seifenanion besitzt eine hydrophile COO^--Gruppe und eine hydrophobe Kohlenwasserstoffkette.

Versuche

1 Lege eine Büroklammer mithilfe eines Löschpapiers vorsichtig auf eine Wasseroberfläche. Gib dann Seifenflocken dazu und beobachte.

2 Gib Wasser in eine Kristallisierschale und bestreue die Oberfläche mit Bärlappsporen. Tauche ein Stück Kernseife in die Mitte der Oberfläche.

3 Fülle mit Sudanrot angefärbtes Öl in eine Enghalsflasche und stelle diese in ein Becherglas mit Wasser. Der Hals der Flasche muss mit Wasser überdeckt sein (▷B 5). Stelle eine zweite Enghalsflasche mit gefärbtem Öl in ein Becherglas mit Seifenlösung.

4 Fülle etwas Zimt in einen Faltenfilter. Versuche das Zimtpulver mit Wasser durch den Filter zu spülen. Gib nun etwas Spülmittel in den Faltenfilter und versuche wieder mit Wasser zu spülen.

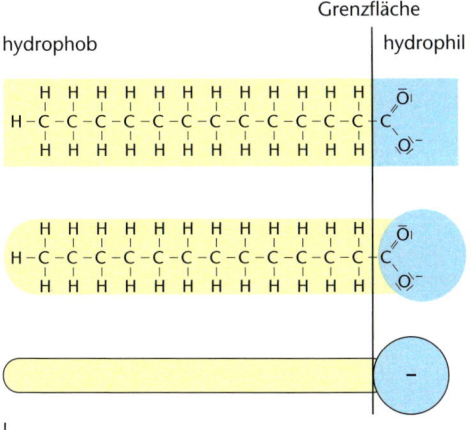

9 Bau des Seifenanions im Modell

Seife und ihre Waschwirkung

1 Schmutzige Hände und T-Shirt, was nun?

Die Schmutzkiller-Eigenschaften
Sind Hände oder ein Kleidungsstück verschmutzt (▷ B 1), so reicht Wasser alleine zum Säubern nicht aus. Die meisten Verschmutzungen sind öl- oder fetthaltig. Ein Waschvorgang läuft, egal ob an einer verschmutzten Faser oder beim Händewaschen, in einer bestimmten Reihenfolge ab. Im Folgenden wird der Waschvorgang anhand einer ölverschmutzen Faser verdeutlicht (▷ B 2 bis B 5).

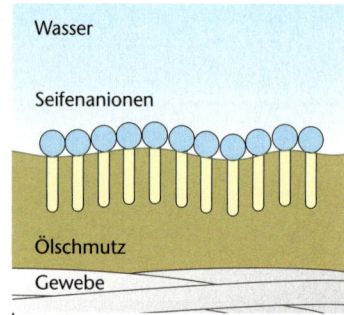

2 Seifenanionen lagern sich an der Grenzfläche an.

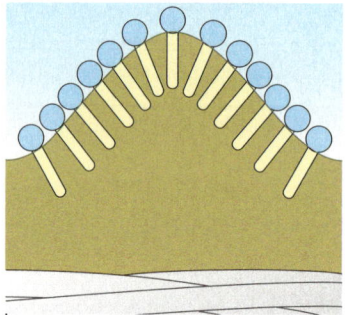

3 Ein Tropfen bildet sich.

Anlagern an den Schmutz
Die Seifenanionen lagern sich an der Grenzfläche zwischen Ölschmutz und Wasser an. Dabei dringen sie mit dem hydrophoben Ende in den ölhaltigen Schmutz ein. Die hydrophilen Köpfe befinden sich im Wasser (▷ B 2).

Ablösen von der Faser
Es lagern sich immer mehr Seifenanionen an den Ölschmutz an. Dabei ragt der hydrophile, negativ geladene Kopf weiterhin

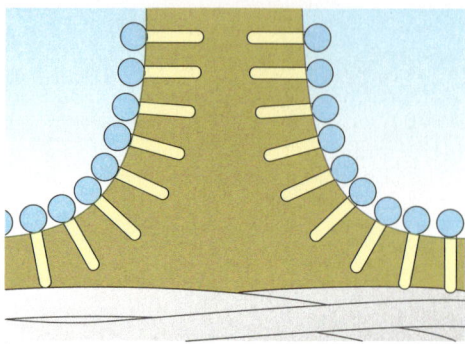

4 Ablösen von den Fasern

ins Wasser. Der Ölschmutz wird durch die Seifenmoleküle schließlich vollständig umhüllt. Dabei schiebt sich ein Tropfen zusammen (▷ B 3) und der Schmutz trennt sich von der Faser (▷ B 4).

Schmutz wird zerteilt
Die Schmutzteilchen werden von den Seifenanionen umlagert. Da alle Schmutzteilchen nach außen negativ geladen sind, stoßen sie sich gegenseitig ab. Deshalb können sie sich nicht mehr zusammenlagern. Sie liegen fein verteilt in der Waschlösung vor (▷ B 5). Die Verteilung der Schmutzteilchen in der Waschlösung wird auch als Dispersion bezeichnet.

Waschmaschinen erleichtern die Arbeit
In die Waschmaschine wird Wasser gepumpt. Zum Wasser wird Waschmittel gegeben, wodurch die Wäsche benetzt wird. Die mechanische Bewegung der Wäschetrommel unterstützt das Ablösen des Schmutzes. Mit dem Spülwasser wird der feinverteilte Schmutz dann abgepumpt.

▶ Seifen wirken benetzend und schmutzablösend. Die Seifenanionen umhüllen den Schmutz und zerteilen diesen.

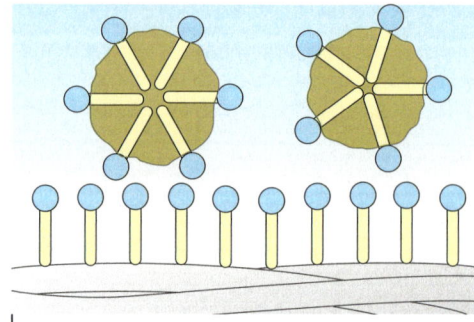

5 Der Schmutz wird fein verteilt.

Werkstatt

Seife und Seifenblasen

1 Seife selbst gemacht

Materialien
Schutzbrille, Gasbrenner, Dreifuß, Keramik-Drahtnetz, 2 Bechergläser (100 ml, 250 ml), Messzylinder (100 ml), Glasstab, Spatellöffel, Waage, Keksförmchen oder Streichholzschachteln, 25 %ige Natronlauge, gesättigte Kochsalzlösung, Kokosfett (z. B. Palmin), verschiedene Duftöle (z. B. Lavendelöl), dest. Wasser

1 Vorsicht beim Erhitzen von heißem Fett und Natronlauge!

Versuchsanleitung
Erhitze vorsichtig (Achtung! Spritzgefahr! Schutzbrille!) und unter ständigem Rühren 10 g Kokosfett im 250-ml-Becherglas. Gib nach und nach unter ständigem Rühren 10 ml 25 %ige Natronlauge zu. Rühre die Mischung dabei ständig mit dem Glasstab um (▷ B 1). Achte darauf, dass verdampftes Wasser durch destilliertes Wasser ersetzt wird. Lasse die Mischung abkühlen.
Gieße dann den Inhalt des Becherglases in das 100-ml-Becherglas mit der gesättigten Kochsalzlösung. Schöpfe die entstandene Seife mit dem Spatellöffel ab. Gib jetzt das Duftöl zu. Presse die Seifenmasse in ein Förmchen oder in eine Streichholzschachtel und lasse sie trocknen (▷ B 2).

2 Seifenstücke in verschiedenen Formen

2 Eine alkalische Lösung hilft beim Waschen

Materialien
Schutzbrille, Becherglas (250 ml, weite Form), Messzylinder (100 ml), Reagenzglas, Glasstab, Spatellöffel, Teelicht, Streichhölzer, Universalindikatorpapier, Leinenstoff, Holzasche, Wasser

Versuchsanleitung
Gib 125 ml Wasser in das Becherglas und rühre mithilfe des Glasstabs 5 Portionen Holzasche ein. Prüfe die Lösung mit den Fingern. Fühlt sich die Lösung seifig an? Bestimme mit dem Indikatorpapier den pH-Wert.
Beruße mit der Flamme des Teelichtes das Reagenzglas von außen und streife den Ruß auf dem Leinenstoff ab. Schwenke den Leinenstoff in der Lösung und beobachte.

3 Hilft die alkalische Lösung bei der Schmutzablösung?

3 Riesen-Seifenblasen

Materialien
Schutzbrille, flache, große Glasschale, Messzylinder (100 ml), Glasstab, Waage, Kneifzange, Gärtnerdraht, Wolle, Seifenpulver, Zucker, Glycerin, Wasser (lauwarm)

Versuchsanleitung
Löse 10 g Seifenpulver in 250 ml lauwarmem Wasser auf. Rühre 3 g Zucker und zum Schluss 1 ml Glycerin ein.
Lasse die Flüssigkeit abkühlen.
Biege den Draht zu einem großen

4 Seifenblasen

Kreis oder Stern und umwickle die Form eng mit einem Wollfaden. Tauche die Drahtform in die Seifenlösung, ziehe die Form schnell durch die Luft und erzeuge so „Riesen-Seifenblasen".

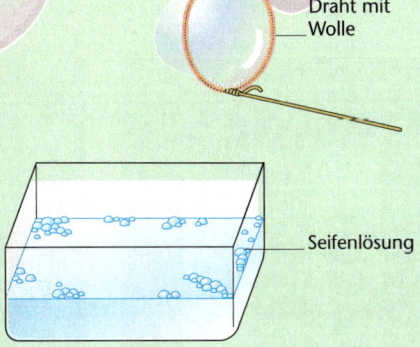

5 Die fertige Seifenblasenlösung

Waschmittel werden weiterentwickelt

1 Schaum galt lange als ein Zeichen für Sauberkeit.

Nachteile der Seife
Reine Seife wird heute kaum noch zum Waschen verwendet. Seifen können leicht einen pH-Wert von 9 und größer annehmen (▷ V 1). Sie schädigen die Haut wie auch die Kleidungsstücke. Bei häufigem Händewaschen löst die Seife das Fett der Haut, die Haut „trocknet aus". Im Leitungswasser sind Calciumionen enthalten. Beim Waschen bilden diese Calciumionen mit den Seifenanionen schwer lösliche Kalkseife (▷ B 3). Sie lagert sich auf den Gewebefasern ab. Die Wäsche vergraut, verfilzt und wird brüchig (▷ V 2; B 4).

Deshalb werden Seifen in den heutigen Waschmitteln durch **synthetische Tenside** (▷ B 2) ersetzt. Sie bilden in Wasser keine Niederschläge und schäumen weniger. Außerdem verändern sie den pH-Wert des Wassers kaum (▷ V 1).

Waschmittel werden den Bedürfnissen angepasst
Die Weiterentwicklung von Waschmitteln ist eine ständige Aufgabe der Forschungslabors von Waschmittelherstellern. Die wichtigsten Inhaltsstoffe von Waschmitteln sind die Tenside. Sie werden auch **waschaktive Substanzen** (WAS) genannt. Phosphate, die ehemaligen Wasserenthärter, wurden durch besser biologisch abbaubare Substanzen ersetzt. Häufig werden Salze der Citronensäure als Wasserenthärter eingesetzt.

5 Verschiedene Waschmittel

Fast alle Waschmittel enthalten Enzyme zum Lösen der unterschiedlichen Flecken, Duftstoffe und Stoffe, die eine Schaumbildung regulieren; weiterhin Stoffe, die die Waschmaschine vor Korrosion schützen und Stoffe, die Verfärbungen verhindern. Vollwaschmitteln sind häufig noch optische Aufheller und Bleichmittel zugesetzt.

Aber umweltfreundlich muss es sein
In Tabs und Kompaktwaschmitteln sind keine Füllstoffe mehr enthalten. Sie brauchen daher kleinere Verpackungen. Auch Nachfüllsysteme verringern den Abfall. Bei Baukastensystemen können die Verbraucher das Waschmittel sogar selbst zusammenstellen. Dabei werden einem Grundwaschmittel z. B. noch Wasserenthärter und Bleichmittel zugemischt.

$$H_3C-CH_2-CH_2-CH_2-CH_2-CH_2-CH_2-CH_2-CH_2-CH_2-CH_2-CH_2-CH_2-CH_2-CH_2-CH_2-CH_2-CH_2-COO^-$$

$$H_3C-CH_2-CH_2-CH_2-CH_2-CH_2-CH_2-CH_2-CH_2-CH_2-CH_2-CH_2-CH_2-CH_2-CH_2-O-SO_3^-$$

2 Seifenanion und Anion eines technischen Tensids (unten)

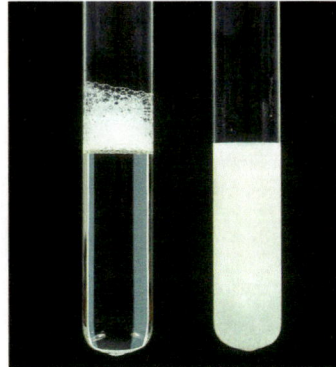

3 Waschmittel in destilliertem und hartem Wasser

4 Ablagerung von Kalkseife auf dem Gewebe

Versuche

1 Benetze jeweils ein Stück Kernseife, Schmierseife und Feinseife mit Wasser und lege ein Stück pH-Indikatorpapier (0,5 pH-Wert-Schritte) darauf. Überprüfe und vergleiche mit den pH-Werten verschiedener Waschmittel.

2 Gib Seifenflocken in hartes Wasser. Tauche dann ein mit Ruß beschmutztes Tuch in die Seifenlösung. Führe diesen Versuch auch mit weichem Wasser durch und vergleiche.

Werkstatt

Experimentieren mit Waschmitteln

1 Waschen mit Seife
Materialien
Schutzbrille, 2 Bechergläser (150 ml), Reagenzglas, Spatellöffel, Teelicht, 2 weiße Stoffstücke (ca. 5 cm × 5 cm), Streichhölzer, Seifenflocken, Wasser

Versuchsanleitung
Entzünde den Docht eines Teelichtes und halte das Reagenzglas über die Flamme, bis es berußt ist. Verteile den entstanden Ruß gleichmäßig auf die beiden Stoffstücke. Stelle eine Seifenlösung her: Gib dazu einen Spatellöffel Seifenflocken in 100 ml Wasser. Rühre um. Tauche dann das eine Stoffstück in ein Becherglas mit 100 ml Wasser, das andere in das Becherglas mit 100 ml Seifenlösung und beobachte.

1 Waschen mit Seife

2 Waschmittelbestandteile unter der Lupe
Materialien
Schutzbrille, Becherglas (100 ml), Reagenzgläser, Petrischale, Glasstab, Gummistopfen, Reagenzglashalter, Reagenzglasgestell, Spatel, Lupe, Pinzette, Universalindikatorpapier, Vollwaschmittel und Feinwaschmittel in Pulverform, Öl, Leitungswasser, Mineralwasser, dest. Wasser

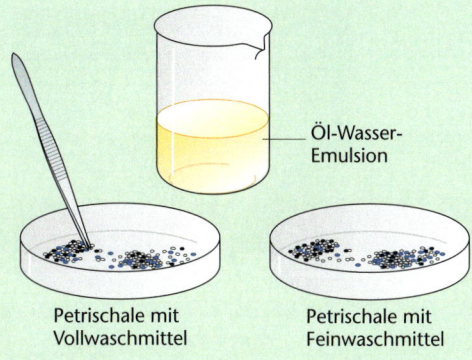

2 Aussortieren der Bestandteile

Versuchsanleitung
a) Gib in den Deckel der Petrischale eine Spatelspitze Vollwaschmittel, in den Boden eine Spatelspitze Feinwaschmittel. Sortiere mithilfe der Lupe und der Pinzette die einzelnen Bestandteile auseinander (▷ B 2). Gib jeden einzelnen der Bestandteile zu einer Öl-Wasser-Emulsion in ein Reagenzglas und schüttle. Finde heraus, welcher der einzelnen Bestandteile für das Waschen verantwortlich ist.

b) Gib in je zwei Reagenzgläser Leitungswasser, destilliertes Wasser und Mineralwasser (▷ B 3). Gib nun zu jeder Wasserart einmal Voll- und einmal Feinwaschmittel. Setze jeweils einen Stopfen auf das Reagenzglas und schüttle. Erkläre die Beobachtungen.

c) Miss dann den pH-Wert der einzelnen Lösungen. Erkläre die Beobachtungen.

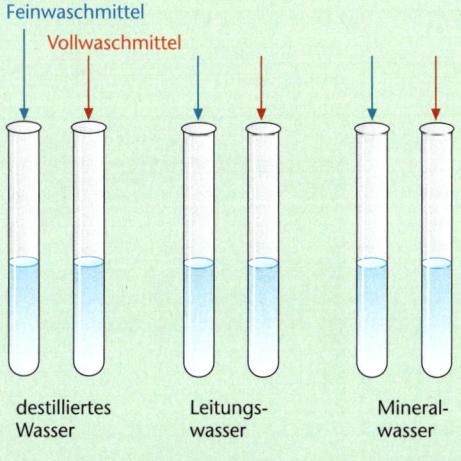

3 Wasser und Waschmittel

3 Vollwaschmittel gegen Feinwaschmittel
Materialien
Schutzbrille, 2 Bechergläser (100 ml, weite Form), Glasstab, Spatellöffel, UV-Lampe, 2 Blätter weißes Rundfilterpapier, Vollwaschmittel, Feinwaschmittel, Wasser

Versuchsanleitung
Stelle jeweils eine wässrige Lösung Vollwaschmittel und Feinwaschmittel her. Tauche nun in die Lösungen je ein Filterpapier und lasse es anschließend antrocknen. Halte die beiden Filterpapiere dann unter eine UV-Lampe (▷ B 4).

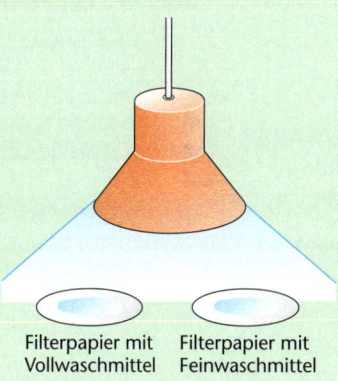

4 UV-Licht bringt es an den Tag.

4 Allerlei Untersuchungen
Materialien
Schutzbrille, Bechergläser (100 ml), Reagenzgläser, Gummistopfen, Reagenzglasgestell, Reagenzglashalter, Glasstab, Folienstift, verschiedene Waschpulver, verd. Salzsäure, Universalindikator, hartes Wasser, Kochsalzlösung

Versuchsanleitung
Stelle von jedem der verschiedenen Waschmittel vier Lösungen her und beschrifte die Gläser. Versetze je eine Lösung jeden Waschmittels mit:
a) Universalindikator,
b) hartem Wasser,
c) Kochsalzlösung,
d) verd. Salzsäure.
Setze die Gummistopfen auf und schüttle.
Finde Erklärungen für die Beobachtungen.

Lexikon

Waschmittel – das ist alles drin

Waschmittel gibt es heute in den unterschiedlichsten Formen: als Tabs, Perlen, als Flüssigkeit in Flaschen oder als Gel in Beutelchen. Trotzdem enthalten alle Waschmittel im Prinzip die gleichen Inhaltsstoffe.

Tenside sind die waschaktiven Substanzen (WAS) der Waschmittel. Nach ihrem Aufbau unterscheidet man verschiedene Tensidklassen: anionische Tenside, kationische Tenside, amphotere Tenside und nichtionische Tenside (▷ B 1). Die Auswahl wird durch die Waschwirkung, die Unempfindlichkeit gegen Wasserhärte, die Verwendung und den Preis bestimmt. Tenside müssen durch Kleinstlebewesen in der Kläranlage so abgebaut werden, dass Wasserorganismen nicht geschädigt werden (biologische Abbaubarkeit).

Anionische Tenside (Aniontenside) —
Kationische Tenside (Kationtenside) +
Amphotere Tenside (Amphotenside) + —
Nichtionische Tenside (Niotenside)

1 Tensidklassen

Enzyme werden mithilfe von Mikroorganismen hergestellt. Enzyme wirken nur bei niedrigen Temperaturen (▷ B 2), sie zersetzen z. B. Blut- oder Obstflecken.

Bleichmittel entfernen Verschmutzungen durch Oxidationsprozesse. Früher wurde die Wäsche in der Sonne ausgebreitet und unter natürlicher UV-Strahlung gebleicht. Heute wird Natriumpercarbonat als Bleichmittel eingesetzt.

2 Enzymprills lösen sich auf (Rasterelektronenaufnahme).

Wasserenthärter werden auch als „Builder" bezeichnet. Man setzt heute Zeolithe als Wasserenthärter ein. Zeolithe sind Kristalle mit großen Hohlräumen (▷ B 3). In diesen werden die Calcium- und Magnesiumionen eingeschlossen und so dem Waschwasser entzogen. Zeolithe sind im Wasser fein verteilt.

3 Zeolithkristall-Modell mit großen Hohlräumen

Optische Aufheller wandeln die unsichtbaren UV-Anteile des Lichts in sichtbares Licht um (▷ B 4). So wirkt die gewaschene Wäsche besonders weiß für das Auge. Optische Aufheller können bei empfindlichen Personen Allergien auslösen.

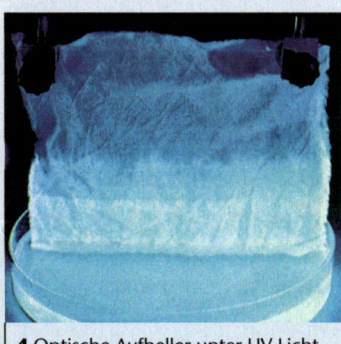

4 Optische Aufheller unter UV-Licht

Schaumregulatoren werden den Waschmitteln zugesetzt, um eine übermäßige Schaumbildung zu verhindern. Zu viel Schaum würde den Waschvorgang behindern. Schaumregulatoren sind Seifen mit langen Kohlenwasserstoffketten.

Farbübertragungsinhibitoren verhindern im Waschwasser das Anlagern von Farbstoffen an andere Kleidungsstücke. Die Farbstoffmoleküle werden im Wasser gehalten.

Vergrauungsinhibitoren verhindern die Anlagerung von neuen Schmutzteilchen auf den Kleidungsstücken.

Korrosionsinhibitoren schützen Metallteile der Waschmaschine vor Korrosion. Oft wird Natriumsilicat dem Waschmittel zugegeben. Es setzt sich als feine Schicht auf den Metallteilen ab. Die Hydroxidionen der Waschlauge können dieses Material nicht mehr angreifen.

Duftstoffe dienen zur Überdeckung des Eigengeruchs der Waschmittelinhaltsstoffe. So sind die Parfümeure der Waschmittelfirmen immer auf der Suche nach Düften, die der Wäsche eine „saubere Frische" verleihen (▷ B 5). Duftstoffe sollten nicht die Gesundheit und die Umwelt beeinträchtigen.

5 Das riecht gut!

Pflegende Kosmetik für die Haut

1 Die Kosmetikindustrie wirbt mit gepflegtem Aussehen.

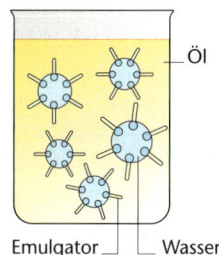

2 Emulsionstypen

Die Haut – unser größtes Organ

Es ist kaum zu glauben, aber die Haut des Menschen hat je nach Körpergröße eine Fläche zwischen 1,5 und 2 m². Sie wiegt ca. 10 bis 12 kg. Dabei übernimmt sie vielfältige Funktionen. Sie schützt den Körper vor Verletzungen, gegen Krankheitserreger und durch Pigmentbildung vor UV-Strahlung. Sie nimmt Wärme, Kälte, Schmerz, Druck oder Berührungen wahr.

Die Haut ist aus drei Schichten aufgebaut: Oberhaut, Lederhaut und Unterhaut (▷ B 3). Außerdem trägt sie Talgdrüsen, Schweißdrüsen und Haare.

Verschiedene Hauttypen benötigen unterschiedliche Pflege

Die Haut schützt sich selbst durch den Aufbau einer **Hydrolipidschicht** (Säureschutzmantel). Sie besteht aus dem Fett der Talgdrüsen und aus Wasser, das von den Schweißdrüsen produziert wird. Aus chemischer Sicht ist das eine Öl-in-Wasser-Schicht.

Jugendliche Haut ist noch sehr wasserhaltig und deshalb glatt. Beim Älterwerden findet ein Wasserverlust statt, der die Haut faltig aussehen lässt. Für jeden Hauttyp (trocken, Mischhaut, fettig) gibt es unterschiedliche Pflegeprodukte (▷ B 1).

Cremes schützen die Haut

Cremes können so aufgebaut sein, dass sie entweder **Öl-in-Wasser-Emulsionen** (O/W) oder **Wasser-in-Öl-Emulsionen** (W/O) bilden (▷ B 2). Tagescremes sind normalerweise O/W-Emulsionen. Sie ähneln damit der Hydrolipidschicht der Haut. Neben kosmetischen Cremes gibt es auch heilende Cremes. Ihnen werden Kräuterextrakte, z. B. Kamille oder Ringelblume, beigemischt. Damit die Emulsion sich nicht entmischt, gibt man Emulgatoren zu.

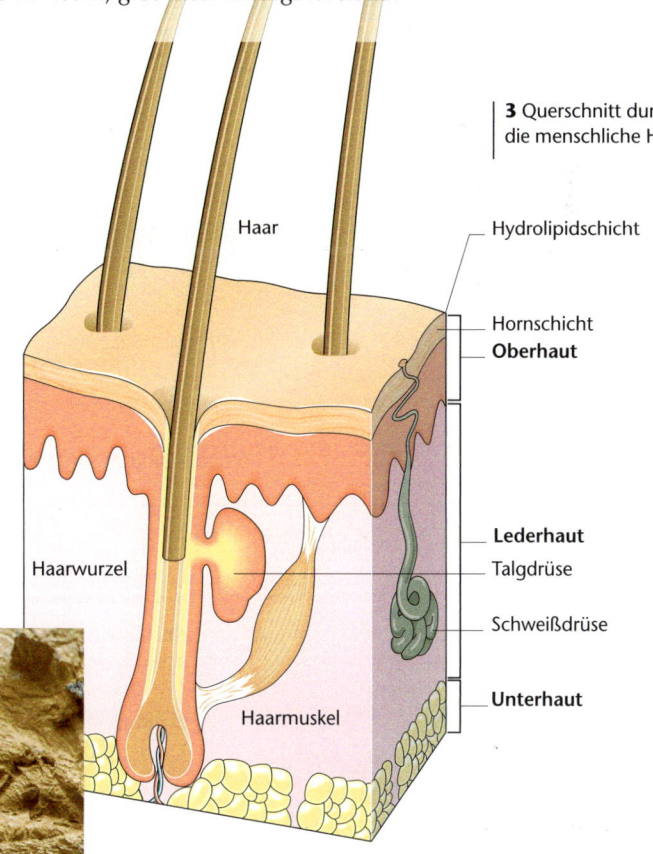

3 Querschnitt durch die menschliche Haut

4 Mikroaufnahme der Haut

Impulse

Sonnenschutz und Hautpflege

Die Sonne geht unter die Haut
Endlich Sommer! Es ist warm, die Sonne scheint, der Himmel ist blau. Man fühlt sich gut. Will man die Sonne genießen, muss jedoch die Haut geschützt werden.

- Die Sonne kann auch heilen. Recherchiere die positiven Wirkungen der Sonnenbestrahlung auf den menschlichen Körper.

- Die Haut ist unser größtes Organ. Ermittle mithilfe eines Lexikons, eines Biologie- oder Chemiebuchs, welche Fläche die Haut einnimmt und welche Aufgaben sie erfüllt.

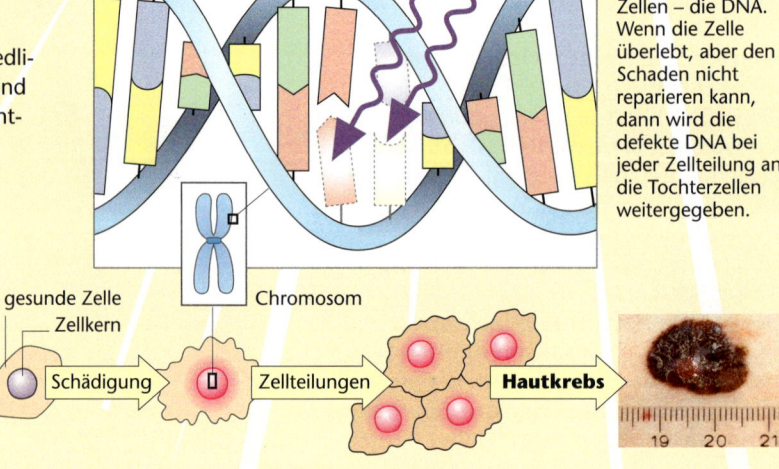

So tief dringen UV-Strahlen in die Haut ein.

Die UV-Strahlung schädigt die Bauanleitung unserer Zellen – die DNA. Wenn die Zelle überlebt, aber den Schaden nicht reparieren kann, dann wird die defekte DNA bei jeder Zellteilung an die Tochterzellen weitergegeben.

Tipps für Sonnenanbeter
Die Sonnenstrahlung besteht aus unterschiedlichen Anteilen. Für die Bräunung der Haut sind vor allem die UV-A- und UV-B-Strahlen verantwortlich.

- Welche Wirkung haben die UV-A- und UV-B-Strahlen auf unsere Haut?

- Ermittle die Bedeutung des Lichtschutzfaktors.

- Begründe, weshalb man sich bereits 30 Minuten vor dem Sonnenbad eincremen sollte.

- Erkläre, wieso auch bei bewölktem Himmel Sonnenschutz notwendig ist.

Soll ich mich bräunen lassen?
- Finde mithilfe der Tabelle heraus, welcher Hauttyp du bist.

- „Bräune ist nichts anderes als ein Eigenschutz der Haut." Erläutere diese Aussage.

- Ermittle Hautschäden und Hauterkrankungen, die von übermäßigem „Sonnenbaden" herrühren.

Hautcreme
Jede Creme weist drei Grundbestandteile auf: Wasser, Fett oder Öl, Emulgator.

- Gib z. B. Sonnenblumenöl zu Wasser. Beschreibe deine Beobachtungen.
- Schüttle das Öl-Wasser-Gemisch kräftig. Beobachte einige Minuten.
- Warum weist jede Creme die drei Grundbestandteile auf?

Welcher Emulsionstyp ist es?
Sonnenmilch, Sonnencremes und Sonnenlotionen sind entweder Öl-in-Wasser-Emulsionen oder Wasser-in-Öl-Emulsionen. Den Emulsionstyp kann man mit einem Farbstoffgemisch aus wasserlöslichem Methylenblau und öllöslichem Sudanrot prüfen.

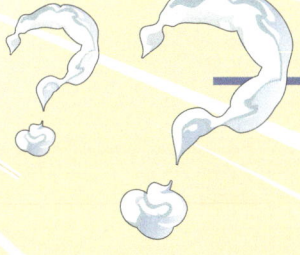

- Überlege, wie du vorgehen kannst, um den Emulsionstyp zu prüfen.
- Trage auf eine glatte Fläche (z. B. Glasplatte) Proben von Sonnenmilch, Sonnencremes und Sonnenlotionen auf. Halte die Platte unter einen ruhig fließenden Wasserstrahl. Sind die Produkte wasserfest?
- Gib sehr kleine Proben auf Küchenpapier. Stellst du Unterschiede zwischen den Produkten fest? Halte das Papier auch gegen das Licht.

Hauttyp	Aussehen	max. Sonnzeit
I	**keltischer Typ** – Haut sehr hell, meist Sommersprossen – Haare sehr oft rot – Augen meist blau	– keine Bräunung – Sonnenbrand nach 5–10 min – Empfohlener Lichtschutzfaktor: dauerhaft mindestens 15
II	**europäisch-hellhäutiger Typ** – Haut hell, manchmal Sommersprossen – Haare hellblond bis braun – Augen blau-grau oder grün	– Sonnenbrand nach 10–20 min – Empfohlener Lichtschutzfaktor: anfangs 14, später 9–14
III	**europäisch-dunkelhäutiger Typ** – Haut hellbraun, – Haare dunkelblond bis dunkelbraun – Augen grau bis braun	– Sonnenbrand nach 20–30 min – Empfohlener Lichtschutzfaktor: anfangs 8, später 5–8
IV	**mediterraner Typ** – Haut bräunlich-oliv, – Haare dunkelbraun bis schwarz – Augen dunkelbraun	– Sonnenbrand nach 40–45 min – Empfohlener Lichtschutzfaktor: anfangs 4, später 2–4

UV-Schutz
Sonnencremes und Sonnenlotionen enthalten unterschiedliche Stoffe zum Schutz vor ultravioletter Strahlung.

- Informiere dich über diese Stoffe und ihre Wirkungsweise.
- Nenne die Vor- und Nachteile, die diese unterschiedlichen Stoffe aufweisen.

- Viele deiner Freunde und Freundinnen gehen in ein Sonnenstudio. Du möchtest das eigentlich nicht. Sammle Argumente, um dich gegen die Aufforderungen deiner Freundinnen und Freunde wehren zu können.

Schlusspunkt

Ernährung und Pflege

▶ Fette
Fette sind Gemische verschiedener Fettmoleküle. Fettmoleküle sind Ester aus Glycerin und Fettsäuren (▷ B 1).

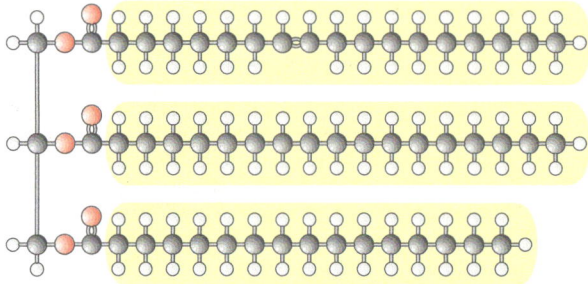

1 Aufbau eines Fettsäureglycerinestermoleküls

▶ Eiweiße
Eiweiße sind aus Aminosäuren aufgebaut. Aminosäuren besitzen im Molekül zwei funktionellen Gruppen: die Aminogruppe (–NH$_2$) und die Carboxylgruppe (–COOH).
Aminosäuremoleküle verbinden sich unter Wasserabspaltung miteinander in einer Kondensationsreaktion. Dabei entstehen Dipeptide (▷ B 2) oder Polypeptide.

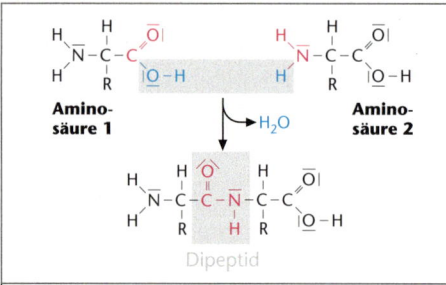

2 Die Bildung eines Dipeptids

▶ Mono- und Disaccharide
Mono- und Disaccharide gehören zu den Kohlenhydraten. Disaccharidmoleküle bilden sich durch Verknüpfung zweier Monosaccharidmoleküle (▷ B 3).

Monosaccharid (C$_6$H$_{12}$O$_6$)

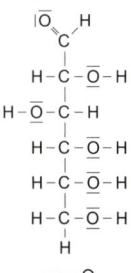

Glucose (Traubenzucker)

Disaccharid (C$_{12}$H$_{22}$O$_{12}$)

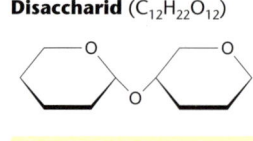

Maltose (Malzzucker)

3 Übersicht über Mono- und Disaccharide

▶ Stärke und Cellulose
Stärke und Cellulose sind Kohlenhydrate, die sich aus vielen miteinander verbundenen Glucosemolekülen zusammensetzen. Stärke und Cellulose gehören zu den Polysacchariden.

▶ Seifen
Seifen sind Alkalisalze langkettiger Fettsäuren.
Kernseifen sind Natriumsalze der Fettsäuren. Schmierseifen sind Kaliumsalze der Fettsäuren.

▶ Aufbau des Seifenanions
Ein Seifenteilchen lässt sich modellhaft so darstellen: ein hydrophiler „Kopf" und ein hydrophober Rest (▷ B 4).

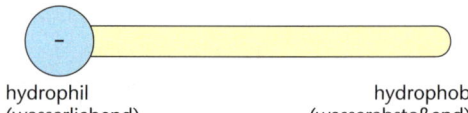

hydrophil (wasserliebend)   hydrophob (wasserabstoßend)

4 Bau eines Seifenanions im Modell

▶ Tenside und Grenzflächenspannung
Tenside ordnen sich an der Grenzfläche zwischen wasserfreundlichen und wasserfeindlichen Stoffen an. Dadurch setzen sie die Grenzflächenspannung herab. Seifen gehören zu den Tensiden.

▶ Waschwirkung
Seifen wirken benetzend und schmutzablösend. Die Seifenanionen umhüllen den Schmutz und lösen ihn ab. Der fein verteilte Schmutz wird so im Waschwasser gehalten (▷ B 5).

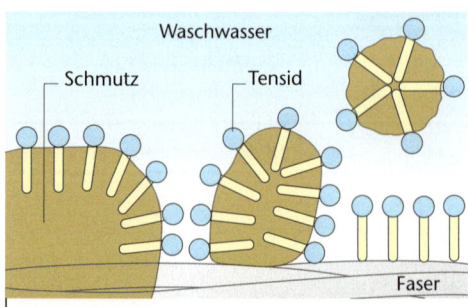

5 Waschwirkung der Tenside im Modell

Ernährung und Pflege

Aufgaben

1 Fette Öle sind bei Zimmertemperatur flüssig. Beschreibe den Aufbau eines Ölmoleküls im Gegensatz zu einem Fettmolekül (▷ B 6).

6 Zu Aufgabe 1

2 Gib die Namen der folgenden Fettsäuren an:
a) $C_{17}H_{29}COOH$,
b) $C_{15}H_{31}COOH$,
c) C_3H_7COOH.
Welche dieser Säuren gehören zu den essenziellen Fettsäuren? Warum sind diese für die Ernährung unentbehrlich?

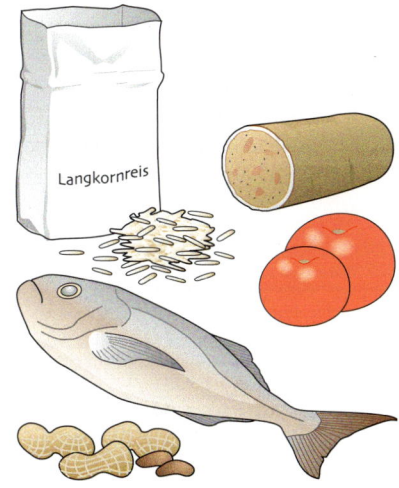

7 Zu Aufgabe 3

3 Manche der in Bild 7 gezeigten Nahrungsmittel sind besonders fetthaltig, eiweißhaltig oder kohlenhydrathaltig. Schätze zunächst und informiere dich dann mithilfe von Büchern oder dem Internet.

8 Zu Aufgabe 4

4 Schokolade oder Chips beispielsweise (▷ B 8) enthalten „versteckte Fette".
a) Erläutere diesen Begriff.
b) Finde noch andere Lebensmittel, die „versteckte Fette" enthalten.

5 a) Bilde ein Dipeptidmolekül aus einem Molekül Valin und einem Molekül Alanin.
b) Nenne den Namen dieser Reaktion.

Wasserhärte-bereich	normal verschmutzte Wäsche – nur Hauptwäsche –	
	Dosierung	Ergiebigkeit
1 (weich)	240 ml	36 kg
2 (mittel)	260 ml	33 kg
3 (hart)	280 ml	31 kg
4 (sehr hart)	300 ml	29 kg

Ergiebigkeit: 1 kg Waschmittel reicht für die angegebene Menge Trockenwäsche bei einer Beladung von 4,5 kg im Hauptwaschgang.

9 Zu Aufgabe 6

6 Die Waschmittelverpackung weist Angaben zur Dosierung und Ergiebigkeit auf (▷ B 9). Erkläre den Grund dafür.

7 Beschreibe die Wirkung von Seifenlösung auf verschmutzte Kleidung.

8 Erkläre, weshalb Seife zum Haarewaschen ungeeignet ist.

9 Bei einer Seifenblase (▷ B 10) sind die Seifenmoleküle in bestimmter Art und Weise zur Luft hin ausgerichtet. Zeichne eine Seifenblase und zeichne dann die Anordung der Seifenanionen mithilfe des Streichholzmodells.

10 Zu Aufgabe 9

10 Erkläre, was mit einem Wollpullover geschieht, der mit normalem Vollwaschmittel gewaschen wurde (▷ B 11).

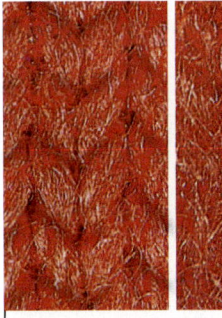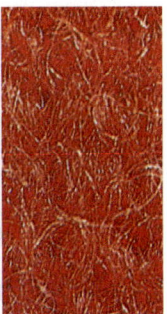

11 Zu Aufgabe 10

11 Hautcremes sind O/W- oder W/O-Emulsionen (▷ B 12).
a) Erkläre die Funktion von Emulgatoren in den Hautcremes.
b) Beschreibe die Schutzschicht der Haut.
c) Erläutere, was passiert, wenn man die Haut zu häufig mit Seife wäscht.

12 Zu Aufgabe 11

Basiskonzept

Stoff und Teilchen

In der Chemie gibt es die unumstößliche Erkenntnis, dass alle Stoffe, die uns umgeben, aus submikroskopischen kleinen Teilchen, den Atomen, aufgebaut sind. Zwischen Atomen gibt es mehr oder weniger starke Wechselwirkungen, die in der Regel zu verschiedenen chemischen Bindungsarten führen.
Dabei kann es auch geschehen, dass aus Atomen durch Elektronenabgabe oder Elektronenaufnahme elektrisch geladene Teilchen werden: positiv oder negativ geladene Ionen.

Atome und Ionen

Atome bestehen aus einem positiv geladenen Atomkern und einer negativ geladenen Atomhülle. Der Atomkern ist im Vergleich zur Hülle winzig klein und besteht aus positiv geladenen Protonen und ungeladenen Neutronen. In der Atomhülle bewegen sich die negativ geladenen Elektronen. Die Anzahl der Protonen und Elektronen ist gleich, sodass sich deren gegensätzliche Ladungen aufheben und das Atom nach außen elektrisch neutral ist.
Werden allerdings Elektronen abgegeben oder aufgenommen, entstehen dadurch positiv geladenen Ionen (Kationen) oder negativ geladene Ionen (Anionen).

Atome und Ionen

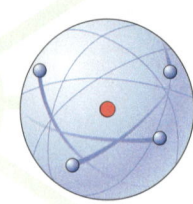

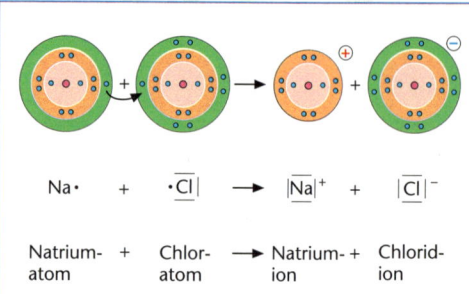

Na· + ·Cl⟶ |Na|⁺ + |Cl|⁻

Natrium- + Chlor- ⟶ Natrium- + Chlorid-
atom   atom   ion   ion

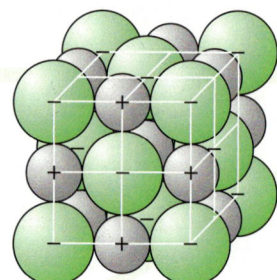

Ionenbindung

Na ⟶ Na⁺ + e⁻
Natriumatom   Natriumion   Elektron

Cl + e⁻ ⟶ Cl⁻
Chloratom   Elektron   Chloridion

Ionenbindung

Ionen sind elektrisch positiv oder elektrisch negativ geladene Teilchen. Bei einer Ionenbindung ziehen sich positiv und negativ geladene Ionen aufgrund ihrer unterschiedlichen Ladung an. Dabei bilden die Ionen eine regelmäßige, räumliche Anordnung, ein Ionengitter. Salze, deren bekanntestes Beispiel das Kochsalz (Natriumchlorid) ist, sind aus Ionen aufgebaut.

H₃O⁺-Ionen und OH⁻-Ionen

Säuren sind Stoffe, die in wässrigen Lösungen H⁺-Ionen bilden. Diese Wasserstoffionen sind verantwortlich für die Säureeigenschaften. Allerdings ist es so, dass diese kleinen positiv geladenen Teilchen in wässrigen Lösungen nicht frei vorkommen, da sie sofort von einem Wassermolekül (H₂O) gebunden werden. Auf diese Weise entstehen H₃O⁺-Ionen (Oxoniumionen).
Laugen bilden in wässrigen Lösungen OH⁻-Ionen (Hydroxidionen). Diese Hydroxidionen sind verantwortlich für die alkalischen Eigenschaften der Laugen.

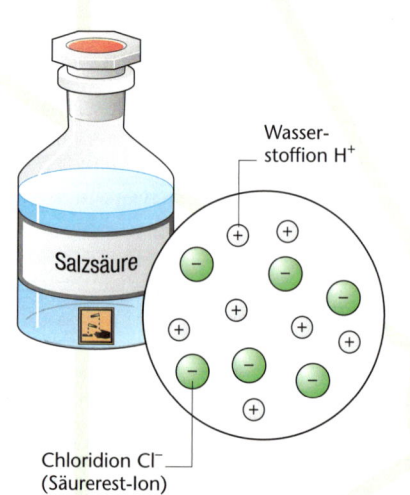

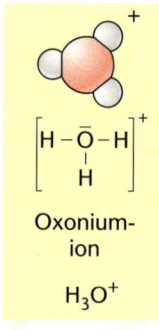

Oxoniumion
H₃O⁺

H₃O⁺-Ionen und OH⁻-Ionen

Basiskonzept

Metallbindung

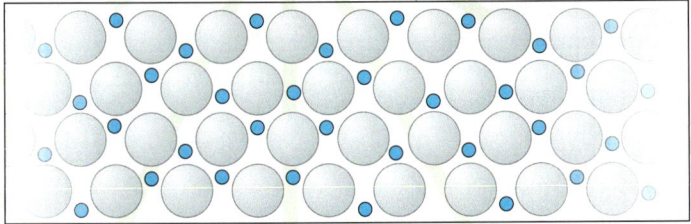

Metallbindung
Die Atome von Metallen besitzen sehr schwach gebundene Außenelektronen, die leicht die Atomhülle verlassen können. Dadurch entstehen positiv geladene Atomrümpfe, die ein regelmäßiges Gitter bilden. Die Außenelektronen sind nicht mehr einzelnen Atomrümpfen zuzuordnen, sondern bewegen sich frei zwischen den Rümpfen. Man spricht in Anlehnung an die Modellvorstellung über die Teilchen in Gasen von einem „Elektronengasmodell".

Atombindung

Moleküle sind durch eine chemische Bindungsart gekennzeichnet, bei der zwei Atome ein, zwei oder drei Elektronenpaare gemeinsam nutzen. Im Wasserstoffmolekül haben die beiden Atome beispielsweise ein, im Sauerstoffmolekül zwei, und im Stickstoffmolekül drei gemeinsame Elektronenpaare.
Neben dem Begriff Atombindung ist es auch üblich bei dieser Bindungsart von Elektronenpaarbindung zu sprechen.

Aufgaben

1. Beschreibe Schritt für Schritt, was sich auf atomarer Ebene abspielt, wenn Lithium (Li) mit Brom (Br) reagiert.

2. Notiere die Bildung eines Chlormoleküls aus den Atomen in der Elektronenschreibweise (nur Außenelektronen).

3. Benenne im Chlorwasserstoffmolekül (HCl) das Atom mit der negativen Teilladung.

4. Metalle besitzen eine gute elektrische Leitfähigkeit und lassen sich leicht verformen. Erkläre dies auf Grundlage der Metallbindung.

5. Erkläre den Unterschied zwischen einem H^+-Ion und einem H_3O^+-Ion.

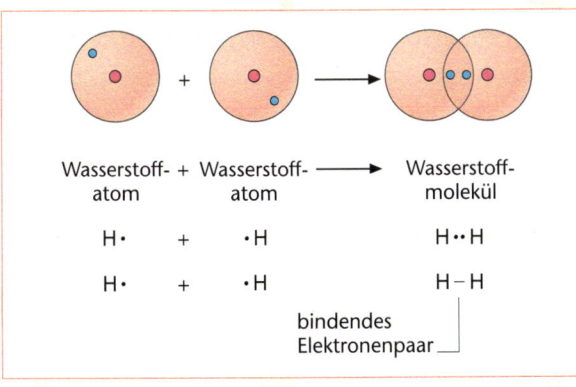

Polare Atombindung

Hat in einer Atombindung eines von zwei Atomen eine größere Tendenz, das Bindungselektronenpaar an sich zu ziehen (Elektronegativität), so wird das bindende Elektronenpaar in Richtung dieses Atoms gezogen. Dadurch erhält dieses Atom eine negative Teilladung δ^-, das Atom mit der geringeren Elektronegativität dagegen eine positive Teilladung δ^+: eine polare Atombindung ist entstanden.
Unter bestimmten Bedingungen (Polarität der Bindung, Molekülbau) kann es sein, dass ein solches Molekül ein Dipol ist. Ein bekanntes Beispiel hierfür ist das Wassermolekül.

Unpolare Atombindungen liegen nur dann vor, wenn die verbundenen Atome den gleichen Elektronegativitätswert haben, z. B. bei H_2, O_2, Cl_2.

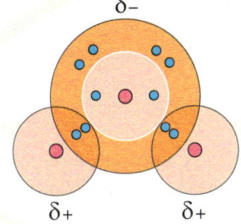
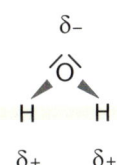
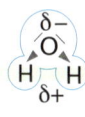

Struktur und Eigenschaft

Betreten wir das große Gebiet der organischen Chemie, so begegnen wir auf Schritt und Tritt der Erkenntnis, dass die Struktur eines Stoffes und seine Eigenschaften in enger Beziehung zueinander stehen. Daher ist es in der organischen Chemie üblich, neben der Summenformel eines Stoffes auch dessen Strukturformel zu betrachten. Tatsächlich können Stoffe mit derselben Summenformel verschiedene Strukturen und damit auch unterschiedliche Eigenschaften aufweisen. Aber auch bei anorganischen Stoffen lassen sich viele Eigenschaften durch einen Blick auf die Struktur erklären.

Kunststoffe

Kunststoffe entstehen durch Verbindung vieler kleiner organischer Moleküle (Monomere) zu sehr langen Kettenmolekülen (Polymere). Kunststoffe lassen sich in drei Gruppen einteilen: Thermoplaste, Duroplaste und Elastomere. Das unterschiedliche Verhalten dieser drei Kunststoffgruppen beruht auf der unterschiedlichen Struktur der Polymerketten. Thermoplaste schmelzen beim Erwärmen und lassen sich leicht verformen. Elastomere sind elastisch und kaum verformbar. Duroplaste sind nicht verformbar.

Kunststoffe

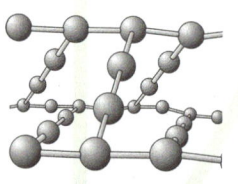
Duroplaste

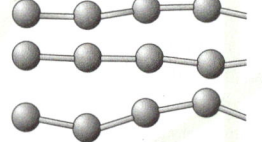
Thermoplaste

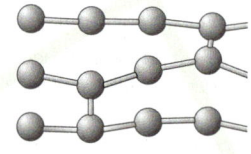
Elastomere

Kohlenwasserstoffe

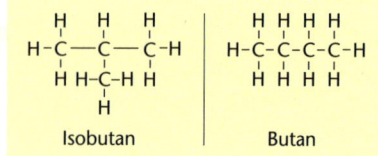
Isobutan | Butan

Name	Formel	Schmelztemp. (°C)	Siedetemp. (°C)	Dichte (g/cm³)	Viskosität
Methan	CH_4	–182	–161	0,47	nimmt zu ↓
Propan	C_3H_8	–186	–42	0,59	
Hexan	C_6H_{14}	–94	68	0,66	
Decan	$C_{10}H_{22}$	–30	174	0,73	
⋮	⋮				
Hexadecan	$C_{16}H_{34}$	18	287	0,77	

In Kohlenwasserstoffen sind Kohlenstoff- und Wasserstoffatome über Atombindungen miteinander verbunden. Der einfachste Kohlenwasserstoff ist Methan mit der Summenformel CH_4. Methan ist das erste Glied der homologen Reihe der Alkane, deren Glieder sich nur um jeweils eine CH_2-Gruppe unterscheiden. Die ersten vier Alkane sind aufgrund der Kürze ihrer Kohlenstoffketten gasförmig. Pentan (C_5H_{12}) ist flüssig und Heptadecan ($C_{17}H_{36}$) fest.
Es gibt Kohlenwasserstoffe, die die gleiche Summenformel, jedoch unterschiedliche Strukturformeln aufweisen. Diese Isomere zeigen trotz gleicher Summenformel unterschiedliche Eigenschaften.

Alkohole

Alkohole sind organische Verbindungen, die in ihrem Molekülbau mindestens eine Hydroxylgruppe (OH-Gruppe) als funktionelle Gruppe aufweisen. Diese funktionelle Gruppe sorgt für die Wasserlöslichkeit der Alkohole, wobei die Löslichkeit der Alkohole in Wasser mit steigender Länge der Kohlenwasserstoffkette abnimmt.
Nimmt die Anzahl der funktionellen Gruppen zu, so wird der Alkohol viskoser und seine Siedetemperatur steigt im Vergleich zum Einfachalkohol mit gleicher Kettenlänge.

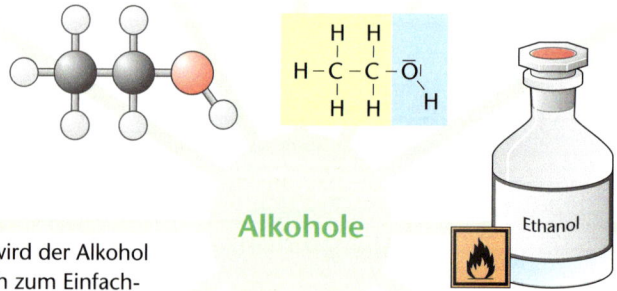

Alkohole

Basiskonzept

Nährstoffe

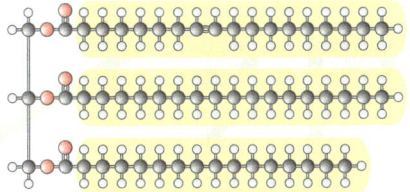

Nährstoffe werden in drei Hauptgruppen eingeteilt: Kohlenhydrate, Fette und Eiweiße.

Fette sind Gemische aus verschiedenen Fettmolekülen. Fettmoleküle wiederum sind Ester aus Glycerin und Fettsäuren. Die schlechte Wasserlöslichkeit der Fette beruht auf den langen Fettsäureketten. Mit zunehmender Länge dieser Fettsäureketten steigt die Schmelztemperatur der Fette. Andererseits ist die Schmelztemperatur von Fetten umso niedriger, je mehr ungesättigte Fettsäuren sie enthalten.

Eiweiße sind aus verschiedenen Aminosäuren aufgebaut, die sich in unterschiedlicher Reihenfolge zu langen Kettenmolekülen (Polypeptide) verbinden. Diese Polypeptidketten bilden jeweils eigene räumliche Strukturen, die für die Eigenschaften der Eiweiße verantwortlich sind. Durch Einwirkung von Hitze und Säuren wird die Struktur der Eiweiße unwiderruflich zerstört.

Salze

Salze sind Ionenverbindungen, die aus positiv und negativ geladenen Ionen aufgebaut sind. Das bekannteste Salz ist Kochsalz (Natriumchlorid). Beim Natriumchlorid bilden die positiv geladenen Natriumionen und die negativ geladenen Chloridionen im Verhältnis von 1:1 ein Ionengitter.

Die Eigenschaften der Salze beruhen auf dieser Gitterstruktur und dem Aufbau aus Ionen. Salze sind spröde und haben häufig hohe Schmelztemperaturen. Salzschmelzen leiten den elektrischen Strom.

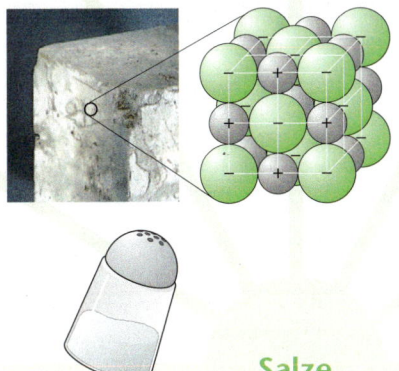

Salze

Aufgaben

1. Vergleiche die Strukturformeln von Ethan und Ethen und nimm Bezug auf deren unterschiedliche Reaktionsfähigkeit.

2. a) Zeichne die Strukturformeln der Isomere des Hexans und benenne sie.
   b) Recherchiere ihre Siedetemperaturen.

3. a) Erkläre den strukturellen Unterschied zwischen den Molekülen eines Duroplasten und eines Thermoplasten.
   b) Nimm dabei Bezug auf das unterschiedliche Verhalten der Stoffe gegenüber Wärme.

4. Gib die funktionelle Gruppe der Alkohole, der Aldehyde und der Carbonsäuren an und vergleiche.

5. Eiweiße können denaturieren. Erkläre.

Säuren und Laugen

Säuren oder Laugen stellen jeweils keine einheitlichen Stoffklassen dar. Vielmehr beschreiben sie bestimmte Eigenschaften von Stoffen, die in der Struktur der Stoffe begründet sind.

Säuren bilden Moleküle mit polarer Atombindung, die mindestens ein Wasserstoffatom enthalten. Dabei ist das bindende Elektronenpaar stärker zum Partner des Wasserstoffs verschoben, sodass das Wasserstoffatom verhältnismäßig leicht als Proton (H^+) abgegeben werden kann. Dieses Proton lagert sich an ein Wassermolekül an und bildet so ein Oxoniumion (H_3O^+). Dieses Oxoniumion verursacht die Säurewirkung der Lösung.

Auch Laugen, wie NaOH oder NH_3, sind als Stoff keine Lauge. Aufgrund ihrer Struktur können sie in Wasser OH^--Ionen bilden. Diese Ionen verursachen die alkalische Wirkung der Lösung.

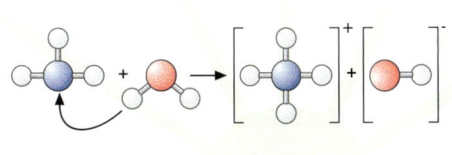

Säuren und Laugen

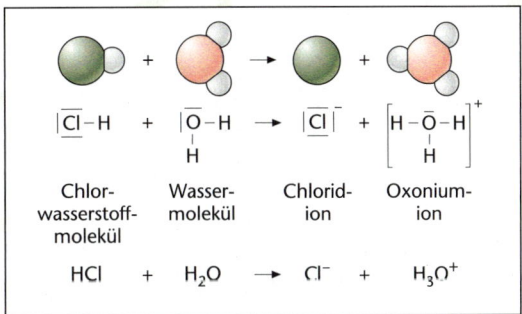

HCl + H_2O → Cl^- + H_3O^+

Basiskonzept

Chemische Reaktion

Überall begegnen uns chemische Reaktionen. Ebenso wie man Stoffe in viele verschiedene Gruppen einteilen kann, gibt es auch verschiedene Arten der chemischen Reaktion: In Synthesen werden Verbindungen aufgebaut, in Analysen werden sie zerlegt. Es gibt die Oxidbildung und die Oxidzerlegung oder die Sauerstoffübertragungsreaktion. Bei chemischen Reaktionen kann Energie abgegeben werden (exotherme Reaktion) oder aber sie laufen nur bei ständiger Energiezufuhr ab (endotherme Reaktion). Jetzt sind noch weitere grundlegende chemische Reaktionen hinzugekommen.

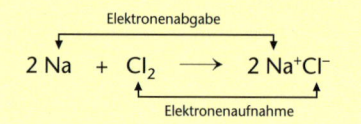

Redoxreaktion

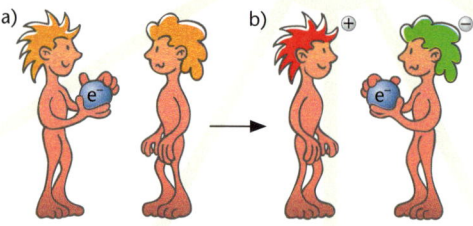

Redoxreaktion
Reagieren Natrium und Chlor miteinander, so gibt das Natriumatom ein Elektron an das Chloratom ab. Dadurch wird aus dem Natriumatom ein einfach positiv geladenes Natriumion und aus dem Chloratom ein einfach negativ geladenes Chloridion. Es findet eine Elektronenübertragung statt.

Das Natriumatom ist der Elektronendonator und das Chloratom der Elektronenakzeptor.
Die Reduktion ist die Elektronenaufnahme und die Oxidation die Elektronenabgabe. Da diese beiden Vorgänge gleichzeitig ablaufen, spricht man von einer Redoxreaktion.

Salzbildung
Salzsäure und Natronlauge reagieren bei der Neutralisation zu Natriumchlorid (Kochsalz) und Wasser. Salze bilden sich aber auch, wenn Metalle oder Metalloxide mit sauren Lösungen reagieren.

Salzbildung

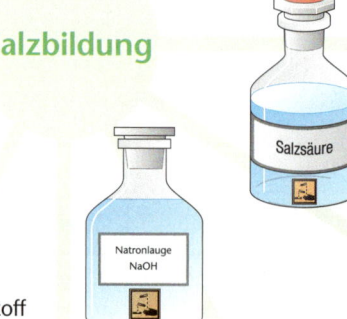

Salzbildungsarten:
Säure + Lauge ⟶ Salz + Wasser
Metall + Säure ⟶ Salz + Wasserstoff
Metalloxid + Säure ⟶ Salz + Wasser

Großtechnische Prozesse
Chemische Reaktionen laufen nicht nur in chemischen Labors ab. Vielmehr werden sie genutzt, um in großtechnischen Anlagen der chemischen Industrie wirtschaftlich bedeutsame Stoffe herzustellen. Im Haber-Bosch-Verfahren wird beispielsweise Ammoniak hergestellt. Weitere Beispiele solcher Verfahren sind die Herstellung von Schwefelsäure oder Kunststoffen oder auch die alkoholische Gärung.

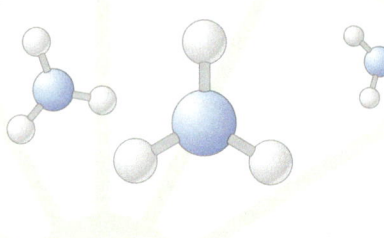
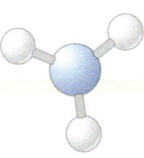

Großtechnische Prozesse

Basiskonzept

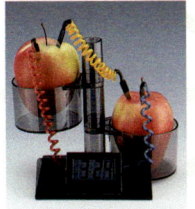

Elektrochemische Vorgänge

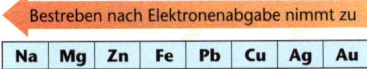

Bestreben nach Elektronenabgabe nimmt zu →							
Na	Mg	Zn	Fe	Pb	Cu	Ag	Au

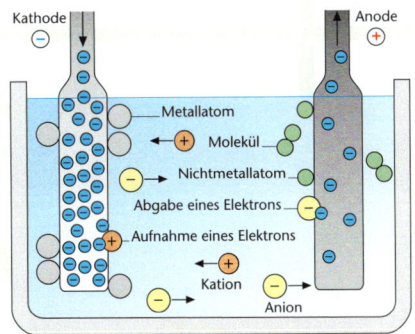

Elektrochemische Vorgänge
In einem galvanischen Element wird chemische Energie in elektrische Energie umgewandelt. So misst man zwischen einem Zinkblech und einem Kupferblech, die in einen Elektrolyten tauchen, eine Spannung von ca. 1 V. Solche Vorgänge macht man sich in Batterien zu nutze, denn Batterien sind galvanische Elemente.

Je weiter die verwendeten Metalle in der Fällungsreihe auseinander stehen, desto größer ist die zwischen ihnen gemessene Spannung.
Der umgekehrte Vorgang ist die Elektrolyse. Hier wird elektrische Energie zugeführt, die in chemische Energie umgewandelt wird.

Aufgaben

1. Stelle für die Reaktion von Kupferoxid (CuO) und Kohlenstoff das Reaktionsschema auf.
   a) Kennzeichne Elektronenabgabe und Elektronenaufnahme.
   b) Nenne den Elektronendonator und den Elektronenakzeptor.

2. Findet eine Reaktion statt, wenn man ein Kupferblech in eine Zinkchloridlösung taucht? Begründe deine Entscheidung.

3. Erstelle eine Liste mit 5 wirtschaftlich bedeutsamen Stoffen, die durch großtechnische Prozesse hergestellt werden.

4. Nenne einen entscheidenden Unterschied zwischen Batterie und Akkumulator.

5. Ein Hufeisen soll verkupfert werden. Beschreibe die Vorgehensweise.

6. Erkläre den Zusammenhang zwischen Fotosynthese und Zellatmung.

Umkehrbarkeit chemischer Reaktionen

Umkehrbarkeit chemischer Reaktionen
Die Autobatterie ist das bekannteste Beispiel eines Akkumulators. Die Bezeichnung „Batterie" ist in diesem Fall eigentlich falsch, denn im Gegensatz zu Batterien kann ein Autoakku wieder aufgeladen werden. Dies ist das Kennzeichen eines Akkumulators. Laden und Entladen – zwei entgegengesetzt verlaufende chemische Reaktionen – können bis zu 1000-mal wiederholt werden.

Kohlenstoffkreislauf

Kohlenstoffkreislauf
Zwischen den Kohlenstoffspeichern unserer Erde (Atmosphäre, Meer, Gestein usw.) findet ein ständiger Austausch statt. Da die Atmosphäre der kleinste Speicher ist, wirkt sich hier eine Veränderung des Kohlenstoffgehaltes besonders schnell und stark aus. Dies kann schwerwiegende Folgen für die Umwelt haben. So hat die Industrialisierung dazu geführt, dass immer mehr fossile Brennstoffe verbrannt werden. Dadurch hat sich der CO_2-Ausstoß drastisch erhöht.

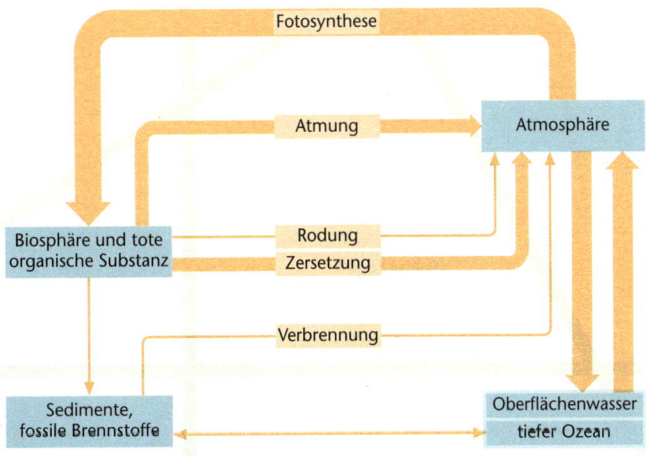

211

Basiskonzept

Energie

Energie spielt in unserer industrialisierten Welt eine sehr große Rolle. Die Bereitstellung von Energie wird immer teurer. Außerdem zieht die Umwandlung chemischer Energie aus fossilen Brennstoffen große Probleme nach sich, wie den Treibhauseffekt und den Klimawandel. Deshalb sucht man verstärkt nach Auswegen. Weltweit wird über neue Energiekonzepte nachgedacht. Gute Möglichkeiten sieht man in Maßnahmen zur Energieeinsparung und der Nutzung alternativer Energiequellen.

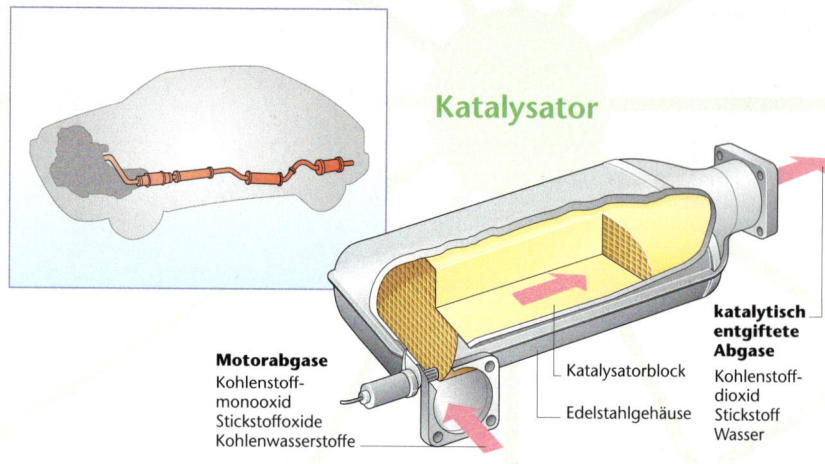

Katalysator

Motorabgase
Kohlenstoffmonooxid
Stickstoffoxide
Kohlenwasserstoffe

Katalysatorblock
Edelstahlgehäuse

katalytisch entgiftete Abgase
Kohlenstoffdioxid
Stickstoff
Wasser

Katalysator
Bei vielen Reaktionen werden Katalysatoren eingesetzt. Sie setzen die benötigte Aktivierungsenergie herab und beschleunigen so die Reaktion. Katalysatoren findet man beispielsweise in der Technik bei der Abgasreinigung in Automobilen, beim Kontaktverfahren zur Herstellung von Schwefelsäure oder bei Crackverfahren. Aber auch in unserem Körper gibt es Biokatalysatoren, die Enzyme. Sie ermöglichen und beschleunigen viele Stoffwechselvorgänge.

Energiegehalt
Vergleicht man bei einer exothermen Reaktion den Energiegehalt der Ausgangsstoffe mit dem der Reaktionsprodukte, so besitzen die Ausgangsstoffe einen größeren Energiegehalt als die Produkte. Eine chemische Reaktion läuft immer dann freiwillig ab, wenn der Energiegehalt der Stoffe sich dadurch verringert.
Besitzen die Produkte einen größeren Energiegehalt als die Ausgangsstoffe, so ist eine Reaktion nur möglich, wenn ständig Energie zugeführt wird. Dies geschieht beispielsweise beim Laden eines Akkumulators.

Energiegehalt

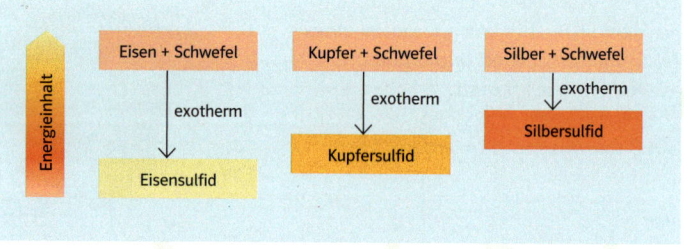

Batterie und Akkumulator
Ob Taschenlampe oder Handy – jedes mobile elektrische Gerät benötigt eine Batterie oder einen Akkumulator, welche die benötigte elektrische Energie liefern. Entsprechend der Ansprüche, die an die Batterie oder den Akkumulator gestellt werden, gibt es unterschiedliche Arten von Stromquellen. So werden Lithium-Ion-Akkus aufgrund ihrer hohen Leistung und langen Lebensdauer in Notebooks verwendet. Während die chemischen Reaktionen in einer Batterie nur in einer Richtung ablaufen, sind sie bei einem Akkumulator umkehrbar.

Batterie und Akkumulator

Basiskonzept

Fossile Brennstoffe

Fossile Brennstoffe
Ohne die fossilen Brennstoffe Kohle, Erdöl und Erdgas ist unsere kulturelle Entwicklung undenkbar. Angefangen bei der Entdeckung des wärmenden Feuers, über die Metallgewinnung durch Einsatz von Holzkohle und die Entwicklung der Dampfmaschine führt der Weg bis hin zu unseren heutigen Kraftwerken, Automobilen und Flugzeugen.
Aber es gibt auch eine Schattenseite: Die fossilen Brennstoffe sind endlich und daher eigentlich zu wertvoll, um nur zur Energieerzeugung eingesetzt zu werden. Außerdem belastet ihre Verbrennung die Umwelt.

Aufgaben

1. Informiere dich über verschiedene Möglichkeiten der Energieeinsparung und diskutiere im Team deren Durchsetzbarkeit und Effizienz.

2. Nährstoffe werden in unserem Körper stufenweise abgebaut. Begründe den dafür benötigten Einsatz von Biokatalysatoren (Enzymen).

3. Stelle die Vor- und Nachteile regenerativer Energiequellen am Beispiel des Bioethanols auf einem Informationsplakat dar und diskutiere dieses Thema kontrovers in der Gruppe.

4. Liste Anforderungen auf, die an den Batterietyp eines Herzschrittmachers gestellt werden.

5. „Alle Energie kommt letztendlich von der Sonne." Nimm Stellung zu dieser Aussage.

Alternative Energiequellen

Alternative Energiequellen
Die zunehmende Verknappung der fossilen Brennstoffe und vor allem die Umweltbelastung haben in den letzten Jahren dazu geführt, dass weltweit über Alternativen nachgedacht wird. Inzwischen gibt es Sonnenkollektoren, Solarzellen, Windräder und Biogasanlagen, die Energie liefern. Auch regenerative Energiequellen spielen eine immer größere Rolle. Doch auch hier gibt es Schattenseiten, wenn es beispielsweise durch die Bioethanol-Herstellung zu einer Verknappung der Anbaufläche für Nahrungsmittel kommt.

Energiekonzepte
Da Energie immer teurer wird, steht die Energieeinsparung an erster Stelle. Bessere Wärmedämmung der Häuser, energiesparende Haushaltsgeräte und Autos, aber auch Kraft-Wärme-Kopplung in Kraftwerken spielen hier eine Rolle. Um das Klima stärker zu schützen, soll der CO_2-Ausstoß drastisch reduziert werden. Auf Weltklimakonferenzen wird darüber beraten.

Energiekonzept

Das Kyoto-Protokoll zum Klimaschutz
Das Kyoto-Protokoll wurde 1997 vereinbart und ist im Februar 2005 in Kraft getreten. Danach verpflichten sich die Unterzeichner, die Emission von sechs Treibhausgasen (u.a. Kohlenstoffdioxid) bis 2012 weltweit um mindestens 5,3 Prozent im Vergleich zu 1990 zu senken.

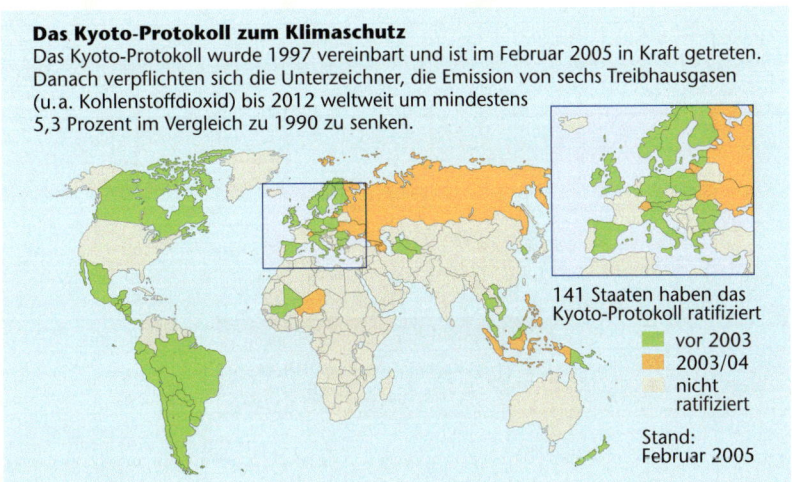

141 Staaten haben das Kyoto-Protokoll ratifiziert
- vor 2003
- 2003/04
- nicht ratifiziert

Stand: Februar 2005

Entsorgungsplan

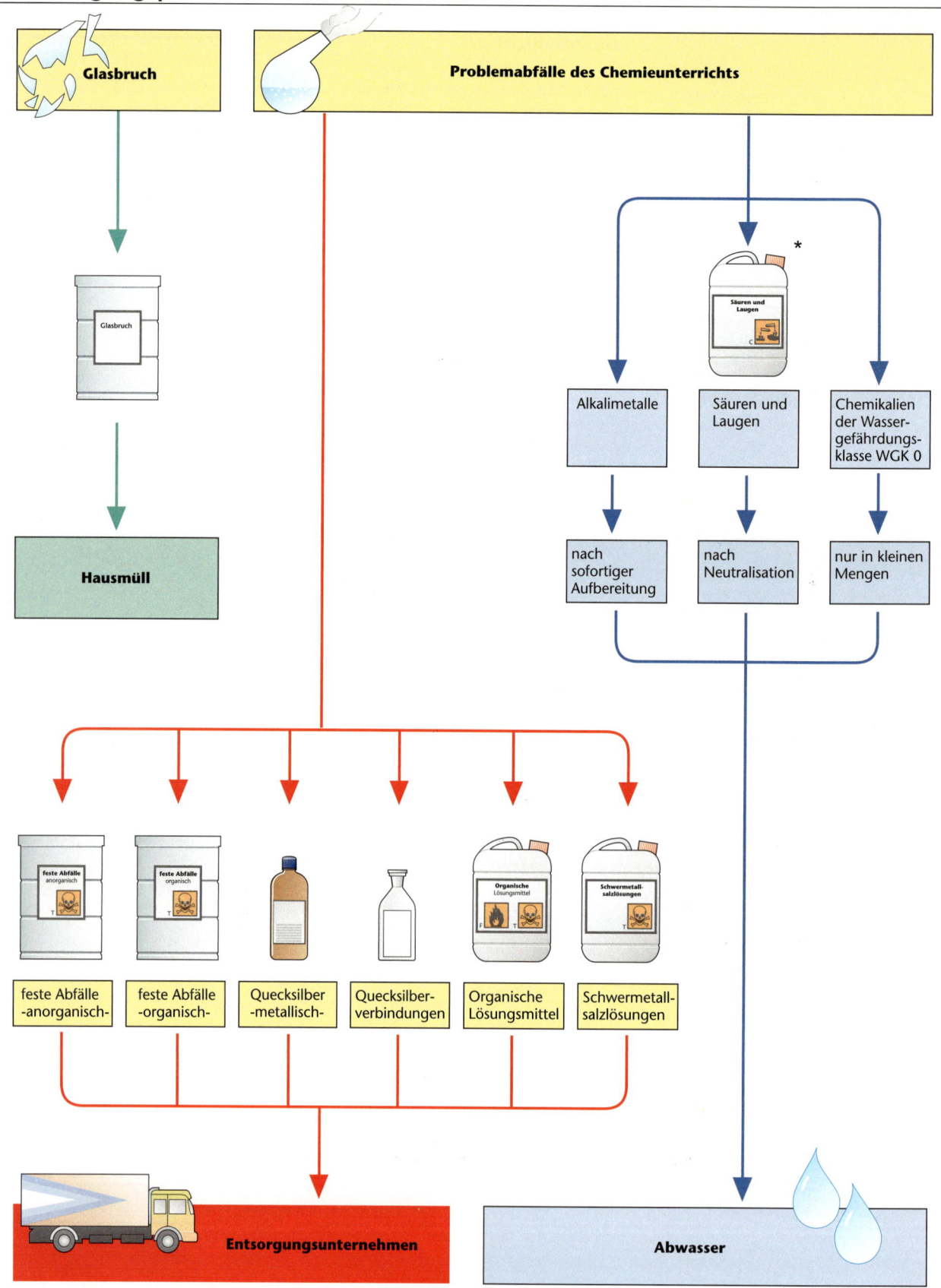

*Problemabfälle müssen in geeigneten Sammelgefäßen aus Kunststoff oder Glas gesammelt werden.

Tabellen

Dezimale Vielfache und Teile von Einheiten

Kürzel	Vorsatz	Faktor	
p	Piko	10^{-12}	$= \frac{1}{1\,000\,000\,000\,000}$
n	Nano	10^{-9}	$= \frac{1}{1\,000\,000\,000}$
µ	Mikro	10^{-6}	$= \frac{1}{1\,000\,000}$
m	Milli	10^{-3}	$= \frac{1}{1\,000}$
c	Zenti	10^{-2}	$= \frac{1}{100}$
d	Dezi	10^{-1}	$= \frac{1}{10}$
da	Deka	10	
h	Hekto	10^2	$= 100$
k	Kilo	10^3	$= 1\,000$
M	Mega	10^6	$= 1\,000\,000$
G	Giga	10^9	$= 1\,000\,000\,000$
T	Tera	10^{12}	$= 1\,000\,000\,000\,000$

Griechische Zahlwörter
(nach chemischer Nomenklatur)

½	hemi	10	deca
1	mono	11	undeca
2	di	12	dodeca
3	tri	13	trideca
4	tetra	14	tetradeca
5	penta	15	pentadeca
6	hexa	16	hexadeca
7	hepta	17	heptadeca
8	octa	18	octadeca
9	nona	19	enneadeca
10	deca	20	eicosa

Umrechnung von Zeiteinheiten

Jahr a	Tag d	Stunde h	Minute min	Sekunde s
1 a =	365 d			
	1 d =	24 h		
		1 h =	60 min	
			1 min =	60 s

Umrechnung von Volumeneinheiten

Kubikmeter m^3	Kubikdezimeter dm^3	Kubikzentimeter cm^3	Kubikmillimeter mm^3
1 m^3 =	1 000 dm^3		
	1 dm^3 (l) =	1 000 cm^3 (ml)	
		1 cm^3 =	1 000 mm^3

Umrechnung von Masseneinheiten

Tonne t	Kilogramm kg	Gramm g	Milligramm mg
1 t =	1 000 kg		
	1 kg =	1 000 g	
		1 g =	1 000 mg

Umrechnung von Druckeinheiten

Megapascal MPa	Bar bar	Hektopascal hPa	Pascal Pa
1 MPa =	10 bar		
	1 bar =	1 000 hPa	
		1 hPa =	100 Pa

Größe und Einheiten

Größe				Einheiten	
Name	Zeichen	Beziehung	Erläuterungen	Name	Zeichen
Masse	m			Gramm Kilogramm	g kg
Volumen	V		Produkt aus drei Längen	Kubikmeter Liter Milliliter	m^3 1 l = 1 dm^3 1 ml = 1 cm^3
Stoffmenge	n	$n = \frac{m}{M}$	M: molare Masse m: Masse der Stoffportion	Mol	mol
Dichte	ρ	$\rho = \frac{m}{V}$	m: Masse der Stoffportion V: Volumen der Stoffportion		g/cm^3 1 g/m^3 = 0,001 g/cm^3
Celsiustemperatur	ϑ			Grad Celsius	°C
thermodynamische Temperatur	T			Kelvin	K
Stromstärke	I			Ampere Milliampere	A mA
Spannung	U	$U = R \cdot I$	I: Stromstärke R: Widerstand	Volt Millivolt	V mV

Chemische Elemente

Elementname	Symbol	Ordnungszahl	Atommasse in u	Dichte in g/cm³ (Gase in g/l)	Schmelztemperatur in °C	Siedetemperatur in °C
Actinium	Ac	89	227,0278	10,10	1050	3200
Aluminium	Al	13	26,9815	2,70	660	2467
Antimon	Sb	51	121,7570	6,68	630	1750
Argon	Ar	18	39,9480	1,66	−189	−186
Arsen	As	33	74,9216	5,72	613 s	817 p
Astat	At	85	210,0000	–	302	337
Barium	Ba	56	137,3300	3,51	725	1640
Beryllium	Be	4	9,0122	1,85	1278	2970
Bismut	Bi	83	208,9804	9,8	271	1560
Blei	Pb	82	207,2000	11,4	327	1740
Bor	B	5	10,8110	2,34	2300	2550 s
Brom	Br	35	79,9040	3,12	−7	59
Cadmium	Cd	48	112,4100	8,65	321	765
Caesium	Cs	55	132,9054	1,88	28	669
Calcium	Ca	20	40,0780	1,54	839	1484
Cer	Ce	58	140,1200	6,65	799	3426
Chlor	Cl	17	35,4530	2,95	−101	−35
Chrom	Cr	24	51,9961	7,20	1857	2672
Cobalt	Co	27	58,9332	8,9	1495	2870
Eisen	Fe	26	55,8470	7,87	1535	2750
Fluor	F	9	18,9984	1,58	−219	−188
Francium	Fr	87	223,0000		27	677
Gallium	Ga	31	69,7230	5,90	30	2403
Germanium	Ge	32	72,6000	5,32	937	2830
Gold	Au	79	196,9665	19,32	1064	3080
Hafnium	Hf	72	178,4900	13,3	2227	4602
Helium	He	2	4,0026	0,17	−272 p	−269
Indium	In	49	114,8180	7,30	156	2080
Iod	I	53	126,9045	4,93	113	184
Iridium	Ir	77	192,2200	22,41	2410 °C	4130 °C
Kalium	K	19	39,0983	0,86	63	760
Kohlenstoff	C	6	12,0110	2,25 [2]	3650 [2]	4827
Krypton	Kr	36	83,8000	3,48	−157	−152
Kupfer	Cu	29	63,5460	8,92	1083	2567
Lanthan	La	57	138,9055	6,17	921	3457
Lithium	Li	3	6,9410	0,53	180	1342
Magnesium	Mg	12	24,3050	1,74	649	1107
Mangan	Mn	25	54,9380	7,20	1244	1962
Molybdän	Mo	42	95,9400	10,2	2610	5560
Natrium	Na	11	22,9898	0,97	98	883
Neon	Ne	10	20,1790	0,84	−249	−246
Nickel	Ni	28	58,6934	8,90	1455	2730
Niob	Nb	41	92,9064	8,57	2468	4742

Chemische Elemente

Elementname	Symbol	Ordnungs-zahl	Atommasse in u	Dichte in g/cm³ (Gase in g/l)	Schmelz-temperatur in °C	Siede-temperatur in °C
Osmium	Os	76	190,2300	22,5	2700	5300
Palladium	Pd	46	106,4000	12,0	1554	2970
Phosphor	P	15	30,9738	1,82 [3]	44 [3]	280
Platin	Pt	78	195,0800	21,4	1772	3827
Polonium	Po	84	209,0000	9,4	254	962
Praseodym	Pr	59	140,9077	6,77	931	3512
Protactinium	Pa	91	231,0358	15,4	–	–
Quecksilber	Hg	80	200,5900	13,6	–39	357
Radium	Ra	88	226,0254	5,0	700	1140
Radon	Rn	86	222,0000	9,23	–71	–62
Rhenium	Re	75	186,2070	20,5	3180	5627
Rhodium	Rh	45	102,9055	12,4	1966	3727
Rubidium	Rb	37	85,4678	1,53	39	686
Ruthenium	Ru	44	101,0700	12,3	2310	3900
Sauerstoff	O	8	15,9994	1,33	–219	–183
Scandium	Sc	21	44,9559	3,0	1541	2831
Schwefel (rhomb.)	S	16	32,0660	2,07	113	444
Schwefel (monokl.)	S	16	32,0660	1,96	119	444
Selen	Se	34	78,9600	4,81	217	685
Silber	Ag	47	107,8680	10,5	962	2212
Silicium	Si	14	28,0855	2,32	1410	2355
Stickstoff	N	7	14,0067	1,17	–210	–196
Strontium	Sr	38	87,6200	2,60	769	1384
Tantal	Ta	73	180,9479	16,6	2996	5425
Technetium	Tc	43	98,9062	11,5	2172	4877
Tellur	Te	52	127,6000	6,0	449	990
Thallium	Tl	81	204,3700	11,8	303	1457
Thorium	Th	90	232,0381	11,7	1750	4790
Titan	Ti	22	47,8800	4,51	1660	3287
Uran	U	92	238,0290	19,0	1132	3818
Vanadium	V	23	50,9415	5,96	1890	3380
Wasserstoff	H	1	1,0079	0,083	–259	–253
Wolfram	W	74	183,8400	19,3	3410	5660
Xenon	Xe	54	131,3000	5,49	–112	–107
Yttrium	Y	39	88,9059	4,47	1522	3338
Zink	Zn	30	65,3900	7,14	419	907
Zinn	Sn	50	118,7100	7,30	232	2270
Zirconium	Zr	40	91,2240	6,49	1852	4377

1) Dichteangaben für 20 °C und 1013 hPa
2) Angaben gelten für Graphit; Diamant: Schmelztemp. 3550, Dichte 3,51
3) Angaben gelten für weißen Phosphor; roter Phosphor: Schmelztemp. 590 p, Dichte 2,34

s = sublimiert
p = unter Druck
– = Werte nicht bekannt

Hinweise auf besondere Gefahren: R-Sätze

Satz-ziffer	Bedeutung
R 1	In trockenem Zustand explosionsgefährlich
R 2	Durch Schlag, Reibung, Feuer oder andere Zündquellen explosionsgefährlich
R 3	Durch Schlag, Reibung, Feuer oder andere Zündquellen besonders explosionsgefährlich
R 4	Bildet hochempfindliche explosionsgefährliche Metallverbindungen
R 5	Beim Erwärmen explosionsfähig
R 6	Mit und ohne Luft explosionsfähig
R 7	Kann Brand verursachen
R 8	Feuergefahr bei Berührung mit brennbaren Stoffen
R 9	Explosionsgefahr bei Mischung mit brennbaren Stoffen
R 10	Entzündlich
R 11	Leicht entzündlich
R 12	Hochentzündlich
R 14	Reagiert heftig mit Wasser
R 15	Reagiert mit Wasser unter Bildung hoch entzündlicher Gase
R 16	Explosionsgefährlich in Mischung mit brandfördernden Stoffen
R 17	Selbstentzündlich an der Luft
R 18	Bei Gebrauch Bildung explosionsfähiger/leicht entzündlicher Dampf/Luftgemische möglich
R 19	Kann explosionsfähige Peroxide bilden
R 20	Gesundheitsschädlich beim Einatmen
R 21	Gesundheitsschädlich bei Berührung mit der Haut
R 22	Gesundheitsschädlich beim Verschlucken
R 23	Giftig beim Einatmen
R 24	Giftig bei Berührung mit der Haut
R 25	Giftig beim Verschlucken
R 26	Sehr giftig beim Einatmen
R 27	Sehr giftig bei Berührung mit der Haut
R 28	Sehr giftig beim Verschlucken
R 29	Entwickelt bei Berührung mit Wasser giftige Gase
R 30	Kann bei Gebrauch leicht entzündlich werden
R 31	Entwickelt bei Berührung mit Säure giftige Gase
R 32	Entwickelt bei Berührung mit Säure sehr giftige Gase
R 33	Gefahr kumulativer Wirkungen
R 34	Verursacht Verätzungen
R 35	Verursacht schwere Verätzungen
R 36	Reizt die Augen
R 37	Reizt die Atmungsorgane
R 38	Reizt die Haut
R 39	Ernste Gefahr irreversiblen Schadens
R 40	Verdacht auf krebserzeugende Wirkung
R 41	Gefahr ernster Augenschäden
R 42	Sensibilisierung durch Einatmen möglich
R 43	Sensibilisierung durch Hautkontakt möglich
R 44	Explosionsgefahr bei Erhitzen unter Einschluss
R 45	Kann Krebs erzeugen

Satz-ziffer	Bedeutung
R 46	Kann vererbbare Schäden verursachen
R 48	Gefahr ernster Gesundheitsschäden bei längerer Exposition
R 49	Kann Krebs erzeugen beim Einatmen
R 50	Sehr giftig für Wasserorganismen
R 51	Giftig für Wasserorganismen
R 52	Schädlich für Wasserorganismen
R 53	Kann in Gewässern längerfristig schädliche Wirkung haben
R 54	Giftig für Pflanzen
R 55	Giftig für Tiere
R 56	Giftig für Bodenorganismen
R 57	Giftig für Bienen
R 58	Kann längerfristig schädliche Wirkungen auf die Umwelt haben
R 59	Gefährlich für die Ozonschicht
R 60	Kann die Fortpflanzungsfähigkeit beeinträchtigen
R 61	Kann das Kind im Mutterleib schädigen
R 62	Kann möglicherweise die Fortpflanzungsfähigkeit beeinträchtigen
R 63	Kann das Kind im Mutterleib möglicherweise schädigen
R 64	Kann Säuglinge über die Muttermilch schädigen
R 65	Gesundheitsschädlich: Kann beim Verschlucken Lungenschäden verursachen
R 66	Wiederholter Kontakt kann zu spröder und rissiger Haut führen
R 67	Dämpfe können Schläfrigkeit und Benommenheit erzeugen.
R 68	Irreversibler Schaden möglich

Beispielhafte Kombinationen der R-Sätze (Auszug)

R 14/15	Reagiert heftig mit Wasser unter der Bildung hochentzündlicher Gase
R 15/29	Reagiert mit Wasser unter Bildung giftiger und hochentzündlicher Gase
R 20/21	Gesundheitsschädlich beim Einatmen und bei Berührung mit der Haut
R 20/21/22	Gesundheitsschädlich beim Einatmen, Verschlucken und Berührung mit der Haut
R 21/22	Gesundheitsschädlich bei Berührung mit der Haut und beim Verschlucken
R 23/24/25	Giftig beim Einatmen, Verschlucken und Berührung mit der Haut
R 36/37/38	Reizt die Augen, Atmungsorgane und die Haut
R 39/23	Giftig: ernste Gefahr irreversiblen Schadens durch Einatmen
R 39/24	Giftig: ernste Gefahr irreversiblen Schadens bei Berührung mit der Haut

Sicherheitsratschläge: S-Sätze

Satz-ziffer	Bedeutung
S 1	Unter Verschluss aufbewahren
S 2	Darf nicht in die Hände von Kindern gelangen
S 3	Kühl aufbewahren
S 4	Von Wohnplätzen fernhalten
S 5	Unter ... aufbewahren (geeignete Flüssigkeit vom Hersteller anzugeben)
S 6	Unter ... aufbewahren (inertes Gas vom Hersteller anzugeben)
S 7	Behälter dicht geschlossen halten
S 8	Behälter trocken halten
S 9	Behälter an einem gut gelüfteten Ort aufbewahren
S 12	Behälter nicht gasdicht verschließen
S 13	Von Nahrungsmitteln, Getränken und Futtermitteln fern halten
S 14	Von ... fern halten (inkompatible Substanzen vom Hersteller anzugeben)
S 15	Vor Hitze schützen
S 16	Von Zündquellen fern halten – nicht rauchen
S 17	Von brennbaren Stoffen fern halten
S 18	Behälter mit Vorsicht öffnen und handhaben
S 20	Bei der Arbeit nicht essen und trinken
S 21	Bei der Arbeit nicht rauchen
S 22	Staub nicht einatmen
S 23	Gas/Rauch/Dampf/Aerosol nicht einatmen (geeignete Bezeichnung[en] vom Hersteller anzugeben)
S 24	Berührung mit der Haut vermeiden
S 25	Berührung mit den Augen vermeiden
S 26	Bei Berührung mit den Augen gründlich mit Wasser abspülen und Arzt konsultieren
S 27	Beschmutzte, getränkte Kleidung sofort ausziehen
S 28	Bei Berührung mit der Haut sofort mit viel ... abwaschen (vom Hersteller anzugeben)
S 29	Nicht in die Kanalisation gelangen lassen
S 30	Niemals Wasser hinzugießen
S 33	Maßnahmen gegen elektrostatische Aufladung treffen
S 35	Abfälle und Behälter müssen in gesicherter Weise beseitigt werden
S 36	Bei der Arbeit geeignete Schutzkleidung tragen
S 37	Geeignete Schutzhandschuhe tragen
S 38	Bei unzureichender Belüftung Atemschutzgerät anlegen
S 39	Schutzbrille/Gesichtsschutz tragen
S 40	Fußboden und verunreinigte Gegenstände mit ... reinigen (vom Hersteller anzugeben)
S 41	Explosions- und Brandgase nicht einatmen
S 42	Beim Räuchern/Versprühen geeignetes Atemschutzgerät anlegen (geeignete Bezeichnung[en] vom Hersteller anzugeben)
S 43	Zum Löschen ... (vom Hersteller anzugeben) verwenden (wenn Wasser die Gefahr erhöht, anfügen: „Kein Wasser verwenden")
S 45	Bei Unfällen oder Unwohlsein sofort Arzt zuziehen (wenn möglich, dieses Etikett vorzeigen)
S 46	Bei Verschlucken sofort ärztlichen Rat einholen und Verpackung oder Etikett vorzeigen
S 47	Nicht bei Temperaturen über ... °C aufbewahren (vom Hersteller anzugeben)
S 48	Feucht halten mit ... (geeignetes Mittel vom Hersteller anzugeben)
S 49	Nur im Originalbehälter aufbewahren
S 50	Nicht mischen mit ... (vom Hersteller anzugeben)
S 51	Nur in gut belüfteten Bereichen verwenden
S 52	Nicht großflächig für Wohn- und Aufenthaltsräume zu verwenden
S 53	Exposition vermeiden. Vor Gebrauch besondere Anweisung einholen
S 56	Diesen Stoff und seinen Behälter der Problemabfallentsorgung zuführen
S 57	Zur Vermeidung einer Kontamination der Umwelt geeigneten Behälter verwenden
S 59	Informationen zur Wiederverwendung/Wiederverwertung beim Hersteller/Lieferanten erfragen
S 60	Dieser Stoff und/oder sein Behälter sind als gefährlicher Abfall zu entsorgen
S 61	Freisetzung in die Umwelt vermeiden. Besondere Anweisungen einholen/Sicherheitsdatenblatt zu Rate ziehen
S 62	Bei Verschlucken kein Erbrechen herbeiführen. Sofort ärztlichen Rat einholen und Verpackung oder dieses Etikett vorzeigen
S 63	Bei Unfall durch Einatmen: Verunfallten an die frische Luft bringen und ruhig stellen
S 64	Bei Verschlucken Mund mit Wasser ausspülen (nur wenn Verunfallter bei Bewusstsein ist)

Beispielhafte Kombinationen der S-Sätze (Auszug)

Satz-ziffer	Bedeutung
S 1/2	Unter Verschluss und für Kinder unzugänglich aufbewahren
S 3/7	Behälter dicht geschlossen halten und an einem kühlen, gut gelüfteten Ort aufbewahren
S 3/14	An einem kühlen Ort entfernt von ... aufbewahren (die Stoffe, mit denen Kontakt vermieden werden muss, sind vom Hersteller anzugeben)
S 3/9/14	An einem kühlen, gut gelüfteten Ort, entfernt von ... aufbewahren (die Stoffe, mit denen Kontakt vermieden werden muss, sind vom Hersteller anzugeben)
S 3/9/49	Nur im Originalbehälter an einem kühlen, gut gelüfteten Ort aufbewahren
S 3/9/14/49	Nur im Originalbehälter an einem kühlen, gut gelüfteten Ort, entfernt von ... aufbewahren (die Stoffe, mit denen Kontakt vermieden werden muss, sind vom Hersteller anzugeben)
S 7/8	Behälter trocken und dicht verschlossen halten
S 20/21	Bei der Arbeit nicht essen, trinken oder rauchen
S 24/25	Berührungen mit den Augen und der Haut vermeiden

Liste der Gefahrstoffe

In der nachfolgenden Liste werden Gefahrstoffe aufgeführt, die in den Versuchsanleitungen des vorliegenden Buches vorkommen. Die in der zweiten Spalte stehenden Kennbuchstaben sind den Gefahrensymbolen zugeordnet. Die Bedeutungen der Kurzdarstellungen der R- und S-Sätze ist auf den vorherigen Seiten aufgeführt.

Aus der Nichterwähnung eines Stoffes darf nicht auf seine Unbedenklichkeit geschlossen werden. Vielmehr ist mit Chemikalien grundsätzlich besonnen umzugehen!

Bezeichnung des Stoffes	Kennbuchstabe des Gefahrensymbols	Gefahrenhinweise (R-Sätze)	Sicherheitsratschläge (S-Sätze)	AWG-Wert in mg/m^3
Aceton	F, Xi	11-36-66-67	2-9-16-26	1200
Alkohol s. Ethanol				
Ameisensäure, 90% und größer	C	10-35	1/2-23-26-45	9,5
Ameisensäure, 10% bis unter 90%	C	34	1/2-23-26-45	9,5
Ameisensäure, 2% bis unter 10%	Xi	36/38	1/2-23-26-45	9,5
Ammoniak, wasserfr., 25% und größer	T, N	23-34-50	1/2-9-16-26-36/37/39-45-61	14
Ammoniak, wasserfr. 5,% bis unter 25%	T, N	23-34	1/2-9-16-26-36/37/39-45-61	14
Ammoniak, wasserfr. 0,5% bis unter 5%	Xn	20-36/37/38	1/2-9-16-26-36/37/39-45-61	14
Ammoniaklösung, 25% und größer	C, N	34-50	1/2-26-36/37/39-45-61	14
Ammoniaklösung, 10% bis unter 25%	C	34	1/2-26-36/37/39-45-61	14
Ammoniaklösung, 5% bis unter 10%	Xi	36/37/38	1/2-26-36/37/39-45-61	14
Bariumchlorid	T	20-25	1/2-45	i. B.
Bleichlorid	T, N	61-20/22-33-50/53-62	53-45-60-61	0,15
Brom	T+, C, N	26-35-50	1/2-7/9-26-45-61	0,7
Butan	F+	12	2/9-16	2400
Butandiol (1,4)	Xn	22	---	200
Butanol	Xn	10-22-37/38-41-67	2-7/9-13-26-37/39-46	310
Calcium	F	15	2-8-24/25-43	
Calciumchlorid	Xi	36	2-22-24	
Calciumhydroxid	Xi	41	2-22-24-26-39	i. B.
Calciumoxid	Xi	41	2-22-24-26-39	i. B.
Chlor	T, N	23-36/37/38-50	1/2-9-45-61	1,5
Chlorwasserstoff, wasserfr., 5% und größer	T, C	23-35	1/2-9-26-36/37/39-45	3
Chlorwasserstoff, wasserfr., 1% bis unter 5%	C	20-35	1/2-9-26-36/37/39-45	3
Chlorwasserstoff wasserfr., 0,5% bis u. 1%	C	20-34	1/2-9-26-36/37/39-45	3
Chlorwasserstoff, wasserfr., 0,2% b. u. 0,5%	C	34	1/2-9-26-36/37/39-45	3
Chlorwasserstoff, wasserfr., 0,2% b. u. 0,2%	Xi	36/37/38	1/2-9-26-36/37/39-45	3
Citronensäure	Xi	36	24/25	
Cumolhydroperoxid	T, O, N	7-21/22-23-34-48/20/22-51/53	1/2-3/7-14-36/37/39-45-50-61	
Dieselöl	Herstellereinstufung beachten			
Eisen(III)-chlorid-6-hydrat	Xn	22-38-41	1/2-26-39	
Essigsäure, 90% und größer	C	10-35	1/2-23-26-45	i. B.
Essigsäure, 25% bis unter 90%	C	34	1/2-23-26-45	i. B.
Essigsäure, 10% bis unter 25%	Xi	36/38	1/2-23-26-45	i. B.
Essigsäureethylester s. Ethansäureethylester				
Ethanal (Acetaldehyd)	F+, Xn	12-36/37-40	2-16-33-36/37	91

Bezeichnung des Stoffes	Kennbuchstabe des Gefahren-symbols	Gefahrenhinweise (R-Sätze)	Sicherheitsratschläge (S-Sätze)	AWG-Wert in mg/m³
Ethanol	F	11	2-7-16	960
Ethansäurebutylester	---	10-66-67	2-25	i. B.
Ethansäureethylester	F, Xi	11-36-66-67	2-16-26-33	1500
Ethen (Ethylen)	F+	12-67	2-9-16-33-46	
Fehlingsche Lösung II	C	35	1/2-26-37/39-45	
Glykol (Ethandiol)	F, Xn, N	11-20-50/53	2	1,3
Hexan	F, Xn, N	11-38-48/20-51/53-62-65-67	2-9-16-29-33-36/37-61-62	180
Kaliumnitrat	O	8	16-41	
Kaliumpermanganat	O, Xn, N	8-22-50/53	2-60-61	0,5
Kupfer(II)-chlorid	Xn, N	22-36/38-50/53	2-2-26-61	0,1
Kupfer(II)-oxid	Xn, N	22-50/53	2-22-61	0,1
Kupfer(II)-sulfat	Xn, N	22-36/38-50/53	2-22-60-61	0,1
Lithium	F, C	14/15-34	1/2-8-43-45	
Lithiumbromid	Xn	22-36/38	---	
Lithiumchlorid	Xn	22-36/38	---	
Magnesiumpulver (phlegmat.)	F	11-15	2-7/8-43	
Magnesiumspäne	F	11-15	2-7/8-43	
Methanol	F, T	11-23/24/25-39/23/24/25	1/2-7-16-36/37-45	270
Natrium	F, C	14/15-34	1/2-5-8-43-45	
Natriumhydroxid (wasserfrei)	C	35	1/2-26-37/39-45	-
Natronlauge, 5 % und größer	C	35	1/2-26-37/39-45	-
Natronlauge, 2 % bis unter 5 %	C	34	1/2-26-37/39-45	-
Natronlauge, 0,5 % bis unter 2 %	Xi	36/38	1/2-26-37/39-45	-
Pepsin	Xn	36/37/38-42	22-24-26-36/37	
Petroleum	Herstellereinstufung beachten			
Phosphorsäure, 25 % und größer	C	34	1/2-26-45	2
Phosphorsäure, 10 % bis unter 25 %	Xi	36/38	1/2-26-45	2
1-Propanol	F, Xi	11-41-67	2-7-16-24-26-39	
Rohrreiniger	Herstellereinstufung beachten			
Salpetersäure, 70 % und größer	C, O	8-35	1/2-23-26-36-45	2,6
Salpetersäure, 20 % bis unter 70 %	C	35	1/2-23-26-36-45	2,6
Salpetersäure, 5 % bis unter 20 %	C	34	1/2-23-26-36-45	2,6
Salzsäure, 25 % und größer	C	34-37	1/2-26-36/37/39-45	7,6
Salzsäure, 10 % bis unter 25 %	Xi	36/37/38	1/2-26-36/37/39-45	7,6
Schwefeldioxid, 20 % und größer	T	23-34	1/2-9-26-36/37/39-45	i. B.
Schwefeldioxid, 5 % bis unter 20 %	Xn	20-34	1/2-9-26-36/37/39-45	i. B.
Schwefeldioxid, 0,5 % bis unter 5 %	Xi	36/37/38	1/2-9-26-36/37/39-45	i. B.
Schwefelsäure, 15 % und größer	C	35	1/2-26-30-45	i. B.
Schwefelsäure, 5 % bis unter 15 %	Xi	36/38	1/2-26-30-45	i. B.

Liste der Gefahrstoffe / Kennzeichnung von Gasflaschen

Bezeichnung des Stoffes	Kennbuchstabe des Gefahrensymbols	Gefahrenhinweise (R-Sätze)	Sicherheitsratschläge (S-Sätze)	AWG-Wert in mg/m³
Silbernitrat	C, N	34-50/53	1/2-26-45-60-61	0,01
Spiritus s. Ethanol				
Wasserstoff	F+	12	2-9-16-33	
Weinsäure	Xi	36	2-24-25	
Wundbenzin	Herstellereinstufung beachten			
Zink (gekörnt)	N	50/53	60-61	
Zinkiodid	Xi	36/38	---	
Zinkpulver (nicht stabilisiert)	F, N	15-17-50/53	2-43-46-60-61	
Zinkpulver (stabilisiert)	N	50/53	60-61	
Zinksulfat	Xn, N	22-41-50/53	22-26-39-46-60-61	

i.B. = In Bearbeitung

Auch viele Haushaltschemikalien wie z. B. Rohrreiniger, Entkalker oder Reinigungsbenzin sind Gefahrstoffe. Informationen über ihre Gefährlichkeit sind dem jeweiligen Etikett zu entnehmen.

Spalte 3: Gefahrenhinweise (R-Sätze, r = risk)
Es sind die Nummern der R-Sätze angegeben. Die Nummern sind durch einen Bindestrich getrennt; sind Nummern mit einem Schrägstrich versehen, handelt es sich um eine Kombination von R-Sätzen.

Spalte 4: Sicherheitsratschläge (S-Sätze, s = security)
Es sind die Nummern der S-Sätze angegeben. Die Nummern sind durch einen Bindestrich getrennt; sind Nummern mit einem Schrägstrich versehen, handelt es sich um eine Kombination von S-Sätzen.

Spalte 5: AGW-Wert
Es wird der Arbeitsplatzgrenzwert angegeben. Dieser gibt die Konzentration eines Gefahrstoffes in der Luft am Arbeitsplatz an, die nicht überschritten werden darf.

Gas (für technische Anwendungen)	Gewinde	alte Farbkennzeichnung	neue Farbkennzeichnung nach DIN-EN 1089-3 (zusätzliche Kennzeichnung „N" bis Juni 2006)	
			Flaschenschulter	Flaschenmantel*
Sauerstoff	rechts	blau	weiß	blau oder grau
Stickstoff	rechts	dunkelgrün	schwarz	grau, schwarz oder dunkelgrün
Druckluft	rechts	grau	leuchtend grün	grau
Argon	rechts	grau	dunkelgrün	grau oder dunkelgrün
Helium	rechts	grau	braun	grau
Kohlenstoffdioxid	rechts	grau	grau	grau
Wasserstoff	links	rot	rot	rot
Acetylen	Spezialgewinde	gelb	kastanienbraun	kastanienbraun, schwarz oder gelb

* Die einzig verbindliche Kennzeichnung des Flascheninhalts erfolgt durch den Gefahrgutaufkleber. Die Farbkennzeichnung dient als ergänzende und unterstützende Information. In Deutschland soll ab 01.07.2006 bei Sauerstoff, Stickstoff und Argon die Rumpffarbe grau verwendet werden.

Musterlösungen

Chemische Bindungen

1 a)

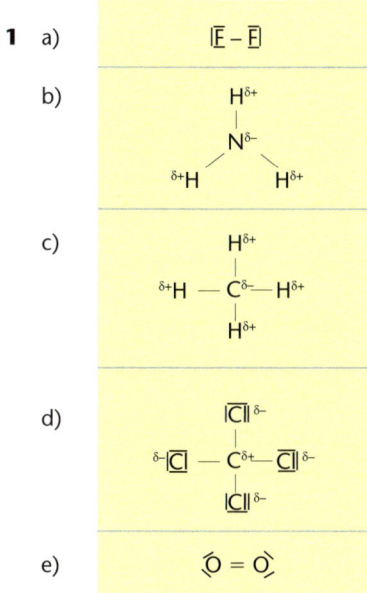

b)

c)

d)

e)

3 Strukturformeln lassen sich nur zeichnen, wenn sich Atome miteinander verbinden, es sich also um eine Atombindung handelt. Bei Magnesiumchlorid handelt es sich um eine Ionenbindung. Es lässt sich lediglich die Verhältnisformel erstellen.

9 Bei
c) Natriumfluorid,
d) Calciumoxid und
e) Lithiumoxid
handelt es sich um Ionenverbindungen und damit um Salze. Es handelt sich um Verbindungen zwischen Metallen und Nichtmetallen, deren Elektronegativitäten um mehr als 1,7 auseinanderliegen.

Säuren, Laugen, Salze

2 Salze können auf verschiedenen Wegen entstehen. Das gilt auch für die Bildung von Zinksulfat $ZnSO_4$.

a) Unedle Metalle reagieren mit sauren Lösungen (hier: verdünnte Schwefelsäure) zu Wasserstoff und einem Salz:

$Zn + H_2SO_4 \longrightarrow ZnSO_4 + H_2$

b) Metalloxide reagieren mit sauren Lösungen (hier: verdünnte Schwefelsäure) zu Wasser und einem Salz:

$ZnO + H_2SO_4 \longrightarrow ZnSO_4 + H_2O$

10 Die Salze der Schwefelsäure sind die Sulfate und die Hydrogensulfate. Mit Bariumhydroxid können Sulfationen SO_4^{2-} nachgewiesen werden (weißer Niederschlag). Im Spritzmittel gegen Rebläuse ist daher das Salz Kupfersulfat mit der Formel $CuSO_4$ enthalten.

11 $H_2SO_3 + CaO \longrightarrow CaSO_3 + H_2O$

$H_2SO_3 + Ca(OH)_2 \longrightarrow CaSO_3 + 2 H_2O$

$H_2SO_3 + CaCO_3 \longrightarrow CaSO_3 + H_2O + CO_2$

$H_2SO_4 + CaO \longrightarrow CaSO_4 + H_2O$

$H_2SO_4 + Ca(OH)_2 \longrightarrow CaSO_4 + 2 H_2O$

$H_2SO_4 + CaCO_3 \longrightarrow CaSO_4 + H_2O + CO_2$

Technische Prozesse

1 1. Schritt: $S + O_2 \longrightarrow SO_2$

2. Schritt: $2 SO_2 + O_2 \longrightarrow 2 SO_3$

3. Schritt: $SO_3 + H_2O \longrightarrow H_2SO_4$

5 Durch Einlagerung von Stahlstäben und Stahlgittern erhält der Stahlbeton eine sehr hohe Festigkeit. Da sich Beton und Eisen beim Erwärmen gleich stark ausdehnen, entstehen bei Temperaturschwankungen keine Risse im Beton.

Elektrische Energie und chemische Prozesse

1 a) Aus dem Namen Kupfer(II)-chlorid kann man ablesen, dass das Kupferatom in der Verbindung II-wertig ist. Da das Chloratom I-wertig ist, lautet die Formel $CuCl_2$.

b) Vorgänge an der Kathode: Die zweifach positiv geladenen Kupferionen Cu^{2+} wandern zur Kathode und nehmen dort je zwei Elektronen auf. Es entstehen Kupferatome Cu. Die negativ geladene Elektrode überzieht sich mit einer rotbraunen Schicht aus Kupfer.
Vorgänge an der Anode: Die einfach negativ geladenen Chloridionen Cl^- wandern zur Anode und geben dort je ein Elektron ab. Es entstehen Chloratome. Je zwei Chloratome bilden ein Chlormolekül Cl_2. An der Anode entweicht Chlor, ein gelbgrünes Gas.

c) Im Luftballon seitlich am U-Rohr sammelt sich Chlorgas. Chlor ist giftig und darf nicht in die Luft gelangen. Der Luftballon verhindert, dass das gebildete Chlor aus der Apparatur entweichen kann.

5 Taucht man ein blankes Kupferblech in eine Silbersalzlösung, so geben die Kupferatome Elektronen ab und gehen als Kupferionen in Lösung. Dies ist die Oxidation. Das Kupferatom ist der Elektronendonator. Die Silberionen nehmen die Elektronen auf, sie werden dadurch zu Silberatomen und bilden den Silberschwamm. Dies ist die Reduktion. Das Silberion ist der Elektronenakzeptor.

Kohlenwasserstoffe – Energieträger und Rohstoffe

5 a) Da das Benzin-Luft-Gemisch in modernen Motoren stark komprimiert wird, erhitzt es sich dabei und es kann leicht zu einer vorzeitigen Selbstentzündung kommen. Dies schädigt langfristig den Motor, daher müssen Benzine mit stark verzweigten oder ringförmigen Kohlenwasserstoffmolekülen getankt werden, die sich auch bei starker Komprimierung nicht selbst entzünden.

b) Ein Benzin hat die Octanzahl 92, wenn es genauso klopffest ist wie ein Gemisch aus 92 % des Isooctans und 8 % des n-Heptans.

10 a) Der Abgaskatalysator befindet sich zwischen dem Motor und dem ersten Schalldämpfer.

b) Hauptschadstoffe des Autoabgases sind Kohlenstoffmonooxid, Stickstoffoxide und Kohlenwasserstoffe. Bei Dieselfahrzeugen gehören Rußpartikel zu den Schadstoffen.

c) Kohlenstoffmonooxid wird zu Kohlenstoffdioxid umgewandelt, Stickstoffoxide werden zu Stickstoff reduziert. Kohlenwasserstoffe werden in Kohlenstoffdioxid und Wasser umgewandelt.

d) Der Rußpartikelfilter sorgt dafür, dass die im Abgas enthaltenen Rußpartikel zurückgehalten werden und zu Kohlenstoffdioxid verbrennen.

13 a) Bei der Polymerisation des Ethens brechen unter Zugabe von Katalysatoren die Doppelbindungen der Ethenmoleküle auf. Die Moleküle verknüpfen sich dann zu langen Molekülketten. Aus Ethen entsteht bei der Polymerisation Polyethen.

b) Beispielsweise:

Polyethen hoher Dichte	PE-HD
Polyethen niedriger Dichte	PE-LD
Polyethenterephthalat	PET
Polystyrol	PS
Polyvinylchlorid	PVC
Polypropen	PP
Polyamid	PA
Polyester	UP
Polymethylmethacrylat	PMMA
Phenoplast	PP

Alkohole und organische Säuren

6 Das linke Molekülmodell zeigt ein Ethanolmolekül. Ethanol gehört zur Stoffgruppe der Alkanole.

Das Molekül ist aus einer Ethylgruppe und einer Hydroxylgruppe aufgebaut. Die Hydroxylgruppe ist die funktionelle Gruppe der Alkohole. Das Ethanolmolekül enthält zwei Kohlenstoffatome und leitet sich vom entsprechenden Alkanmolekül mit zwei Kohlenstoffatomen ab, dem Ethanmolekül.

Ethanol ist eine farblose Flüssigkeit mit einer Siedetemperatur von 78 °C. Zwischen den polaren Ethanolmolekülen wirken starke Anziehungskräfte, die Wasserstoffbrücken, die eine hohe Siedetemperatur verursachen. Ethanol löst sich aufgrund seiner Molekülstruktur (polare Hydroxylgruppe/kurzer unpolarer Kohlenwasserstoffrest) sowohl in Wasser als auch in Benzin. Ethanol verbrennt mit bläulicher Flamme zu Kohlenstoffdioxid und Wasser.

Das rechte Molekülmodell zeigt ein Ethansäuremolekül (Essigsäuremolekül). Ethansäure gehört zur Stoffgruppe der Alkansäuren. Das Molekül ist aus einer Methylgruppe und einer Carboxylgruppe aufgebaut. Die Carboxylgruppe ist die funktionelle Gruppe der Alkansäuren. Das Ethansäuremolekül leitet sich vom entsprechenden Alkanmolekül mit zwei Kohlenstoffatomen ab, dem Ethanmolekül.

Ethansäure ist eine farblose Flüssigkeit mit stechendem Geruch. 100 %ige Ethansäure erstarrt bei 16 °C zu eisartigen Kristallen (Eisessig). Konzentrierte Ethansäure wirkt stark ätzend. Ihre Dämpfe sind brennbar. Verdünnte Ethansäure leitet den elektrischen Strom und färbt Universalindikator rot. Sie reagiert mit unedlen Metallen unter Bildung von Wasserstoff. Ethansäuremoleküle sind polar, zwischen ihnen wirken Wasserstoffbrücken. Ethansäure ist aufgrund der Molekülstruktur sowohl in Wasser als auch in Benzin löslich.

8 Bei den abgebildeten Verbindungen handelt es sich um Ester. Ester entstehen durch Kondensationsreaktionen (unter Wasserabspaltung) aus Alkoholen und Säuren.

Bildung von Propansäureethylester (Rumaroma) aus Propansäure und Ethanol,

Bildung von Butansäuremethylester (Apfelaroma) aus Butansäure und Methanol,

Bildung von Butansäureethylester (Ananasaroma) aus Butansäure und Ethanol,

Bildung von Ethansäurepentylester (Bananenaroma) aus Ethansäure und Pentanol.

Beispiel:
Butansäure + Methanol ⟶ Butansäuremethylester + Wasser

$C_3H_7COOH + CH_3OH \longrightarrow C_3H_7COOCH_3 + H_2O$

Ernährung und Pflege

2 a) Linolensäure

b) Palmitinsäure

c) Butansäure (Buttersäure)

Zu den essenziellen Fettsäuren gehört die mehrfach ungesättigte Linolensäure. Mehrfach ungesättigte Fettsäuren besitzen mindestens zwei Doppelbindungen im Molekül. Die ungesättigten Fettsäuren sind lebenswichtig, weil sie im Körper nicht aufgebaut werden können. Man muss sie mit der Nahrung zu sich nehmen. Vor allem Nüsse, pflanzliche Öle und einige Fischarten enthalten einen hohen Anteil an ungesättigten Fettsäuren.

5 a) Ein Valinmolekül verbindet sich mit einem Alaninmolekül zu einem Dipeptid.

$$H_2N-\underset{\underset{CH_3}{|}}{\overset{\overset{H}{|}}{C}}-COOH \;+\; H_2N-\underset{\underset{\underset{(CH_3)_2}{}}{\underset{CH}{|}}}{\overset{\overset{H}{|}}{C}}-COOH$$

Alanin   Valin

↓

$$H_2N-\underset{\underset{CH_3}{|}}{\overset{\overset{H}{|}}{C}}-\overset{\overset{O}{\|}}{C}-\underset{\underset{H}{|}}{\overset{\overset{H}{|}}{N}}-\underset{\underset{\underset{(CH_3)_2}{}}{\underset{CH}{|}}}{\overset{\overset{H}{|}}{C}}-COOH + H_2O$$

b) Diese Reaktion unter Wasserabspaltung heißt Kondensationsreaktion.

8 Im Leitungswasser sind Calciumionen enthalten. Beim Waschen mit Seife bilden die Calciumionen mit den Seifenanionen schwer lösliche Kalkseife. Diese würde sich auf der Kopfhaut und den Haaren absetzen. Die Haare würden verfilzen, die Kopfhaut jucken.

11 a) Ein Emulgator ist ein Zusatz für Cremes, der verhindert, dass sich bei einer Creme die Ölphase und die Wasserphase trennen.

b) Die Schutzschicht der Haut ist eine Hydrolipidschicht. Diese besteht aus einer Wasserschicht (wird von Schweißdrüsen produziert), in der Fetttröpfchen (von Talgdrüsen gebildet) eingelagert sind. Die Hydrolipidschicht bildet einen Säureschutzmantel.

c) Beim regelmäßigen Waschen der Haut mit Seife werden sowohl die Fettschutzschicht als auch der Säureschutzmantel zerstört. Die alkalische Seifenlösung neutralisiert den Säureschutz der Haut. Die Fettschutzschicht wird wie beim normalen Waschvorgang abgelöst.

Laborgeräte

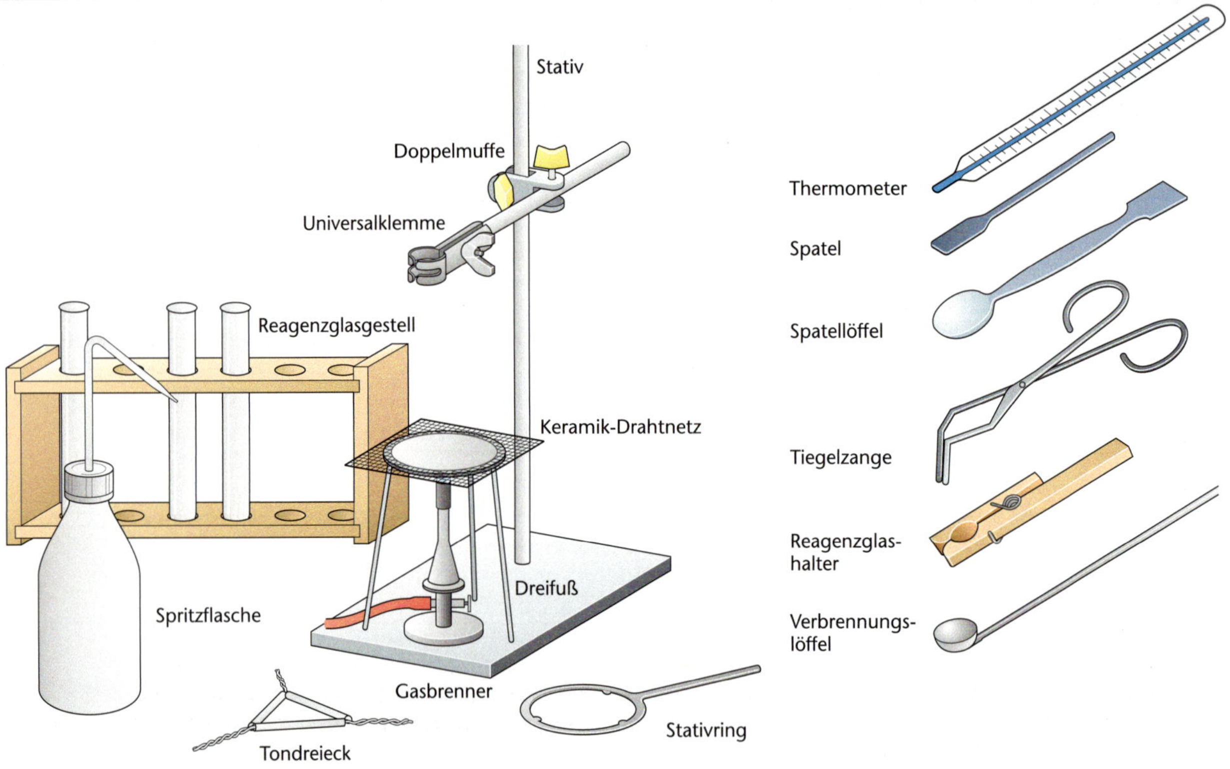

Stativ
Doppelmuffe
Universalklemme
Reagenzglasgestell
Keramik-Drahtnetz
Spritzflasche
Dreifuß
Gasbrenner
Tondreieck
Stativring

Thermometer
Spatel
Spatellöffel
Tiegelzange
Reagenzglashalter
Verbrennungslöffel

Schnittzeichnungen einiger Laborgeräte

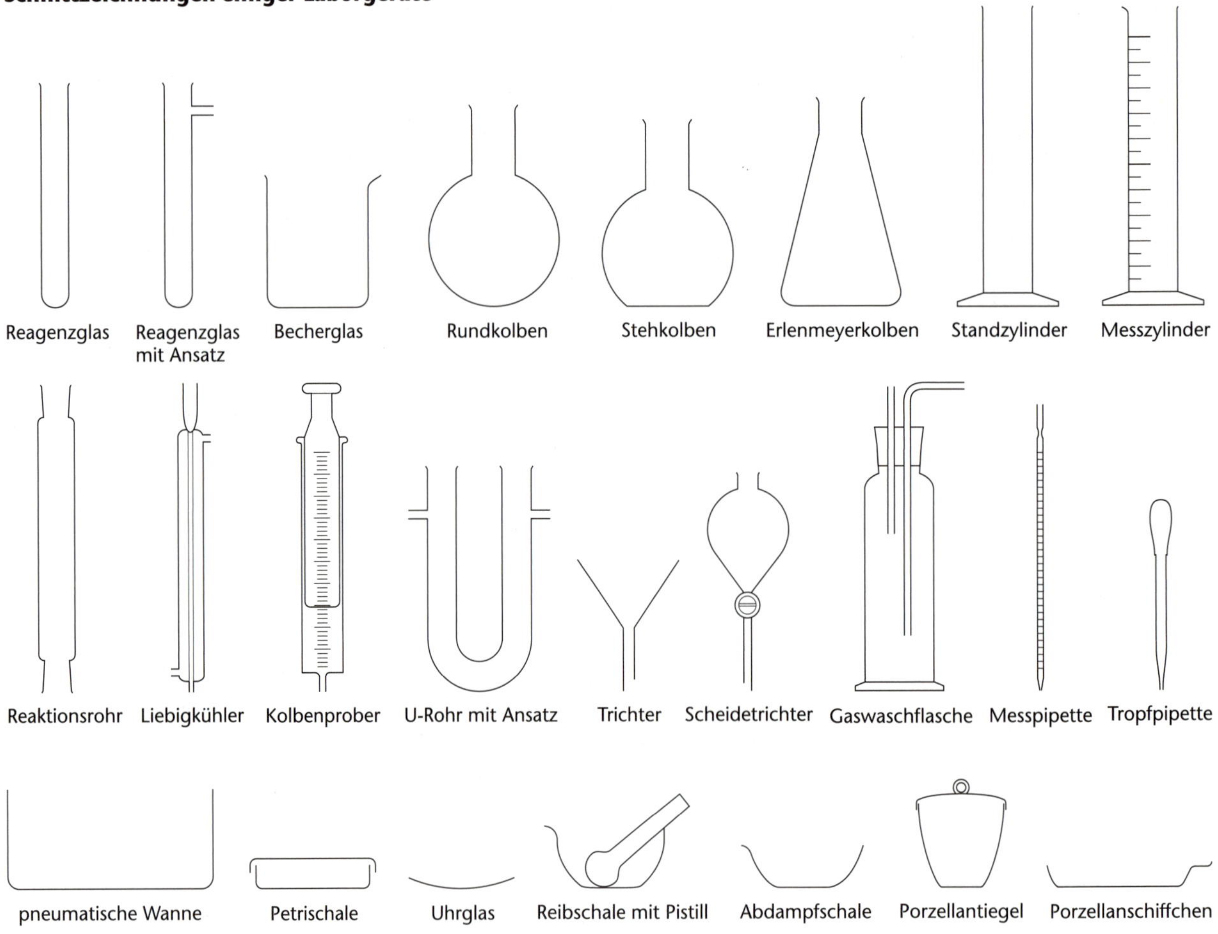

Reagenzglas · Reagenzglas mit Ansatz · Becherglas · Rundkolben · Stehkolben · Erlenmeyerkolben · Standzylinder · Messzylinder

Reaktionsrohr · Liebigkühler · Kolbenprober · U-Rohr mit Ansatz · Trichter · Scheidetrichter · Gaswaschflasche · Messpipette · Tropfpipette

pneumatische Wanne · Petrischale · Uhrglas · Reibschale mit Pistill · Abdampfschale · Porzellantiegel · Porzellanschiffchen

Stichwortverzeichnis

A

Abgasreinigung 132
Absorptionsturm 76
Acetaldehyd 161
Addition 133, 146
Akku 114
Akkumulator 112, 212
Aktivierungsenergie 78
Akzeptor 105
Alanin 185
Aldehyd 161
alkalisch 60
Alkan 126, 208
Alkanal 161
Alkanol 156f
Alkansäure 164
Alken 133, 146
Alkin 134, 146
Alkohol 148ff, 152, 208
– süßer 160, 172
Alkylgruppe 130, 157
Alkylrest 130
Aluminiumacetat 162
Aluminiumgewinnung 100
Ameisensäure 164
Aminogruppe 185
Aminosäure 185
Aminosäuresequenz 186
Ammoniak 65, 71, 80
Ammoniakofen 81
Ammoniaksynthese 80f, 94
Ammoniakwasser 65
Ammoniumcarbonat 65
Ammoniumchlorid 65
Ammoniumhydrogen-
 carbonat 65
Ammoniumhydroxidlösung
 65
Ammoniumion 65
Ammoniummolybdatlösung
 58
Ammoniumnitrat 58, 170
Ammoniumsalz 65
Anion 98
Anode 98
Antioxidationsmittel 178
Antistatikfaser 139
Aromastoff 168f
ARRHENIUS, SVANTE 70
Aspergillus niger 167
Atom 206
Atombau 10, 13
Atombaustein 10
Atombindung 24, 37, 207
– polare 26, 37, 207
– unpolare 207
Atomhülle 10
Atomkern 10

Atommodell 10
Atomrumpf 33
Aufheller, optischer 200
Autobatterie 112

B

BAEKELAND, LEO HENDRIK 161
Bakelit 161
Ballaststoff 177
Bariumchloridlösung 52
Bariumnitrat 58
Bariumsulfat 52f
Bärlappsporen 195
Batterie 110f, 114, 212
Batterietyp 111
Benzin 123
Benzol 134
Beton 84f, 94
Bierherstellung 150f
Bindung, chemische 14ff
Bindungsstrich 24
Bioethanol 158
Biogas 124
Bioreaktor 167
Bittersalz 53
Bitumen 123
Biuret-Reaktion 185
Bleichmittel 198, 200
Bleisulfat 53
BOHR, NIELS 11
Boraxprobe 157
BOYLE, ROBERT 70
Branntkalk 84
Brennspiritus 154
Brennstoff, fossiler 120, 213
Brennstoffzelle 107
BRÖNSTED, JOHANNES NICOLAUS 70
Bürette 67
Butanol 156
Butansäure 164, 190
Butansäuremethylester 169
Butansäurepropylster 169
Butensäureethylester 169
Buttersäure 164, 190

C

Calciumcarbonat 43, 56, 68, 84
Calciumchlorid 49
Calciumhydrogencarbonat 56
Calciumhydroxid 84
Calciumion 198
Calciumlauge 63
Calciumsulfat 52
Carbonat 56

Carbonation 55
Carbonsäure 163
Carboxylgruppe 163f, 185
Cellulose 183, 204
Cetylalkohol 156
CFKW 128
Chemiedomino 166
Chlor 48
Chlorid 48f
Chlorwasserstoff 46, 65
Citronensäure 43, 167
Cracken 133
Cyclo 134
Cyclohexan 134

D

DALTON, JOHN 10
DAVY, HUMPHRY 70
Debatte 159
Denaturierung 186
Destillation, fraktionierte 122
Dieselöl 123
Dihydrogenphosphat 58
Dipeptidmolekül 186
Dipol 27, 37, 155
Disaccharid 181, 204
Dispersion 196
Dolomit 68
Donator 105
Donator/Akzeptor-Prinzip 104
Doppelbindung 25, 133
Doppelkontaktverfahren 76
Dreifachbindung 25, 134
Duftstoff 168, 200
Duroplast 141, 143, 208
Dynamit 170

E

Einfachbindung 25
Eisen(III)-chlorid 49
Eiweiß 177, 184, 186, 204, 209
Elastomer 141, 208
Elektrolyse 47, 98f, 114
Elektrolytlösung 106
Elektron 10, 104f
Elektronegativität 28, 37
Elektronengas 33
Elektronenhülle 10f
Elektronenpaar 13
– bindendes 24
– nichtbindendes 25, 37
Elektronenschreibweise 13
Elektronenübergang 104
Element 10, 12

Elementaranalyse 184
Elementsymbol 13
Emulgator 178
Energie 176, 179, 212f
– elektrische 96ff
Energiegehalt 212
Energiekonzept 213
Energiequelle, alternative 213
E-Nummer 178
Enzym 167, 198, 200
Erdalkalimetall 63
Erdgas 120, 146
Erdöl 120, 146
Ernährung 174ff, 177
Essig 148, 162
Essigessenz 162
Essigsäure 162
Ester 168, 172, 190
Ethanal 161
Ethandiol 160
Ethanol 154ff, 158
Ethansäure 162
Ethansäureethylester 168
Ethansäurepentylester 169
Ethin 134
Extruder 142

F

Fällungsreaktion 68
Fällungsreihe 104, 114
Farbstoff 178
Farbübertragungsinhibitor 200
Fehling'sche Lösung 180
Fett 177, 189f, 204, 209
Fettfleckprobe 189
Fettsäure 165, 190, 192, 209
– essenzielle 191
– gesättigte 165, 172, 191
– ungesättigte 165, 172, 191
Formaldehyd 161
Formalin 161
Formiat 164
Fotosynthese 179
Fraktion 122, 146

G

GALVANI, LUIGI 102
galvanisieren 108
Gefahrensymbol 9
Geliermittel 178
Geschmacksverstärker 178
Getränk, isotonisches 61
Gewässerschutz 68
Gips 52, 60
Glas 88, 94

227

Glaubersalz 53
Gleichgewicht, chemisches 169
Glockenboden 122
Glucose 180f
Glycerin 160, 190, 192, 209
Glycin 185
Glykol 160
Grenzflächenspannung 194, 204
Grünspan 162
Gruppe, funktionelle 155
Gruppenpuzzle 135

H

Halbzelle 106
Halogenkohlenwasserstoff 127
Hämoglobin 186
Hartschaum 143
Hauptgruppe 12
Haut 201
Hautcreme 203
Hautpflege 202f
Hauttyp 203
Heizöl
– leichtes 123
– schweres 123
Hexadecanol 156
Hinreaktion 169
Hirschhornsalz 65
Hohlwerkzeug 142
Holzgeist 156
homologe Reihe
– Alkanol 157
– Alkansäure 164
Hydratation 30, 37
Hydrathülle 30
Hydrogencarbonat 56
Hydrogencarbonation 55
Hydrogenphosphat 58
Hydrogensulfat 52
Hydrogensulfation 51
Hydrogensulfition 50
Hydrolipidschicht 201
Hydrolyse 145, 169, 193
hydrophil 155, 195f
hydrophob 155, 157, 189f, 195f
Hydroxidion 63, 206
Hydroxylgruppe 154f, 180, 208
hygroskopisch 51, 62, 160

I

Indikator 62
Inkohlung 120

Iod-Kaliumiodidlösung 183
Ion 20, 37, 206
Ionenbildung 20
Ionenbindung 21, 37, 206
Ionengitter 21, 37, 48, 209
Ionenverbindung 21
Ionenwanderung 31, 37
Isomere 130, 146

K

kalandrieren 142
Kalilauge 63, 192
Kalium 63
Kaliumchlorid 49
Kaliumhydroxid 63
Kaliumnitrat 58
Kalk 43, 56, 84f, 94
kalken 68
Kalkmörtel 84
Kalknatronglas 88
Kalkspat 43
Kalkstein 84
Kalkung 59
Kalkwasser 63, 154
Kalkwasserprobe 43
Katalysator 78, 94, 169, 212
Kathode 98
Kation 98
Kennbuchstabe 9
Kern-Hülle-Modell 10
Kernseife 193
Kerosin 123
Kilojoule 176
Klopfen 131
Klopffestigkeit 131
Knallgasprobe 43
Kochsalz 16, 40, 46, 48, 67, 209
Kohle 120, 146
Kohlenhydrat 177, 180, 183, 209
Kohlensäure 55f
Kohlenstoffdioxid 43, 55, 68f, 154
Kohlenstoffkreislauf 87, 211
Kohlenwasserstoff 118ff, 125ff, 146, 208
Koks 120
Kondensation 168
Kondensationsreaktion 186
Königswasser 58
Konservierungsstoff 178
Kontaktverfahren 76, 94
Korrosionsinhibitor 200
Kosmetik 201

Kristallwasser 52
Kunststoff 138ff, 146, 208
– Verarbeitung 142
Kunststoffmüll 145
Kunststoffrecycling 146
Kupferacetat 162
Kupferchlorid 49
Kupferoxid 49
Kupfersulfat 53
Kurzperiodensystem 12

L

Lauge 40, 62f, 71, 209
– Eigenschaft 71
LAVOISIER, ANTOINE LAURENT DE 70
Leucin 185
LIEBIG, JUSTUS VON 70, 82
Lithiumhydroxid 63
Lithiumlauge 63
Löschkalk 84
Lösung 40
– alkalische 40, 45, 62
– Fehling'sche 180
– neutrale 45
– saure 40, 43, 45
Lösungsmittel 189
Lugols-Lösung 183

M

Magnesiumacetat 162
Magnesiumcarbonat 68
Magnesiumchlorid 48
Magnesiumoxid 49
Magnesiumsulfat 53
Makromolekül 140
Maltose 180f
Marmor 43, 84
Massenzahl 10
MENDELEJEW, DIMITRIJ 13
Metall
– edles 43
– unedel 43
Metallbindung 33, 37, 207
Methan 125f
Methanal 161
Methanoat 164
Methanol 156, 158
Methansäure 164
MEYER, LOTHAR 13
Milchsäurebakterie 167
Mineralstoff 61, 177
Mitteldestillat 123
Monoccharid 204
Monomer 140, 171, 208
Monosaccharid 180

N

Nachweisreaktion 71
Nährstoff 177, 209
Nahrungsmittel 176
Natriumhydrogencarbonat 56
Natrium 48, 62f
Natriumcarbonat 56
Natriumchlorid 16, 48, 67, 209
Natriumhydrogensulfat 53
Natriumhydroxid 62
Natriumnitrat 58
Natriumsulfat 53
Natron 56, 60, 69
Natronlauge 62, 67, 192
Nebengruppe 12
Neutralisation 66, 68, 71
Neutron 10
Nitration 58
Nitrit 58
Nitroglycerin 170
Nitrosamin 58
Normalglas 88
Nukleonenzahl 10

O

Oberflächenspannung 27, 194
Octadecansäure 165
Octanzahl 131, 146
Ökobilanz 159
Oktettregel 20
Öl-in-Wasser-Emulsion 201, 203
Öl-Wasser-Emulsion 189
Ordnungszahl 10
Ostwald-Verfahren 83
Oxidation 104f, 114
Oxidationsmittel 105
Oxoniumion 70, 206, 209

P

Palmitinsäure 165
Paraffin 123, 127
Pentanol 156
Pepsin 185f
Peptidbindung 186
Periode 12f
Periodensystem 10, 12f
Petroleum 123
pH-Meter 45
Phosphat 58
Phosphor 58
Phosphorsäure 58
pH-Wert 45, 59, 71, 198

polar 189
Polyester 171
Polykondensation 171f
Polymer 140, 171, 208
Polymerisation 140, 146
Polypeptid 186, 209
Polysaccharid 183
Promille 152
Propanol 156
Propansäure 164
Propantriol 160
Propionsäure 164
Protein 186
Proton 10
Protonenzahl 10
Prozess
– chemischer 96ff
– großtechnischer 210
– technischer 74ff
Pyrolyse 145

Q

Quarz 88
Quarzglas 88

R

Radikale 127
Raffinerie 122
Raffineriegas 123
Reaktion
– chemische 210f
– umkehrbar chemische 211
Recycling 113
Redoxreaktion 105, 114, 210
Reduktion 104f, 114
Reduktionsmittel 105
Regen, saurer 50, 59
Reihe, homologe 126, 133, 146
Rückreaktion 169
RUTHERFORD, ERNEST 10f

S

Salmiakgeist 65
Salpeter 58

Salpetersäure 58f, 83, 94
Salz 37, 40, 71, 209
– Bildung 71, 210
– Eigenschaft 23
salzig 60
Salzsäure 46, 67
sauer 60
Säuerungsmittel 178
Säure 40, 60, 70f, 209
– beständige 51
– Eigenschaft 71
– organische 148ff
– schweflige 50, 59
– unbeständige 50, 55
Säurerest-Ion 47, 71
Säureschutzmantel 201
Schalenmodell 11
Schaumregulator 200
Schiff'sche Probe 161
Schmieröl 123
Schmierseife 193
Schwefeldioxid 50, 59
Schwefelsäure 46, 50, 52, 59, 76
Schwefeltrioxid 50
Seife 192, 198, 204
Seifenanion 195f
– Aufbau 204
Seifensieden 192
Sicherheit 8
Silberchlorid 49
Silicium 89
Siliciumdioxid 88
Soda 56
Sodbrennen 60
Sonnenschutz 202f
Sorbit 160
spritzgießen 142
Spurenelement 177
Stahlbeton 85
Stalagmit 54
Stalaktit 54, 56
Stärke 183, 204
Stearinsäure 165
Stickstoffdioxid 83
Stickstoffdünger 80
Stickstoffkreislauf 80
Stickstoffoxid 59
Stoff 206ff
Stoffgruppe 40

Strom 106
– elektrischer 43
Strontiumnitrat 58
Struktur 208f
Strukturformel 25, 29, 37, 126
Substanz, waschaktive 198
Substitution 127, 146
Sulfat 52
Sulfation 51
– Nachweis 52
Sulfition 50
Summenformel 126
Süßstoff 178

T

Tankstelle 131
Teilchen 206ff
Teilladung
– negative 26
– positive 26
Tensid 194, 200, 204
– synthetisches 198
Thermoplast 141f, 208
Traubenzucker 179
Treibstoff 158f
Tributansäureglycerinester 190
Tropfsteinhöhle 54, 56

U

Umkehrbarkeit 211
Umweltschutz 68
Universalindikator 45
UV-Schutz 203
UV-Strahlung 202

V

Vakuumdestillation 123
Valin 185
Van-der-Waals-Kräfte 127
Verdickungsmittel 178
Veresterung 190
Vergrauungsinhibitor 200
Verkokung 120
Verseifung 193

Verwertung
– rohstoffliche 145
– thermische 145
– werkstoffliche 145
Vitamin 177
VOLTA, ALESSANDRO 102

W

Wachs 169
Waldschaden 59
Waschmittel 198, 200
Waschwirkung 196, 204
Wasser
– Löslichkeit 30
Wasserenthärter 198, 200
Wasser-in-Öl-Emulsion 201, 203
Wasserstoff 43
Wasserstoffbrücke 27, 37, 155, 157, 194
Wasserstoffion 70
Watesmopapier 154
Weichschaum 143
Wein 148
Weingeist 156
Weinherstellung 150f
Wirkstoff 177

X

Xanthoproteinreaktion 58, 185

Z

Zellatmung 179
Zelle, galvanische 106, 114
Zement 84f, 94
Zink-Kohle-Batterie 110
Zusatzstoff 178

Bildnachweis

U1.1 Getty Images (Tai Blanche), München; **U1.2** Getty Images RF (Foxx), München; **U4.1** plainpicture GmbH & Co. KG (Pictorium), Hamburg; **U4.2** plainpicture GmbH & Co. KG (Folio), Hamburg; **U4.3** plainpicture GmbH & Co. KG (Millenium), Hamburg; **U4.4** plainpicture GmbH & Co. KG (Eberle), Hamburg; **3.1** Klett-Archiv (Zuckerfabrik digital), Stuttgart; **4.2** Guntram Gerst, Stuttgart; **4.3** Klett-Archiv, Stuttgart; **4.4** Mauritius Images (Höök), Mittenwald; **5.5** Helga Lade (B. Blume), Frankfurt; **5.6** Okapia (Manfred Ruckszio), Frankfurt; **6.7,8** StockFood GmbH (Harry Bischof, Michael Brauner), München; **6.9** Mauritius Images (Hackenberg), Mittenwald; **8.1** Klett-Archiv (Reinhard Peppmeier), Stuttgart; **10.1** Getty Images (Time Life Pictures/Mansell), München; **10.2, 11.5** Deutsches Museum, München; **14.1,2** Klett-Archiv, Stuttgart; **14.3** Hermann Eisenbeiss, Bad Kohlgrub; **14.4** Klett-Archiv (Zuckerfabrik digital), Stuttgart; **14.5** Osram GmbH ZVA-WI, München; **15.6** Picture-Alliance (FoodPhotography Eising), Frankfurt; **16.1,2,6A** StockFood GmbH, München; **16.3,4** Mauritius Images (Poehlmann, Sock Image), Mittenwald; **16.6B** Burkhard Weizel, Koblenz; **16.6C** Ulrike Medenbach Wissenschaftliche Fotografie, Witten; **17.7** Klett-Archiv, Stuttgart; **18.2** Corbis (Bettmann), Düsseldorf; **18.3** MEV Verlag GmbH, Augsburg; **19.4,5** Klett-Archiv (Studio Leupold, Aribert Jung), Stuttgart; **19.6,7** Petra Schleusener, Aachen; **20.1A** Klett-Archiv (Seilnacht), Stuttgart; **20.1B,1C,1D; 21.2; 23.1,3; 26.1** Klett-Archiv, Stuttgart; **27.4,5** Okapia (Karl Gottfried Vock, Hermann Eisenbeiss), Frankfurt; **30.1; 31.1A,1B; 31.2** Klett-Archiv, Stuttgart; **33.1** Klett-Archiv (Seilnacht), Stuttgart; **33.3** Klett-Archiv (Zuckerfabrik digital), Stuttgart; **34.2** FOCUS (Martin Dohrn/SPL), Hamburg; **34.4** Klett-Archiv, Stuttgart; **35.8** Okapia (Karl Gottfried Vock), Frankfurt; **35.10** Klett-Archiv (Seilnacht), Stuttgart; **36.1** Deutsches Museum, München; **36.2A** Ulrike Medenbach Wissenschaftliche Fotografie, Witten; **36.2B; 38.6** Klett-Archiv, Stuttgart; **38.8** Helga Lade (Dr. Lorenz), Frankfurt; **39.10A** Florian Karly, München; **39.10B; 39.12** Klett-Archiv, Stuttgart; **40.1** StockFood GmbH (Eising), München; **40.2** Huober Brezel, Erdmannhausen; **40.3** Mauritius Images, Mittenwald; **40.4** Dr. Werner Lieber, Heidelberg; **41.5** Corbis, Düsseldorf; **41.6–9; 43.1** Klett-Archiv (Zuckerfabrik digital), Stuttgart; **43.2,4; 45.2; 46.2,3; 47.6,7; 48.2,5,6** Klett-Archiv, Stuttgart; **48.1** Klett-Archiv (Zuckerfabrik digital), Stuttgart; **48.3** Dr. Bruno P. Kremer, Wachtberg; **49.1,2** Corbis (Wally McNamee, Peter Steiner), Düsseldorf; **49.7,8; 50.1–3; 51.4,5** Klett-Archiv, Stuttgart; **52.1** ddp Deutscher Depeschendienst GmbH (Peter Roggenthin), Berlin; **52.2** Okapia (Norbert Lange), Frankfurt; **52.3** Ulrike Medenbach Wissenschaftliche Fotografie, Witten; **52.4** Dr. Werner Lieber, Heidelberg; **52.5** Klett-Archiv, Stuttgart; **52.6** Action Press GmbH (BECKER + BREDEL GbR), Hamburg; **53.1** Ulrike Medenbach Wissenschaftliche Fotografie, Witten; **53.2** FOCUS (SPL), Hamburg; **53.3,5** Klett-Archiv, Stuttgart; **53.4** BPK (Knud Petersen), Berlin; **53.6** Schott AG, Mainz; **54.1** Corbis (James Davis, Eye Ubiquitous), Düsseldorf; **54.2** Okapia (KHS), Frankfurt; **55.1** Klett-Archiv (Dr. Andreas Henseler), Stuttgart; **56.1** Okapia (Dr. Jörg-Thomas Titz), Frankfurt; **56.2** Corbis (James Davis, Eye Ubiquitous), Düsseldorf; **56.3** Klett-Archiv, Stuttgart; **57.1** Corbis (Nadia Mackenzie,Elizabeth Whiting&Ass.), Düsseldorf; **57.3** creativ collection Verlag GmbH, Freiburg; **58.1** BASF AG Servicecenter Medien, Ludwigshafen; **58.2; 59.1–3** Klett-Archiv, Stuttgart; **60.1** f1 online digitale Bildagentur (John Ur), Frankfurt; **60.2** Klett-Archiv, Stuttgart; **60.3** MEV Verlag GmbH, Augsburg; **60.4** StockFood GmbH (Eising), München; **60.5** Mauritius Images (Foodpix), Mittenwald; **60.6** Avenue Images GmbH (Corbis), Hamburg; **60.7** Klett-Archiv (Zuckerfabrik digital), Stuttgart; **60.8** Keystone (Schulz), Hamburg; **61.9** Corbis (Karl Weatherly), Düsseldorf; **61.10** StockFood GmbH (Arras), München; **61.11,12** Mauritius Images (O`Brien, Habel), Mittenwald; **61.13** Corbis (Schmidt/zefa), Düsseldorf; **62.1, 3; 62.2A, 2B; 63.4; 64.4; 65.1,3,4; 66.2; 68.2; 69.1; 70.1** Klett-Archiv, Stuttgart; **68.1** Picture-Alliance, Frankfurt; **70.2,3,5,6** Deutsches Museum, München; **70.4** BPK, Berlin; **70.7** Det Kongelige Bibliothek, Kopenhagen; **71.2,3; 72.6** Klett-Archiv, Stuttgart; **72.8** Corbis (George McCarthy), Düsseldorf; **72.9** FOCUS, Hamburg; **72.10A** Corbis (Nik Wheeler), Düsseldorf; **72.10B** Picture-Alliance (dpa), Frankfurt; **73.12** Klett-Archiv, Stuttgart; **73.13** Mauritius Images (O`Brien), Mittenwald; **74.1** Phywe Systeme GmbH & Co. KG, Göttingen; **75.2** BASF AG Servicecenter Medien, Ludwigshafen; **75.3** Guntram Gerst, Stuttgart; **75.4** Corbis (W.Cody), Düsseldorf; **76.2** Lurgi AG, Frankfurt; **77.3; 78.1** Klett-Archiv, Stuttgart; **78.S1** AKG, Berlin; **79.1,2,4** Deutsches Museum, München; **79.3; 80.1** BASF AG Servicecenter Medien, Ludwigshafen; **80.2** Picture-Alliance (ZB - Fotoreport/ Wolfgang Kluge), Frankfurt; **82.1** Corbis (Austrian Archives), Düsseldorf; **82.3** BASF AG Agrarzentrum, Limburgerhof; **83.1** Picture-Alliance (ZB - Fotoreport/ Wolfgang Kluge), Frankfurt; **84.1A** Okapia (Kjell B. Sandved), Frankfurt; **84.1B,1C** Mauritius Images (Kaiser, fm), Mittenwald; **84.1D,1E** Klett-Archiv, Stuttgart; **84.1F** Ullstein Bild GmbH (Caro/Bastian), Berlin; **85.2** Mauritius Images (Rosenfeld), Mittenwald; **85.3** Helga Lade, Frankfurt; **88.1A,2** Klett-Archiv, Stuttgart; **88.1B** Carl Zeiss AG, Oberkochen; **88.1C** Schott AG, Mainz; **88.3** Corbis (Adam Woolfitt), Düsseldorf; **89.1** Helga Lade (E.Bergmann), Frankfurt; **89.2** RW silicium GmbH, Pocking; **89.3** Wacker Siltronic AG, Burghausen; **89.4** IBM, Frankfurt; **90.1** Mauritius Images (AGE), Mittenwald; **91.1** Getty Images (Stone/Catherine Ledner), München; **91.2** Peter Wirtz, Fotografie, Dormagen; **91.3** Caro Fotoagentur (Jandke), Berlin; **92.2** SuperStock, Inc. (RF), Jacksonville; **92.3** Wolfgang Filser, Arzbach; **92.4** Guntram Gerst, Stuttgart; **92.5** Bilderberg (Steinhilber), Hamburg; **92.6** Argus (Hartmut Schwarzbach), Hamburg; **92.7** Corbis (CDC/PHIL), Düsseldorf; **92.8** Okapia (Klaus Rose), Frankfurt; **92.9** STOCK4B (Höck), München; **92.10** MEV Verlag GmbH, Augsburg; **92.11** Photo Projects GmbH (Hans-Jürgen Burkard), Hamburg; **94.3** Helga Lade, Frankfurt; **95.4** Roland Hottas, Lübbenau-Spreewald; **95.5** MEV Verlag GmbH, Augsburg; **95.8** FOCUS (SPL), Hamburg; **96.1** Picture-Alliance (dpa/Kay Nietfeld), Frankfurt; **96.2,3; 97.5** Klett-Archiv, Stuttgart; **97.4** Mauritius Images (Höök), Mittenwald; **97.6,7,9** Mauritius Images (Hackenberg, A.Mayer), Mittenwald; **97.8,10** Conrad Electronic SE, Hirschau; **97.11** Mauritius Images (Pöhlmann), Mittenwald; **98.1** Mauritius Images, Mittenwald; **98.2A, 2B; 99.4** Klett-Archiv, Stuttgart; **100.2** PRfact AG (SIGG), Zürich; **100.3** Mauritius Images (Gilsdorf), Mittenwald; **100.4** Helga Lade, Frankfurt; **102.1–6** Deutsches Museum, München; **103.1; 104.1,2; 105.8; 106.2** Klett-Archiv, Stuttgart; **104.3,4** Klett-Archiv (Zuckerfabrik digital), Stuttgart; **107.1** heliocentris Energiesysteme GmbH, Berlin; **107.2** Daimler AG Medienarchiv, Stuttgart; **108.1** SUPERBILD, Taufkirchen/München; **108.2** Mercedes Benz, Niederlassung, Stuttgart; **108.3** Klett-Archiv, Stuttgart; **108.4** Mauritius Images (age), Mittenwald; **108.5,7,8** Infoherz New Media GmbH, Neubrandenburg; **108.6** Ulrich Niehoff Fotoproduktionen und Bildarchiv, Bienenbüttel; **109.1** Aug. Hedinger GmbH & Co. KG, Stuttgart; **109.4; 110.1** Klett-Archiv, Stuttgart; **110.3A** Helga Lade, Frankfurt; **110.3B** Mauritius Images (A.Mayer), Mittenwald; **111.1** Klett-Archiv, Stuttgart; **111.2** MEV Verlag GmbH, Augsburg; **112.1** Conrad Electronic SE, Hirschau; **112.3** Peter Wirtz, Fotografie, Dormagen; **113.1** Klett-Archiv (Dr. Andreas Henseler), Stuttgart; **113.2** Ingram Publishing, Tattenhall Chester; **113.4** Das Fotoarchiv, Essen; **115.5,7–9** Klett-Archiv, Stuttgart; **115.6** Varta AG Unternehmenskommunikation, Hannover; **116.1; 116.2** Deutsches Museum, München; **116.3** Klett-Archiv, Stuttgart; **117.4** Corbis (Digital Art), Düsseldorf; **117.5** AKG (Gert Schütz), Berlin; **117.6** Klett-Archiv, Stuttgart; **117.7** Deutsches Museum, München; **117.8** Ullstein Bild GmbH, Berlin; **117.9** BASF AG Servicecenter Medien, Ludwigshafen; **118.1** Helga Lade, Frankfurt; **118.2** Klett-Archiv (Aribert Jung, Nature+Science), Stuttgart; **119.3,4** Helga Lade (B. Blume, D. Kuhn), Frankfurt; **119.5** Hoechst AG, Frankfurt; **119.6,7** Helga Lade, Frankfurt; **120.2** RWE PowerAG, Köln; **120.4** Picture-Alliance (dpa), Frankfurt; **123.4** Mauritius Images (AGE), Mittenwald; **123.5** Corbis, Düsseldorf; **123.6,7,8** Mauritius Images (Arthur, H. Hoffmann), Mittenwald; **125.2** Okapia (Erich Schrempp/NAS), Frankfurt; **125.3** Picture-Alliance (dpa/Hans Techt), Frankfurt; **127.5; 130.2** Klett-Archiv, Stuttgart; **128.1** Astrofoto, Sörth; **131.1** Helga Lade, Frankfurt; **132.3** Photothek.net Gbr (Thomas Imo), Radevormwald; **134.1** Mauritius Images (Hubatka), Mittenwald; **134.4** Klett-Archiv (Dr. Andreas Henseler), Stuttgart; **136.1A** Deutsche Bahn AG (Schulz), Berlin; **136.1B,1D** MEV Verlag GmbH, Augsburg; **136.1C** Siemens-Pressebild, München;

Bildnachweis

137.2 Corbis (Bob Rowan, Progressive Image), Düsseldorf; **137.3** Mauritius Images (Rossenbach), Mittenwald; **137.4** MEV Verlag GmbH, Augsburg; **137.5** FLIR Systems GmbH, Frankfurt/Main; **138.2** Klett-Archiv, Stuttgart; **138.3** Picture-Alliance (dpa/Greg Wood), Frankfurt; **138.4** Corbis (Gianni Dagli Orti), Düsseldorf; **138.5** Imago Stock & People (HRSchulz), Berlin; **139.6** Picture-Alliance, Frankfurt; **139.7,9; 140.2** Klett-Archiv, Stuttgart; **139.8A** Corbis (Walker/amanaimages), Düsseldorf; **140.3** imago sportfotodienst (Peter Widmann), Berlin; **140.4** plainpicture GmbH & Co. KG (Duralux), Hamburg; **140.5** FOCUS (EOS/Meckes), Hamburg; **141.1–3** Klett-Archiv, Stuttgart; **142.1A,1B** Krupp Kautex Maschinenbau GmbH, Bonn; **142.2** Picture-Alliance (Okapia/Manfred Ruckszio), Frankfurt; **142.Rand** Bayerwald Fenster Haustüren GmbH & Co. KG, Neukirchen vorm Wald; **143.3** Klett-Archiv (Harald Kaiser), Stuttgart; **143.4** Hermann Berstorff Maschinenbau, Hannover; **143.5A** Hoechst AG, Frankfurt; **143.5B, 5E** BASF AG Servicecenter Medien, Ludwigshafen; **143.5C** f1 online digitale Bildagentur (C. Gray), Frankfurt; **143.5D** Helga Lade (D. Rose), Frankfurt; **143.HG** Bayer MaterialScience AG, Leverkusen; **144.1,4** Helga Lade (Dieter Rebmann, Rainer Binder), Frankfurt; **144.2** © EE TM 1999; **144.3** StockFood GmbH (Gaby Bohle), München; **144.5** MEV Verlag GmbH, Augsburg; **144.6** Mauritius Images (Exler), Mittenwald; **145.2** Deutsche Gesellschaft für Kunststoff-Recycling mbH, Köln; **147.4** Picture-Alliance (Bernd Weißbrod), Frankfurt; **147.5** Klett-Archiv (Zuckerfabrik digital), Stuttgart; **147.6** Mauritius Images (Exler), Mittenwald; **148.1** Interfoto, München; **148.2** Corbis (Paul A. Souders), Düsseldorf; **148.3,4** Tierbildarchiv Angermayer, Holzkirchen; **149.5** laif (Andreas Hub), Köln; **149.6,7** Okapia (Manfred Ruckszio), Frankfurt; **149.8** Klett-Archiv, Stuttgart; **149.8** StockFood GmbH (Element Photo), München; **150.1** AKG, Berlin; **150.2; 150.3; 150.4** Deutscher Brauer-Bund e.V., Berlin; **150.5** Helga Lade (Fischer), Frankfurt; **150.6; 151.7** Klett-Archiv, Stuttgart; **151.8–10** Deutscher Brauer-Bund e.V., Berlin; **152.3** Mauritius Images (Ripp), Mittenwald; **152.4** Ruth Hammelehle, Kirchheim/Teck; **153.2** Okapia, Frankfurt; **154.3,4; 155.6; 157.7** Klett-Archiv, Stuttgart; **158.1** Daimler AG Medienarchiv, Stuttgart; **158.2** Corbis (Paul A. Souders), Düsseldorf; **158.3** ecopix Fotoagentur, Berlin; **158.4** Okapia (Steinmetz), Frankfurt; **158.5** Picture-Alliance (dpa/Roland Scheidemann), Frankfurt; **159.1** agrar-portal, Nürnberg; **159.2** Mauritius Images (Bodenbender), Mittenwald; **159.3** laif (Veit Mette), Köln; **160.1,2,4** Klett-Archiv, Stuttgart; **160.3; 161.3** Picture-Alliance (dpa/Kay Nietfeld/Manfred Vornholt), Frankfurt; **161.4** AKG, Berlin; **161.1; 162.1–4; 163.5A–C,5E** Klett-Archiv, Stuttgart; **163.5D** Picture-Alliance (dpa/Wolfgang Kluge), Frankfurt; **163.5F** Bayer AG, Leverkusen; **163.5G; 164.1–4** Klett-Archiv, Stuttgart; **165.7** StockFood GmbH (John Shipes, Michael Brauner), München; **167.1** Mauritius Images (Rosenfeld), Mittenwald; **167.3A** Stills-Online, Hamburg; **167.3B;4B** Okapia (Manfred Kage, Lond.Sc.films), Frankfurt; **167.4A; 168.1,2** Klett-Archiv, Stuttgart; **169.4** StockFood GmbH (Arras/Gong), München; **169.5** Klett-Archiv, Stuttgart; **169.6–10** StockFood GmbH (Eising, Peter Eising, Macimilian Stock), München; **170.1** Deutsches Museum, München; **170.3** Corbis (Jose Luis Pelaez, Inc.), Düsseldorf; **171.1** Klett-Archiv, Stuttgart; **171.2** FOCUS (EOS/Meckes), Hamburg; **171.4** MEV Verlag GmbH, Augsburg; **173.6** StockFood GmbH (Studio Bonisolli), München; **173.7–9** Klett-Archiv, Stuttgart; **174.1** VISUM Foto GmbH (Günter Standl), Hamburg; **174.2** Mauritius Images (Kupka), Mittenwald; **174.3** Interfoto, München; **175.4** Corbis (Mug Shot), Düsseldorf; **175.5–7** StockFood GmbH (Harry Bischof, Peter Rees, Michael Meisen), München; **177.3** StockFood GmbH (Pete Eising), München; **177.1A,1B** StockFood GmbH (FoodPhotography Eising, Bodo A. Schieren), München; **178.2** laif, Köln; **178.4,5** StockFood GmbH (Michael Brauner), München; **179.1** Mauritius Images (Pott), Mittenwald; **180.1,2; 181.6** Klett-Archiv, Stuttgart; **181.4** Okapia, Frankfurt; **181.5A** Picture-Alliance (dpa/Heinz Tschanz-Hofmann), Frankfurt; **181.5B** Deutscher Brauer-Bund e.V., Berlin; **183.1** Florian Karly, München; **183.3; 184.2; 185.1,2; 187.4,5** Klett-Archiv, Stuttgart; **189.1** StockFood GmbH (Food Photography Eising), München; **189.2–4** Klett-Archiv (Zuckerfabrik digital), Stuttgart; **190.1A** Corbis (Roger Wood), Düsseldorf; **190.1B; 192.1,2** Klett-Archiv (Zuckerfabrik Digital), Stuttgart; **192.S1A** Kulturhist. Bildarchiv Hansmann, München; **192.S1B** HENKEL AG & Co.KGAA, Düsseldorf; **192.S2** AKG, Berlin; **193.3A** MEV Verlag GmbH, Augsburg; **193.3B–3D** laif (Gamma/Camilleri, Le Figaro/Ceccarini), Köln; **194.1** Okapia (Hermann Eisenbeiss), Frankfurt; **194.2,3,5,7** Klett-Archiv, Stuttgart; **196.1** laif, Köln; **197.4** Corbis (Philip James Corwin), Düsseldorf; **198.3** Klett-Archiv, Stuttgart; **198.4** HENKEL AG & Co.KGAA, Düsseldorf; **198.5** Klett-Archiv (Gert Elsner), Stuttgart; **200.2,5** HENKEL AG & Co.KGAA, Düsseldorf; **200.3** FOCUS (Clive Freeman, The Royal Institution), Hamburg; **200.4** Gottfried Quinzler, Sindelfingen; **201.4** FOCUS (EOS/Meckes), Hamburg; **201.1A** TV-yesterday, München; **201.1B** BW Photoagentur, München; **202.1** MEV Verlag GmbH, Augsburg; **202.2** Okapia (Neufried), Frankfurt; **203.3** Getty Images (Schober), München; **203.4,5** Getty Images RF (PhotoDisc), München; **203.6** Niem-Handel, Gernsheim; **203.7** Avenue Images GmbH (Brand X Pictures), Hamburg; **203.8** MEV Verlag GmbH, Augsburg; **203.9** Das Fotoarchiv (RF), Essen; **203.10** Fotosearch Stock Photography, Waukesha, WI; **204.4** Klett-Archiv (Zuckerfabrik Digital), Stuttgart; **205.6** StockFood GmbH (Maximilian Stock LTD), München; **205.8** imago sportfotodienst (Juhl), Berlin; **205.10** Matthias Kulka, Düsseldorf; **205.11** Klett-Archiv, Stuttgart; **205.12** Fotex GmbH, Hamburg; **207.1** Klett-Archiv (Seilnacht), Stuttgart; **208.1** Imago Stock & People (HRSchulz), Berlin; **209.2; 210.1** Klett-Archiv, Stuttgart; **210.2** Mauritius Images (Rosenfeld), Mittenwald; **211.3,4** Klett-Archiv, Stuttgart; **212.1** MEV Verlag GmbH, Augsburg; **212.2,3** Mauritius Images (Hackenberg, A.Mayer), Mittenwald; **212.4** Conrad Electronic SE, Hirschau; **213.5** Getty Images (The Image Bank/Nicolas Russell), München; **213.6** laif (Paul Langrock/Zenit), Köln; **213.7** NASA, Washington, D.C.; **222.1** Westfalen AG, Münster

Nicht in allen Fällen war es uns möglich, den Rechteinhaber der Abbildungen ausfindig zu machen. Berechtigte Ansprüche werden selbstverständlich im Rahmen der üblichen Vereinbarungen abgegolten.

Erläuterungen zu den Abbildungen im Periodensystem

Elementsymbol mit Ordnungszahl	Beschreibung der Abbildung
1 H	**Wasserstoff** wird in roten Stahlflaschen aufbewahrt.
2 He	**Helium** wird in grau/braunen Stahlflaschen aufbewahrt.
3 Li	**Lithium** wird wegen seiner hohen Reaktionsfähigkeit unter Paraffinöl aufbewahrt.
4 Be	elementares **Beryllium**
5 B	elementares **Bor**
6 C	**Kohlenstoff** in der Modifikation Graphit
7 N	**Stickstoff** wird in grau/schwarzen Stahlflaschen aufbewahrt.
8 O	**Sauerstoff** wird in grau/weißen Stahlflaschen aufbewahrt.
9 F	**Fluor** wird in grau/gelben Stahlflaschen aufbewahrt.
10 Ne	**Neon** erzeugt bei der elektrischen Entladung in Leuchtstoffröhren rotes Licht.
11 Na	**Natrium** wird wegen seiner hohen Reaktionsfähigkeit unter Paraffinöl aufbewahrt.
12 Mg	**Magnesium**band
13 Al	**Aluminium**folie wird als Verpackungsmaterial für Lebensmittel verwendet.
14 Si	**Silicium** ist der Grundbestandteil in Mikrochips.
15 P	schwarzer und weißer **Phosphor**
16 S	**Schwefel** in Stangenform
17 Cl	**Chlor** ist gelbgrün und besitzt eine bleichende Wirkung.
18 Ar	**Argon** erzeugt bei der elektrischen Entladung in Leuchtröhren blaues Licht.
19 K	**Kalium** wird wegen seiner hohen Reaktionsfähigkeit unter Paraffinöl aufbewahrt.
20 Ca	elementares **Calcium**
21 Sc	elementares **Scandium**
22 Ti	Künstliche Hüftgelenke sind zumeist aus **Titan**.
23 V	**Vanadium** ist als Legierungsbestandteil in Werkzeugen enthalten.
24 Cr	Sanitär-Armaturen werden häufig mit einer **Chrom**schicht überzogen.
25 Mn	**Mangan**haltiger Stahl erzeugt Härte und Festigkeit. Dieser Stahl wird z. B. für technische Federn verwendet.
26 Fe	Nägel sind oft aus **Eisen**.
27 Co	In Rasierklingen ist **Cobalt** als Legierungsbestandteil enthalten. Es sorgt für verschleißfestes Schneiden.
28 Ni	In wiederaufladbaren Nickel-Metallhydrid-Batterien (Akkumulatoren) dienen **Nickel**verbindungen als Anode.
29 Cu	**Kupfer**draht
30 Zn	Eine **Zink**beschichtung z. B. auf Gießkannen dient als Rostschutz.
31 Ga	**Gallium** ist bei Zimmertemperatur zähflüssig.
32 Ge	Wegen ihres hohen Brechungsindices werden **Germanium**verbindungen dem Glas von optischen Linsen beigemengt.
33 As	**Arsen** ist als Arsen-Gallium-Legierung in Leuchtdioden enthalten. Dort ist es für die rote Farbe verantwortlich.
34 Se	**Selen** ist in Selen-Hefe-Tabletten enthalten, welche die Regenerierung von Haut, Haaren und Nägeln fördern.

Erläuterungen zu den Abbildungen im Periodensystem

Elementsymbol mit Ordnungszahl	Beschreibung der Abbildung
35 Br	**Brom** besitzt eine braungelbe Farbe. Es liegt bei Zimmertemperatur als Flüssigkeit und Gas vor.
36 Kr	**Krypton** ist als Füllgas in vielen Glühlampen enthalten.
37 Rb	**Rubidium** wird wegen seiner hohen Reaktionsfähigkeit in zugeschmolzenen Glasröhrchen aufbewahrt.
38 Sr	**Strontium** wird wegen seiner hohen Reaktionsfähigkeit unter Paraffinöl aufbewahrt.
39 Y	**Yttrium**verbindungen verursachen die rote Farbe in manchen Lasern.
40 Zr	**Zirconium** verbrennt unter hellem Leuchten und wird deshalb in Blitzlampen eingesetzt.
41 Nb	**Niob** wird als Legierungsbestandteil in chirurgischen Geräten (z. B. Arztscheren) verwendet.
42 Mo	**Molybdän** wird als Anodenwerkstoff in Elektronenröhren (z. B. Bildröhren) verwendet.
43 Tc	radioaktives **Technetium**
44 Ru	**Ruthenium**legierungen sind besonders hart und werden deshalb z. B. für Federn von Füllfederhaltern verwendet.
45 Rh	**Rhodium** dient als Beschichtungsmaterial für viele medizinische Geräte (z. B. Mundspiegel beim Zahnarzt).
46 Pd	Zahnkronen bestehen meist aus **Palladium**-Gold-Legierungen.
47 Ag	Silberbesteck besteht aus einer **Silber**legierung oder ist mit einer Silberschicht überzogen.
48 Cd	**Cadmium** bildet die Kathode in wiederaufladbaren Nickel-Cadmium-Akkumulatoren.
49 In	**Indium**verbindungen werden vor allem in der Halbleiterindustrie z. B. zur Herstellung von Transistoren eingesetzt.
50 Sn	Konservendosen (Weißblech) bestehen aus **Zinn**legierungen.
51 Sb	**Antimon**-Blei-Schmelzen dehnen sich beim Erstarren aus und dienen deshalb als Gußwerkstoffe für Bleiletter.

Elementsymbol mit Ordnungszahl	Beschreibung der Abbildung
52 Te	**Tellur** wird bei der Herstellung von Autoreifen zur Vulkanisierung benötigt.
53 I	**Iod** ist schwarzviolett und sublimiert bei Zimmertemperatur zu violettfarbigem Ioddampf.
54 Xe	**Xenon** wird als Füllgas für Hochdrucklampen verwendet.
55 Cs	**Caesium** wird wegen seiner hohen Reaktionsfähigkeit in zugeschmolzenen Glasröhrchen aufbewahrt.
56 Ba	**Barium** wird wird wegen der hohen Reaktionsfähigkeit unter Paraffinöl aufbewahrt.
72 Hf	elementares **Hafnium**
73 Ta	Aufgrund seiner chemischen Widerstandsfähigkeit wird **Tantal** in Kondensatoren verwendet.
74 W	Wegen seiner hohen Schmelztemperatur wird **Wolfram** als Glühdraht in Glühlampen verwendet.
75 Re	Wegen seiner hohen Schmelztemperatur wird **Rhenium** als Glühdraht in elektrischen Feuerzeugen verwendet.
76 Os	**Osmium** wird gerne als Platin-Legierungsbestandteil, z. B. für Kompassnadeln, verwendet.
77 Ir	Viele chirugische Geräte (z. B. Injektionsnadeln) bestehen aus **Iridium**legierungen.
78 Pt	Die Hohlräume des Autoabgaskatalysators sind oft mit **Platin** beschichtet. Dabei wirkt Platin als Katalysator.
79 Au	**Gold**barren
80 Hg	**Quecksilber** wird zur Füllung von vielen Flüssigkeitsthermometern verwendet.
81 Tl	**Thallium** ist sehr giftig und fruchtschädigend. Es wird daher in einem verschlossenen Gefäß aufbewahrt.
82 Pb	**Blei** bildet in Autoakkus die Anode.
83 Bi	**Bismut** wird als Schmelzdraht in Schmelzsicherungen verwendet.

Periodensystem der Elemente

	I (1)								
1	1,0 H 1 Wasserstoff	II (2)							
2	6,9 Li 3 Lithium	9,0 Be 4 Beryllium							
3	23,0 Na 11 Natrium	24,3 Mg 12 Magnesium	III A (3)	IV A (4)	V A (5)	VI A (6)	VII A (7)	VIII A (8/9)	
4	39,1 K 19 Kalium	40,1 Ca 20 Calcium	45,0 Sc 21 Scandium	47,9 Ti 22 Titan	50,9 V 23 Vanadium	52,0 Cr 24 Chrom	54,9 Mn 25 Mangan	55,8 Fe 26 Eisen	58,9 Co 27 Cobalt
5	85,5 Rb 37 Rubidium	87,6 Sr 38 Strontium	88,9 Y 39 Yttrium	91,2 Zr 40 Zirconium	92,9 Nb 41 Niob	95,9 Mo 42 Molybdän	98 Tc 43 $4,2 \cdot 10^6$ a Technetium	101,1 Ru 44 Ruthenium	102,9 Rh 45 Rhodium
6	132,9 Cs 55 Caesium	137,3 Ba 56 Barium	57–71 Lanthanoide	178,5 Hf 72 Hafnium	180,9 Ta 73 Tantal	183,8 W 74 Wolfram	186,2 Re 75 Rhenium	190,2 Os 76 Osmium	192,2 Ir 77 Iridium
7	223 Fr 87 22 min Francium	226 Ra 88 1600 a Radium	89–103 Actinoide	267 Rf 104 78 min Rutherfordium	268 Db 105 29 h Dubnium	271 Sg 106 114 s Seaborgium	270 Bh 107 61 s Bohrium	270 Hs 108 23 s Hassium	278 Mt 109 8 s Meitnerium

mittlere Atommasse in u — 186,2
Ordnungszahl — 75 Re — Elementsymbol
Metalle
Halbmetalle
Nichtmetalle
Elementname — Rhenium

fest
gasförmig
flüssig

Lanthanoide

| 138,9 La 57 Lanthan | 140,1 Ce 58 Cer | 140,9 Pr 59 Praseodym | 144,2 Nd 60 Neodym | 145 Pm 61 17,7 a Promethium | 150,4 Sm 62 Samarium | 152,0 Eu 63 Europium |

Actinoide

| 227 Ac 89 22 a Actinium | 232 Th 90 $1,4 \cdot 10^{10}$ a Thorium | 231 Pa 91 $3,3 \cdot 10^4$ a Protactinium | 238 U 92 $4,5 \cdot 10^9$ a Uran | 237 Np 93 $2,1 \cdot 10^6$ a Neptunium | 244 Pu 94 $8,0 \cdot 10^7$ a Plutonium | 243 Am 95 7370 a Americium |